MARTIANUS CAPELLA

LES NOCES DE PHILOLOGIE ET DE MERCURE

LIVRE VII
L'ARITHMÉTIQUE

COLLECTION DES UNIVERSITÉS DE FRANCE
publiée sous le patronage de l'ASSOCIATION GUILLAUME BUDÉ

MARTIANUS CAPELLA

LES NOCES DE PHILOLOGIE ET DE MERCURE

TOME VII

LIVRE VII

L'ARITHMÉTIQUE

TEXTE ÉTABLI ET TRADUIT
PAR
JEAN-YVES GUILLAUMIN
Professeur à l'Université de Franche-Comté

PARIS
LES BELLES LETTRES
2003

Conformément aux statuts de l'Association Guillaume Budé, ce volume a été soumis à l'approbation de la commission technique, qui a chargé M. A.-Ph. Segonds d'en faire la révision et d'en surveiller la correction en collaboration avec M. Jean-Yves Guillaumin.

95 boulevard Raspail, 75006 Paris
www.lesbelleslettres.com

ISBN : 2-251-01433-0
ISSN : 0184-7155

INTRODUCTION*

Martianus Capella, l'homme

On ne peut guère demander de renseignements sur Martianus qu'à Martianus lui-même et aux manuscrits qui ont transmis son œuvre. Malheureusement, ces informations sont rares et ambiguës.

On ne sait rien de la vie de Martianus[1]. On a tendance, du moins de prime abord, à juger sévèrement son style, que l'on qualifie volontiers d'amphigourique, qui ne paraît pas révéler un goût très développé, et qui porte à supposer que l'auteur ne faisait pas partie de l'élite de son époque : du reste, ne se plaint-il pas, à la fin de son œuvre (9 § 999), de vivre parmi des paysans ? Il ne semble pas avoir une

* *Pour les ouvrages cités en note de manière abrégée ou par le nom de l'auteur, voir la Bibliographie, infra, p.* XCV-CI.

1. En ce qui concerne la vie de Martianus, on pourra se référer aux travaux suivants : F. Eyssenhardt, édition de Martianus, 1866, p. III-IX ; P. Monceaux, *Les Africains. Étude sur la littérature latine d'Afrique*, Paris, 1894, p. 445-447 ; M. Schanz et C. Hosius, *Geschichte der römischen Literatur*, vol. 4, 2e partie, Munich, 1922, p. 168 ; A. Dick, édition de Martianus, 1925, p. XXV-XXVI ; P. Wessner, « Martianus Capella », *RE* 14, 1930, col. 2003-2004 (l'art. occupe les col. 2003-2016) ; M. Cappuyns, « Capella (Martianus) », *Dictionnaire d'Histoire et de Géographie Ecclésiastiques*, Paris, 1949, vol. 11, col. 835-848 (voir col. 836-838, 842-843) ; C. Leonardi, « I codici di Marziano Capella », *Aevum* 33, 1959, p. 443-444 ; Stahl-Johnson-Burge, vol. 1, 1971, p. 9-20 (« The Author ») ; D. Shanzer, *A Philosophical and Literary Commentary on Martianus Capella's De Nuptiis Philologiae et Mercurii Book 1*, Berkeley - Los Angeles - Londres, 1986, p. 1-28 ; L. Cristante, *Martiani Capellae de nuptiis Philologiae et Mercurii liber IX*, Padoue, 1987, p. 27-31.

grande fréquentation — fût-elle scolaire — des philosophes dont il cite pourtant souvent les noms. De tout cela on a pu tirer trop rapidement l'idée, qu'il faudra grandement nuancer, d'un Martianus rustaud[2] dans une campagne vandale.

C'est à un âge relativement avancé qu'il composa son ouvrage, plutôt que précisément à 50 ans comme on a parfois voulu le tirer de l'expression du § 2 *incrementisque lustralibus decuriatum*, « un homme de dix lustres ». Car *decuriatus* est plutôt à prendre comme signifiant « qui s'est retiré des procès » si Martianus, et l'on verra plus loin que c'est possible, était avocat. Il vaut donc mieux retenir une autre expression : *senilem fabulam*, dit de son ouvrage l'auteur en 9 § 997 ; d'ailleurs, il fait allusion au § 2 à ses cheveux qui blanchissent (*capillis albicantibus*). Écrivant les *Noces*, l'auteur songe à l'éducation de son fils Martianus (1 § 2, puis 9 § 997 et 1000).

Quel était même exactement le nom de notre auteur ? Lui-même se nomme deux fois dans les *Noces* : *Felix* en 6 § 576, puis *Felix Capella* en 8 § 806 et 9 § 999. Les subscriptions de manuscrits l'appellent *Martianus Min(n)e(i)us Felix Capella*[3]. Il est *Felix Capella* pour

2. Voir H. Parker, « The Seven Liberal Arts », *English Historical Review* 5, 1890, p. 442-444, qui voit dans l'œuvre « the style of an ambitious rustic, and not of a practised author » (p. 443). À l'opposé, D. Shanzer, *op. cit.*, p. 4 : « Martianus is clearly a well-read author who writes deliberately convoluted and 'artistic' Latin. This, coupled with the Greek and the interest in the *disciplinae*, suggests a highly educated and possibly academic background ».

3. Cf. C. Leonardi, « I codici… », 1959, p. 443 n. 2. Le nom *Min(n)e(i)us* ne se retrouve à propos d'aucun autre personnage, ni dans J. R. Martindale, *PLRE*, 3 vol., Cambridge, 1971, 1980 et 1992, ni dans A. Mandouze, *Prosopographie chrétienne du Bas-Empire*, 1. *Prosopographie de l'Afrique chrétienne (303-533)*, Paris, 1982. Comme il ne se trouve que dans les manuscrits, serait-il trop audacieux de se demander si la graphie n'en serait pas corrompue, et si notre auteur n'aurait pu s'appeler Martianus *Minucius* Felix Capella, ce qui rappellerait l'auteur de l'*Octauius*, un autre Africain, Minucius Felix ?

Fulgence le Mythographe[4] et pour Cassiodore[5]. Il est *Martianus* pour Grégoire de Tours[6], puis pour les commentateurs du IXe s., Jean Scot Érigène[7] et Rémi d'Auxerre[8]. On peut retenir le nom complet de Martianus Minneius Felix Capella ; quand nous parlerons de lui, nous dirons plus rapidement Martianus.

Une chose échappe au doute, c'est l'origine géographique de Martianus : il est de Carthage, comme il le dit en 9 § 999 : *beata alumnum urbs Elissae quem uidit,* « moi que vit grandir la prospère cité de Didon ». Il n'est donc pas de Madaure, contrairement à une idée qui remonte à l'édition de Grotius[9]. Il n'a pas non plus passé sa vieillesse à Rome : la *Martis curia* du poème final ne désigne que l'Aréopage, comme l'avait déjà bien vu le commentaire de Rémi[10], c'est-à-dire que Martianus se présente comme un avocat retiré des prétoires.

Martianus juriste, avocat et/ou rhéteur, est sans doute, en effet, l'hypothèse la plus recevable, bien plutôt que les deux hypothèses extrêmes qui s'opposent : un paysan, comme le feraient penser ses plaintes de 9 § 999 et, sollicité à tort, le style parfois balourd des *Noces ;* un pur intellectuel appartenant au petit cercle des gens qui ressentirent l'impérieuse nécessité de transmettre ce qui pouvait encore être transmis : homme d'un certain rang social, qui devint même proconsul, comme l'admet, à cause du poème final,

4. Fulgence, *Expositio sermonum antiquorum* 1, 45, p. 123 l. 4 Helm, Leipzig, 1898.

5. Cassiodore, *Inst.* 2, 2, 17 et 2, 3, 20.

6. Grégoire de Tours, *Historia Francorum* 10, 31, 18, *MGH* Script. Merov. 1, 1², p. 536 l. 8 = *PL* 71, col. 572.

7. Jean Scot Érigène, *Annotationes in Marcianum*, ed. Cora E. Lutz, Cambridge, Mass., 1939.

8. Rémi d'Auxerre, *Commentum in Martianum Capellam*, ed. Cora E. Lutz, 2 vol., Leyde, 1962-1965.

9. Comme le souligne M. Cappuyns, art. cit., col. 837.

10. Édition Lutz, vol. 2, p. 368.

M. Cappuyns[11], suivi, avec une nuance, par C. Leonardi[12], mais non par J. Préaux[13] ; cette idée est abandonnée désormais[14].

Si on lit *perorantem* plutôt que *uero dantem* dans le poème de 9 § 999, comme Kopp, et même avec *uerba dantem* de la correction de Sundermeyer[15], on voit non pas un proconsul, mais un avocat (plaidant *devant* le proconsul) — ou même tout simplement un rhéteur, peut-être professeur (au moins pendant un temps) de rhétorique, comme le suggère son entreprise d'encyclopédie dans laquelle les arts « littéraires » tiennent une si grande place. En faveur de l'avocat, on pourrait invoquer deux passages : en 9 § 999 *indocta rabidum quem uidere saecula iurgis caninos blateratus pendere* : certes il y a *iurgis*, mais la phrase n'est pas claire… ; en 6 § 577 *forensis rabulationis* ; mais est-ce bien du « forum » qu'il s'agit ? ou tout simplement du marché ? Les deux commentateurs du IXe s. ont compris qu'il s'agissait là de disputes rhétoriques[16]. Plus digne de considération est sans doute la remarque de W. H. Stahl[17], qui est le premier à relever un détail : la présence de termes du vocabulaire juridique en 9 § 898 (*consulitur responditque* ; *dotem dicere* ; *nullis legibus prohiberi*). Il reste cependant étrange qu'un homme de loi ait pu avoir de Cicéron une si mauvaise connaissance que l'orateur est absent des livres 1 et 2 et fréquemment mal cité ou mal compris dans le livre 5.

La date à laquelle doit être placé Martianus n'est pas simple à établir. Tenter d'utiliser pour cela le style

11. M. Cappuyns, art. cit., col. 836 et 838.

12. « Forse », dit C. Leonardi, dans « I codici… », 1959, p. 443 n. 2.

13. Lettre à W. H. Stahl, citée dans Stahl-Johnson, vol. 1, p. 16 n. 38.

14. Cf. R. Schievenin, « Marziano Capella e il *proconsulare culmen* », *Latomus* 45, 1986, p. 797-815.

15. Cf. l'apparat critique de l'édition Willis, p. 385.

16. Jean Scot Érigène, p. 135 Lutz ; Rémi d'Auxerre, vol. 2 p. 128 Lutz.

17. *Op. cit.*, vol. 1, p. 19-20.

de l'œuvre revient à s'enfermer dans une impasse[18]. Martianus est tout aussi capable de manier les règles de la métrique classique que d'inventer de déroutants néologismes, de composer une poésie charmante que de sombrer dans des métaphores d'un goût douteux. Son style, qui certes est plutôt celui d'une époque tardive, ne peut apporter d'arguments sérieux pour établir une datation. Du moins peut-on poser tout d'abord la certitude de son antériorité par rapport au mythographe Fulgence, qui est le premier à faire mention de Martianus et des *Noces*[19]. Une datation plus ancienne avait pourtant été proposée d'abord par F. Eyssenhardt[20]. Il remarquait que Constantinople est encore appelée Byzance par Martianus en 6 § 657 (*Byzantium oppidum*), alors qu'elle a changé de nom en 330. Mais l'argument d'Eyssenhardt ne vaut rien, puisque dans le passage considéré Martianus ne fait que copier sa source, Solin (10, 17), qui est antérieur à la date en question ; surtout, c'était oublier qu'au ve s. encore, les païens affectent de parler toujours de Byzance, nom archaïque et légitime à leurs yeux, jamais de Constantinople, car Constantin est maudit par eux. Si Eyssenhardt, par la suite, s'est corrigé et s'en est tenu

18. Fabricius datait Martianus des environs de l'an 470 en se fondant sur le caractère décadent de son style (J. A. Fabricius, *Bibliotheca Latina Mediae et Infimae Latinitatis*, Florence, 1858, p. 305-306).

19. Fabius Planciades Fulgentius, *Expositio sermonum antiquorum* 1, 45 (p. 123 l. 4-6 Helm) : *unde et Felix Capella in libro de nuptiis Mercurii et Philologiae ait...* Ce Fulgence est-il à identifier avec Fulgence de Ruspe (467-533), évêque de cette ville d'Afrique du Nord, théologien adversaire de l'arianisme ? Ce n'est pas invraisemblable ; quoi qu'il en soit, de bons arguments ont été fournis par R. Helm (« Der Bischof Fulgentius und der Mythograf », *Rhein. Mus.* 54, 1899, p. 117-118) pour faire de ce mythographe un contemporain de Dracontius, sous le règne de Gunthamund (484-496) ; D. Shanzer, *op. cit.*, p. 13, admet cette datation. Quant à la citation de Martianus par Fulgence, elle est exacte : *ait : Placuit Mineruae pellere celibatum* reprend Martianus 1 § 5 : *constituit pellere caelibatum*.

20. F. Eyssenhardt, *De Martiano Capella*, Berlin, 1861, p. 14-15.

seulement à un *terminus ante quem* de 439, qui se justifiait pour lui par les raisons que l'on développera ci-après, Dick[21] a conservé la première estimation d'Eyssenhardt : 284-330 — essentiellement sur l'argument que la versification de Martianus ne peut être aussi tardive que le ve s.

On a pu considérer que deux dates extrêmes donnaient la « fourchette » dans laquelle il faut placer Martianus et son œuvre. En 6 § 637, l'auteur écrit : *Ipsa caput gentium Roma, armis, uiris sacrisque, quamdiu uiguit, caeliferis laudibus conferenda :* Rome est ainsi présentée comme déchue de son antique puissance, ce qui pourrait faire allusion au sac de la Ville par Alaric en 410. D'autre part, en 6 § 669, on lit : *Carthago inclita pridem armis, nunc felicitate reuerenda*. La *felicitas* ne saurait caractériser Carthage sous l'occupation vandale[22]. En 429, Genséric débarque sur la côte africaine ; en 439, il prend Carthage. La *felicitas* carthaginoise, eût-elle même survécu à 429, doit être considérée comme morte en 439. Entre 410 et 439 ou même 429, telle est donc la période dans laquelle doit être située la rédaction des *Noces*[23] pour un grand nombre

21. P. XXV de son édition.

22. Voir par exemple P. Courcelle, *Histoire littéraire des grandes invasions germaniques*, Paris, 1964, p. 129-139.

23. Voir p. ex. S. Gersh, *Middle Platonism and Neoplatonism. The Latin Tradition*, Univ. of Notre Dame Press, 1986, vol. 2, p. 598 : « Martianus Capella was active between A.D. 410 and A.D. 439, these dates having been suggested by certain statements in the work itself, and was therefore an approximate contemporary of Macrobius ». La conclusion à laquelle arrive A. Cameron, « Martianus and His First Editor », *Classical Philology* 81, 1986, p. 320-328, est semblable : « The *De nuptiis* makes most sense in the second or third decade of the fifth century, the age of Rutilius Namatianus, Servius, and Macrobius » (p. 328). Parmi les études plus anciennes, citons P. Monceaux, *Les Africains*, *op. cit.*, p. 445 : « Plusieurs détails précis permettent de déterminer l'époque où il vivait. Il fait allusion à la prise de Rome en 410. D'autre part, il écrivait avant l'époque vandale ; car il nous dit qu'il plaidait devant les proconsuls, et il célèbre Carthage "autrefois illustrée par les armes, maintenant imposante dans

d'érudits. Martianus serait alors un contemporain de saint Augustin ; mais aussi, dans cette période fin du IVᵉ siècle / début du Vᵉ, de Symmaque, de Macrobe, de Servius ; ce qui ne paraît pas heurter la vraisemblance.

Il faut certes accorder une mention particulière à la datation tardive qui a été proposée par D. Shanzer, avec des arguments que l'on peut résumer de la façon suivante. Tout d'abord, l'adjectif *felix* lui paraît mal interprété quand on veut y voir seulement et de façon restrictive une allusion au « bonheur » ; il s'agirait plutôt de « prospérité », ce qui ne permettrait pas d'imaginer *a contrario* une dénonciation de l'époque vandale[24]. D. Shanzer a aussi

sa prospérité" [VI, 669]. Il a donc composé son roman entre l'année 410 et l'année 439, date de la prise de Carthage par les Vandales. Il est tout à fait contemporain de saint Augustin et il a dû parler devant Macrobe, qui fut proconsul à Carthage en 409-410 ». L'année 429 est le *terminus ante quem* pour L. Cristante, p. 30, qui suit R. Schievenin, art. cit., p. 801-815. C'est entre l'année d'Alaric et celle de Genséric que l'œuvre de Martianus Capella est placée par C. Leonardi, « I codici... », 1959, p. 443 ; M. Cappuyns, art. cit., col. 838 ; P. Courcelle, *Les Lettres grecques en Occident de Macrobe à Cassiodore*, Paris, 1948, p. 198. J. Préaux, « Les manuscrits principaux du *De Nuptiis Philologiae et Mercurii* de Martianus Capella », dans *Lettres latines du Moyen Age et de la Renaissance*, éd. G. Gambier, C. Deroux, J. Préaux, Bruxelles, 1978, p. 76-77, est moins catégorique puisqu'à propos des *Noces* il écrit que « l'époque de leur rédaction, communément située entre 410 et 439, n'est nullement assurée. Leur auteur (...) pourrait tout aussi bien avoir vécu au temps où la capitale intellectuelle de l'Afrique fut au centre des affaires de l'Occident, tout au moins après le sac de Rome par Genséric, en 455, et la défaite cinglante de la flotte de Basiliskos, en 468, dans les eaux de son port : une renaissance des lettres fut alors encouragée par le roi vandale vieillissant et leur retour d'exil entretint dans les *auditoria* une activité qui prolongeait naturellement celle que les textes sur les arts libéraux du IVᵉ siècle surtout permettent d'évaluer. Dracontius, les poètes de l'Anthologie Palatine et, quelques décennies plus tard, Luxorius confirment la persistance de cette organisation scolaire, dont le forum de Carthage est le centre vivant ».

24. D. Shanzer, *op. cit.*, p. 7, qui appuie son idée sur cette observation de C. Courtois, *Les Vandales et l'Afrique*, Paris, 1955, p. 323 : « Il ressort, du moins je l'espère, des pages qui précèdent l'impression que l'Afrique a conservé presque intacte durant l'époque Vandale la prospérité dont elle avait joui aux jours du Bas-Empire. C'est-à-dire que la crise intérieure qu'elle a connue n'est à aucun titre d'essence économique ».

retrouvé des proconsuls dans la Carthage vandale des dernières décennies du ve siècle[25], et ainsi l'argument que l'on pensait tirer de la disparition du proconsulat en 439 au plus tard s'écroule[26]. S'appuyant, pour la recherche d'un *terminus post quem*, sur l'idée que de toute manière, Martianus est postérieur à Augustin, lequel n'aurait pu ignorer les *Noces* dans les polémiques des livres de la *Cité de Dieu* écrits entre 410 et 428[27], D. Shanzer pense trouver son argument le plus fort, tiré d'une comparaison méticuleuse entre les textes, dans le fait que tantôt Martianus imite Dracontius, tantôt Dracontius imite Martianus, d'où se tire la conclusion inévitable[28] que les deux auteurs sont contemporains. Cette conclusion, estime D. Shanzer, n'est certes pas démentie par le contexte de ces dernières décennies du ve siècle, car les pratiques théurgiques furent florissantes dans les années 470-480 : « Perhaps in the 470s, in the shadow of Arian-Catholic controversies under the Vandals, an African crypto-pagan, influenced by currents of thought from Athens, could celebrate intellectual

25. D. Shanzer, *op. cit.*, p. 7 : *Adrumentinae ciuitatis ciuem Victorianum, tunc proconsulem Carthaginis*, dans Victor de Vita, *Historia persecutionis Africanae prouinciae*, 3, 27 ; et dans la subscription d'un ms. de Dracontius, *uir clarissimus et togatus fori proconsulis Almae Carthaginis apud proconsulem Pacideium* (*MGH*, AA 14, p. 148). Mais J. R. Martindale déjà (*PLRE*, vol. 2, 1980, p. 259) soulignait que « the allusion to "proconsulare culmen" in IX 997 need not indicate a date prior to the Vandal conquest, since there were proconsuls at Carthage with judicial functions under the Vandals ; cf. *Fasti* ». De fait, le même auteur, dans le même ouvrage, avait une notice sur les personnages retenus par D. Shanzer : Acacius 4, *proconsul Africae* ou *Carthaginis ;* Victorianus 1, *proconsul Carthaginis* en 484 ; Pacideius, *proconsul Carthaginis*.

26. Car à la fin de l'œuvre, 9 § 999, il y a une allusion à la fonction de proconsul (*proconsulari uero dantem culmini*), dans un passage certes obscur ; et l'on mettait en avant le fait (cf. A.-C. Pallu de Lessert, *Fastes des provinces africaines sous la domination romaine*, vol. 2, Paris, 1901, p. 134) que l'on ne parle plus du proconsulat romain, la plus haute charge politique à Carthage, après 429 et qu'en tout cas cette charge a été abolie à la prise de la ville par Genséric en 439.

27. D. Shanzer, *op. cit.*, p. 16.

28. « Inescapable », dit D. Shanzer, *op. cit.*, p. 19.

mysteries in comparative peace, provided of course that he exercised reasonable discretion »[29].

Il reste que le silence d'Augustin sur Martianus n'est sans doute pas une preuve suffisante de l'antériorité de l'évêque d'Hippone par rapport à la rédaction des *Noces :* Augustin, s'il a connu le texte de Martianus, était-il vraiment obligé d'en parler, et d'ailleurs n'a-t-il pu le faire dans un texte qui aurait disparu ? Il faut se garder aussi de vouloir trop tirer des correspondances entre les écrits de Martianus et ceux de Dracontius. J'ajouterais volontiers, en faveur d'une datation plus ancienne que les années 470, un autre argument : quand on voit, en 534, Securus Felix Melior déclarer que les exemplaires d'après lesquels il a corrigé le texte de Martianus étaient « bourrés de fautes »[30], cela se comprend mieux si l'ouvrage avait déjà une centaine d'années d'existence que si sa rédaction ne remontait qu'à cinquante ans ou même moins[31]. En somme, étant posé que la question de la date précise de Martianus dans le Ve siècle n'est sans doute pas fondamentale[32] pour une investigation

29. D. Shanzer, *op. cit.*, p. 27. Récemment, Martianus a été placé à une date encore plus tardive par S. Grebe, pour laquelle il est peut-être même vraisemblable qu'il ait rédigé le *De Nuptiis* entre 496 et 523 (S. Grebe, *Martianus Capella, « De Nuptiis Philologiae et Mercurii ». Darstellung der Sieben Freien Künste und ihrer Beziehungen zueinander*, Stuttgart-Leipzig, 1999, p. 21 : « ... ist es vielleicht sogar wahrscheinlicher, daß Martianus *De Nuptiis* zwischen 496 und 523 verfaßt. »).

30. *Ex mendosissimis exemplaribus*, dans la *subscriptio* que présentent à la fin du livre 1 un certain nombre de manuscrits (voir *infra*, p. LXXXI-LXXXIX, notre présentation des manuscrits et n. 151, le texte de la *subscriptio*).

31. Un argument de ce genre a été avancé par A. Cameron, « Martianus and his first editor », art. cit. (qui place la rédaction des *Noces* entre 410 et 415, et la révision par Securus Felix Melior en 498), p. 327 (contestant la datation proposée par D. Shanzer) : « A date as late as the 470s for the composition of the *De nuptiis* is virtually impossible to reconcile with the gross deterioration of the text complained of by Felix in (as we now know) 498 ».

32. Sans doute J. R. Martindale fait-il preuve de sagesse en réduisant les spéculations sur la date de Martianus à la phrase suivante : « Since he wrote before Fulgentius, he probably lived some time in the fifth century » (*PLRE*, vol. 2, p. 259).

portant sur le système philosophique et intellectuel qui est le sien, du reste bien caractéristique de l'époque du IVe siècle finissant et du premier tiers du Ve, on ne trouve pas d'argument majeur pour refuser de voir en Martianus un contemporain de Macrobe, les deux œuvres manifestant des points communs très nets ; Martianus prend bien sa place dans cette Carthage des toutes premières décennies du Ve siècle, dans une Afrique où se manifeste encore une remarquable vitalité intellectuelle maintes fois soulignée par les spécialistes[33].

L'œuvre

Aperçu d'ensemble

Étrangeté[34], hétérogénéité[35], mais aussi unité, tels sont les mots qui pourraient définir les *Noces*[36]. Les difficultés

33. Voir par exemple B. H. Warmington, *The north African provinces from Diocletian to the Vandal Conquest*, Cambridge, 1954, p. 103-111 ; P. Riché, *École et enseignement dans le Haut Moyen Âge*, Paris, 1989, p. 13-14. Demeurent du reste intéressantes et suggestives, bien qu'anciennes, les pages (p. 58-98) consacrées par P. Monceaux, *op. cit.*, à « l'université de Carthage » et à la « physionomie des lettrés », puis (p. 459-486) à la « vie littéraire à Carthage ».

34. « For this universe, which has produced the bee-orchid and the giraffe, has produced nothing stranger than Martianus Capella », écrivait C. S. Lewis, *The allegory of love. A study in medieval tradition*, Oxford, 1936 (repr. 1959), p. 78.

35. « It is the dullest and poorest stuff imaginable », selon H. J. Rose, *A Handbook of Latin Literature*, New York, 1936 (repr. 1960), p. 458.

36. Le titre de l'ouvrage de Martianus n'est pas absolument assuré. Quand Fulgence (*Expositio sermonum antiquorum* 1, 45 ; voir ci-dessus, n. 4 et 19) évoque le *Liber de nuptiis Mercurii et Philologiae*, il ne parle que des deux premiers livres, dont chacun est en effet intitulé *De nuptiis Philologiae et Mercurii* dans les manuscrits. Grégoire de Tours (*Historia Francorum* 10, 31, 18 ; voir n. 6) énumère chacun des livres 3 à 9 en les désignant par le nom (au pluriel chez lui) de la science auquel chacun est consacré ; pour

sont nombreuses pour le lecteur. Elles tiennent au sujet et au contenu de l'œuvre tout autant qu'à son style et à sa langue, et elles sont amplifiées par la longueur des *Noces* et par les problèmes de texte auxquels se trouve confronté l'éditeur de Martianus. C'est peut-être la raison pour laquelle il a fallu attendre des années encore très récentes pour voir paraître la première étude d'ensemble de l'ouvrage, celle de Stahl-Johnson-Burge, qui ne date que de 1971 (le second volume, première traduction complète en une langue moderne, est de 1977). De manière paradoxale, on n'oserait pas affirmer pourtant que ces difficultés n'aient pas été — à côté de l'intérêt culturel de l'œuvre — l'une des causes de sa popularité, du moins quand elle a eu la chance de trouver pour lecteurs des esprits subtils et amateurs de la difficulté, comme étaient par exemple les esprits médiévaux. La difficulté est réelle, et il n'est que d'observer, pour s'en convaincre, le nombre impressionnant de *cruces* qui jalonnent les éditions : les copistes, aux époques successives, ont été égarés par ce texte malaisé, alternance — selon le modèle de la *Satire Ménippée* — de prose et (plus rares) de passages versifiés[37], et qui de plus leur parvenait dans

désigner leur ensemble, il parle des *Septem disciplinae*. De fait, chacun des livres 3 à 9 est intitulé dans les manuscrits par le nom de l'*ars* dont il traite. Cassiodore (*Inst.* 2, 2, 17) emploie l'expression *De septem disciplinis*, mais dit (*Inst.* 2, 3, 20) qu'il n'a pu se procurer l'ouvrage. Le titre de *Noces de Philologie et de Mercure*, qui rend compte du contenu de l'ensemble des neuf livres, peut être adopté pour toute l'œuvre même si le thème des noces est plus spécifiquement développé dans les deux premiers livres ; car les sept sciences sont bien les *uirgines dotales* de la mariée, et l'auteur prend toujours soin de rappeler, au début et à la fin de chaque livre, que le canevas de son ouvrage est son récit des noces. Quant au titre de *Satyricon*, ce n'est qu'une innovation de Grotius pour son édition de 1599.

37. Voir J. C. Relihan, *Ancient Menippean Satire*, Baltimore-Londres, 1993 ; D. Bartonková, « *Prosimetrum*. The mixed style in Martianus Capella's work *De Nuptiis Philologiae et Mercurii* », *SPFB* 22-23, 1977-1978, p. 205-215 ; B. Pabst, *Prosimetrum. Tradition und Wandel einer Literaturform zwischen Spätantike und Spätmittelalter*, Cologne-Weimar, 1994.

un état fort détérioré. Mais pour le Moyen Âge il n'est pas sûr que la difficulté ait été un repoussoir ; elle a peut-être plutôt impressionné le lecteur et servi la notoriété de l'œuvre ; rien de plus attirant que le mystère. Du reste, un mélange de « poésie » et de plaisanteries parfois grasses[38], le tout dans un style « rococo »[39], contribue à faire passer plus facilement ce qui est ardu dans l'œuvre de Martianus. On a donc pu y trouver source d'enseignement et matière à délectation, d'autant plus qu'hétérogénéité n'exclut pas unité. Le titre nous le rappelle : l'œuvre se présente avant tout comme un récit de *Noces* : c'est ce récit qui demeure, envers et contre tout, une sorte de fil directeur autour duquel s'articulent les variations poétiques, religieuses, mystiques et techniques.

Il est difficile de comparer son audience avec celle de Boèce, par exemple, ou de Cassiodore et Isidore. Nous n'irions pas jusqu'à dire avec W. P. Ker[40] que « If Martianus Capella had been forgotten, with the school traditions exemplified in his book, there would have been no chance of a revival of learning. » Car il restait, disparues les *Noces*, de grands textes encyclopédiques, ceux que nous venons de citer et qui ont eu sur la postérité une si grande influence.

Mais il n'y a pas de traité boécien sur les arts du *triuium* ; inversement, Donat et Priscien ne traitent que de grammaire. Dans ces conditions, Martianus reste en compétition avec Cassiodore et Isidore, pour une encyclopédie « universelle », et il est peut-être plus complet qu'eux ; du moins a-t-il pu

38. Voir H. J. Westra, « The juxtaposition of the ridiculous and the sublime in Martianus Capella », *Florilegium* 3, 1981, p. 198-214.

39. C'est l'adjectif employé par W. H. Stahl, vol. 1, p. 32. Cet auteur a des jugements peu amènes pour la prose de Martianus (p. 28) et plus aimables pour les passages poétiques (p. 39), que D. Shanzer, pour sa part (*op. cit.*, p. 4), assassine en déclarant qu'il n'y a guère que leur matière qui puisse les sauver.

40. W. P. Ker, *The Dark Ages*, Édinbourg, 1904 (repr. New York 1958), p. 26.

être jugé tel ; il est aussi de présentation moins austère, puisque la potion amère de l'érudition est prise dans un excipient romanesque et poétique original, celui des *Noces*. Reste que Martianus, s'il n'est pas *le* pilier du système médiéval du *triuium* et du *quadriuium*, en constitue évidemment l'un des piliers : son influence se marque particulièrement dans la fortune des allégories qu'il a imaginées pour décrire chacune des *uirgines/disciplinae*, et que l'on retrouve dans la sculpture des cathédrales comme dans l'iconographie du Moyen Âge et de la première période de la Renaissance[41].

Hétérogénéité, mais aussi unité, disions-nous plus haut : elles se perçoivent quand on observe la division de l'œuvre en neuf livres : 2+3+4 : d'abord deux livres de narration allégorique qui sont en même temps mystiques et philosophiques ; puis trois livres sur ce que l'on appellera au Moyen Âge le *triuium* ; enfin quatre livres sur les quatre sciences qui constituent ce que Boèce appellera le *quadriuium*[42]. Sous la fantaisie perce une volonté d'organisation systématique — qui n'était d'ailleurs pas difficile à concevoir pour Martianus, puisque le concept de la solidarité entre les sept sciences lui préexiste[43]. Poésie et philosophie, invention verbale (la liste des *hapax* de Martianus est interminable), plaisir et étude, nombre variable des livres qui sont respectivement consacrés aux deux groupes des *artes*

41. Voir là-dessus l'Appendice A du vol. 1 de Stahl-Johnson, p. 245-249.

42. Première occurrence chez Boèce (vers 480-524), *Institution arithmétique* 1, 1, 7.

43. Cette solidarité entre les *artes* du *trivium* et les *disciplinae* du *quadrivium* est plus qu'une thématique obligée : car la métrique par exemple, apparentée à la grammaire et à la rhétorique, est également en rapport avec l'harmonie (elle appartient à la musique, dit Minerve chez Martianus lui-même, 3 § 326) ; la solidarité entre la dialectique et la géométrie est évidente à cause du système de preuves qu'elles emploient l'une et l'autre (voir *Noces* 6 § 716).

et des *disciplinae* (2, 3 et 4 sont aussi bien variété que dyade, triade et tétrade) : c'est une entreprise tout à la fois débridée et disciplinée. À côté du σπουδογέλοιον héritage des *Satires Ménippées*[44], le sérieux. Faut-il penser que ce sont les sept derniers livres, sur les sept sciences, qui ont fait lire l'œuvre ? C'est sûrement vrai pour les professeurs carolingiens du milieu du IXe siècle, Martin de Laon et Jean Scot, qui ont grandement contribué à son étude intensive ; mais le rôle des deux premiers livres[45] n'est peut-être pas moindre, car leur mystère est une puissante incitation à la lecture.

Martianus Capella, donc, paraît s'accorder tout d'abord deux livres pour son propre plaisir et pour le plaisir de son lecteur[46]. On est transporté chez les dieux ; Mercure, sur le conseil d'Apollon, décide d'épouser Philologie. Thème traditionnel que l'assemblée des dieux ? Certes, mais le récit allégorique veut aussi indiquer la conviction de Martianus : caractère divin de l'union entre l'érudition (c'est-à-dire Philologie) et l'éloquence (représentée par Mercure)[47], en un mariage approuvé par les lois des dieux

44. Voir sur ce point D. Shanzer, *op. cit.*, p. 29-44 (ch. 2, « The *De Nuptiis* as Menippean Satire »).

45. Ce sont les livres du *mythos*, comme Martianus le dit nettement à la fin du livre 2 : *Nunc ergo mythos terminatur* (§ 220) ; ils s'opposent ainsi aux sept livres d'*artes*.

46. Plaisir manifestement partagé par P. Monceaux, *Les Africains*, *op. cit.*, p. 447, dont il vaut la peine de citer les premières lignes du résumé des *Noces :* « L'ouvrage débute assez drôlement. Capella est de loisir ce jour-là, et il s'est enfermé au logis pour travailler à son aise. On le croit tout absorbé par ses graves études quand tout à coup on l'entend chanter. On prête l'oreille : le vieil avocat vient d'entonner un air d'hyménée ; le couplet fini, il recommence sans se lasser. Comme il a plus de cinquante ans et des cheveux blancs, son fils accourt un peu inquiet, se demandant à part lui si la tête déménage. Capella s'explique : son chant d'hyménée est de circonstance ; car il termine un roman dont le sujet principal est un mariage. Pour convaincre son fils, il lui conte en détail toute l'histoire » ; etc.

47. C'est dans cette union entre la *sapientia*, Mercure, et l'*eloquentia*, Philologie, que Jean Scot Érigène trouve la signification profonde de l'œuvre : voir ses *Annotationes in Marcianum*, éd. précitée (n. 7) de C. Lutz, p. 4.

et du nombre (car les « nombres » des deux époux manifesteront au livre 2, malgré les angoisses de la fiancée, qu'ils sont faits pour s'entendre[48]). Philologie, qui, pas plus que son modèle apuléien Psyché, n'est une déesse, est alors élevée aux cieux[49] — et non pas, c'est notable, sur l'Olympe mythologique ; la convention cède ici la place à une religion astrale composite, dans laquelle se mêlent les influences néopythagoriciennes, néoplatoniciennes, stoïciennes et égyptiennes ; si Jupiter est classiquement dans l'ensemble de l'œuvre le Père des dieux, qui a pris la place de Saturne, les § 185 et 202 du livre 2 parlent aussi de la divinité suprême inconnue et inconnaissable du néoplatonisme ; Apollon lui-même (§ 191-192) apparaît comme un syncrétisme de différents dieux égyptiens, libyens, perses ou phéniciens. Parmi les sphères célestes va donc s'accomplir, devant une assistance de dieux, de demi-dieux et de savants, la cérémonie nuptiale. C'est le prétexte pour introduire les Sept Sœurs que sont les sept *disciplinae*[50] : demoiselles d'honneur de la mariée ? Non pas exactement, mais *feminae dotales* (8 § 803, 807, 810), c'est-à-dire, plutôt, servantes que le mari apporte à la future épouse.

On n'est donc plus dans un banquet, genre classique pour l'exposition de doctrines puis la présentation de pots-pourris d'érudition, depuis Platon jusqu'à Athénée et Macrobe en passant par Plutarque : classique, le genre a

48. Voir là-dessus W. Kroll, « Onomatomanteia », RE 18, 1, Stuttgart, 1939, col. 517-520.

49. Le déroulement de cette apothéose de Philologie a été mis en relation avec une initiation mystérique par L. Lenaz, *Martiani Capellae de nuptiis Philologiae et Mercurii liber secundus*, Padoue, 1975, p. 6-26, puis par I. Hadot, *Arts libéraux et philosophie dans la pensée antique*, Paris, 1984, p. 142-146.

50. Elles occuperont chacune un des sept derniers livres : la Grammaire le livre 3, la Dialectique le livre 4, la Rhétorique le livre 5, la Géométrie le livre 6, l'Arithmétique le livre 7, l'Astronomie le livre 8 et l'Harmonie le livre 9.

peut-être été senti comme ressassé et rébarbatif par Martianus Capella. L'auteur a dû estimer que son discours, hétéroclite et souvent pédant, passerait mieux s'il était présenté par de belles jeunes filles devant les dieux souverains, et en prélude à une cérémonie nuptiale. Les modèles, ou les sources, ne sont donc plus à chercher chez Platon, mais bien davantage en milieu romain, chez le Varron des *Satires Ménippées*, chez Pétrone et chez Apulée.

C'est surtout dans les deux premiers livres que se manifeste l'usage débridé du néologisme et de l'hapax qui est l'une des caractéristiques du style de Martianus. Mais ces traits de style sont malgré tout une constante des *Noces*. Stahl[51] les répartit en deux catégories : des composés hardis, sur des bases la plupart du temps reconnaissables, par exemple *latrocinaliter* en 6 § 642 ou *marcidulus* en 7 § 727 ; des mots techniques ou scolaires, comme *apocatastaticus* en 7 § 735. Ces néologismes et hapax sont à la fois des difficultés et des stimulants pour les commentateurs carolingiens, qui s'évertuent à les gloser. Plus encore que son modèle Apulée[52], et sans que l'on puisse affirmer qu'il l'imite servilement, Martianus a le goût de l'invention verbale et du vocabulaire chatoyant.

Du reste, ce qui vient d'être dit vaut surtout des parties métriques de l'œuvre. Car dès qu'il s'agit de l'exposé « scientifique », en prose, l'expression de Martianus redevient plus aisément intelligible et son obscurité

51. Vol. 1 p. 31.

52. Les traces de l'influence d'Apulée sur Martianus sont nombreuses, jusque dans le détail. Le mariage de Philologie et de Mercure est l'union entre un dieu et une mortelle (qui doit être divinisée à cette fin), comme l'union de l'Amour et de Psyché dans le conte qui occupe une grande partie des *Métamorphoses* d'Apulée (livre 4, 28 – livre 6, 24). Des personnages allégoriques comparables figurent dans l'une et l'autre œuvre : ainsi Cupidon, Volupté, ou les Grâces. Si l'œuvre d'Apulée est caractérisée par des « histoires de vieilles » (*anilibus fabulis*, 4, 27), celle de Martianus est une « histoire de vieux » (*senilem fabulam*, 9 § 997).

éventuelle tient alors beaucoup plus au sujet abscons lui-même qu'à un parti pris stylistique. De même Apulée usait-il lui aussi d'un double style, flamboyant comme romancier, plus uniforme comme philosophe[53]. Il est vrai qu'il demeure chez l'auteur des *Noces* une troisième sorte de texte, celui qui, en prose, veut pourtant aborder d'autres réalités que celles, très sèches, de la théorie scientifique : on pense notamment à ces présentations des sept *uirgines*, dans lesquelles le style ampoulé ne laisse pas, cependant, de frapper par la neutralité d'un vocabulaire un peu gris, un peu terne : comme si l'auteur, qui promettait tellement dans les envolées de ses vers, s'avouait finalement peu capable de trouver la touche juste et colorée qui conviendrait, par exemple, à la beauté et à la majesté d'Arithmétique (7 § 728).

Il est étonnant de voir Martianus capable à la fois d'invention débridée dans la recherche lexicale et de stricte fidélité à la métrique classique dès lors qu'il s'exprime en vers. Les mètres qu'il utilise sont au nombre de quinze (avec prédominance de l'hexamètre dactylique, du distique élégiaque et du sénaire iambique)[54]. En cela il soutient la comparaison avec Ausone, avec Prudence, ou avec le Boèce de la *Consolation de Philosophie*. Qu'il ait pu réintroduire assez fréquemment dans ses propres vers des expressions empruntées aux poètes classiques (Virgile et Ovide surtout, ainsi que Lucain) montre seulement que ces poètes étaient toujours les auteurs de référence dans les écoles romaines. Plus intéressants, car ils constituent un élément de datation relative, sont les deux *loci* où se manifeste une réminiscence

53. C'était d'ailleurs davantage comme philosophe que comme auteur de roman qu'il était perçu par bon nombre des anciens : cf. Macrobe, *Commentaire sur le Songe de Scipion* 1, 2, 8.

54. La classification de tous ces mètres est donnée par M. Schanz et C. Hosius, *Geschichte der römischen Literatur*, vol. 4, 2ème partie, Munich, 1922, p. 167-170, puis par S. Grebe, *op. cit.*, p. 26 n. 65.

de Claudien : au § 1, la présentation d'Hymen rappelle l'*Épithalame de Palladius et Celerina*, composé en 399[55] ; le § 123 du livre 2 rappelle le poème *Sur le consulat de Flavius Manlius Theodorus*, consul en 399[56].

Les motivations

On se gardera de penser que notre auteur se propose fondamentalement la rédaction d'un manuel pédagogique. Certes, Martianus dédie les *Noces* à son fils, dont il semble vouloir parfaire l'instruction. Et c'est comme un manuel encyclopédique commode que la postérité, surtout à l'époque carolingienne, a utilisé les *Noces*. Mais l'ouvrage ne se laisse pas enfermer dans cette définition[57]. Un manuel ne se construit pas sur une sorte d'intrigue comme celle qui organise les *Noces*, il ne fait pas alterner des poèmes avec de la prose.

Il y a certainement une dimension polémique anti-chrétienne des *Noces*, même si elle est sensible dans les deux premiers livres uniquement. L'exposé concernant les sept disciplines, de nature scientifique, est nécessairement d'un caractère beaucoup plus neutre du point de vue religieux (encore que, dans les développements arithmologiques, Martianus n'omette pas de mettre en rapport tel nombre avec telle divinité, ce que ne feront plus, évidemment, les auteurs chrétiens). Mais les deux premiers livres doivent véritablement être considérés comme un des derniers chants de la religiosité païenne.

55. Et publié dans les *Carmina* de Claudien, éd. Birt, *Monumenta Germaniae Historica* 10, Berlin, 1892, poème 31.

56. Poème 17 dans la même édition Birt. Sur ces deux passages, cf. Stahl, vol. 1, p. 85 et n. 4.

57. À la lecture de M. Fuhrmann, *Das systematische Lehrbuch*, Göttingen, 1960, on voit bien que l'ouvrage de Martianus n'entre pas dans le genre. Voir aussi W. H. Stahl, « The systematic handbook in Antiquity and the early Middle Ages », *Latomus* 23, 1964, p. 311-321.

L'inspiration philosophique de l'ensemble est nettement néoplatonicienne. Les *Noces* sont l'illustration de la doctrine suivant laquelle l'âme, pour assurer sa remontée — le *regressus* porphyrien — vers le séjour céleste de son origine, doit avoir recours aux sept sciences. Elles seules délivrent l'âme de ses liens avec le corps et de son enfouissement dans le monde sensible. Philologie (« celle qui aime le Logos ») épousant Mercure, c'est l'âme humaine s'unissant au Logos, à la fois Parole et Raison[58]. Il y a un chemin à parcourir pour retourner à la patrie céleste, et ce chemin est celui de la connaissance assurée par le cycle des sept *disciplinae*[59]. Martianus professe donc, de manière allégorique, la même doctrine que celle d'Augustin dans le deuxième livre du *De ordine*[60]. C'est bien par le néoplatonisme qu'est sous-tendu tout le *prosimetrum*, même si le néoplatonisme n'apparaît expressément que dans la visée d'ensemble, dans les deux premiers livres, dans les introductions de chacun des livres et, s'agissant du livre 7, dans l'exposé arithmologique ; pour le reste, en effet, les exposés techniques consacrés à chacune des *disciplinae* n'ont rien de spécifiquement néoplatonicien, car l'auteur n'a sans doute pas eu de la doctrine qu'il professait une

58. Cf. S. Gersh, *op. cit.*, p. 605 : « There seems little obstacle to interpreting Mercury and Philology as symbolizing the divine and human intellect respectively and their marriage along the lines indicated by this symbolism ».

59. Cela demande des efforts et appelle sa récompense ; c'est pourquoi l'assemblée des dieux souhaite pour les mortels qui s'en seront rendus dignes la même apothéose que celle de Philologie (1 § 94).

60. Mais chez Augustin, cette doctrine est seulement celle de la période de Cassiciacum, marquée par la lecture d'ouvrages néoplatoniciens au nombre desquels, au moins, une traduction latine du *De regressu animae* de Porphyre, selon P. Courcelle, *Les Lettres grecques*, p. 167 et n. 2 ; et ensuite elle cède la place à une doctrine davantage marquée par le christianisme : dans le *De doctrina christiana*, le groupe des sept sciences est élargi à la géographie, à la géologie, à la botanique, à l'agriculture et à la médecine ; il s'agit désormais pour Augustin de faire étudier les disciplines qui peuvent être utiles à l'exégèse scripturaire (cf. I. Hadot, *Arts libéraux...*, p. 136).

vision assez profonde pour la faire rejaillir sur les contenus techniques eux-mêmes. En ce sens, le décalage que l'on observe dans le même livre 7 entre le début néoplatonicien réuni à l'exposé d'arithmétique « pythagoricienne » d'une part (l'ensemble ainsi constitué se laissant comparer en maint endroit avec des passages du *Commentaire sur le Songe de Scipion* de Macrobe), et d'autre part la collection euclidienne qui vient ensuite, est particulièrement remarquable.

L'œuvre peut aussi être ressentie comme la manifestation d'un réflexe d'auto-défense d'hommes appartenant à un milieu culturel qui se sent menacé et touchant à son terme dans un monde en profonde mutation[61]. Cela n'a d'ailleurs, en soi, rien de typiquement anti-chrétien, car cette réflexion est aussi valable à propos de Boèce et de son beau-père Symmaque, intellectuels chrétiens qui tenteront de susciter une renaissance des lettres grecques et de la culture classique. D'où cet orgueil de l'auteur, conscient de la cause au service de laquelle il s'est mis, même si cet orgueil est dissimulé par une auto-ironie imposée par le genre de l'ouvrage.

Du reste, cette attitude de repli sur des valeurs menacées n'est pas séparable de la volonté, plus ou moins consciente, de transmettre à la postérité un héritage essentiel, même si l'on n'est pas toujours capable d'en maîtriser parfaitement toutes les composantes. C'est ce que feront aussi Boèce, Cassiodore et Isidore. Si Boèce a encore toutes les dispositions nécessaires et la solide éducation classique, littéraire, philosophique et scientifique, pour être considéré comme le « dernier des Romains », Martianus est de ce point de vue plus proche de Cassiodore ou d'Isidore, comme

61. « The work can be seen as a *summa* of pagan knowledge, religious and secular, handed down by Martianus to his son, or perhaps even as fragments shored against his ruin. Martianus may have fancied himself as the last of a line of learned men » (D. Shanzer, *op. cit.*, p. 28).

de tous les anonymes auteurs de compilations de l'Antiquité tardive. Leurs insuffisances et leurs erreurs n'empêchent pas qu'ils ont constitué un trait d'union d'une importance essentielle entre l'Antiquité et les générations postérieures. Dans le domaine des mathématiques par exemple, c'est grâce à Boèce, mais aussi grâce à Martianus, à Cassiodore et à Isidore que l'Occident a connu les rudiments qu'il a pu conserver de la science antique, avant sa rééducation par les Arabes.

Les longues nuits d'hiver, pendant lesquelles Satire a conté les *Noces* à un Martianus *senilis*, pourraient être aussi une bonne allégorie des *Dark Ages*[62]. Et l'on ne peut que suivre W. H. Stahl[63] quand il explique que le mariage de Mercure, l'éloquence antique avec tout ce qu'elle évoque de notions pédagogiques, avec Philologie, « a medieval personification of musty handbook learning », représente en dernière analyse le déclin de la vie intellectuelle en Occident dans les derniers siècles de l'Empire — malgré des exceptions notables, mais dans des contextes spéciaux, comme celle de Boèce.

Martianus et la postérité

On pense spontanément à la possibilité d'une influence de Martianus sur le Boèce du *quadriuium* d'une part, de la *Consolation de la Philosophie* d'autre part, influence qui devrait se traduire par des points communs entre les deux auteurs. En ce qui concerne la *Consolation*, elle est, exactement comme les *Noces*, un *prosimetrum*. Mais dans quelle mesure Martianus a-t-il influencé Boèce ? Les deux auteurs ne prennent-ils pas leur inspiration commune dans

62. C'est ce que dit W. H. Stahl 1, p. 231 ; il revient sur cette expression et sur sa véracité p. 238-239.

63. *Ibid.*

la *Satire Ménippée* ? Et sur un autre plan, quelles traces de Martianus dans les livres du *quadriuium* de Boèce ? Pour W. H. Stahl, aucune[64]. Il est vrai que Martianus avait apparemment peu de chance de séduire Boèce : le rhéteur carthaginois, pédant et insuffisamment instruit, a peu de chose à dire à l'aristocrate romain travaillant dans la splendeur de sa bibliothèque privée, celle qu'il regrette dans la *Consolation*. Et pourtant Boèce a dû lire Martianus, car la description de Philosophie dans la *Consolation* (1, *pr.* 1) rappelle le personnage de la *Virgo Arithmetica* dans les *Noces*[65].

64. Vol. 1 p. 57. La seule que nous pensons pouvoir distinguer, pour notre part, est très ténue et concerne les noms des nombres parfaits, déficients et abondants ; mais c'est seulement le titre du chapitre que leur consacre l'*Institution arithmétique* (1, 19 ; voir éd. J.-Y. Guillaumin, CUF, 1995, p. 40 et n. 125) qui use d'une terminologie comparable à celle de Martianus, et il n'est pas absolument certain que les *capitula* soient de Boèce lui-même ; s'ils ont été ajoutés par la suite, leur auteur aura pu puiser dans la terminologie de Martianus Capella. Inversement, s'ils sont bien de Boèce, cela implique que celui-ci avait lu Martianus dès l'époque de la composition de l'*Institution arithmétique*, ouvrage de jeunesse rédigé vers 500. Quoi qu'il en soit, il demeure clair que Boèce n'avait en rien besoin de Martianus pour produire sa propre œuvre, car il avait accès directement en grec à l'ensemble de la littérature scientifique et philosophique grecque, ce qui n'est pas le cas de Martianus.

65. Voir 7 § 728-729, et notre commentaire *ad loc.* La correspondance lexicale entre les deux passages de Martianus et de Boèce semble permettre de contester l'affirmation de J. Préaux (« Les manuscrits... », p. 82 n. 21) pour qui « le *De nuptiis* n'était pas connu en Italie au début du VIe siècle. Les parallèles qui ont été suggérés entre cette œuvre et celle de Boèce ne sont nullement assurés ». Sur cette question des parallèles entre les deux œuvres, voir J. Gruber, *Kommentar zu Boethius De Consolatione Philosophiae*, Texte und Kommentare 9, Berlin-New York, 1978, p. 18 ; du reste, H. Chadwick (*Boethius. The Consolations of Music, Logic, Theology, and Philosophy*, Oxford Univ. Press, 1981) a relevé d'autres correspondances entre les *Noces* et la *Consolation*, par ex. (p. 297 n. 10) entre Martianus 2 § 125 v. 13-16 *lumine claro... cernere uultus* et Boèce 1, *metr.* 7, v. 21-22 *lumine claro / cernere uerum ;* entre Martianus 1 § 1 v. 3 *semina qui arcanis stringens pugnantia uinclis* et Boèce 2, *metr.* 8, v. 3 *quod pugnantia semina* ; il signale aussi comme possible (« perhaps », p. 235) une imitation de Martianus 2 § 193 v. 18 *Da pater aetherio mentis conscendere coetus* par

Cassiodore, l'autre grand esprit du VIe siècle, n'a pas utilisé Martianus. Cependant, lorsque le fondateur de Vivarium déclare (*Inst.* 2, 2, 17 et 2, 3, 20) qu'il n'a pu réussir à se procurer l'ouvrage de Martianus sur les sept disciplines, on peut bien plutôt tenir pour assuré qu'il ne tint guère à l'utiliser. On a peine à admettre que Martianus lui soit resté inaccessible au moment où, en 534, Securus Felix Melior effectuait la révision du texte des *Noces*[66]. Que Cassiodore ait entrepris de rédiger lui-même ses *Institutions* montre bien qu'il ne faisait pas réellement confiance à Martianus pour l'instruction des moines de Vivarium ; il a plutôt souhaité l'évincer. Car Martianus est un païen, et de plus son niveau scientifique est bien inférieur à celui d'un Nicomaque et d'un Boèce, si l'on s'en tient à l'exemple des écrits mathématiques. Paradoxalement, cependant, en rédigeant lui-même un manuel d'éducation qui comporte les trois *artes* et les quatre *disciplinae*, Cassiodore contribue à donner à ces sept sciences une importance fondamentale pour la postérité médiévale qui utilisera les *Institutions* et lui suggère ainsi la nécessité de lire l'exposé des sept sciences qui se trouve chez Martianus Capella.

Grégoire de Tours, à la fin du VIe s., terminant son *Historia Francorum*, rend hommage à celui qu'il appelle « notre Martianus », faisant ainsi de lui, pour la première fois, un chrétien[67] ; il énumère en détail les apports de

Boèce 3, *metr.* 9, v. 22 *Da, pater, augustam menti conscendere sedem*. À propos du même poème de la *Consolation*, au v. 10, l'expression de Boèce, *elementa ligas*, était mise en parallèle avec Martianus 1 § 1 v. 5 *elementa ligas* par C. Leonardi, « I codici... », 1960, p. 498.

66. J. Préaux (« Les manuscrits... », p. 81) écrit que « le pape Agapit et Cassiodore ne furent peut-être pas étrangers à l'*emendatio* entreprise par Securus sur des manuscrits du *De nuptiis* venus de Carthage ». Sur la *subscriptio* qui, dans plusieurs manuscrits des *Noces*, atteste de ce travail, voir *infra*, n. 151.

67. Question débattue (déjà posée par C. Böttger, « Über Martianus Capella und seine Satira : Nebst einigen kritischen Bemerkungen », *Neue Jahrbücher für Philologie und Paedagogik*, Suppl. Bd. 13, 1847, p. 593), et

Martianus à l'éducation du lecteur dans chacune des sept disciplines, sans pour autant rien citer de textuellement attribuable aux *Noces*[68], et en paraissant[69] même dire que

sans solution évidente pensons-nous, que celle du christianisme possible de Martianus. M. Cappuyns, art. cit., col. 838, écrivait que « rien ne s'oppose à ce que, même proconsul, Martianus ait été foncièrement païen, mais il nous paraît exagéré de le proclamer tel en raison de son œuvre littéraire ». De fait, l'éventuel christianisme de Martianus n'aurait eu aucune raison de se manifester dans une œuvre comme les *Noces*. C'est de la même manière que Boèce, dans la *Consolation de Philosophie*, exprime un néoplatonisme dans lequel il y a si peu de traces de christianisme qu'on a douté pendant longtemps qu'il ait pu être l'auteur des traités théologiques dont il a bien fallu cependant lui reconnaître la paternité. Mais Martianus, dont l'œuvre manifeste tant de ressemblances avec celle d'un Macrobe qui appartenait au dernier cercle du néoplatonisme romain, pourrait bien plus vraisemblablement se ranger dans cette mouvance et n'avoir nullement été chrétien. La possibilité ouverte par les mots *Martianus noster* de Grégoire ne suffit pas à le convertir : sur quelles réalités pouvait bien se fonder l'évêque de Tours ? On a en revanche, beaucoup plus nettes, les réticences mal avouées de Cassiodore. En somme, il est difficile de prendre parti, et la prudence consiste à se rallier à la prudente conclusion de S. Grebe, *op. cit.*, p. 22 : « Jedenfalls macht die wiedergegebene Diskussion deutlich, daß auch in der Frage, ob Martianus Christ war, eine sichere Antwort nicht möglich ist ».

68. *Historia Francorum* 10, 31, 18 : *Quod si te, o sacerdos Dei, quicumque es, Martianus noster septem disciplinis erudiit, id est si te in grammaticis docuit legere, in dialecticis altercationum propositiones aduertere, in rhetoricis genera metrorum agnoscere, in geometricis terrarum linearumque mensuras colligere, in astrologiis cursus siderum considerare, in arithmeticis numerorum partes colligere, in armoniis sonorum modulationes suauium accentuum carminibus concrepare, si in his omnibus ita fueris exercitatus ut tibi stilus noster sit rusticus, nec sic quoque deprecor ut auellas quod scripsi. Sed si tibi in his quiddam placuerit, saluo opere nostro, te scribere uersu non abnuo*, « Que si, ô évêque de Dieu, qui que tu sois, notre Martianus t'a initié aux sept disciplines, c'est-à-dire si dans la grammaire il t'a appris à lire, dans la dialectique à prêter ton attention aux propositions contradictoires, dans la rhétorique à reconnaître les genres de mètres, dans la géométrie à embrasser les mesures de la terre et des lignes, dans l'astronomie à observer le cours des astres, dans l'arithmétique à embrasser les catégories des nombres, dans la musique à accompagner de sons mélodieux les doux accents des poèmes, si dans tous ces arts tu as été assez exercé pour que notre stylet te paraisse grossier, n'efface pas cependant, je t'en supplie, ce que j'ai écrit. Mais si tu y trouves quelque chose qui te plaise, je ne refuse pas que tu le mettes en vers, pourvu que notre ouvrage soit sauf » (la traduction de

les *Noces* délivrent un enseignement sur les *genera metrorum* dans le livre consacré à la rhétorique, alors que Martianus annonce (livre 3 § 326) qu'il n'en traitera que dans le livre consacré à la musique. J. Préaux croit vraisemblable[70] que Grégoire ait eu en main une copie de l'ouvrage de Martianus et on peut sans doute le suivre.

Une influence de Martianus sur Isidore ne paraît guère discutable et elle se manifeste nettement au moins dans le *Liber numerorum* du Sévillan, dont de nombreux passages sont clairement démarqués des *Noces*[71]. J. Fontaine n'hésite

R. Latouche, *Grégoire de Tours. Histoire des Francs*, Paris, Belles Lettres, t. 2, 1965, p. 325, est défectueuse). L'ordre des livres du *quadriuium* dans cette phrase de Grégoire (géométrie, astronomie, arithmétique, musique) n'est pas celui dans lequel se présentent les livres de Martianus (arithmétique et astronomie sont interverties). Par contre, J. Préaux (« Les manuscrits... », p. 84 n. 26) a tort de faire grief à Grégoire de citer le livre sur la dialectique avant le *De rhetorica :* tel est bien l'ordre adopté par Martianus lui-même.

69. L'apparence est peut-être trompeuse. Dans la phrase de Grégoire qui a été citée à le note précédente, *in rhetoricis* ne désigne peut-être pas le livre sur la rhétorique, mais cette *ars* elle-même ; dans ce cas, Grégoire fait relever de la rhétorique l'étude des *genera metrorum*, ce qui est admissible quoique ce ne soit point, effectivement, la doctrine de Martianus, mais il ne dit pas que Martianus en traite dans son livre sur la rhétorique ; et alors la réticence de J. Préaux (art. cit., p. 84 n. 26), gêné que « Grégoire ignore le fait que Martianus déclare explicitement (III, 326, p. 150, 5-8) que son *De rhetorica* n'exposera pas les questions de rythmique et de métrique parce qu'elles le seront dans le *De harmonia* », n'a plus de fondement.

70. J. Préaux, « Les manuscrits... », p. 83 : « Une copie du *De nuptiis* s'est vraisemblablement trouvée dans la bibliothèque de Grégoire de Tours, dont le témoignage reflète l'intérêt suscité par l'œuvre, en France même, à l'extrême fin du VIe siècle ».

71. Isidore (PL, vol. 83, 1862, col. 179-200) suit très fidèlement les § 731 à 748 du livre 7 de Martianus, où l'on trouve, dans un ordre systématique, l'exposé concernant les vertus arithmologiques des nombres de 1 à 10. Ce qu'il en supprime se réduit chaque fois au nom de la divinité païenne à laquelle est assimilée le nombre considéré, et cette suppression est systématique. Mais le reste a été conservé, même s'il peut être parfois résumé ou modifié (volontairement ou non), comme le montre la comparaison des deux textes que j'effectue dans l'édition du *Liber numerorum* à paraître aux Belles Lettres dans la collection ALMA.

pas à écrire que l'évêque de Séville a utilisé directement l'ouvrage de Martianus[72], même si C. Leonardi[73] estime que les parallélismes invoqués entre les *Étymologies* et Martianus sont peu nombreux et au fond peu probants.

Conséquence, sans doute, du relatif oubli dans lequel étaient tombées les *Noces* aux temps troublés du VIe siècle, c'est un seul exemplaire de l'ouvrage de Martianus — fort abîmé du reste — qui est parvenu à l'époque carolingienne. Mais le *De nuptiis* devient un texte fondamental de l'école carolingienne : les nombreux manuscrits carolingiens du IXe s. témoignent de son utilisation scolaire systématique. Dès le début de cette époque, contrairement à ce que l'on avait d'abord cru[74], on étudie Martianus Capella. Les grands maîtres carolingiens donneront des commentaires philologiques et philosophiques des *Noces :* ainsi font, dès les années 840-850, les maîtres irlandais venus sur le continent, Jean Scot Érigène[75] et Martin de Laon[76] ; ces deux commentaires seront ensuite utilisés par Rémi d'Auxerre, qui a donné le commentaire carolingien le plus complet de Martianus Capella[77]. « Larousse des médié-

72. J. Fontaine, *Isidore*, vol. 2, p. 858.

73. C. Leonardi, « I codici... », 1959, p. 461 n. 94.

74. Ainsi M. Cappuyns, *Jean Scot Érigène : sa vie, son œuvre, sa pensée*, Louvain-Paris, 1933, p. 79.

75. Cf. *supra*, n. 7.

76. Voir J. Préaux, « Le Commentaire de Martin de Laon sur l'œuvre de Martianus Capella », *Latomus* 12, 1953, p. 437-459 ; l'existence de ce commentaire avait déjà été signalée par M. L. W. Laistner, « Martianus Capella and his ninth century commentators », dans *Bulletin of the John Rylands Library* 9, 1925, p. 130-138. En réalité, J. Préaux a transféré à Martin de Laon la paternité du commentaire d'un mystérieux Dunchad (*Dunchad, Glossae in Martianum*, éd. C. E. Lutz, Lancaster, PA, 1944), et il a été généralement suivi, sauf par J. J. Contreni (« A Note on the Attribution of a Martianus Capella Commentary to Martinus Laudunensis », *Catalogus Translationum et Commentariorum. Mediaeval and Renaissance Latin Translations and Commentaries* III, ed. by P. O. Kristeller and F. E. Cranz, Washington, 1976, p. 451-452).

77. Cf. *supra*, n. 10.

vaux »[78], l'œuvre de Martianus est pour eux une véritable synthèse de la culture classique, et ils l'utilisent dans leur recherche et leur systématisation d'un programme complet d'éducation.

Quelle fut la destinée de Martianus aux Xe et XIe siècles ? En Italie, parmi d'autres témoignages d'intérêt envers Martianus Capella au Xe s., des mss. sont copiés par Rathier de Vérone[79]. En France, vers 970-980, Abbon, abbé de Fleury de 988 à 1004, cite littéralement une partie du § 746 du livre 7 de Martianus[80]. Gerbert lui-même, le Pape de l'an mil et distingué mathématicien, fréquente Martianus. Et le *prosimetrum* médiéval fut largement influencé par Martianus, comme par la *Consolation de la Philosophie* de Boèce : à ce propos, il faut citer particulièrement Alain de Lille dans l'*Anticlaudianus* [81].

Puis l'école de Chartres marque un grand intérêt envers Martianus, et spécialement envers le livre 8, au moment où, au XIIe s., elle s'occupe de cosmologie. Dans son *Heptateuchon*, Thierry de Chartres[82] démarque intégralement

78. C'est l'expression suggestive de J. de Ghellinck, *Littérature latine au Moyen âge*, 1, Paris, 1939, p. 74. Voir aussi à ce sujet C. Leonardi, « Nota introduttiva per un'indagine sulla fortuna di Marziano Capella nel medioevo », dans *Bolletino dell'Istituto storico italiano per il medioevo e Archivio muratoriano* 67, 1955, p. 265-288.

79. Cf. C. Leonardi, « Raterio e Marziano Capella », *Italia medioevale e umanistica* 2, 1959, p. 73-102.

80. *Excerpta ex Abbonis scolastici Floriacensis in calculum Victorii commentario*, texte édité par N. Bubnov, *Gerberti opera mathematica*, Berlin, 1899, p. 202 l. 2-11 ; voir notre commentaire du § 746 du livre 7.

81. L'*Anticlaudianus* a été édité par R. Bossuat, Paris, 1955. À propos de l'influence exercée par Martianus sur Alain de Lille, voir G. Raynaud de Lage, *Alain de Lille*, Montréal-Paris, 1951, p. 103.

82. Voir J.-A. Clerval, « L'enseignement des arts libéraux à Chartres et à Paris dans la première moitié du XIIe siècle d'après l'*Heptateuchon* de Thierry de Chartres », dans *Congrès scientifique international des Catholiques tenu à Paris en 1888*, vol. 2, Paris, 1888, p. 281-282 (l'art. occupe les p. 277-296) ; et plus récemment P. Dronke (éd.), *A History of twelfth-century western philosophy*, Cambridge University Press, 1988.

les livres 5 à 7 de Martianus. Jean de Salisbury fait de fréquentes allusions aux *Noces* dans son *Metalogicon*[83]. Godefroy de Saint-Victor, dans son *Fons philosophiae*, place Martianus parmi les philosophes. La gloire de Martianus à Chartres ne se peut comparer qu'à celle de Boèce, dont les Chartrains étudièrent et commentèrent les œuvres scientifiques. Dans les deux cas, il faut penser à l'intérêt spécial qu'a porté cette école aux sciences du *quadriuium :* « Cette estime des sciences », a écrit J.-M. Parent, « est un trait dominant de Chartres » ; dans cette école on « établit deux cycles subordonnés de sciences, réservant le nom de philosophie aux sciences des «res», celles des «voces» se trouvant ainsi dépréciées au profit des autres »[84] et, sous le nom d'*eloquentia*, étant en quelque sorte ravalées au niveau d'études préparatoires.

Au Moyen Âge tardif, ce n'est plus désormais à l'encyclopédiste du *triuium* et du *quadriuium* que l'on va s'intéresser, mais aux deux premiers livres des *Noces* et au voyage dans les sphères célestes : Dante en subit l'influence. Le dernier ouvrage nettement influencé par Martianus est la *Visión delectable de la Philosophia y Artes Liberales, Metaphísica y Philosophía Moral* d'Alfonso de la Torre[85], vers 1435.

83. Cf. *Ioannis Saresberiensis Metalogicon*, éd. C.C.J. Webb, Oxford, 1929, p. 196 et 208 ; plus récemment, *The Metalogicon of John of Salisbury*, tr. angl. par Daniel D. McGarry, Berkeley, 1962.

84. J.-M. Parent, *La doctrine de la création dans l'école de Chartres*, Paris, 1938, p. 23.

85. Cf. J. P. W. Crawford, « The Seven Liberal Arts in the *Visión Delectable* of Alfonso de la Torre », *Romanic Review* 4, 1913, p. 58-75.

Les sept arts dans l'iconographie du Moyen Âge et de la Renaissance[86]

Dans le domaine artistique aussi, les *Noces* ont inspiré le Moyen Âge et la Renaissance. Les représentations picturales des sept *artes* ont dû commencer très tôt : il y a une première allusion à une telle peinture dans le poème intitulé *De septem liberalibus artibus in quadam pictura depictis* de Théodulfe, évêque d'Orléans († 821)[87].

Paolo d'Ancona[88] a donné une liste « italienne » de ces représentations picturales : les arts sont représentés sur le campanile de la cathédrale de Florence ; les sept arts sont sur le tombeau de Robert d'Anjou à Naples ; il y a encore, à Florence, les fresques de la Chapelle des Espagnols à Sainte-Marie Nouvelle ; la chaire de la cathédrale de Sienne ; celle de la cathédrale de Pise ; la Fontana maggiore à Pérouse ; à Rimini, le Tempio Malatestiano ; le tombeau de Sixte IV à Saint-Pierre de Rome ; les arts sont peints

86. Les indications qui suivent sont fournies en majeure partie par l'Appendice A de W. H. Stahl, vol. 1, p. 245-249.

87. *PL* 105, col. 333-335. Ce poème est trop long pour être cité intégralement ici. Les sept *artes* y apparaissent dans l'ordre suivant, qui n'est pas celui de Martianus, mais celui du livre 2 des *Institutions* de Cassiodore : grammaire (v. 3 sq., col. 333 B), rhétorique (v. 17-26, col. 333 C – 334 A), dialectique (v. 27 sq., col. 334 A), arithmétique (*numerorum ars*, v. 63-66, col. 335 A), musique (v. 69 sq., col. 335 A), géométrie (v. 73 sq., col. 335 A), astronomie (v. 79-98, col. 335 B). Cependant les représentations picturales des *uirgines* sont marquées du souvenir de Martianus, comme le montre par exemple l'évocation de la Grammaire : *Huius laeua tenet flagrum, seu dextra machaeram, // Pigros hoc ut agat, radat ut haec uitia*, « Sa main gauche tient un fouet, et sa droite un couteau, le fouet pour mener les paresseux, le couteau pour gratter les fautes » (v. 7-8, col. 333 B : cf. *Noces* 3 § 224). Voir M. T. d'Alverny, « La sagesse et ses sept filles. Recherches sur les allégories de la philosophie et des arts libéraux du IXe au XIIe siècles », dans *Mélanges F. Grat* 1, Paris, 1946, p. 255.

88. « Le rappresentazioni allegoriche dell'arti liberali », dans *L'Arte* 5, 1902, p. 137-155, 211-228, 269-289, 370-385.

par les élèves du Pinturicchio dans les appartements Borgia au Vatican.

Émile Mâle[89] signale la façade et les vitraux des cathédrales de Chartres (notamment le Portail Royal ; ce sont les plus anciennes représentations des arts dans la statuaire des cathédrales), Laon, Auxerre, Sens, Rouen, Fribourg.

R. van Marle[90] reprend les références de P. d'Ancona mais ajoute la tapisserie de la cathédrale de Quedlinburg contenant des scènes du Mariage de Philologie ; il mentionne aussi une miniature de l'*Hortus deliciarum* (Philosophie entourée des sept arts)[91]. Il existe aussi des mss. dans lesquels figure la représentation de la *Virgo Arithmetica*. On la voit par exemple dans le ms. de Munich, Bayerische Staatsbibl., clm 2599, début du XIIIe s., f. 102v. Elle y apparaît en compagnie de Boèce, qui est la plupart de temps l'autorité de référence en matière d'arithmétique ; tous deux tiennent une sorte de banderolle sur laquelle est inscrite la phrase *Per me cunctorum scitur uirtus numerorum*[92]. La représentation de la *Virgo* s'inspire visiblement de la description qu'en donne Martianus. Souvent, du reste, comme dans l'illustration de l'*Hortus deliciarum*, les sept *uirgines* entourent Philosophie, que Martianus n'a jamais décrite, mais qui vient de la *Consolation de Philosophie* de Boèce.

89. « Les arts libéraux dans la statuaire du moyen-âge », *Revue Archéologique* 17, 1891, p. 339 sq.

90. *Iconographie de l'art profane au Moyen-Âge et à la Renaissance*, 2, La Haye, 1932, p. 203-279.

91. La miniature de l'*Hortus deliciarum* (f. 32) d'Herrad de Landsberg (fin du XIIe s.) est reproduite et commentée par M. Masi, *Boethian Number Theory. A Translation of the De Institutione Arithmetica*, Amsterdam, 1983, p. 16. Quelques pages de cet ouvrage présentent rapidement « the Iconography of the Liberal Arts and the Boethian Arithmetic » (p. 13-22).

92. Document reproduit par M. Masi, *op. cit.*, p. 18.

Le contenu des Noces *: sommaire des neuf livres*

Dans cette histoire que Martianus tient de Satire et qu'il va raconter à son fils (§ 1-2), le livre 1 est celui de l'assemblée des dieux. L'histoire est la suivante. On cherche une épouse pour Mercure (3-5), mais Sophia, Manticé ou Psyché doivent être écartées pour différentes raisons (6-7). Apollon, consulté sur le conseil de Vertu (8), propose Philologie (23), dont la vaste connaissance s'élève jusqu'au sommet des cieux et descend jusqu'aux profondeurs du monde souterrain (22). Il faut obtenir le consentement de Jupiter, et c'est pourquoi Mercure, Vertu et Apollon montent jusqu'à son palais (26), accompagnés par la mélodieuse harmonie des sphères (27-28). Le discours d'Apollon en faveur du mariage de Mercure et de Philologie (31-33) semble convaincre Junon (34), mais Jupiter marque une hésitation (39) : marié, Mercure ne va-t-il pas négliger ses autres fonctions ? Pallas suggère alors de réunir les dieux (40), lesquels se rassemblent, venus de toutes les régions de l'univers (45-89), à l'invitation de Jupiter. Celui-ci donne son accord à la célébration du mariage pourvu que Philologie, qui est une mortelle, reçoive l'apothéose (91-93). L'assemblée des dieux y consent et ajoute même que tous les mortels qui s'en rendront dignes par leurs actes devront recevoir le même privilège (94).

Le livre 2 est dédié aux préparatifs de Philologie. Celle-ci, sur terre, s'interroge avec inquiétude (99) : certes, elle aime Mercure, mais elle songe à ce qu'elle devra perdre en accédant au monde divin (100). Heureusement, le calcul des nombres des deux futurs époux montre à Philologie que leur union sera favorable (101) : car le nombre de son fiancé se ramène à 3 (103), le sien propre à 4 (104), et la somme des deux donne 7, nombre paré de toutes les vertus (108). Différents personnages s'occupent de Philologie dans la préparation de son mariage : sa mère, Phronésis, apporte la robe nuptiale (114), les Muses chantent des hymnes en son honneur (117-126), les Vertus viennent la rassurer (127-131), les Grâces aussi sont présentes (132-133) ; enfin apparaît Athanasia (134), pour guider l'ascension céleste de Philologie. Celle-ci, préalablement à la cérémonie, doit vomir force livres qui obstruaient sa poitrine (135-137), et que reçoivent les Arts, les Sciences et les muses Uranie et Calliope (138) ; elle boit ensuite un breuvage contenu dans le récipient en forme d'œuf (140) que lui tend Apothéosis, la mère d'Athanasia. Ensuite, Philologie monte dans une litière (143) portée par Labor, Amor, Epimélia et Agrypnia (145) ; devant elle vont les Muses, qui conduisent le cortège ; derrière, Périergia accompagnée par d'autres personnages (146). Arrive Junon Pronuba qui va guider le voyage céleste (147) et qui, au préalable, sur la demande de la fiancée (149), décrit longuement les esprits qui habitent les différentes régions de l'univers (150-168). Alors la litière s'élève à travers les sept sphères (169-199) jusqu'à la Voie lactée, où l'assemblée des dieux attend la cérémonie du mariage ; et Mercure fait présent à la fiancée des sept *uirgines* savantes qui vont ensuite s'exprimer (207-220).

Le livre 3 est celui de la Grammaire. Celle-ci est introduite par Apollon dans l'assemblée des dieux (221-223) ; les sujets abordés sont alors l'histoire de la Grammaire (223), le matériel dont elle est équipée contre les fautes de langage (224-226), son nom (228-229), ses différentes parties (230-231) : phonétique et éléments du langage (232-278) : les lettres (232-261 : voyelles 233-238, consonnes 239-257, prononciation 260-261), puis les syllabes (262-278 : liaison, accent, longueur) ; morphologie (279-325) : les parties du discours — nom, pronom, verbe, adverbe, participe, conjonction, préposition, interjection (279-288) ; la déclinaison des noms (289-308) ; la conjugaison des verbes (309-324) ; l'anomalie (325). La conclusion (326) est une synthèse des qualités et des défauts de l'expression ; mais Minerve impose le silence à la Grammaire, qui doit éviter de lasser les dieux.

Le livre 4 est dédié à la Dialectique. L'introduction (327-343), après une présentation générale de la Dialectique (327), décrit l'aspect extérieur de la *Virgo* (328-329), évoque rapidement son domaine (329), rappelle son origine égyptienne et son établissement en Grèce (330) ; aux paroles de Bacchus contre la dialectique, Athéna oppose sa défense (331-332). La Dialectique est d'abord grecque avant d'être romaine (333-336). Dans son discours, elle souligne son importance pour la Grammaire, la Rhétorique et la Géométrie (337). Elle énumère les noms des six parties qui la composent (338) puis les noms des composantes de ces parties (339-343). Sont alors définies les notions de genre (344), de forme (345), de différence spécifique (346), d'accident (347), de propre (348) et de définition (349). Puis viennent le tout, *totum* (350) et les parties, *partes* (351), la *diuisio* (352) et la *partitio* (353) avec la différence entre ces deux notions (354) ; ensuite (355-360) les différentes désignations des choses, *aequiuocum* (355), *uniuocum* (356), *pluriuocum* (357), *proprium* (358) et *alienum* (359-360).

La section suivante (361-383) traite des dix catégories (*praedicationes*) : les termes latins sont *substantia* (364-366), *qualitas* (367-370), *quantitas* (371-373), *relatiuum* (374-379), *facere* et *pati* (380), *situs* (381), *tempus*, *locus* et *habitus* (382). Puis l'exposé de la Dialectique porte sur la relation, *relatiuum* (384), le contraire, *contrarium* (385), la privation, *orbatio* (386) et la contradiction, *aientia et negantia* (387). Les paragraphes suivants (388-395) traitent *de eloquendo :* définition du nom et du verbe (388), du *proloquium* et de l'*eloquium* (390-392), et des deux parties (*subiectiua* et *declaratiua*) de la proposition, *proloquium* (393-394).

Cette notion de « proposition » permet la liaison entre deux parties du développement. Car l'ensemble suivant (396-403) est un *de proloquendo*. La Dialectique y marque entre les propositions des distinctions selon la quantité (la proposition est soit générale, soit particulière) et selon la qualité (elle est affirmative ou négative). Ces quatre possibilités sont combinées entre elles par *conuersio* (397-400). Cela est synthétisé, pour terminer, dans le « carré logique » qui reprend visuellement les rapports entre les quatre sortes de propositions (401-403).

Enfin, le livre sur la dialectique présente un dernier ensemble (404-422) sur les syllogismes. Après avoir défini les concepts fondamentaux (404-407), le discours aborde le syllogisme catégorique (408-413), puis le syllogisme hypothétique (414-421), en commençant pour chacun des deux par la définition et en poursuivant par les différents *modi*.

La conclusion du livre occupe les § 423-424 : Pallas interrompt la dialectique, en lui rappelant l'obligation de concision qui a été fixée à tous les exposés ; d'ailleurs, dit la déesse, il ne resterait guère à parler que des sophismes. La Dialectique obtempère sans ardeur : elle se taira.

Le livre 5, celui de la Rhétorique, s'ouvre par une introduction qui se développe sur les § 425-441. La Rhétorique est introduite dans l'assemblée des dieux (425) et c'est d'abord son apparence extérieure et son vêtement qui attirent l'attention (426-428), en même temps qu'est suggéré un premier aperçu de ses fonctions. Les § 429-434 sont consacrés aux orateurs célèbres, grecs et romains, et particulièrement à Démosthène et à Cicéron. Mais les dieux s'interrogent sur l'identité de la Rhétorique (435) ; alors celle-ci révèle son nom et sa nature (436-438), son rôle et sa matière (439-440) ; elle distingue, parmi les cas qu'elle considère, ceux qui sont particuliers, *quaestio finita*, et ceux qui sont généraux, *quaestio infinita* (441).

Après l'introduction, un second ensemble du livre 5 (442-543) aborde les différentes phases du travail de l'orateur, c'est-à-dire les *officia oratoris*, que la Rhétorique appelle *partes officii mei*, et qu'elle énumère et définit d'abord (442). L'*inuentio* s'occupe des états de cause du point de vue juridique (*status*) et des arguments (442-505). La *dispositio* est l'organisation de la matière (506-507). Viennent ensuite l'*elocutio*, recherche des mots convenables (508-537), et la mémorisation du discours, *memoria* (538-539) ; enfin, l'*actio* (540-543), qui règle l'attitude générale, la prononciation, les mouvements, les gestes.

Sont ensuite traitées les différentes parties du discours (544-565). C'est tout d'abord l'exorde (545-549), l'influence qu'il doit avoir sur l'auditeur (545), les différents types d'exorde (546), en rapport avec la matière dont on aura à traiter (547-548) ; puis les défauts de l'exorde (549). On passe à la narration (550-552), dont on distingue les espèces principales (550-551) et les autres caractéristiques (552). C'est ensuite la proposition (553-555) et la division du sujet (556), qui ouvrent sur l'*argumentatio* (557-563), laquelle se divise en « confirmation » et « réfutation » ; Martianus examine les différents genres de preuves, *artificialia* (557-559) et *inartificialia* (560) ; la réfutation est abordée dans le même § 560. Puis l'auteur traite des *quaestiones* (561-563) introduites par l'une ou l'autre des deux parties en présence. Il termine par un exposé sur la péroraison (564-565), qui doit comporter la récapitulation (564) et éveiller chez l'auditeur l'indignation ou la pitié (565). Sur un signe de Mercure, la Rhétorique se tait.

Avec le livre 6, consacré à la Géométrie, on aborde les sciences du *quadriuium*, et l'ouverture de ce livre et de ce nouvel ensemble est constituée par un hymne à Pallas Athéné, déesse du savoir (567-574). Le livre progresse ensuite de la manière suivante : une introduction (575-589) est suivie d'une partie géographique (590-703), puis, après deux paragraphes (704-705) où s'exprime l'irritation des dieux devant la longueur du discours de Géométrie, vient un ensemble véritablement géométrique (706-724) où sont présentés les éléments conceptuels de base de la géométrie ; la conclusion du livre (724) est à la gloire d'Euclide.

Un dialogue entre Martianus et Satura, qui se plaint du temps perdu, ouvre l'introduction (575-579). Puis, comme il l'avait fait pour les précédentes *Virgines*, Martianus décrit Géométrie, son apparence, son costume, son matériel (580-585), et introduit enfin (586) son discours. Géométrie, dont la langue est le grec, parlera en latin (587). Elle justifie son nom (588) et introduit à la description de la terre (589).

La terre est sphérique, malgré des avis différents (590), et il existe des preuves de cette sphéricité (591-595) : on les tire des levers et des couchers des astres (591-592), des constellations (593), des éclipses de soleil et de lune (594), de la durée du jour et de la nuit (595). On peut, à la suite d'Ératosthène, évaluer la circonférence de la terre à 252.000 stades (596-598). Martianus (ou plutôt Géométrie) parle ensuite de la place de la terre dans l'univers (599-601) et des cinq zones terrestres (602-609). On passe à la grandeur et à l'extension de la terre et de l'oïkouméné (609-616), puis à l'océan qui entoure la terre (617-622).

Le texte aborde ensuite la description géographique des trois continents (622-703), dont il pose les limites naturelles (622-626). L'Europe (627-666) est parcourue en quatre temps, d'abord depuis le sud de l'Espagne jusqu'au sud de l'Italie (627-649), puis du cap Lacinium jusqu'au cap

Acroceraunium (650), ensuite depuis ce cap jusqu'à l'Hellespont (651-660), enfin de l'Hellespont à la mer d'Azov (661-664) ; puis on aborde les régions du nord de l'Europe (665-666). De l'Afrique (667-674), on suit d'abord les côtes : les deux Mauritanies (667-669), la Numidie et l'Afrique (669-670), les deux Syrtes (671) et la Cyrénaïque (672) ; ensuite on passe à l'intérieur des terres (673-674). Le troisième continent, l'Asie (675-701), est abordé depuis l'Égypte (675-676) ; suivent les notices concernant les régions situées entre la mer Rouge, le golfe Persique, la mer Noire et la mer Caspienne (677-690), puis les régions à l'est de la mer Caspienne (691-693), puis l'Inde (694-696) et Ceylan (696-698), enfin la Perse (699-700) et la Mésopotamie (701). Les îles de la côte africaine terminent l'énumération (702). Pour conclure l'exposé géographique, Géométrie donne les dimensions maximales, en longueur et en largeur, de chacun des trois continents (703).

Après un intermède (704-705), Géométrie reprend son discours pour traiter maintenant, sans aucune transition de sa part, des fondements de la géométrie *stricto sensu*. Elle marque d'abord (706-707) les rapports et les correspondances entre elle-même et l'arithmétique (unité/point ; nombre deux/ligne). On trouve ensuite les premières définitions euclidiennes : point, ligne, surface, angle, cercle, demi-cercle, triangle, figure quadrangulaire, polygone (708-711) ; puis une classification (712-714) des différentes sortes de lignes et des figures qu'elles engendrent : triangle, figure quadrangulaire et polygone relèvent des lignes droites (712), cercle et ellipse des lignes courbes (713), et le demi-cercle relève du mélange de la droite et de la courbe (714). Le matériel logique utilisé dans les problèmes et dans les théorèmes est livré ensuite (715-716). Les trois sortes d'angles sont définies avant que Géométrie ne donne la liste et la définition des relations d'égalité et de similitude (717). Celles-ci sont appliquées au cas des lignes, parmi lesquelles on distingue la ligne rationnelle et la ligne irrationnelle (718-719) dont il existe treize espèces et sous-espèces (720). On passe à la stéréométrie (721-723) avec la définition de la figure solide (721) et l'énumération des solides (722). On revient à la géométrie plane avec l'énoncé des cinq postulats euclidiens (722) et de trois axiomes (723) ; Géométrie donne même l'énoncé de la première proposition euclidienne (724), mais on n'entendra pas de démonstration, car des applaudissements éclatent en l'honneur d'Euclide dont Géométrie offre les livres à Jupiter, ce dont l'assemblée paraît se contenter.

Après le livre 7 dédié à l'Arithmétique, dont nous analyserons le contenu plus loin, le livre 8 est le livre de l'Astronomie. Dans l'ensemble introductif de ce livre (803-813), les dieux se moquent de Silène ivre, que Cupidon a du mal à réveiller (804-805). Un vif échange se déroule entre Martianus et Satura, qui lui reproche d'avoir mêlé une scène plaisante à une matière sérieuse ; Martianus ironise à l'égard de Satura (806-809). Mais l'Astronomie est introduite dans l'assemblée des dieux. Comme pour les précédentes *Virgines*, Martianus décrit son costume, son allure, les objets caractéristiques qu'elle porte : baguette et livre (810-811). Elle commence son discours en parlant de ses origines et des auteurs grecs qui l'ont illustrée (812-813).

La première grande section de l'exposé (814-837), après trois paragraphes (814-816) qui portent sur les éléments du monde et présentent des explications de terminologie, s'occupe de la sphère céleste en commençant par les dix cercles célestes (817-837) : les cinq cercles parallèles, septentrional, tropique d'été, équateur, tropique d'hiver et austral (817-822), puis les deux cercles solsticial et équinoxial (823-824), enfin le groupe des trois cercles obliques, zodiaque, Voie lactée et horizon (825-826) ; cercles célestes et constellations (827-836) ; distances entre les cercles parallèles (837).

La seconde section traite des fixes (838-849). Martianus commence par énumérer les 35 constellations (838-839) et par donner leur position (840). Il en vient ensuite (841-845) à leurs levers et couchers. Il traite ensuite de la durée inégale du jour et de la nuit (846-847), et enfin du temps que met le soleil à traverser les différentes constellations (848-849).

La troisième section (850-887) a pour objet les planètes, spécialement la lune (862-871) et le soleil (872-878). Sont présentées d'abord les différentes appellations, grecques et latines, des sept planètes (850-851). Viennent ensuite les mouvements des planètes (852-858) : si les autres planètes et le soleil lui-même tournent autour de la terre, Vénus et Mercure (854 et 857) tournent autour du soleil. Martianus traite de la grandeur des orbites sur lesquelles se déplacent les planètes (858-861).

À propos de la lune, Martianus commence par traiter de ses différentes phases (862-864), en fournissant des données numériques sur son cours (864-866). Il place l'orbite lunaire sur l'écliptique (867-868) et donne un exposé sur les éclipses de lune et de soleil (869-871).

L'ensemble consacré au soleil commence par le cours de cet astre (872). Il se poursuit avec la différence des temps mis par le soleil pour aller du cercle équinoxial au septentrion ou à l'austral (873). Le mouvement du soleil explique la différence des saisons dans l'hémisphère nord et dans l'hémisphère sud (874) ; d'où l'on passe à la variation de la durée du jour et de la nuit (875-878).

Il reste à traiter des cinq autres planètes (879-887), dans l'ordre suivant : Mercure (879-881), Vénus (882-883), Mars (884), Jupiter (885), Saturne (886) ; et des circonstances dans lesquelles les trois derniers sont cachés (887).

Le livre 9, qui est le dernier, est consacré à la Musique. La médecine et l'architecture étant écartées du groupe des *disciplinae*, le livre s'ouvre sur un éloge de la musique qui souligne sa puissance universelle (899-929). Deux grandes parties traitent ensuite de l'harmonique (930-966) et de la rythmique (967-995).

C'est Jupiter d'abord qui prononce l'éloge d'Harmonie (899-901), suivi par un chant d'Hyménée (902-903). Alors se produit l'entrée d'Harmonie dans l'assemblée des dieux, accompagnée par de suaves mélodies et par une troupe de jeunes filles et de héros (904-906). Après un chant d'Orphée (907) et d'Amphion et Arion (908), on a le portrait d'Harmonie et des objets caractéristiques qu'elle porte avec elle (909-910). Elle-même chante (911-919) : d'abord un chant de louange à Jupiter (911-912), puis pour demander aux dieux leur attention (913), puis en s'adressant à Phébus et à Diane (914), enfin un chant nuptial (915-919). Les dieux expriment le souhait que la *uirgo* présente son art (920) ; elle proclame alors son influence sur le cosmos (921-922), sur l'âme et le corps de l'homme (923) grâce aux instruments à cordes et à vent (924), sur la nature animée et inanimée (925-929) ; elle rappelle son utilisation dans les cultes, dans les compétitions sportives et au combat (925), mais aussi dans des activités pacifiques et médicales, pour soigner les âmes et les corps (926), puis son influence sur les animaux (927) et, après avoir cité quelques *mirabilia* musicaux observables dans le monde (928), son influence sur la nature inanimée (929).

C'est à l'harmonique qu'est consacré le premier ensemble technique du livre (930-966). Il y a d'abord une sorte d'introduction qui porte sur les tons (930-932), les accords (933-934), les échelles de transposition (935). Après différentes définitions (936-937) sont énumérées les sept subdivisions de l'harmonique (938), qui sont abordées successivement (939-966) : les sons (939-947), les intervalles (948-953), les systèmes (954), les trois genres de tons, harmonique, chromatique et diatonique (955-959), la signification du ton, tétracorde et pentacorde (960-963), la modulation (964) et la *melopoeia* (965-966).

Le second ensemble est dédié à la rythmique (967-995). Après la définition de termes fondamentaux et le rappel des occurrences du rythme dans différents domaines (967-969), sont énumérées les sept parties de la rythmique (970), dont va traiter la suite de l'exposé. Le *primum tempus*, unité la plus petite, est comparable à l'unité en arithmétique et au point en géométrie (971) ; il y a trois sortes de rythme, l'enrythmique, l'arythmique et le « rythmoïde » (972-973) ; vient ensuite le pied, défini avec *l'arsis* et la *thesis* ((974) et réparti en sept catégories (975-976) ; on passe au *genus rhythmicum* (977-993) et l'étude du rythme (977-980) commence par l'énumération des différents rythmes, dactyle, iambe, péon, épitrite (977-978) et se poursuit avec la distinction entre le rythme composé, *compositus numerus*, le rythme non composé, *incompositus*, et le rythme mixte, *permixtus* (979) ; on donne les trois distinctions à propos du pied (980). Viennent ensuite le rythme dactylique (981-984), le rythme iambique (985-988), et le péonique (989) ; puis les mixtes (990-993). L'exposé se termine avec la construction du rythme, *rhythmopoeia* (994-995). Harmonie achève son discours, rejoint la chambre nuptiale de Philologie (996) et Martianus, en un dernier poème, dédie à son fils cette *fabula* en neuf livres (997) sur les *disciplinae cyclicae* (998), qu'il signe de son nom et de quelques détails autobiographiques (999-1000).

La doctrine de l'éducation encyclopédique dans le monde antique

Écrivant une encyclopédie des connaissances dont l'acquisition est nécessaire à une éducation complète,

Martianus se place dans une lignée fort ancienne et dont les origines sont grecques ; et c'est sur le fond constitué par la doctrine de l'éducation encyclopédique[93] que doit être appréhendée l'émergence du groupe des sept arts libéraux. Déjà le sophiste Hippias, au Ve siècle, avait des centres d'intérêt que l'on peut qualifier d'encyclopédiques[94] ; puis la théorie elle-même, telle que nous la connaissons par des textes, prend ses origines chez les penseurs grecs du IVe siècle : Isocrate, professeur de rhétorique, souligne le rôle propédeutique des mathématiques dans la formation à la rhétorique ; son programme propose l'astrologie, la géométrie, la grammaire, la musique, ainsi que ἡ ἄλλη παιδεία, « le reste de l'éducation »[95]. Platon a la démarche inverse et va de la rhétorique à la dialectique en passant par la mathématique, aux différentes composantes de laquelle (géométrie, comprenant la stéréométrie ; astronomie, arithmétique et musique) il accorde une valeur particulière[96]. Pour Aristote, les sciences « théorétiques », théologie, physique et mathématiques, sont à placer au-dessus des autres sciences[97]. En tout cas, il y a toujours l'idée d'une liaison profonde et d'une vraie parenté entre les différentes sciences considérées, et cela dès le platonisme[98] — spécialement, pour cette doctrine, entre les sciences mathématiques[99]. Ce corps[100] de connaissances pourra varier dans sa composition suivant les auteurs et les époques : l'architecte de Vitruve doit

93. Voir sur cette question I. Hadot, *Arts libéraux et philosophie dans la pensée antique*, Paris, 1984, spécialement p. 263 sq.

94. Cf. Platon, *Hippias Maior* 285 B - 286 C.

95. *Antidosis* 264-269.

96. *Théétète* 145 A 5-8 ; *Lois* 7, 817 E 5 - 819 A 7 ; *Rép.* 7, 521 C 1 - 531 C 8 ; *Protagoras* 318 E 1-3.

97. *Mét.* 6, 1026 a 22.

98. Cf. Platon, *Rép.* 7, 537 C.

99. Cf. *Epinomis* 991 E - 992 A.

100. La comparaison est chez Vitruve, 1, 1, 12 : *Encyclios enim disciplina uti corpus unum ex his membris est composita*, « Car c'est de ces membres qu'est composée l'*encyclios disciplina*, comme un corps unique ».

avoir des connaissances très étendues embrassant dessin, géométrie, arithmétique, optique, histoire, philosophie, musique, médecine, droit, astronomie[101] ; Quintilien met dans son programme d'études grammaire, géométrie, musique, éloquence, dialectique, astronomie, littérature, philosophie, droit, histoire[102] ; Pline l'Ancien présentera dans son *Histoire Naturelle* un corpus constitué d'astronomie, de météorologie, de géographie, d'ethnologie, de zoologie, de botanique, de géologie et de minéralogie, de pharmacologie. Tous ces auteurs utilisent, pour désigner le corpus disciplinaire dont ils préconisent l'étude, les expressions d'*encyclios disciplina*[103] et d'ἐγκύκλιος παιδεία (en face de laquelle Quintilien[104] pose expressément l'équivalence du latin *orbis ille doctrinae*) ; Martianus Capella, nous l'avons remarqué, parle encore de *disciplinae cyclicae* (9 § 998). La variété des composantes de l'ἐγκύκλιος παιδεία suivant les auteurs et suivant les buts qu'ils poursuivent montre que l'on ne peut pas poser une signification figée de cette expression grecque ni un modèle unique pour les pratiques éducatives qu'elle recouvre. Sous l'unicité de l'idéal, il s'agit chaque fois des connaissances qui sont utiles dans tel ou tel type de formation. En d'autres termes, ce sont des études spécialisées qui, par leur réunion, constituent l'ἐγκύκλιος παιδεία, laquelle n'est pas une « éducation habituelle » ou « courante » — on dirait aujourd'hui « standard »… —, mais bien plutôt une culture complète pourvue d'une évidente unité interne et éventuellement mise en rapport avec les exigences particulières de telle ou telle profession (ou dont l'une des composantes, au moins, pourra être utilisée dans une profession, à condition que toutes aient été étudiées).

101. Cf. Vitruve, 1, 1, 1-12.
102. *Institution oratoire* 1, 4, 1 - 6, 45 ; 1, 10, 1-49 ; 12, 2, 1 - 4, 2.
103. Vitruve, 1, 1, 12 et 6, *préf.* 4 ; Pline, *préf.* 14.
104. *Institution oratoire* 1, 10, 1.

L'unité totalisante des sciences de l'ἐγκύκλιος παιδεία est bien suggérée par l'image du κύκλος qui sous-tend étymologiquement l'expression. Le cercle, pour les pythagoriciens et les platoniciens, est la figure parfaite et représente la totalité ; Martianus (7 § 735 *in fine*) parle encore de « la perfection circulaire de la décade ». L'union étroite entre les différentes connaissances est déjà évoquée dans la *République*[105]. Dans l'*Epinomis* pseudoplatonicien apparaît l'image du δεσμός, le « lien », pour désigner la communauté étroite dans laquelle elles sont unies[106] ; c'est ce δεσμὸς εἷς platonicien que l'on retrouve chez Cicéron[107]. Quintilien insiste sur la nécessité d'étudier les *artes* dans leur totalité, sous peine d'incomplétude[108]. L'image du cercle, pour exprimer cette conception, se trouvera encore dans l'Antiquité tardive, par exemple chez Augustin[109] en latin et dans les scolies à Grégoire de Nazianze[110] en grec.

105. 531 D 1 sq. : τὴν ἀλλήλων κοινωνίαν... καὶ ξυγγένειαν ; 537 C 1-3 : τά τε χύδην μαθήματα παισὶν ἐν τῇ παιδείᾳ γενόμενα τούτοις συνακτέον εἰς σύνοψιν οἰκειότητος ἀλλήλων τῶν μαθημάτων.

106. *Epinomis* 992 A 1 sq. : δεσμὸς γὰρ πεφυκὼς πάντων τούτων εἷς ἀναφανήσεται διανοουμένοις.

107. *De or.* 3, 21 : ... *omnem doctrinam harum ingenuarum et humanarum artium uno quodam societatis uinculo contineri*, « l'étude des arts libéraux constitue un ensemble uni par une sorte de lien ». Cf. *De or.* 3, 136 : *Omnium uero bonarum artium, denique uirtutum ipsarum societatem cognationemque non norunt*, « la solidarité, la parenté entre tous les arts libéraux, enfin entre les vertus elles-mêmes, c'est une chose qu'on ne connaît plus ». Le *Pro Archia* 2 a des expressions semblables : *Etenim omnes artes quae ad humanitatem pertinent habent quoddam commune uinclum et quasi cognatione quadam inter se continentur*.

108. *Institution oratoire* 1, 10, 8 : *sed aeque non erit totum cui uel parua deerunt*.

109. *Contra Academicos* 3, 4, 7, CC 29, p. 39 l. 17 : *istarum disciplinarum circulus*.

110. *Scholia in sancti Gregorii orationes*, PG 36, col. 914 C, f. 72 : Ἐγκύκλιον παίδευσίν φασι καὶ τὴν καθόλου εἶναι, οἷον γραμματικήν, ῥητορικήν, φιλοσοφίαν καὶ μαθηματικὴν καὶ πᾶσαν, ὡς ἔπος εἰπεῖν, τέχνην καὶ ἐπιστήμην, καθ' ἃς ὥσπερ διά τινος κύκλου δεῖ τὸν σοφὸν περιϊέναι.

Mais une tendance profonde existait, depuis Platon et Aristote, à donner aux disciplines « libérales »[111] le rôle de propédeutique à la philosophie. Cette tendance avait débordé au-delà des écoles platonicienne et aristotélicienne pour se retrouver aussi chez les stoïciens. Les sciences de l'ἐγκύκλιος παιδεία devenaient ainsi un chemin qu'il était nécessaire de parcourir en sa totalité pour parvenir à la philosophie[112] — parce que la philosophie ne se confond pas avec ces sciences, et que son statut est supérieur au leur. Le néoplatonisme, en particulier, allait attribuer à l'étude des disciplines un rôle cathartique indispensable pour permettre à l'âme de remonter vers sa patrie céleste. Il s'agissait d'aller, comme le dit Augustin, des choses corporelles aux choses incorporelles[113], en une élévation progressive vers les vérités supérieures. Le néoplatonisme allait pour cela systématiser l'idéal de l'ἐγκύκλιος παιδεία dans la constitution d'un groupe de trois *artes* littéraires (grammaire, rhétorique, dialectique) solidaire d'un groupe de quatre *disciplinae* scientifiques — systématisation qui n'est pas antérieure au IVᵉ siècle selon I. Hadot[114]. C'est vraisemblablement en suivant Porphyre que

111. L'expression latine *artes liberales* répond à l'expression grecque ἐλευθέρια μαθήματα. Platon déjà caractérisait ces disciplines comme convenant à l'homme libre (*Protagoras* 312 B 4 : ὡς τὸν ἰδιώτην καὶ τὸν ἐλεύθερον πρέπει). Cicéron a une formule identique (*De or.* 1, 72 : *iis artibus quae sunt libero dignae*) ; on la retrouve chez Sénèque (*ad Luc.* 88, 2 : *Quare liberalia studia dicta sint uides : quia homine libero digna sunt*). Ces arts « libéraux » l'emportent sur les βάναυσοι τέχναι (Platon, *Rép.* 522 B 4), *artes uulgares et sordidae* (Sénèque, *ad Luc.* 88, 2), *quaestus sordidi et inliberales* (Cicéron, *De officiis* 1, 150) ; les activités menées en vue de gagner de l'argent et celles qui supposent un travail physique sont de statut inférieur et ne conviennent pas à l'homme libre (Platon, *Lois* 644 A 2-5).

112. En ce sens, la « quadruple voie » rectiligne du *quadriuium* boécien, à propos des quatre sciences mathématiques, est une sorte de variante du chemin unique, circulaire et non restreint à ces sciences, dont l'idée se trouve dans le κύκλος encyclopédique.

113. *Retractationes* 1, 5, 6, CC 57, p. 17 l. 43 : *per corporalia cupiens ad incorporalia quibusdam quasi passibus certis uel peruenire uel ducere.*

114. I. Hadot, *Arts libéraux et philosophie dans la pensée antique*, Paris, 1984 ; voir le ch. 4, 3 : « la question varronienne ».

saint Augustin exposait ce programme néoplatonicien des sept disciplines dans le deuxième livre du *De ordine*[115] : Porphyre, dans son *Histoire de la philosophie*, avait énuméré, comme sciences constitutives du septuple programme, la grammaire, la rhétorique, la dialectique, l'arithmétique, la musique, la géométrie et l'astronomie, d'après le témoignage de Jean Tzetzès[116]. Martianus Capella, consacrant un livre à chacune de ces sept sciences, s'inscrit dans cette tradition spéculative ; mais surtout, il est le premier à composer réellement un ouvrage complet qui demeurera disponible pour la postérité. Les *Nouem Disciplinae* varroniennes ont disparu, le projet encyclopédique d'Augustin n'a été réalisé que de façon tout à fait incomplète[117], le résumé de Cassiodore est extrêmement sommaire. On comprend que l'œuvre de Martianus, unique par sa forme dans la littérature antique, ait été un des livres les plus connus du Moyen Âge et ait

115. *De ordine* 2, 12, 35 - 15, 42, CC 29, p. 127 l. 1 - p. 130 l. 16 : grammaire, dialectique, rhétorique, géométrie, arithmétique, astronomie, musique.

116. *Chiliades* 11, 377, v. 525-533 (= Porph., fr. 224 Smith) : Δευτέρως δὲ ἐγκύκλια μαθήματα καλοῦνται. / Ὁ κύκλος, τὸ συμπέρασμα πάντων τῶν μαθημάτων, / γραμματικῆς, ῥητορικῆς, αὐτῆς φιλοσοφίας, / καὶ τῶν τεσσάρων δὲ τεχνῶν τῶν ὑπ' αὐτὴν κειμένων, / τῆς ἀριθμούσης, μουσικῆς καὶ τῆς γεωμετρίας, / καὶ τῆς οὐρανοβάμονος αὐτῆς ἀστρονομίας. / Ἐγκύκλια μαθήματα δευτέρως ταῦτα πάντα / ὡς ἔγραψε Πορφύριος ἐν βίοις φιλοσόφων, / καὶ ἕτεροι μύριοι δὲ τῶν ἐλλογίμων ἄνδρες. Dans l'énumération des *artes* du *trivium*, l'expression αὐτὴ φιλοσοφία, « la philosophie elle-même », désigne la dialectique, ici considérée, selon l'enseignement platonicien, comme la partie supérieure de la philosophie, alors que dans le *trivium* elle est plutôt une étape de préparation à la rhétorique.

117. Augustin ne mena pas à son terme son projet de rédaction de *Disciplinae* destinées aux chrétiens. Au moment de son séjour à Milan, en 386, dit-il dans les *Retractationes* (1, 5, 6, CC 57, p. 17 l. 40-53), il n'avait terminé que la grammaire et la musique (c'est-à-dire 6 livres sur la rythmique) ; sur les cinq autres arts, dialectique, rhétorique, géométrie, arithmétique et philosophie, il avait seulement commencé à écrire ; et il avoue avoir ensuite tout égaré sauf la musique, tout en pensant que certains conservent les bribes qu'il avait écrites sur les cinq sciences, et en formulant l'espoir qu'alors seule la grammaire aurait complètement disparu…

exercé une influence déterminante dans la constitution du système médiéval du *triuium* et du *quadriuium*.

En se modifiant et en s'enrichissant, l'idéal de l'éducation « encyclopédique » a donc traversé toute l'Antiquité, depuis l'époque hellénistique jusqu'à Cicéron puis Quintilien et jusqu'à l'époque tardive, en passant par Varron, auteur bien caractéristique du goût romain de l'encyclopédisme. De l'existence des *Nouem disciplinae*[118] de Varron, quelques témoignages antiques font foi et le plus clair est celui de saint Jérôme[119] ; mais l'ouvrage est perdu pour nous. Les érudits modernes[120] ont tenté d'en reconstituer aussi bien le contenu que l'ordonnance. Parmi les neuf livres des *Disciplinae*, les trois premiers auraient été consacrés à ce qui devait être nommé plus tard le *triuium* (livre 1, grammaire ; livre 2, dialectique ; livre 3, rhétorique) ; les deux derniers auraient concerné deux sciences que Varron a été le seul à faire figurer dans la série, la médecine (livre 8) et l'architecture (livre 9) ; entre

118. Dont l'existence est attestée par Vitruve, 7, 14 : *Item Terentius Varro de nouem disciplinis*.

119. J. Collart, *Varron grammairien latin*, Paris, 1954, p. 21 n. 1, rappelle que « dans une lettre à Paula, Jérôme énumérait les œuvres de Varron pour établir un parallèle avec celles d'Origène. Cette lettre est aujourd'hui perdue, mais l'inventaire des œuvres varroniennes a été retrouvé en tête de la traduction par Rufin des *Homélies* d'Origène. Il a été publié par Ritschl (*Die Schriftstellerei des Varro*, in *Rhein. Mus.* VI (1848), p. 481-560 ; *ibid.*, XII (1857), p. 150-151 ; *Op. Phil.* III, p. 419-507) et reproduit par Funaioli, *G.R.F.*, p. 182. Cette liste comprend au total 486 livres, répartis en 39 traités. »

120. Au premier rang, F. Ritschl, « De M. Terentii Varronis disciplinarum libris commentarius », *Opuscula philologica* 3, Leipzig, 1877, p. 352-402, et « Die Schriftstellerei des M. Terentius Varro », *ibid.*, p. 473 sq. (longuement critiqué par I. Hadot, *op. cit.*, p. 158 sq.) ; H. Dalmann, art. « M. Terentius Varro », *RE*, Suppl.-Bd. 6, 1935, col. 1255 sq. (sur l'ordre des livres : col. 1256) ; A. Solignac, « Doxographies et manuels dans la formation philosophique de saint Augustin », *Recherches Augustiniennes*, t. 1, Paris, 1958, p. 122-124 ; F. Kühnert, *Allgemeinbildung und Fachbildung in der Antike*, Berlin, 1961, p. 63-64.

ces deux blocs prenait place le groupe des quatre μαθήματα, arithmétique, musique, géométrie et astronomie, dans lesquelles la tradition grecque, d'origine pythagoricienne, voyait les quatre composantes de la mathématique[121] ; Varron traitait de la géométrie dans le livre 4 des *Disciplinae*, de l'arithmétique dans le livre 5, de l'astrologie[122] au livre 6 et de la musique au livre 7. Ces reconstructions, tentées sur des bases trop peu assurées, ont été sévèrement contestées par I. Hadot. Il reste que l'on ne saurait refuser à Varron sa place dans la constitution de l'encyclopédisme latin ni l'influence qu'il exerça sur la postérité aussi longtemps que ses écrits furent accessibles. Mais de toute manière, les auteurs postérieurs n'ont pas conservé la

121. La tradition pythagoricienne admet la primauté de l'arithmétique ; l'ordre dans lequel sont énumérées les trois autres sciences peut varier. Le plus souvent, le classement est le suivant : arithmétique, musique (les deux sciences du nombre : nombre en soi pour l'arithmétique, nombre relatif pour la musique, qui a pour fondement le système des rapports numériques), puis géométrie et astronomie (les deux sciences de la grandeur : grandeur immobile pour la géométrie, grandeur en mouvement pour l'astronomie). Tel est le classement attribué aux Pythagoriciens par Nicomaque de Gérasa (*Introduction arithmétique*, p. 9 l. 5 sq. Hoche), Théon de Smyrne (*Exposition des connaissances mathématiques utiles pour la lecture de Platon*, p. 15 l. 13 sq. Hiller), Jamblique (*in Nic.*, p. 8 l. 3 sq. Pistelli), Proclus (*Commentaire sur le premier livre des Éléments d'Euclide*, p. 35 l. 22 sq. Friedlein) et, dans le domaine latin, par Boèce (*Institution arithmétique*, éd. G. Friedlein, Leipzig, 1867 ; puis J.-Y. Guillaumin, CUF, 1995 : livre 1, ch. 1 § 8-12). Platon (*Rép.* 522 C sq.) a une hiérarchisation différente : arithmétique, géométrie (et stéréométrie), puis astronomie, enfin musique. Sur le *quadriuium*, voir notamment W. Hübner, « Die Begriffe "Astrologie" und "Astronomie" in der Antike. Wortgeschichte und Wissenschaftssystematik mit einer Hypothese zum Terminus «Quadrivium» », dans *Abhandlungen der Akademie der Wissenschaften in Mainz* 7, 1989, p. 49-67.

122. Ce mot ne doit pas prêter à confusion : il n'y a pas de différence, dans la terminologie antique, entre « astrologie » et « astronomie » ; la distinction entre les deux ne sera nettement établie que par Isidore de Séville dans ses *Étymologies*, 3, 24-27. Voir là-dessus, outre l'art. de W. Hübner cité à la note précédente, M. Lejbowicz, « Les antécédents de la distinction isidorienne *astrologia/astronomia* », dans les *Actes* du Colloque *Observer, lire, écrire le ciel au Moyen Age* (Orléans, 22-23 avril 1989), Paris, 1991, p. 173-212.

médecine et l'architecture auxquelles l'encyclopédiste romain avait donné une place parmi les neuf sciences[123], et Martianus justifie leur exclusion en 9 § 891 : Apollon affirme qu'elles n'ont rien à dire dans les *Noces*, parce que leurs sujets sont trop matériels.

Restons-en donc au système des sept sciences, tel que le monde romain a véritablement été le premier à le conceptualiser dans un contexte néoplatonicien et tel qu'il l'a transmis au Moyen Âge. Dans ce système, la gradation est évidente, depuis la grammaire jusqu'aux sciences mathématiques. La grammaire, première à être étudiée parmi les sept sciences, est en effet le « tronc commun » indispensable dans la mesure où elle aborde l'étude du langage en même temps que celle de la littérature et spécialement de la poésie (*litteratura* est la transcription latine du mot grec γραμματική). La dialectique (qu'il ne faut évidemment pas entendre ici au sens platonicien) est une sorte de logique qui propose un entraînement formel à la pensée. La rhétorique enseigne ensuite à exprimer clairement ce que l'on a bien conçu grâce à la dialectique. On a ici, dès l'Antiquité romaine, l'ensemble des « disciplines littéraires » qui ont survécu dans les différents systèmes éducatifs, fût-ce sous d'autres noms ; leur groupe tripartite sera désigné à l'époque carolingienne par le terme de *triuium*, imité du terme boécien de *quadriuium*. Quant au *quadriuium*, précisément, il est constitué de l'arithmétique, qui étudie le nombre en soi, de la musique, science des rapports numériques qui fondent l'harmonie, de la

123. Il est vrai cependant que certains contemporains de Martianus devaient faire une place à la médecine à l'intérieur de la philosophie, si l'on en juge par le fait que Macrobe (*Saturnales* 7, 14-15) prend soin de l'en exclure avec des arguments semblables à ceux de Martianus ; et il est donc vraisemblable que Macrobe et Martianus s'élèvent plutôt contre ces contemporains que contre l'antique Varron. Cf. I. Hadot, *op. cit.*, p. 150.

géométrie, qui traite des grandeurs immobiles, et de l'astronomie, science de la grandeur en mouvement.

C'est donc ainsi que, progressivement et régulièrement, le cycle des disciplines a été théorisé, défini et enrichi, dans le contexte de permanence d'une doctrine de l'ἐγκύκλιος παιδεία qui a marqué toute l'histoire de l'Antiquité.

Les mathématiques et l'encyclopédie de Martianus

Le quadriuium

Pour une description de l'ensemble dénommé *quadriuium*, c'est évidemment à Boèce, vulgarisateur de ce terme en un sens nouveau, que l'on pense immédiatement — même s'il est postérieur à Martianus —, car Boèce ne fait que mettre en forme et dénommer de ce terme des théories qu'il n'a pas inventées (elles sont chez Nicomaque et chez d'autres). Car dans le monde latin, il y a pour nous un silence de quatre siècles entre les *Neuf disciplines* de Varron et Martianus, puisque la traduction de l'*Introduction arithmétique* de Nicomaque par Apulée, qui contenait nécessairement des éléments sur la doctrine des quatre sciences (début du traité de Nicomaque), est perdue.

Si l'emploi du mot *quadriuium* (graphie ancienne : *quadruuium* ; graphie conforme à la prononciation : *quadriuium*) pour désigner la réunion des quatre sciences mathématiques est une innovation de Boèce, la notion elle-même existait depuis longtemps. L'idée que les quatre sciences étaient en intime connexion, l'affirmation que cette réunion des quatre *mathémata* était la voie obligée vers la philosophie, tout cela était déjà présent dans un passage du Pseudo-Platon, *Épinomis* 991 D sq., repris longuement par Nicomaque au début de son *Introduction arithmétique* (1, 3, 5) et plus vaguement par Boèce (*Institution arithmétique* 1, 1, 7). L'expression αἱ τέσσαρες μέθοδοι, utilisée dans l'*Introduction arithmétique* de Nicomaque (1, 4, 1), contenait en germe l'expression boécienne de *quadriuium*. Mais c'est Boèce (*Institution arithmétique* 1, 1, 1 et 7) qui invente la métaphore, dans laquelle il fait résonner toute la théorie éducative et morale du « pythagorisme » des néoplatoniciens[124].

Car c'est une double utilité que possède le *quadriuium* : scientifique, par l'entraînement aux mathématiques ; morale, par la purification de l'œil de l'âme (c'était déjà, bien sûr, ce que disait Platon) : il est une préparation à la contemplation de l'Etre véritable. La première utilité, c'est celle que l'on reconnaît à la suite des grands mathématiciens grecs, Euclide, Archimède, etc. ; la seconde, celle que retiennent les néoplatoniciens ou Augustin.

Dans la réalité, cependant, il convient d'observer que toujours, et particulièrement à l'époque de Martianus (qui est aussi celle d'Augustin), l'enseignement des mathématiques dans le monde romain a été d'un niveau très inférieur à ce qu'aurait exigé la théorie du *quadriuium*. Chez Horace, il suffit que l'élève retienne mécaniquement que « si de 5/12 on retranche 1/12, il reste 1/3 ; et si l'on y ajoute 1/12 cela fait 1/2 » : ainsi saura-t-il « défendre ses sous » (*Art poétique*, v. 325-330). Si la formation littéraire d'un homme comme Augustin est solide, les lacunes dans l'enseignement mathématique sont patentes. On ne s'étonnera donc pas trop de sentir les limites de l'exposé mathématique de Martianus, même s'il y a chez ce néoplatonicien la claire volonté de s'inscrire dans le cadre et dans la doctrine de ce que Boèce appellera le *quadriuium*. C'est bien cette volonté qui lui suggère de faire comparaître

124. Sur ces questions, voir mon Introduction à l'édition de l'*Institution arithmétique* de Boèce (CUF, 1995), p. LII sq.

tour à tour les quatre *uirgines* qui symbolisent et médiatisent les quatre sciences mathématiques : Géométrie, Arithmétique, Musique, Astronomie.

Géométrie

La Géométrie qui apparaît au début du livre 6 est une femme imposante dont le vêtement est orné des emblèmes de sa discipline. Mais l'exposé qu'elle va prononcer est un exposé de… géographie. Seules les dernières pages traiteront des définitions de base de la géométrie (non pas, du reste, de ses théorèmes).

La géométrie est, chez Martianus comme dans l'enseignement romain, le « parent pauvre » dans l'enseignement des quatre *disciplinae* — elles-mêmes bien négligées par rapport aux *artes* littéraires dans l'enseignement romain, comme on l'a rappelé ci-dessus. Il nous reste les textes des *Agrimensores*, certes, dont un bon nombre ont été édités dans le corpus de Lachmann[125]. Le plus ancien traité latin de géométrie que l'on ait conservé (au moins en bribes), celui de Balbus[126], montre qu'il a dû exister à date relativement ancienne des traductions des *Éléments* d'Euclide : car Balbus, qui écrit dans les années 102-106, ne prétend pas traduire lui-même Euclide dont il fournit en latin nombre de propositions. Notons par ailleurs, avec toute la révérence que l'on doit manifester à ce petit traité qui nous est parvenu en lambeaux, que sa préface laisse cependant mal augurer des compétences contemporaines :

125. F. Blume, K. Lachmann, A. Rudorff, *Die Schriften der Römischen Feldmesser*, Berlin, vol. 1, 1848.

126. Ce traité a été édité dans F. Blume, K. Lachmann, A. Rudorff, *Die Schriften der Römischen Feldmesser*, vol. 1, Berlin, 1848, p. 91-108 ; j'en ai donné, d'après le texte de Lachmann, une traduction commentée : J.-Y. Guillaumin, *Balbus : Présentation systématique de toutes les figures. Podismus et textes connexes*, Naples, Jovene, 1996.

l'auteur s'y insurge contre les gens qui, prétendant à quelque compétence en mathématiques, ne sont pas même capables de dire combien il existe de genres d'angles... Ces gens-là sont ses collègues, avec lesquels il règle ses comptes, professeurs de géométrie adonnés à la formation des techniciens de l'arpentage. Il y a donc eu à Rome, c'est certain, bien avant celle qu'avait dû réaliser Boèce, des traductions des *Éléments* d'Euclide ou du moins de leur contenu de base. Mais le public concerné n'était que celui des techniciens et le niveau de l'enseignement de la géométrie restait apparemment fort médiocre. La situation n'a guère changé entre l'époque de Balbus et celle de Martianus, sinon en pire. Un Romain qui voulait véritablement étudier cette science devait le faire sur des textes grecs.

C'est sans doute cette faiblesse ou inexistence de la géométrie « romaine » qui incite Martianus à faire du remplissage avec... tout autre chose, sous le titre de *Géométrie*, pour donner au livre 6 des proportions comparables à celles des autres livres. Ainsi la différence de quantité ne sera-t-elle pas aussi sensible chez lui, entre la géométrie et les trois autres sciences, que chez Cassiodore[127] ou chez Isidore[128] par exemple. Une autre raison, inavouée, pourrait bien tenir à l'incompétence de l'auteur en matière de géométrie théorique, reflet de l'incompétence du monde occidental à son époque.

Ce sont donc les quatre livres géographiques de Pline, et l'abrégé qu'en avait tiré Solin, qui vont servir de substitut à un Euclide pourtant acclamé à la fin du livre, mais auquel on se garde bien de rien demander, non plus qu'à Archimède, sous l'excellent prétexte qu'ils ne parlent que le grec... Il faut attendre 6 § 706 pour que commence l'exposé

127. Livre 2 des *Institutions* (éd. Mynors, p. 89 sq.).
128. *Étymologies*, livre 3 (éd. Lindsay).

géométrique *stricto sensu*. Il est, quoique beaucoup plus pauvre, assez comparable à ce que présentent les *Définitions* du Pseudo-Héron d'Alexandrie[129] : *digest* élémentaire comprenant définitions, axiomes et postulats, mais s'arrêtant brusquement à la barrière des premiers théorèmes. Avec les *Définitions* existe une autre parenté qui mérite d'être relevée : c'est la classification des êtres géométriques successifs en genres et en espèces, tout à fait parallèle dans les deux ouvrages, et qui n'est certes pas euclidienne. Mais de tels *digests* existent aussi dans le monde romain, et nous en avons plusieurs témoins dans la littérature agrimensorique principalement à laquelle nous faisions allusion précédemment : qu'il s'agisse de Balbus, du *Podismus* ou des extraits d'Épaphrodite et de Vitruvius Rufus, pour ne citer que ceux-là[130]. L'originalité du compendium de Martianus se trouve en 6 § 715, où il donne les dénominations grecques des différentes étapes de construction d'une figure, enseignement que l'on ne trouve nulle part ailleurs en latin. Mais le seul énoncé d'*Éléments* 1, prop. 1 (construction d'un triangle équilatéral sur une droite donnée et finie) fait avorter l'exposé : un tonnerre d'applaudissements coupe court à toute tentative — ou à toute exigence — de démonstration...

Astronomie

C'est une Astronomie à la fois mystique et scientifique qui va prononcer chez Martianus l'exposé auquel elle est conviée. Elle rappelle qu'elle tire ses origines des

129. Nous disons le *Pseudo*-Héron, contrairement à W. H. Stahl, vol. 1, p. 144, qui admet l'authenticité des Ὅροι (vol. 4 de l'édition Heiberg du corpus héronien, Leipzig, 1912).

130. Tous ces textes sont accessibles chez N. Bubnov, *Gerberti Opera Mathematica*, Berlin, 1899, et j'en ai donné une traduction commentée (voir n. 126).

connaissances des prêtres égyptiens, antiquité qui la rend vénérable. Si Martianus prononce les noms d'Ératosthène, d'Hipparque et de Ptolémée, outre ceux de Pythagore et de Platon, ces savants ne sont guère pour lui, comme pour les compilateurs de son époque, que des noms. Il n'y a rien de commun entre les grands traités scientifiques grecs et le court abrégé des *Noces*, que sa brièveté même, paradoxalement, allait désigner comme le manuel de référence pour le Moyen Âge, pour lequel le livre 8 fut le plus connu et le plus constamment utilisé, notamment par l'école de Chartres dans ses investigations cosmologiques. Le livre d'astronomie de Martianus se recommande par l'originalité de son plan en deux parties, qui traitent d'abord de cosmographie, puis des planètes. Il a exclu les légendes mythologiques relatives aux constellations, qu'il traite de « récits imaginaires » (8 § 817). Outre le plan du livre, son originalité consiste dans le développement sur les révolutions de Mercure et de Vénus, qui, énonce Martianus (8 § 854, 857 et 879), tournent autour du soleil, tandis que les autres planètes et le soleil lui-même tournent autour de la terre : ce système semi-héliocentrique, à mi-chemin du géocentrisme quasi-général des anciens et de l'héliocentrisme radical d'Aristarque de Samos, remonte à Héraclide du Pont[131], platonicien du IVe s. avant J.-C. Tout cela conduit à reconnaître dans le livre d'astronomie de Martianus « un progrès réel si on le compare à la plupart de ses prédécesseurs latins »[132].

131. Voir V. Fontanella, « Mercurio alla ricerca di Apollo-Sole. La teoria geoeliocentrica di Eraclide Pontico nel *De Nuptiis Philologiae et Mercurii* di Marziano Capella, libro I. 8-26 », *Atti dell' Istituto Veneto di Scienze, Lettere ed Arti, Classe di scienze morali e lettere* 135, 1976-1977, p. 305-322.

132. Selon le jugement d'A. Le Bœuffle, *Martianus Capella. Astronomie*, Vannes, éd. Burillier, 1998, p. 26.

Musique

Harmonie sera la dernière à prendre la parole — car ni Médecine ni Architecture ne pourront le faire. Son exposé technique reprend les données de base de la théorie musicale antique, jusqu'au moment où il s'interrompt assez brutalement en 9 § 995. Harmonie rejoint alors Jupiter et les autres dieux et tous accompagnent l'époux et l'épouse jusqu'à la chambre nuptiale. Ici les laisse Martianus, qui termine sur un poème de supplication à son fils, le dédicataire des *Noces* : qu'il ne soit pas trop exigeant envers cette *fabula senilis*…

Les sources des quatre livres mathématiques de Martianus

Pour le contenu scientifique de l'encyclopédie, s'il s'agit plus précisément des livres qui traitent de ce que l'on appellera à partir de Boèce le *quadriuium*, le livre 6 (en principe consacré à la géométrie, mais qui ne traite de géométrie qu'en son extrême fin, après avoir réservé la plus grande partie de son contenu à la géographie) doit beaucoup aux livres 2-6 de Pline l'Ancien. Mais Martianus utilise aussi C. Iulius Solinus, auteur, au IIIe s., d'un recueil de *Mirabilia*[133] qui compilait l'ouvrage de Pline. Il pourrait certes y avoir quelque chose de varronien (on pense aux *Nouem disciplinae*) dans les dernières pages de ce livre 6 : définitions élémentaires et corpus axiomatique de base de la géométrie euclidienne. Mais, outre que l'on est ici dans le domaine de la supposition qu'il n'est pas possible de vérifier, ces notions étaient vulgarisées depuis longtemps,

133. Voir *Collectanea rerum memorabilium*, 2e éd. Mommsen, Berlin, 1895, repr. 1958. Sur l'utilisation de ces sources par Martianus, voir la dissertation de F. Lüdecke, *De Marciani Capellae libro sexto*, Göttingen, 1862, p. 13-35.

même en latin, contrairement à une idée reçue selon laquelle il aurait fallu attendre Boèce pour voir paraître une traduction latine d'Euclide. En réalité, les manuels latins de géométrie ne devaient pas manquer, fût-ce pour les stricts besoins scolaires de la formation des *agrimensores*, et on en voit un exemple — certes lacunaire dans l'état où il nous est parvenu — dans le traité de Balbus intitulé *Expositio et ratio omnium formarum*, auquel nous avons fait allusion plus haut.

On peut sans doute songer à Varron comme source partielle du livre 8 de Martianus sur l'astronomie. Mais l'autre grand encyclopédiste latin, Pline (*HN* 2), a été lu aussi de manière approfondie. Il est vrai que le texte de Martianus sur l'astronomie présente un certain nombre de correspondances avec des auteurs grecs comme Géminus, Théon de Smyrne ou Cléomède. Il est vrai que ces correspondances s'étendent à la manière de traiter le sujet : définitions, classifications, renvois à ce qui précède. Il est vrai enfin que les termes grecs sont nombreux chez Martianus. On sait l'importance de ces manuels d'astronomie qui ont fleuri dans le monde grec et dont un des plus célèbres est celui qui fut rédigé par Géminus, l'*Introduction aux Phénomènes*[134]. Géminus, qui dans le domaine des sciences fut un écrivain encyclopédique, séjourna à Rome vers le milieu du Ier siècle av. J.-C. Sa *Science mathématique*, perdue, eut certainement une grande influence dans les milieux romains qui pouvaient s'intéresser à ce domaine de connaissance. En astronomie, l'*Introduction aux Phénomènes* était l'œuvre d'un savant compétent et d'un esprit clair. Pour autant, on ne supposera pas que Martianus travailla directement sur cet original grec ; et plutôt même que d'invoquer le rôle de traducteur, d'adaptateur et de vulgarisateur qu'aurait pu jouer ici encore l'esprit

134. Éd. G. Aujac, CUF, 1975.

encyclopédique de Varron[135], il faut penser à la lecture qu'a pu faire Martianus de manuels scolaires plus récents tirés des auteurs astronomiques anciens, même s'il a dû consulter aussi des auteurs comme Cicéron, Vitruve, Virgile ou Ovide parmi les classiques, Apulée, Censorinus et Aviénus parmi ceux qui étaient chronologiquement plus proches de lui.

Le livre 9 sur la musique a sa source essentielle dans le manuel d'Aristide Quintilien (fin du IIe s. ap. J.-C. ? ou IIIe s. ?). Ce traité Περὶ μουσικῆς a fait l'objet récemment d'une édition[136], puis d'une traduction[137]. Les § 936 et suivants des *Noces* sont visiblement démarqués des chapitres 5-19 du livre 1 d'Aristide Quintilien. Aussitôt surgit une question identique à celle que posait le livre 8 de Martianus : celui-ci aurait-il travaillé directement sur l'original grec, qu'il aurait traduit en latin ? Mieux vaut sans doute se ranger à l'avis de R. P. Winnington-Ingram (p. XXII), qui pense à l'existence d'intermédiaires[138]. L'introduction du livre 9 des *Noces*, quant à elle, énumère des exemples illustrant le pouvoir de la musique sur le macrocosme et sur le microcosme ; celle de l'*Institution musicale* de Boèce

135. Varron était capable de faire passer au monde latin l'ouvrage de Géminus ; cette supposition s'accorde avec ce que l'on peut savoir de l'esprit du temps, de la manière de travailler de Varron, et des possibilités réelles qui sont ouvertes par la date assignée à l'*Introduction aux Phénomènes* : écrite « à l'intention de ses amis romains » vers 55 av. J.-C., selon G. Aujac, *op. cit.*, p. XXIV.

136. R. P. Winnington-Ingram, Teubner, 1963.

137. T. S. Mathiesen, New Haven, 1983 ; voir aussi la traduction française de F. Duysinx, Genève, 1998.

138. Cela revient aussi à poser la question de savoir si Martianus entendait le grec. D. Shanzer (*op. cit.*, p. 4), prenant le contrepied d'une idée souvent admise à la suite de P. Courcelle (*Lettres grecques*, p. 198), répond par l'affirmative, précisément en arguant de l'innombrable quantité d'intermédiaires latins inconnus qu'il faudrait postuler, dans le cas contraire, comme sources de Martianus, si celui-ci n'avait pu avoir d'accès direct aux écrits de Jamblique, de Porphyre, d'Aristide Quintilien par exemple, dont l'influence est notable sur les *Noces*. Le cas de Nicomaque, cité aussi par D. Shanzer, est sans doute moins démonstratif parce que Martianus a bien pu avoir encore accès à la traduction faite par Apulée.

sera de semblable substance ; l'autorité invoquée par Martianus (§ 928) est celle de Varron.

Quant au livre 7 sur l'arithmétique, nettement formé de trois ensembles (arithmologique, nicomachéen, euclidien), on lui cherchera donc une triple source ; mais nous traiterons plus loin de cette question, car on ne peut la séparer de la description du contenu du livre 7.

L'arithmétique

Bien qu'elle occupe la deuxième place dans le *quadriuium* tel qu'il est présenté par Martianus, nous avons gardé pour la fin cette science à laquelle est consacrée le livre 7 dont nous nous occupons ici.

Primauté de l'arithmétique parmi les quatre sciences mathématiques

On verra, en 7 § 728, Martianus prêter à la *Virgo Arithmetica* « une majesté, issue de son antique noblesse antérieure à la naissance originelle du Tonnant lui-même, qui éclatait dans la lumière de son visage » ; on ne saurait mieux affirmer la primauté ontologique du nombre par rapport à tout ce qui existe, et la priorité de l'arithmétique par rapport aux autres sciences mathématiques ; le § 746 insistera sur la priorité de l'arithmétique sur la géométrie (par exemple : « de 1000 et des autres nombres cubiques vient le solide »). Il s'agit là d'une doctrine attestée depuis Nicomaque au moins (début de l'*Introduction arithmétique*) et présente chez tous les auteurs médio- et néoplatoniciens, Théon de Smyrne[139], Jamblique, Proclus chez les Grecs,

139. Même si la classification de cet auteur, dans l'*Exposition des connaissances utiles à la lecture de Platon*, p. 15 l. 13 sq. Hiller, est d'une présentation

puis Boèce chez les Latins, qui, quand ils traitent des relations entre les quatre sciences, accordent la primauté à l'arithmétique[140], et cela, à la suite de Platon lui-même[141] : ce qui s'entend bien, si l'on considère que le point est plus matériel que le nombre et la géométrie plus engagée dans la matière que l'arithmétique.

Dans le cadre de la théorie des mathématiques qui est exposée par les néoplatoniciens, l'arithmétique et la musique traitent toutes les deux du nombre (τὸ ποσόν) : l'arithmétique du nombre « en soi » (καθ' ἑαυτό), c'est-à-dire du nombre absolu, la musique du nombre « relativement à autre chose » (πρὸς ἄλλο), c'est-à-dire du nombre relatif ou des rapports numériques ; la géométrie et l'astronomie traitent de la grandeur (τὸ πηλίκον) : la géométrie, de la grandeur en repos (ἀκίνητον), l'astronomie de la grandeur en mouvement (κινητόν).

On voit comment, la primauté appartenant logiquement et ontologiquement à l'« en soi » par rapport au « relatif », et au « nombre » ou à la « quantité » par rapport à la « grandeur », il s'ensuit que l'arithmétique précède, logique-

un peu différente : 1) arithmétique ; 2) géométrie, c'est-à-dire géométrie plane ; 3) stéréométrie, c'est-à-dire géométrie solide ; 4) astronomie, qui concerne les solides en mouvement ; 5) à côté de ces quatre sciences, la musique s'occupe « du mouvement, de l'ordre et de l'harmonie des étoiles en mouvement » ; l'harmonie élémentaire — théorie mathématique des consonances, etc — est rattachée à l'arithmétique. Cette présentation de cinq sciences est éclairée par la classification qui avait été établie par Platon. Celui-ci (*République* 522 C sq.) rangeait bien dans le même ordre les sciences propres à former le philosophe : arithmétique, géométrie (526 D), astronomie (527 D), mais il faisait une distinction supplémentaire pour mettre à part la stéréométrie et il parlait en cinquième lieu de la « science de l'harmonie » (530 D), c'est-à-dire de la musique.

140. Voir par exemple, dans l'Introduction de mon édition de l'*Institution arithmétique* de Boèce, p. XLIX, le texte de Jamblique (*In Nic.*, p. 8 l. 3 - p. 9 l. 1 Pistelli).

141. Pour Platon aussi, l'arithmétique devait être étudiée en premier lieu, car elle est la base des autres sciences : « N'est-elle pas telle que tout art et toute science sont forcés d'y recourir ? » (*République* 522 C).

ment et ontologiquement, les trois autres sciences du *quadriuium*, même s'il est indispensable de parcourir ces « quatre voies » pour parvenir au Savoir et à la Philosophie. Une telle hiérarchisation ontologique, que Boèce rappellera longuement dans le premier chapitre de l'*Institution Arithmétique*, n'est pas pure spéculation et l'on a pu observer que la géométrie était pour les Grecs beaucoup plus difficile à fonder théoriquement par rapport à la philosophie éléate, origine de la mathématique grecque, que l'arithmétique, s'il est vrai que « l'existence géométrique est d'abord appréhendée par la sensation empirique, et ce n'est que secondairement qu'elle est donnée à la réflexion »[142].

De prime abord, Martianus se sépare de la hiérarchisation que nous venons de décrire, puisque chez notre auteur c'est la géométrie qui occupe la première place, l'arithmétique la seconde. Il nous paraît en réalité que l'ordonnance dans laquelle se présentent les livres 6 (géométrie) et 7 (arithmétique) de Martianus ne prouve pas que l'auteur revendique une doctrine différente du système classique. L'application de la proportion géométrique aux quatre termes que constituent les quatre sciences permet de rendre compte des différences apparentes que l'on observe, selon les auteurs, dans leur classification[143].

Arithmétique et logistique

Il faut souligner aussi une autre différenciation qui est capitale dans la réflexion des Anciens sur les sciences mathématiques, et qui demeure sous-jacente au texte de Martianus sur l'arithmétique : les sciences mathématiques

142. Á. Szabó, *Les débuts des mathématiques grecques*, trad. française par M. Federspiel, Paris, 1977, p. 355.

143. Voir mon article « L'ordre des sciences du *quadriuium* et la proportion géométrique », dans *Latomus* 50, 1991, p. 691-697.

doivent être rigoureusement distinguées de leurs applications concrètes. Ce qui fait le caractère de l'ἐπιστήμη, c'est l'immatérialité de son objet de connaissance, lequel, immuable et toujours identique à soi-même, ne connaît pas le changement et la corruption des choses de notre monde. Ainsi la géométrie se distingue-t-elle de la « géodésie », pure technique de l'arpentage, qui fut son origine d'après la tradition remontant à Hérodote (2, 109) ; de même, l'arithmétique est différente de la « logistique » ou « technique du calcul ». Cette dernière opère sur des nombres concrets (« de pommes », « de coupes », disent les textes : les écoliers de l'Antiquité apprenaient à compter avec des méthodes que l'on a longtemps employées), non pas sur le nombre que Nicomaque appelle « épistémonique »[144] et qui est l'objet de l'arithmétique. Les traités mathématiques consacrés à ce que les Anciens considèrent comme des applications techniques des sciences mathématiques reçoivent des titres dans lesquels le neutre pluriel indique suffisamment le caractère concret de l'entreprise : les Γεωμετρικά qui font partie du corpus héronien ne sont pas une « géométrie », ni les Ἀριθμητικά de Diophante une « arithmétique ».

Martianus, donc, comme Nicomaque et Boèce, ne s'occupe jamais de « logistique » (celle-ci est supposée connue pour l'intelligence du traité). Il s'agit pour lui de procéder à l'étude du Nombre. Le nombre, premier être, est aussi celui qui possède la plus grande puissance de créativité, on peut même dire de fécondité. Voilà pourquoi apparaissent chez Martianus, comme ils apparaissaient chez Nicomaque, des termes qui évoquent la véritable « maternité » de l'arithmétique, de la Monade et du nombre : on lira là-dessus tout spécialement les § 730-731 du livre 7 des *Noces*, mais le thème est récurrent, et l'on verra par exemple le § 734 traiter des nombres produits par la tétrade.

144. *Introduction arithmétique* 1, 6, 1 et 4.

En tout cela point d'invention, point de créativité de la part du mathématicien. Il ne s'agit pas de créer des systèmes arithmétiques. Il s'agit de contempler, dans le nombre et dans les combinaisons auxquelles il se prête, une réalité purement objective, qui ne doit rien à l'esprit humain, auquel simplement elle se donne à voir.

*Sources de l'*Arithmétique *de Martianus*

Le livre 7 qui traite de l'arithmétique est nettement formé de trois ensembles (arithmologique, nicomachéen, euclidien), et on lui cherchera donc une triple source. L'ensemble arithmologique qui ouvre le livre peut avoir son origine, en dernière analyse, dans un texte qui a été la source de toutes les arithmologies antiques, et que l'on doit faire remonter au moins au deuxième siècle avant J.-C. Des additions stoïciennes ont pu se greffer çà et là, le tronc commun reste perceptible dans les différents traités qui nous sont parvenus. Comment ce matériau est arrivé jusqu'à Martianus, il est difficile de le dire ; même F. E. Robbins, qui a consacré à cette question une étude extrêmement détaillée[145], ne peut conclure sur ce point de manière définitive. Tout juste avance-t-il l'idée d'une influence d'Adraste et de son commentaire sur le *Timée* ; et il remarque aussi, chose évidente comme on le verra dans notre commentaire au texte de Martianus, les points de correspondance entre les *Noces* et l'arithmologie de Nicomaque de Gérasa. Car si ce dernier est surtout connu pour son *Introduction arithmétique*, il avait aussi rédigé un manuel d'arithmologie, perdu, mais dont nous avons des éléments dans les *Theologumena arithmeticae* attribués

145. C'est à cette étude que nous renvoyons : F. E. Robbins, « The Tradition of Greek Arithmology », *Classical Philology* 16, 1921, p. 97-123. L'auteur traite de Martianus Capella aux pages 118-122.

à Jamblique et dans un résumé établi par le patriarche Photius au IXe siècle[146]. La sagesse, sur ce point, est de ne pas risquer d'affirmations qui ne seraient pas fondées ; mais l'important est de voir que le développement arithmologique de Martianus prend parfaitement sa place parmi la douzaine de textes que F. E. Robbins veut faire remonter à une source commune. La tendance, en matière arithmologique, étant très conservatrice, les variations d'un auteur à l'autre, et par rapport à cette source du IIe siècle avant notre ère, sont assez minimes : l'arithmologie de Martianus n'est pas très différente, quel que soit le canal par lequel ses connaissances sont parvenues à notre auteur, de toutes les autres arithmologies de l'Antiquité gréco-romaine.

Il y a ensuite un second ensemble qui développe une série de thèmes d'arithmétique pythagoricienne ; ici, on serait tenté de désigner Nicomaque de Gérasa comme source de Martianus. On discerne en effet sous le texte de notre auteur un manuel arithmétique de base, de tradition grecque pythagoricienne, du genre de celui que nous a laissé Nicomaque sous le titre d'*Introduction arithmétique*. Les contenus, certes, étaient plus anciens ; déjà Philon paraît avoir tiré de la matière d'un compendium de ce genre ; et Théon, contemporain de Nicomaque, qui expose les mêmes connaissances que l'auteur de l'*Introduction arithmétique*, n'est pourtant ni la source ni une imitation du Gérasénien. Caractéristique des manuels de cette sorte, on admettrait donc volontiers que l'ouvrage de Nicomaque est à l'origine du livre 7 des *Noces* ; mais cela n'implique pas que Martianus ait travaillé directement sur ce texte grec. Car, de l'*Introduction arithmétique* de Nicomaque, une traduction latine avait été donnée dès la seconde moitié du IIe s.

146. Photius, *Bibliothèque*, codex n° 187 (éd. R. Henry, Paris, Belles Lettres, t. 3, 1962, p. 40 sq.).

— c'est-à-dire peut-être du vivant même de Nicomaque — par l'Africain Apulée. Cette traduction est pour nous perdue, mais elle fut célèbre, et connue encore de Cassiodore qui la mentionne dans ses *Institutions* (2, 4, 7, p. 140 Mynors). Il est difficile de penser que Martianus, *Afer Carthaginiensis* comme le désignent certains manuscrits, n'ait pas eu à sa disposition, plutôt même qu'un quelconque manuel de tradition nicomachéenne, cette traduction faite par le philosophe de Madaure, dont les *Métamorphoses*, par ailleurs, exercèrent sur lui une grande influence[147].

Mais est-ce Apulée, ou un manuel nicomachéen du même genre, qui fournissait à Martianus tel ou tel détail comme celui qu'il donne (7 § 765) à propos de l'invention du terme de « pythmène » par « le pythagoricien Thymaridas » ? C'est une possibilité, mais il faut noter que les seules mentions connues de ce personnage apparaissent chez Jamblique[148] : il semble qu'il y ait là une raison de penser que Martianus connaissait la substance du commentaire arithmétique de Jamblique, même si l'on ne peut guère déterminer exactement par quelle voie il avait eu accès à ce genre de texte.

La présence d'Euclide est facile à déterminer dans la mesure où la plupart des paragraphes qui forment le troisième et dernier ensemble du livre 7 s'ouvrent sur l'énoncé d'une propriété numérique exprimée dans les propres termes de l'auteur des *Éléments*. La question qui reste ouverte est, une fois de plus, de savoir par quel canal l'enseignement euclidien a pu parvenir à Martianus. Car ce problème, à propos de l'arithmétique, est beaucoup plus obscur que la même question touchant à la géométrie,

147. Influence stylistique : cf. C. Weyman, *Studien zu Apuleius und seinen Nachahmern*, Munich, 1893, p. 374-375 ; C. Morelli, « Quaestiones in Martianum Capellam », *Studi Italiani di filologia classica* 17, 1909, p. 256-260. Influence philosophique : cf. S. Gersh, *op. cit.*, p. 613 n. 40 et p. 623 n. 92.

148. Voir à ce propos nos notes sur le § 765.

laquelle n'est pas simple. Une sorte de *digest* euclidien, dans lequel l'ordre des propositions avait pu être bouleversé, doit être ici supposé, sans que l'on soit en mesure d'être beaucoup plus précis.

Nous serions tenté, pour nous résumer sur ce point, de présenter comme possibles et vraisemblables, pour la rédaction du livre 7 des *Noces*, au moins les sources suivantes : une arithmologie « pythagoricienne » de type canonique ; une traduction de l'*Introduction arithmétique* de Nicomaque, peut-être celle d'Apulée ; un texte mathématique de saveur « jamblichéenne » ; une version latine de l'« Euclide arithmétique », dans laquelle l'ordre euclidien des propositions était plus ou moins bouleversé. Tout cela donne aussi quelques indications, même ténues, sur le matériel scientifique, spécialement dans le domaine mathématique et arithmétique, qui était disponible dans la Carthage du premier tiers du ve siècle.

Analyse du livre 7 de Martianus Capella

a - introduction

725-727. Discussion entre les dieux : Volupté veut presser la marche des choses (725), Mercure prendre son temps ; il propose une solution de compromis : les exposés scientifiques qui restent à faire seront brefs, ce qui permettra de poursuivre bientôt le déroulement du mariage (726). La victoire de Volupté, les termes dans lesquels Mercure l'a acceptée, provoquent l'enthousiasme de Vénus et la réprobation de Junon (727).

728. Entrée d'Arithmétique, introduite par Paideia ; son rayonnement. 729. Son costume ; émerveillement de l'assemblée ; intervention de Pythagore. Arithmétique va commencer son discours, qui s'étendra de 730 à 802, les

§ 725-729 ayant constitué une introduction narrative, poétique, symbolique et merveilleuse.

b - exposé scientifique

1) arithmologie (§ 730-742)

730. Primauté de l'arithmétique, ultime *ratio* du monde.
731. La monade, paradigme de l'unité de l'univers.
732. La dyade.
733. La triade.
734. La tétrade.
735. La pentade.
736. L'hexade : considérations arithmologiques.
737. L'hexade : considérations arithmétiques en rapport avec la théorie des médiétés et ses applications à la musique.
738. L'heptade : son rôle dans le macrocosme.
739. L'heptade : son rôle dans le microcosme (la vie humaine et le corps humain).
740. L'ogdoade.
741. L'ennéade.
742. La décade, en laquelle se récapitulent les caractères des nombres de la « première rangée », c'est-à-dire des unités.

2) thèmes d'arithmétique pythagoricienne (§ 743-767)

743. Définition du nombre ; annonce de ses subdivisions (pairement pair, pairement impair, impairement pair, impairement impair).
744. Nombres premiers.
745. Répartition des nombres de la « première rangée » dans ces différentes catégories ; différenciation entre les première, seconde, troisième et quatrième « rangées » de nombres.

746. L'objet de l'arithmétique se limite aux nombres de ces quatre « rangées ». Correspondances entre les nombres de l'arithmétique et les figures de la géométrie.

747. La sommation des impairs successifs produit les carrés.

748. Division fondamentale du nombre : le pair et l'impair. Subdivisions de l'impair (impair premier et impairement impair), puis du pair (pairement pair, impairement pair, pairement impair).

749. Le pairement pair, l'impairement pair, le pairement impair : propriétés et exemples.

750. Nombres premiers en soi et nombres composés en soi : nombres premiers entre eux et nombres composés entre eux ; étude des deux premières catégories.

751. Étude des deux catégories suivantes.

752. « Membres » et « parties » des nombres.

753. Nombres parfaits, abondants et déficients.

754. Nombres plans et nombres solides.

755. Leurs différentes subdivisions : triangle, carré, hétéromèque (= rectangle), pentagone, pour le plan ; cube, etc., pour le solide.

756. Nombres semblables.

757. Les cinq classes de l'inégalité en plus grand et les cinq classes de l'inégalité en plus petit.

758. Égalité et différence.

759. Le multiple ; l'épimore ; l'épimère ; le multiple épimore ; le multiple épimère ; leurs contraires (sous-multiple, etc.).

760. Différentes espèces du multiple et du sous-multiple.

761. Différentes espèces de l'épimore : hémiole, épitrite, épitétarte, etc. ; et du sous-épimore : sous-hémiole, etc.

762. Différentes espèces de l'épimère.

763. Exemples numériques.

764. Ordonnance des rapports multiples successifs.

765. Ordonnance des épimores successifs. Les pythmènes.

766. Les pythmènes de l'épimore ; ceux de l'épimère.

767. Priorité chronologique et logique du rapport multiple sur les autres espèces de rapports.

3) théorèmes d'arithmétique euclidienne (§ 768-801)

768. La multiplication d'un pair donne toujours un pair ; la multiplication d'un impair par un pair donne un produit pair ; la multiplication d'un impair par un impair donne un produit impair ; la somme d'un nombre quelconque de nombres pairs est un nombre pair.

769. La somme d'un nombre pair de nombres impairs est un nombre pair ; la somme d'un nombre impair de nombres impairs est un nombre impair ; la multiplication d'un pair ou d'un impair par un pair donne un pair ; la multiplication d'un pair par un impair donne un pair ; la multiplication d'un impair par un impair donne un impair.

770. Si un pair est ajouté à un pair, la somme est paire ; si un impair est ajouté à un impair, la somme est paire ; la somme de deux nombres dont l'un est pair et l'autre impair est un nombre impair ; la différence de deux nombres pairs est un nombre pair ; la différence de deux nombres dont l'un est pair et l'autre impair est un impair ; la différence de deux impairs est un pair ; si d'un nombre impair on retranche un pair, le reste est impair.

771. Définitions du pairement pair et de l'impairement pair ; tout nombre qui n'est pas une puissance de 2 et dont la moitié n'est pas un nombre impair est à la fois pairement pair et impairement pair.

772. Nombres composés et nombres non composés ; à ce propos, rappel de la proposition selon laquelle le produit de deux impairs est un impair (cf. § 769).

773. Deux pairs ne sont jamais incomposés entre eux.

774. Un nombre incomposé par soi reste incomposé par rapport à un autre nombre même composé, et par rapport

à plusieurs nombres même s'ils sont composés à la fois par soi et entre eux.

775. Deux nombres composés par soi sont incomposés entre eux.

776. Tous les pairs sont composés entre eux ; certains impairs peuvent l'être ; peuvent aussi être composés entre eux certains impairs avec certains pairs.

777. On ne peut pas toujours comparer un impair composé par soi avec un impairement pair.

778. Étant donnés deux nombres premiers entre eux, tout diviseur de l'un de ces nombres est premier par rapport à l'autre ; si deux nombres sont premiers entre eux, le carré de l'un est un nombre premier par rapport à l'autre nombre ; si deux nombres sont premiers entre eux, leurs puissances de même exposant sont des nombres premiers entre eux.

779. Reprise de la dernière proposition qui vient d'être énoncée à la fin du § 778 ; étant donnés deux nombres premiers entre eux, les carrés de leurs carrés sont premiers entre eux ; la somme de deux nombres premiers entre eux est première par rapport à l'un et à l'autre de ces nombres.

780. Si un nombre est divisé en deux nombres premiers entre eux, ce nombre est premier par rapport à l'un et à l'autre de ces nombres ; si deux nombres sont premiers par rapport à un nombre, le produit de ces deux nombres sera un nombre premier avec ce nombre.

781. Tout nombre est premier par rapport à tout nombre qu'il ne mesure pas ; deux nombres inégaux étant posés, le plus petit étant toujours retranché du plus grand, si le reste ne mesure pas celui qui est avant lui, ces nombres seront premiers entre eux ; si trois nombres successivement proportionnels sont les plus petits de tous ceux qui ont la même raison avec eux, la somme de deux quelconques de ces nombres sera un nombre premier avec le nombre restant.

782. Si un nombre impair est premier par rapport à un nombre, il est aussi premier par rapport au double de ce nombre ; si l'on pose deux nombres, puis deux autres, de sorte que chacun des deux premiers soit premier par rapport à chacun des deux suivants, la somme des deux premiers nombres est aussi première par rapport à chacun des deux suivants.

783. Les plus petits nombres de ceux qui ont la même raison avec eux sont premiers entre eux ; inversement, les nombres premiers entre eux sont les plus petits de ceux qui ont la même raison avec eux.

784. Tout nombre est premier ou il est mesuré par un nombre premier ; la plus petite mesure des pairement pairs est 2 ; la plus petite mesure des impairement pairs et des impairs est un impair.

785. Comment trouver la plus grande commune mesure de deux nombres non premiers entre eux.

786. Comment trouver la plus grande commune mesure de trois nombres non premiers entre eux.

787-788. Comment trouver le plus petit commun multiple de deux nombres donnés.

789. Comment trouver le plus petit commun multiple de trois nombres donnés.

790. Si deux nombres mesurent un nombre, le plus petit qu'ils mesurent mesurera ce même nombre.

791. Les plus petits nombres de ceux qui ont la même raison avec eux mesurent également ceux qui ont la même raison avec eux, le plus grand le plus grand, et le plus petit le plus petit.

792. Si l'unité mesure un nombre autant de fois qu'un autre nombre mesure un autre nombre, par permutation, l'unité mesurera autant de fois le troisième nombre que le second mesure le quatrième.

793. Si deux nombres se multipliant l'un l'autre font un nombre et si un nombre premier mesure leur produit, il mesurera un des nombres proposés.

794. Si autant de nombres qu'on voudra sont successivement proportionnels et si le premier mesure le dernier, il mesurera aussi le second ; inversement, si autant de nombres qu'on voudra sont successivement proportionnels et si le premier ne mesure pas le second, aucun autre n'en mesure un autre.

795. Si, à partir de l'unité, autant de nombres qu'on voudra sont successivement proportionnels, tous les nombres premiers qui mesurent le dernier mesurent aussi celui qui est le plus près de l'unité.

796. Si, à partir de l'unité, autant de nombres que l'on veut sont successivement proportionnels, le plus petit mesure le plus grand par l'un de ceux qui sont dans les nombres proportionnels.

797. Si, à partir de l'unité, autant de nombres qu'on veut sont successivement proportionnels, et si celui qui est après l'unité est un nombre premier, aucun autre nombre ne mesurera le plus grand, excepté ceux qui sont dans les nombres proportionnels ; si le plus petit nombre est mesuré par des nombres premiers, il ne sera mesuré par aucun autre nombre premier, si ce n'est par ceux qui le mesuraient d'abord.

798. Si un nombre carré mesure un nombre carré, le côté mesurera le côté, et si le côté mesure le côté, le carré mesurera le carré.

799. Si un nombre carré ne mesure pas un nombre carré, le côté ne mesurera pas non plus le côté, et si le côté ne mesure pas le côté, le carré ne mesurera pas non plus le carré.

800. Si un nombre cube mesure un nombre cube, le côté mesurera le côté, et si le côté mesure le côté, le cube mesurera le cube ; si un nombre cube ne mesure pas un nombre cube, le côté ne mesurera pas non plus le côté, et si le côté ne mesure pas le côté, le cube ne mesurera pas non plus le cube.

801. Si un nombre est mesuré par un nombre, le nombre mesuré aura une partie dénommée par le nombre qui le mesure ; si un nombre a une partie quelconque, ce nombre sera mesuré par le nombre dénommé par cette partie.

c - conclusion (§ 802)

La conclusion est donnée, sous forme poétique, par Arithmétique qui se félicite qu'une fumée flotte encore au-dessus de ses autels et que le manteau de savant soit toujours bien porté, mais renvoie aux « maîtres d'Athènes » pour un exposé exhaustif : son prétexte (celui de Martianus) est qu'elle ne veut pas lasser son auditoire ; la vraie raison est sans doute à chercher dans le manque de compétence de l'écrivain.

Manuscrits et éditions

Manuscrits

On ne saisit à peu près rien de l'histoire du texte des *Noces* depuis son origine jusqu'en 534, puis de 534 jusqu'au IXe siècle qui marque sa redécouverte et le début de son utilisation scolaire systématique, époque à laquelle remontent nos plus anciens manuscrits. La date de 534 est celle d'un travail de correction des deux premiers livres de Martianus (voire seulement du premier) effectué sous le consulat de Paulinus, « d'après des exemplaires extrêmement défectueux » certainement venus des bibliothèques de Carthage[149], par Securus

149. Après la victoire de Bélisaire, général de Justinien, sur les Vandales, en décembre 533 : « cette libération de Carthage et de l'Afrique rétablit les relations intellectuelles avec Rome » (J. Préaux, « Les manuscrits… », p. 81).

Melior Felix[150], qui fut le dernier titulaire de la chaire officielle de rhétorique qu'avait occupée à Rome Quintilien[151]. Entre la fin du premier tiers du VIe siècle et le début de l'époque carolingienne, on n'a pour ainsi dire pas de renseignements ; on sait qu'à la fin du VIe siècle, un manuscrit de Martianus a dû se trouver dans la bibliothèque de Grégoire de Tours, qui mentionne l'auteur des *Noces*. Le *Livre des Nombres* attribué à Isidore de Séville, qui démarque de longs passages du livre 7 de Martianus, suppose que son auteur a eu accès à ce texte. Mais on n'a pas conservé de manuscrits de Martianus antérieurs à l'époque carolingienne. À partir de cette époque, il est vrai qu'ils se multiplient. C. Leonardi a donné — soit d'après les catalogues des bibliothèques, soit d'après des indications recueillies auprès des conservateurs, soit

150. Sur le personnage et sa datation, cf. H.-I. Marrou, « Autour de la bibliothèque du Pape Agapit », MEFR 48, 1931, p. 157-165 ; J. Préaux, « Securus Melior Felix, l'ultime "Orator Vrbis Romae" », dans *Corona gratiarum. Miscellanea patristica, historica et liturgica Eligio Dekkers O. S. B. XII lustra complenti oblata*, Bruges, 1975, II, p. 101-121 ; et en dernier lieu, A. Cameron, art. cit., qui avance la date de 498 pour le travail de Securus Melior Felix (p. 327).

151. Le texte de la *subscriptio* qui rappelle ce travail de correction est le suivant (cf. J. Préaux, « Les manuscrits... », p. 77) : *Securus Melior Felix, uir spectabilis, comes consistorianus, rhetor Vrbis Romae, ex mendosissimis exemplaribus emendabam, contra legente Deuterio, scolastico, discipulo meo, Romae, ad portam Capenam, consulatu Paulini, uiri clarissimi, sub V nonarum Martiarum, Christo adiuuante*. Elle se trouve dans 23 manuscrits des *Noces* (Bâle, F. V. 17 ; Bamberg, Class. 39 ; Bruxelles, 5092-5094 et 9565-9566 ; Escorial, ç. IV. 10 ; Florence, S. Marco 190 et S. Marco 343 ; Karlsruhe, Reich. 73 ; Leyde, BPL 36, BPL 87, Voss. lat. O. 36 ; Londres, Royal App. 5 ; Munich, lat. 14729 ; Naples, V. A. 16 ; Oxford Selden Sup. 25 ; Paris, lat. 8670 ; Rome, Vallicel. F. 106 ; Vatican, Reg. lat. 1535 et 1987 ; Urb. lat. 329 ; Vat. lat. 5217 ; Wolfenbüttel, 68.16 Aug. 8° et 62 Gud. lat. 2°). Mais elle se trouve toujours (à l'exception du ms. de Florence, Laur. S. Marco 190, du ms. Vat. Urb. lat. 329 copié sur lui, et du ms. de Naples V. A. 16, dans lesquels elle figure à la fin du livre 2) à la fin du livre 1, ce qui suggère que le travail de Securus ne s'est sans doute pas étendu à l'ensemble des *Noces*. On ne sait pas non plus combien de manuscrits il a eus en main, le pluriel *ex mendosissimis exemplaribus* restant vague (au moins deux...).

d'après examen personnel — une liste descriptive de 241 manuscrits contenant tout ou partie de l'œuvre de Martianus[152] ; encore ne prétend-il pas que cette liste soit complète.

Pour notre édition, nous avons utilisé systématiquement les six manuscrits du IXe s. (tous porteurs de la subscription mentionnant le travail de Securus Melior Felix), qui ont conservé l'état le plus ancien du texte[153]. Très élevé est en effet dans ces manuscrits le nombre de fautes dues à la lecture d'un modèle en *scriptio continua*. Les deux premiers de la liste que nous donnons ci-dessous commettent le plus de fautes et sont ainsi les plus proches du modèle, qui pourrait avoir été un ms. des *Noces* conservé à Reichenau, selon J. Préaux[154]. Les quatre autres, qui ont moins de fautes et présentent donc un état du texte sur lequel ont travaillé des correcteurs, « vraisemblablement dans l'aire d'Auxerre-Soissons »[155], constituent un second ensemble. Ces six manuscrits sont les suivants :

– Karlsruhe, Badische Landesbibliothek, *Reichenauensis* 73, de la 1re moitié du IXe siècle. Le haut (4 à 10 cm) de chaque folio est très détérioré, ce qui rend chaque fois impossible la lecture des premières lignes. Ce manuscrit de 111 folios contient la totalité du texte des *Noces* (f. 1r-108v : livre 1, f. 1r-9v ; livre 2, f. 10r-18v ; livre 3, f. 18v-32v ; livre 4, f. 32v-45r ; livre 5, f. 45r-61r ; livre 6, f. 61v-

152. L'article de C. Leonardi intitulé « I codici di Marziano Capella » est paru en trois parties dans *Aevum*. La première partie (*Aevum* 33, 1959, p. 443-489) est une présentation générale du problème ; la seconde partie (34, 1960, p. 1-99) donne la description des 129 premiers mss. répertoriés par l'auteur ; la troisième (34, 1960, p. 411-524) contient la description des mss. numérotés de 130 à 241, puis les *indices*.

153. Ces mss. ont été considérés comme fondamentaux par J. Préaux, « Les manuscrits… » (voir surtout p. 122).

154. Art. cit., p. 122.

155. J. Préaux, art. cit., p. 123.

76v ; livre 7, f. 77r-87v ; livre 8, f. 87v-96r ; livre 9, f. 96r-108v), suivi (f. 109r-111v) des *Fabulae* d'Avianus (texte mutilé). La subscription mentionnant la révision de Securus Melior Felix est au f. 9v, à la fin du livre 1. Si ce ms. retient spécialement l'attention, c'est que, comme le note J. Préaux[156], il « évoque, à maints égards, un codex en capitales rustiques du début du VIe siècle, du genre du *Mediceus* » de Virgile, corrigé à Rome à la fin du Ve s. par le consul ordinaire de 494, Turcius Rufius Apronianus Asterius. Ce ms.[157] a été utilisé par Kopp (voir son éd., p. IX), Halm (pour le livre 5 : voir ses *Rhetores Latini minores*, p. XI), Eyssenhardt (voir son éd., p. XI-XII), Dick et Willis. Sigle : *R*.

– Cité du Vatican, Bibl. Apost. Vat., *Reginensis lat.* 1987 (IXe s.). Peut-être a-t-il été écrit entre 825 et 850 dans le nord-est de la France[158]. Ce ms.[159] de 146 folios de 28 à 30 lignes donne le texte complet des *Noces :* f. 1v-12v, livre 1 ; f. 12v-22v, livre 2 ; f. 23r-41v, livre 3 ; f. 41v-57v, livre 4 ; f. 58r-79r, livre 5 ; f. 79r-102r, livre 6 ; f. 102v-120r, livre 7 ; f. 120r-132v, livre 8 ; f. 132v-145v, livre 9. La subscription *Securus Melior Felix...* est au f. 12v (fin du livre 1). Ce ms. s'est trouvé à l'abbaye Saint-Pierre de

156. Art. cit., p. 81.

157. Sur ce ms., voir A. Holder, *Die Reichenauer Handschriften*, 1, Leipzig, 1906, p. 214 ; *Id.*, « Zu Avianus », *Philologus* 65, 1906, p. 91-96 ; C. Leonardi, « I codici... », 1960, p. 56-57.

158. En tout cas, « des caractères paléographiques le rapprochent du ms. conservé à Bamberg (*B*), sûrement d'origine française (aire de Loire ?) » (J. Préaux, « Les manuscrits... », p. 78 n. 8 bis).

159. Sur ce ms., voir, outre les travaux de J. Préaux cités à la note précédente et à la note suivante, P. Lehmann, *Modius als Handschriftenforscher*, Munich, 1908, p. 112 ; E. M. Bannister, *Monumenti Vaticani di paleografia musicale*, Leipzig, 1913, p. 101 et 200 ; C. Leonardi, « Raterio e Marziano Capella », *Italia medioevale e umanistica* 2, 1959, p. 84 n. 3 ; *Id.*, « I codici... », 1960, p. 471-472.

Gand sous l'abbé Wichard, au XIe siècle[160] (cf. f. 146v : *Liber sancti petri gandensis ecclesie*) et a ensuite appartenu à Franciscus Nansius (vers 1525-1595) avant d'entrer à la Bibliothèque Vaticane avec les autres *Reg.* en 1690. Jusqu'à présent, ce ms. n'a été utilisé par aucun éditeur, même si Eyssenhardt (cf. p. XIV-XVI de son édition) en donne quelques leçons d'après l'examen qu'en avait fait pour lui A. Wilmann. Nous le désignerons du sigle *H*.

– Londres, British Library, *Harleianus* 2685. Daté de la seconde moitié du IXe s., ce ms. de 102 folios de 46 lignes (45 aux f. 9-16) provient de la cathédrale de Cologne ; il passa ensuite à J. G. Graevius (1632-1703), puis, après la mort de celui-ci, fut acheté par E. Harley en 1725 (la date du 20 octobre 1725 est indiquée sur le f. IVr). Il regroupe des œuvres de trois auteurs : Boèce, *Consolation de Philosophie* (f. 1ra-23va) ; Fulgence, *Mythologies* (f. 24ra-35vb) ; du même, l'*Expositio Virgilianae continentiae* (f. 35vb-39rb) ; Martianus Capella enfin (f. 39rb-102rb : livre 1, f. 39rb-44rb ; livre 2, f. 44rb-49rb ; livre 3, f. 49rb-57vb ; livre 5, f. 65va-74vb ; livre 6, f. 75ra-83vb ; livre 7, f. 83vb-90ra ; livre 8, f. 90ra-95va ; livre 9, f. 95va-102rb). Ce ms.[161], que Dick, comme ses prédécesseurs, avait négligé pour son édition, a été utilisé par Willis sous le sigle *A*, que nous avons conservé.

160. Cf. J. Préaux, « Deux manuscrits gantois de Martianus Capella », *Scriptorium* 13, 1959, p. 15-20 (car il existe un autre ms. de Martianus originaire de Saint-Pierre de Gand, le ms. de Leyde B. P. L. 88).

161. Sur ce ms., voir *A Catalogue of the Harleian Manuscripts in the British Museum*, 2, Londres, 1808, p. 707 ; A. C. Clark, « The Library of J. G. Graevius », *Classical Review* 5, 1891, p. 370 et 372 ; P. Lehmann, *Modius als Handschriftenforscher*, Munich, 1908, p. 96 ; K. Löffler, *Kölnische Bibliotheksgeschichte im Umriss*, Cologne, 1923, p. 26 et 74 ; C. Leonardi, « I codici... », 1960, p. 77-78.

– Paris, Bibl. Nat. de France, *Parisinus lat.* 8670, du milieu du IXe s. Ce manuscrit[162], originaire du scriptorium de Corbie, a ensuite appartenu à Claude Dupuy († 1594). Il comprend 122 folios de 30 lignes qui contiennent la totalité du texte des *Noces* : livre 1, f. 1r-11v ; livre 2, f. 11v-22r ; livre 3, f. 22r-36r ; livre 4, f. 36r-48r ; livre 5, f. 48r-64v ; livre 6, f. 65r-83r ; livre 7, f. 83r-97r ; livre 8, f. 97v-107r ; livre 9, f. 107r-122r. La subscription *Securus Melior Felix...* est au f. 11r (fin du livre 1). Ce ms., dont Dick ne s'était pas servi, est utilisé par Willis qui lui donne le sigle *D*, que nous conservons.

– Bamberg, Staatsbibl., *Bambergensis* M V.16 = Class. 39. Ce manuscrit[163] (seconde moitié du IXe s.) est d'origine française (aire de Loire ?). Il appartenait à la bibliothèque de la cathédrale de Bamberg. Il comporte 226 folios de 21 lignes (mais 22 aux f. 66, 69 et 20 aux f. 146, 149). Le texte de Martianus y est distribué comme suit : livre 1, f. 1r-19r ; livre 2, f. 19r-37v ; livre 3, f. 37v-66v ; livre 4, f. 66v-92r ; livre 5, f. 92r-126r ; livre 6, f. 126r-160v ; livre 7, f. 161r-185r ; livre 8, f. 185r-202v ; livre 9, f. 202v-226r. La subscription *Securus Melior Felix...* se trouve au f. 19r (fin du livre 1). Ce ms. a été collationné par Halm pour le livre 5, et pour l'ensemble des *Noces* par Eyssenhardt, par Dick, et par Willis. Nous l'avons utilisé aussi, en lui conservant le sigle *B*.

162. Voir B. de Montfaucon, *Bibliotheca bibliothecarum manuscriptorum nova*, Paris, 1739, vol. 2, p. 756 ; *Catalogus codicum manuscriptorum Bibliothecae Regiae*, Paris, 3/4, 1744, p. 482 ; J. Préaux, « Le commentaire de Martin de Laon sur l'œuvre de Martianus Capella », *Latomus* 12, 1953, p. 439-440 et 448-452 ; C. Leonardi, « I codici… », 1960, p. 437.

163. Voir H. J. Jaeck, *Vollständige Beschreibung der öffentlichen Bibliothek zu Bamberg*, 1, Nuremberg, 1831, p. 51 ; F. Leitschuh et H. Fischer, *Katalog der Handschriften der königlichen Bibliothek zu Bamberg*, I/2, Bamberg, 1895, p. 40-41 ; E. Zinner, *Verzeichnis der astronomischen Handschriften des deutschen Kulturgebietes*, Munich, 1925, p. 73 n° 1943 ; C. Leonardi, « I codici… », 1960, p. 6-7.

– Cité du Vatican, Bibl. Apost. Vat., *Reginensis lat.* 1535, du IXe s. Ce manuscrit[164] de 110 folios de 34 lignes (mais 33 aux f. 33-34 et 39-40, et 35 aux f. 73-110) provient d'Auxerre. Il contient le texte des *Noces*, mutilé : livre 1, f. 1r-10va ; livre 2, f. 10va-19va ; livre 3, f. 19va-34vb ; livre 4, f. 34vb-47va ; livre 5, f. 47va-65vb ; livre 6, f. 65vb-82va ; livre 7, f. 82va-94rb ; livre 8, f. 94rb-104 ra : livre 9, f. 104ra-110rb. La subscription *Securus Melior Felix...* est au f. 10va (fin du livre 1). Bien qu'Eyssenhardt en donne quelques leçons que lui avait procurées A. Wilmann, ce ms. non plus n'avait pas été utilisé par les éditeurs de Martianus, jusqu'à présent. Nous le désignerons du sigle *T*.

Pour l'édition du livre 7, nous avons également pris en compte pour certaines leçons les mss. suivants[165] :

– Paris, Bibl. Nat. de France, *Parisinus lat.* 8669, IXe s. D'origine française (Soissons ?), ce manuscrit[166] de 123 folios de 30 lignes (les f. 121v-122v comportent des diagrammes, le f. 123v est blanc) donne aux f. 1r-121v le texte de Martianus : livre 1, f. 1r-12r ; livre 2, f. 12r-20r ; livre 3, f. 20r-36v ; livre 4, f. 37r-52v ; livre 5, f. 52v-71v ; livre 6, f. 71v-89r ; livre 7, f. 89v-101r ; livre 8, f. 101r-110v ; livre 9, f. 110v-121r. Sigle : *C*.

164. Voir C. Leonardi, « Nota introduttiva per un'indagine sulla fortuna di Marziano Capella nel medioevo », dans *Bullettino dell'Istituto storico italiano per il medioevo e Archivio muratoriano* 67, 1955, p. 280 n. 2 ; Id., « I codici... », 1960, p. 469-470.

165. Ils font partie des quinze manuscrits que J. Préaux, « Les manuscrits... », p. 79-80, déclare « utiles... mais non indispensables ».

166. Voir B. de Montfaucon, *Bibliotheca bibliothecarum manuscriptorum nova*, Paris, 1739, vol. 2, p. 756 ; *Catalogus codicum manuscriptorum Bibliothecae Regiae*, Paris, 3/4, 1744, p. 481-482 ; J. Préaux, « Un nouveau texte sur la Vénus androgyne », *Annuaire de l'Institut de philologie et d'histoire orientales et slaves* 13, 1953, p. 481 ; C. Leonardi, « I codici... », 1960, p. 436-437.

– Besançon, Bibl. Municipale, 594, seconde moitié du IXe s. ; origine : Saint-Oyand (qui fut ensuite l'abbaye de Saint-Claude, Jura)[167]. Il est très proche du ms. de Leyde, Voss. lat. F.48, IXe s., mais il se signale par l'abondance des gloses martiniennes. Ce ms. de 85 folios de 29 lignes donne aux f. 1r-84v le texte de Martianus : livre 1, f. 1r-8v ; livre 2, f. 8v-16r ; livre 3, f. 16r-27r ; livre 4, f. 27r-35r ; livre 5, f. 35r-43v ; livre 6, f. 43v-57r ; livre 7, f. 57r-66r ; livre 8, f. 66r-73v ; livre 9, f. 74r-84r. Le f. 84v présente un diagramme sur la mesure de la terre, comparable à celui du ms. de Florence, Laurent. S. Marco 190. Sigle : *E*.

– Oxford, Bodleian Library, Laud. lat. 118, IXe s. D'origine française, ce ms.[168] de 96 folios (nombre de lignes variant de 27 à 34 suivant les fasc.) a appartenu à W. Laud (f. 1r : *Liber Guilielmi Laud Archiepiscopi Cantuariensis et Cancellarii Universitatis Oxoniensis. 1633*). Le texte des *Noces* est distribué comme suit : livre 1, f. 1r-10r ; livre 2, f. 10r-17v ; livre 3, f. 17v-32r ; livre 4, f. 32v-42v ; livre 5, f. 42v-54r ; livre 6, f. 54v-66r ; livre 7, f. 66r-74r ; livre 8, f. 74r-81r ; livre 9, f. 81r-91r. Le bas du f. 91r donne un extrait du *Commentaire sur le Songe de Scipion* de Macrobe (2, 1, 14). Les derniers folios portent des extraits de Pline l'Ancien (2, 12, 32 ; 2, 12, 83) et de Servius (*De centum metris*, *De finalibus* et *in Aen.* 3, 122). Sigle : *F*.

167. Sur ce ms., voir A. Castan, « La bibliothèque de l'abbaye de Saint-Claude du Jura », *Bibliothèque de l'École des Chartes* 50, 1889, p. 325 et n. 2, puis p. 355 ; A. Castan, dans *Catalogue général des manuscrits des Bibliothèques publiques de France, Départ.*, 32, Paris, 1897, p. 352-353 ; C. Leonardi, « I codici… », 1960, p. 13-14.

168. Voir H. O. Coxe, *Catalogi codicum manuscriptorum Bibliothecae Bodleianae* 2, Oxford, 1858, col. 53-54 ; F. Madan, *A Summary Catalogue of Western Manuscripts in the Bodleian Library*, 2/1, Oxford, 1922, p. 69 ; J. Préaux, « Le Commentaire de Martin de Laon sur l'œuvre de Martianus Capella », *Latomus* 12, 1953, p. 438-440 ; *Id.*, « Un nouveau texte sur la Vénus androgyne », art. cit., p. 481 ; C. Leonardi, « I codici… », 1960, p. 423.

– Bruxelles, Bibliothèque Royale, 9565-9566, dernier quart du IXe s. Origine : aire du lac de Constance ; appartint ensuite au monastère Saint-Laurent de Liège. Ms. de 196 folios de 28 lignes. Ce ms.[169] est formé de la réunion à date ancienne (car le texte du premier ensemble se poursuit au f. 13r) de deux ensembles correspondant aux f. 1-12 et 13-196. Les premiers folios (1r-13r) contiennent un fragment sur la triple division de la philosophie, des diagrammes, des tables de comput, etc. Le texte de Martianus, mutilé, occupe les f. 13v-196v : livre 1, f. 13v-28r ; livre 2, f. 28v-42v ; livre 3, f. 42v-67v ; livre 4, f. 68r-90r ; livre 5, f. 90v-117r ; livre 6, f. 117v-143v ; livre 7, f. 143v-163v ; livre 8, f. 163v-179v ; livre 9, f. 179v-196v. La subscription *Securus Melior Felix...* est au f. 28r (fin du livre 1). Sigle : *G*.

– Paris, Bibl. Nat. de France, *Parisinus lat.* 8671, 2e ou 3e quart du IXe s. D'origine française (Auxerre ?), ce manuscrit[170] de 85 folios a été propriété de Colbert (f. 1r : *Cod. Colb. 637*), puis est passé en 1732 à la Bibliothèque royale. Le texte de Martianus, avec quelques lacunes, s'y présente de la façon suivante : livre 1, f. 1r-9r ; livre 2, f. 9r-17v ; livre 3, f. 17v-30v ; livre 4, f. 31r-40v ; livre 5, f. 41r-50v ; livre 6, f. 50v-62v ; livre 7, f. 62v-72r ; livre 8,

169. Sur ce ms., voir *Inventaire des manuscrits de l'ancienne Bibliothèque Royale des Ducs de Bourgogne*, Bruxelles, 1839, p. 192 ; *Catalogue des manuscrits de la Bibliothèque Royale des Ducs de Bourgogne*, 2, Bruxelles, 1842, p. 32 ; P. Thomas, *Catalogue des manuscrits de classiques latins de la bibliothèque Royale de Bruxelles*, Gand, 1896, p. 32 ; J. Préaux, « Un nouveau manuscrit de Saint-Gall : le Bruxellensis 9565-9566 », *Scriptorium* 10, 1956, p. 221-228 ; B. Bischoff, « Eine verschollene Einteilung der Wissenschaften », *Archives d'histoire doctrinale et littéraire du Moyen Âge* 25, 1958, p. 7 ; C. Leonardi, « I codici... », 1960, p. 18-19.

170. Voir B. de Montfaucon, *Bibliotheca bibliothecarum manuscriptorum nova*, Paris, 1739, vol. 2, p. 928 ; *Catalogus codicum manuscriptorum Bibliothecae Regiae*, Paris, 3/4, 1744, p. 482 ; C. Leonardi, « I codici... », 1960, p. 437-438.

f. 72r-73r (lacune importante) ; livre 9, f. 73v-83r. Les f. 83v-84v présentent des diagrammes. Sigle : *M*.

– Saint-Pétersbourg (Leningrad), Class. lat. F. v. 10, 3e ou 4e quart du IXe s. Ce manuscrit[171] de 62 folios de 28 lignes provient de Corbie (note de possession au f. 1) ; il est passé ensuite à Saint-Germain-des-Prés puis à P. Dubrovski, auquel il fut acheté par le gouvernement russe en 1805. Le texte de Martianus (comportant des lacunes) se trouve aux f. 1r-61v : livre 1, f. 1r-8v ; livre 2, f. 9r-10r ; livre 3, f. 10r-14v ; livre 4, f. 15r-26r ; livre 5, f. 26r-28v ; livre 6, f. 29r-34v ; livre 7, f. 35r-45v ; livre 8, f. 46r-50v ; livre 9, f. 51r-61v. Nombreuses gloses tirées du commentaire attribué par J. Préaux à Martin de Laon. Sigle : *P*.

– Leyde, Bibliothèque de l'Université, B. P. L. 36, 3e ou 4e quart du IXe s. Ce ms.[172] de 130 folios de 32 lignes, dont la provenance n'est pas connue, a été la propriété de P. Schrijver, qui en a fait don à la bibliothèque de Leyde en octobre 1606 (f. 1r : *Petrus Scriverius L. M. D. Bibliothecae Lugdunensi MDCVI ipsis eidibus octobris*). Le texte des *Noces* est aux f. 1r-127v, de la façon suivante : livre 1, f. 1r-11v ; livre 2, f. 11v-22v ; livre 3, f. 22v-41r ;

171. Voir L. Delisle, *Le Cabinet des manuscrits*, 2, Paris, 1874, p. 55 n° 1095, p. 431 n° 216, p. 440 n° 294 ; A. Staerk, *Les manuscrits latins du Ve au XIIIe s. conservés à la Bibliothèque impériale de Saint-Petersbourg*, Saint-Pétersbourg, 1910, 1, p. 220-222 ; 2, p. XVII, tab. LXIX ; O. Dobias-Rozdestvenskaja, *Histoire de l'atelier graphique de Corbie de 651 à 830 reflétée dans les Corbeienses Leninopolitani*, Leningrad, 1934, p. 105 ; L. W. Jones, « The Scriptorium at Corbie », 2, *Speculum* 22, 1947, p. 388 ; J. Préaux, « Un nouveau manuscrit de Saint-Gall : le Bruxellensis 9565-9566 », *Scriptorium* 10, 1956, p. 223 n. 9 ; C. Leonardi, « I codici... », 1960, p. 69-70.

172. Voir P. C. Molhuysen, *Bibliotheca Universitatis Leidensis. Codices manuscripti* 3, Leyde, 1912, p. 20 ; A. Dick, *Martianus Capella*, p. XI-XIII ; *Bibliotheca Academiae Lugduno-Batavae. Catalogus* 14, Leyde, 1932, p. 100.

livre 4, f. 41r-56r ; livre 5, f. 56v-74v ; livre 6, f. 75r-90v ; livre 7, f. 90v-104v ; livre 8, f. 104v-115r ; livre 9, f. 115r-127v. La *subscriptio* mentionnant le travail de Securus Melior Felix est au f. 11v (fin du livre 1). Les f. 128r-129v ont des figures ; f. 130r : *Quid sit ceroma ;* f. 130v blanc. Ce ms. a été utilisé par F. Bodianus pour l'édition princeps. C'est le ms. *A* de Dick. Nous-même le désignerons par le sigle *Y*.

Éditions

L'*editio princeps* est celle de Franciscus Bodianus, Vicenza, 1499[173] : *Opus Martiani Capelle de nuptiis Philologie et Mercurii libri duo ; De grammatica, de dialectica, de rhetorica, de geometri* [*sic*], *de arithmetica, de astronomia, de musica libri septem, cura Francisci Vitalis Bodiani*, Vicentiae, per Henricum de Sancto Urso, 1499.

Ensuite, pour l'œuvre complète, la liste des éditions anciennes est la suivante :

1500 : *Opus Martiani Capellae de nuptiis Philologiae et Mercurii liberi* [*sic*] *duo. De Grammatica Liber Tertius (...), De Musica Liber Nonus*. Mutinae, per Dionysium Berthocum, 1500 (réimpression de l'édition de 1499).

1532 : *Martiani Minei Capellae de Nuptiis Philologiae et Mercurii libri II. Ad haec de septem artibus liberalibus*

173. La date de cette édition offre une petite difficulté amusante : elle est en effet indiquée par *Anno Salutis MCCCCXCIX XVII Kalendas Ianuarias*. On peut tenir pour assuré que l'année est bien 1499. Mais, étant donné que pour le jour et le mois, c'est l'expression latine qui a été utilisée, le 17ème jour des calendes de janvier étant le 16 décembre, M. Cappuyns, poussant la logique à son terme, en a conclu qu'il s'agissait du 16 décembre précédant le 1er janvier 1499, et que l'édition datait donc de « fin 1498 » (art. cit., col. 844).

libri ejusdem singuli... accurate ad veterum exemplariorum fidem a mendis quibus scatebant vindicati, omnique ideo harum artium studioso non minus necessarii quam utiles, Basileae, excudebat H. Petrus, 1532.

1539 : *Martiani Minei Capellae,... de Nuptiis Philologiae et septem artibus liberalibus libri novem optime castigati*, Lugduni, apud haeredes Sim. Vincentii, 1539.

1577 : *Isidori Hispalensis Episcopi originum libri viginti ex antiquitate eruti. Et Martiani Capellae de nuptiis Philologiae et Mercurii libri novem. Uterque, praeter Fulgentium et veteres Grammaticos variis lectionibus et scholiis illustratus opera... B. Vulcanii*, Basileae, apud P. Pernam, 1577 (Bonaventura Vulcanius est B. de Smet).

1592 : *Martiani Minei Capellae,... de Nuptiis Philologiae et septem artibus liberalibus libri novem optime castigati*, Lugduni, apud B. Vincentium, 1592 (réimpression de l'édition de 1539).

1599 : *Martiani Minei Felicis Capellae,... Satyricon in quo de nuptiis Philologiae et Mercurii libri duo, et de septem artibus liberalibus libri singulares, omnes et emendati et notis sive februis Hug. Grotii illustrati*, Lugduni Batavorum, apud C. Rhaphelengium, 1599 (édition de Hugo Groot, dit Grotius, qui n'avait que quinze ans quand il la donna, avec l'aide de son maître Scaliger).

1619 : *Martiani Minei Capellae,... de Nuptiis Philologiae et septem artibus liberalibus libri novem optime castigati*, Lugduni, apud haeredes S. Vincentii, 1619 (réimpression de l'édition de 1539).

1658 : *Artes liberales, ad mentem veterum explicatae,*

ab eruditissimo M. Capella, Lugduni, sumpt. J. A. Huguetan et M. A. Ravaud, 1658 (réimpression de l'édition de 1592).

Venons-en aux éditions modernes :

U. F. Kopp, 1836 (*De nuptiis Philologiae et Mercurii et de septem artibus liberalibus libri novem*, Francfort-sur-le-Main, F. Varrentrapp).

F. Eyssenhardt, 1866 (*Martiani Capellae de nuptiis Philologiae et Mercurii*, Leipzig).

A. Dick, 1925 (*Martianus Capella*, Leipzig, Teubner ; repr. Stuttgart, 1978, avec corr. de J. Préaux).

J. Willis, 1983 (*Martianus Capella*, Leipzig, Teubner).

Traductions de l'ensemble des *Noces*

Stahl, W. H., Johnson, R., Burge, E. L., *Martianus Capella and the Seven Liberal Arts*, vol. 2 : *The Marriage of Philology and Mercury*, translated by W. H. Stahl and R. Johnson with E. L. Burge, New York, 1977.

Ramelli, I., *Le nozze di Filologia e Mercurio. Introd., trad., comment. e appendici di...*, Milan, 2001.

Éditions et traductions partielles

1500 : livre 3 : *De grammatica liber...*, Erffordiae, per Wolfgangum Schenck, 1500.

1507 : livre 3 : *Grammatica, cum praefatione Joannis*

Rhagii Aesticampani, Francphordiae, per honestos viros Nic. Lamparter et Balth. Murrer, 1507.

1509 : livre 5 : *Rhetorica, cura Joannis Aesticampani*, Lipsiae, per Mart. Herbipol., 1509.

1516 : livres 1-2 : *Martianus Foelix Capella. De Nuptiis Mercurii et Philologiae, cum adnotationibus Joannis Dubravii*, Viennae, per Hieronymum Victorem, 1516 (Joannes Dubravius est Janus Dubravius, évêque d'Olmutz)[174].

1578 : trad. des livres 1-2 : *Le nozze di Mercurio e di Filologia di Martiano Capella, tradotte dal latino dal Sig. Alfonso Buonacciuoli, Nobile Ferrarese*, in Mantova, appresso Francesco d'Osanna, 1578.

1629 : trad. des livres 1-2 : *Delle Nozze dell' Eloquenza con Mercurio, di Marziano Capella Cartaginese, libri due, tradotti da Eureta Misoscolo*, in Padova, per Gio. Battista Martini, 1629 (Eureta Misoscolo est le pseudonyme de Francesco Pona).

1652 : livre 9, éd. par Marcus Meibom : *Antiquae musicae auctores septem Graece et Latine restituit ac notis explicavit Marcus Meibomius*, Amstelodami, apud L. Elzevirium, 1652.

1756 : livre 5, éd. par Claude Capperonnier : *Antiqui Rhetores Latini, e F. Pithoei bibliotheca olim editi. Recognovit, emendavit, notis auxit C. Capperonnerius (Rutilius Lupus, Aquila Romanus, Julius Rufinianus, de figuris Sententiarum et Elocutionis, etc. quibus nunc accedit*

174. M. Cappuyns, art. cit., col. 844, fait référence à cette édition sans indiquer qu'il s'agit d'une édition partielle.

M. Capellae de nuptiis Philologiae liber V. Vita C. Capperonnerii.), Argentorati, 1756.

1763 : livres 1-2, éd. par Beat Ludwig Walthard : *Martianus Capella, editus cura L. Walthardi*, Bernae, ere Wagneri, 1763.

1794 : livres 1-2 : *Martiani Minei Felicis Capellae,... de Nuptiis Philologiae et Mercurii libri duo. Recensuit... et... illustravit Joann. Adam Goez*, Norimbergae, sumptibus Monathi et Kussleri, 1794.

1837 : livres 1-2 : *Althochdeutsche dem Anfang des 11ten Jhdts. angehör. Übersetzung und Erläuterung der von Mart. Capella verfassten 2 Bücher De nuptiis Mercurii et Philologiae, zum ersten Male herausgegeben von E. G. Graff. Lat. & Ger.*, Berlin, 1837 (traduction-paraphrase en v. h. a. par Nokter Labeo, mort en 1022).

1863 : livre 5, éd. par C. Halm dans les *Rhetores Latini minores*, Leipzig, 1863.

1968 : Vanderkerckhoven, N., *Les Noces de Mercure et Philologie, livre III. Édition critique et traduction française*, Bruxelles, 1968.

1975 : Lenaz, L., *Martiani Capellae de nuptiis Philologiae et Mercurii liber secundus*, Padoue, 1975.

1983 : Gasparotto, G., *Marziano Capella. Geometria. De nuptiis Philologiae et Mercurii liber sextus.* Intr., trad., comm., Vérone, 1983.

1987 : Cristante, L., *Martiani Capellae de nuptiis Philologiae et Mercurii liber IX*, Padoue, 1987.

1988 : Scarpa, L., *De nuptiis Philologiae et Mercurii liber VII. Introd., trad. e comm. di...*, Padoue, 1988.

1998 : Le Bœuffle, A., *Martianus Capella. Astronomie*, trad. et comment., Vannes, Burillier, 1998.

Bibliographie succincte

Cette bibliographie se rapporte d'une part aux questions générales touchant à Martianus Capella, d'autre part au livre sur l'Arithmétique. La bibliographie spécifique afférente aux autres livres sera présentée lors de l'édition de chacun d'eux.

Textes (arithmétique, mathématiques) :

ANATOLIUS : éd. J. L. Heiberg, *Annales internationales d'Histoire, Congrès de Paris, 1900, 5ème section, Histoire des Sciences*, Paris, 1901, p. 27 sq.

BOÈCE : *Institution arithmétique*, éd. J.-Y. Guillaumin, Paris, CUF, 1995.

CALCIDIUS : *Timaeus a Calcidio translatus commentarioque instructus*, éd. J. H. Waszink, Londres-Leyde, 1962.

CENSORINUS : *De die natali*, éd. F. Hultsch, Leipzig, 1867.

ID. : *De die natali liber*, pref., testo critico, traduzione e commento a cura di C. A. Rapisarda, Bologne, 1991.

EUCLIDE : *Euclidis Elementa post J. L. Heiberg edidit* E. S. Stamatis (2 vol.), Leipzig, 1969-1970.

ID. : Vitrac, B., *Euclide. Les Éléments*, vol. 2 : *Livres V à IX*, trad. et comm., Paris, PUF, 1994.

JEAN SCOT ÉRIGÈNE : *Annotationes in Marcianum*, éd. Cora E. Lutz, Cambridge, Mass., 1939.

MACROBE : *Saturnalia*, éd. J. Willis, Leipzig, 1970[2] (1963[1]).

ID. : *Commentarii in Somnium Scipionis*, éd. J. Willis, Leipzig, 1970.

ID. : *Commentaire au Songe de Scipion. Livre I*, éd. M. Armisen-Marchetti, Paris, CUF, 2001.

NICOMAQUE : *Introductionis Arithmeticae libri duo*, éd. R. Hoche, Leipzig, 1866.

ID. : D'Ooge, M. L., Robbins, F. E. and Karpinski, L. Ch., *Nicomachus of Gerasa : Introduction to Arithmetic ; translated into English by M. L. D'Ooge, with studies in Greek Arithmetic by F. E. Robbins and L. Ch. Karpinski*, New York, 1926 (réimpr. New York, 1972).

ID. : Bertier, J., *Nicomaque de Gérase, Introduction Arithmétique. Introduction, traduction, notes et index*, Paris, 1978.

PROCLUS : *In Platonis Rempublicam*, éd. W. Kroll, 3 vol., Leipzig, 1899-1901.

ID. : *Commentaire sur la République*, trad. et notes A. J. Festugière, 3 vol., Paris, 1970.

ID. : *In Platonis Timaeum*, éd. E. Diehl, 3 vol., Leipzig, 1903-1906.

ID. : *Commentaire sur le Timée*, trad. et notes A. J. Festugière, 5 vol., Paris, 1966-1968.

PS.-JAMBLIQUE : *Theologumena arithmeticae*, éd. V. De Falco, Leipzig, 1922 (nouvelle édition Stuttgart, 1975).

THÉON DE SMYRNE : *Expositio rerum mathematicarum ad legendum Platonem utilium*, éd. E. Hiller, Leipzig, 1878.

ID. : *Exposition des connaissances mathématiques utiles pour la lecture de Platon*, trad. J. Dupuis, Paris, 1892.

Études :

BARNISH, S.I.B., « Martianus Capella and Rome in the late fifth century », *Hermes* 114, 1986, p. 98-111.

BISHOP, T.A.M., « The corpus Martianus Capella », *Transactions of the Cambridge Bibliographical Society* 4, 1967, p. 257-275.

BOYANCÉ, P., « Note sur la tétraktys », *L'Antiquité classique* 20, 1951, p. 421-425.

BURKERT, W., *Weisheit und Wissenschaft : Studien zu Pythagoras, Philolaus und Platon*, Nuremberg, 1962 ; trad. E.L. Minar Jr., *Lore and Science in ancient Pythagoreanism*, Harvard University Press, Cambridge (Mass.), 1972.

CAMERON, A., « Martianus and his first editor », *Classical Philology* 81, 1986, p. 320-328.

CAPPUYNS, M., « Capella (Martianus) », *Dictionnaire d'Histoire et de Géographie Ecclésiastiques* 11, Paris, 1949, p. 835-848.

COURCELLE, P., *Les Lettres grecques en Occident de Macrobe à Cassiodore*, Paris, 1948^{2} (1943^{1}).

COURTOIS, C., *Les Vandales et l'Afrique*, Paris, 1955.

CRISTANTE, L., « Marziano Capella, un'edizione impossibile ? », *Museum Patavinum* 4, 1986, p. 131-145.

DE FALCO, V., « Sui trattati aritmologici di Nicomaco ed Anatolio », *Rivista indo-greca-italica di filologia* an. 6, 1922, p. 000-000.

DICK, A., *De Martiano Capella emendando*, Berne, 1885. *Id.*, *Commentationis philologicae de Martiano Capella emendando altera pars*, Saint-Gall, 1889.

DORNSEIFF, F., *Das Alphabet in Mystik und Magie*, Leipzig-Berlin, 1925^{2}.

ENGLISCH, B., *Die Artes liberales im frühen Mittelalter (5.-9. Jh.). Das Quadrivium und der Komputus als Indikatoren für Kontinuität und Erneuerung der exakten Wissenschaften zwischen Antike und Mittelalter*, Stuttgart, 1994.

FERRARINO, P., « La prima, e l'unica *Reductio omnium*

artium ad philologiam. Il *De Nuptiis Philologiae et Mercurii* di Marziano Capella e l'apoteosi della Filologia », *Italia medioevale e umanistica* 12, 1969, p. 1-7.

FESTUGIÈRE, A. J., *La Révélation d'Hermès Trismégiste*, 4 vol., Paris, 1949-1954.

FLAMANT, J., *Macrobe et le néoplatonisme latin à la fin du IVe siècle*, Leyde, 1977.

FUHRMANN, M., *Das systematische Lehrbuch : Ein Beitrag zur Geschichte der Wissenschaft in der Antike*, Göttingen, 1960.

GERSH, S., *Middle Platonism and Neoplatonism. The Latin Tradition*, 2 vol., Notre Dame, Indiana, 1986.

GREBE, S., *Martianus Capella, « De Nuptiis Philologiae et Mercurii ». Darstellung der Sieben Freien Künste und ihrer Beziehungen zueinander*, Stuttgart-Leipzig, 1999.

HADOT, I., *Arts libéraux et philosophie dans la pensée antique*, Paris, 1984.

HEATH, T. L., *A History of Greek Mathematics*, 2 vol., Oxford, 1921 (réimpr. fréquentes).

ID. : *The thirteen books of Euclid's Elements*, 3 vol., Cambridge 1908 ; réimpr. New York, 1956.

LE MOINE, F., *Martianus Capella, A Litterary Re-Evaluation*, Munich, 1972.

LENAZ, L., « Marziano Capella », *Cultura e scuola* 44, 1972, p. 50-59.

LEONARDI, C., « Nota introduttiva per un'indagine sulla fortuna di Marziano Capella nel Medioevo », *Bullettino dell'Istituto Storico Italiano per il Medio Evo e Archivio Muratoriano* 67, 1955, p. 265-288.

ID., « Intorno al « Liber de numeris » di Isidoro di Siviglia », *Bullettino dell'Istituto Storico Italiano per il Medio Evo e Archivio Muratoriano* 68, 1956, p. 203-231.

ID., « I codici di Marziano Capella », *Aevum* 33, 1959, p. 443-489 ; 34, 1960, p. 1-99 ; 34, 1960, p. 411-524.

MARROU, H.-I., *Saint Augustin et la fin de la culture antique*, Paris, 1958[4].

MENNINGER, K., *Zahlwort und Ziffer. Aus der Kulturgeschichte unserer Zahlsprache, unserer Zahlschrift und des Rechenbretts*, Breslau, 1934 ; trad. angl. par P. Broner, *Number Words and number Symbols*, New York 1992.

MICHEL, P.-H., *De Pythagore à Euclide. Contribution à l'étude des mathématiques préeuclidiennes*, Paris, Les Belles Lettres, 1950.

MONCEAUX, P., *Les Africains. Étude sur la littérature latine d'Afrique*, Paris, 1894.

MORELLI, C., « Quaestiones in Martianum Capellam », *Studi italiani di filologia classica* 17, 1909, p. 231-264.

NUCHELMANS, G., « Philologie et son mariage avec Mercure jusqu'à la fin du XIIe siècle », *Latomus* 16, 1957, p. 84-107.

PARKER, H., « The Seven Liberal Arts », *English Historical Review* 5, 1890, p. 417-461.

PETERSEN, F. J., *De Martiano Capella emendando*, diss., Helsinki, 1871.

PRÉAUX, J., « Le commentaire de Martin de Laon sur l'œuvre de Martianus Capella », *Latomus* 12, 1953, p. 437-459.

ID., « Jean Scot et Martin de Laon en face du *De Nuptiis* de Martianus Capella », *Jean Scot Érigène et l'histoire de la philosophie (Colloque International du Centre National de la Recherche Scientifique, Laon 7-12 juillet 1975)*, Paris, 1977, p. 161-170.

ID., « Les manuscrits principaux du *De Nuptiis Philologiae et Mercurii* de Martianus Capella », dans *Lettres latines du Moyen Age et de la Renaissance*, éd. par G. Gambier, C. Deroux, J. Préaux, Bruxelles, 1978, p. 76-128.

RICHÉ, P., *Éducation et culture dans l'Occident barbare, VIe-VIIIe siècles*, Paris, 1962.

ID., *École et enseignement dans le Haut Moyen Âge*, Paris, 1989.

SHANZER, D., *A Philological and Philosophical Commentary on Martianus Capella's* De Nuptiis Philologiae et Mercurii *Book I*, Berkeley-Los Angeles-Londres, 1986 (University of California Publications. Classical Studies 32).

SCHÄRLIG, A., *Compter avec des cailloux. Le calcul élémentaire sur l'abaque chez les anciens Grecs*, Lausanne, 2001.

STAEHLE, K., *Die Zahlenmystik bei Philon von Alexandria*, Leipzig-Berlin, 1931.

STAHL, W. H., « The Systematic Handbook in Antiquity and the Early Middle Ages », *Latomus* 23, 1964, p. 311-321.

ID., « The Quadrivium of Martianus Capella. Its Place in the Intellectual History of Western Europe », *Arts libéraux et philosophie au Moyen Age*, Montréal-Paris, 1969, p. 959-967.

STAHL, W. H., JOHNSON, R., BURGE, E. L., *Martianus Capella and the Seven Liberal Arts*, vol. 1 : *The quadrivium of Martianus Capella. Latin Traditions in the Mathematical Sciences (50 A. C. - A. D. 1250), by William Harris Stahl, with a Study of the Allegory and the Verbal Disciplines, by Richard Johnson with E. L. Burge*, New York-Londres, 1971.

TANNERY, P., « Ad Martiani Capellae librum VII », *Revue de Philologie* 16, 1892, p. 137-140.

TURCAN, R., « Martianus Capella et Jamblique », *Revue des études latines* 36, 1958, p. 235-254.

WARMINGTON, B.H., *The north African provinces from Diocletian to the Vandal Conquest*, Cambridge, 1954.

WESSNER, P., « Martianus Capella », *Paulys Realencyclo-*

pädie der klassischen Altertumswissenschaft 14, Stuttgart, 1930, col. 2003-2016.

WILLIS, J. A., *Martianus Capella and His Early Commentators*, Londres, 1952.

ID., *De Martiano Capella emendando*, Leyde, 1971.

ID., « Martianus Capella und die mittelalterliche Schulbildung », *Altertum* 19, 1973, p. 164-174.

ZAFFAGNO, E., « La persona di Marziano Capella nel *De nuptiis* », *Giornale Italiano di Filologia* 48, 1996, p. 223-251.

Avertissement

Le texte de Martianus a été fort maltraité par la tradition manuscrite. C'est au point que l'apparat critique ne saurait mentionner toutes les fautes de copie, dont la plus grande part, du reste, sont sans véritable intérêt. Citons-en ici quelques-unes, prises parmi toutes celles que nous avons exclues de l'apparat critique : § 733, la leçon *diapassionem olion* de *A*, au lieu de *diapason hemiolion* ; § 735, les avatars de l'adjectif *apocatastaticus*, amputé de l'une ou de l'autre de ses syllabes, et même transformé (dans *B*) en *apocatas tacitus* ; § 736, les leçons fautives *analogitum* (*BRT*) et *analogium* (*A*) pour *analogicum* (*DH*) ; § 737, *hemiolios* devenu *milios* (*R*) ; § 738, *gignuntur* devenu *cinguntur* (*A*), *ginguntur* (*H*), *cinnuntur* (*B*) ou *cignuntur* (*D*) ; § 738 encore, *ascensio* remplacé par *assensio* (dans *T*) ; en 742, *auxilium* remplacé par *exilium* dans *H* ; § 747, le surprenant *regredi a roma ne* (*BDHR*) pour *regrediar omnem ;* § 785, *bona* (*D*) au lieu de *bina ;* § 786, *in quinquagenario* remplacé par *in qua in qua generatio* dans *A ;* et partout, les très fréquentes confusions entre les deux formes *numerus* et *numeros*. La liste pourrait se poursuivre longtemps, et il ne s'agit ici, répétons-le, que de quelques exemples pris sur l'incroyable quantité d'erreurs dont nous avons tout de même laissé, çà et là, quelques témoins dans l'apparat critique, pour l'édification complémentaire du lecteur.

Pour les mêmes raisons, on ne ne s'est pas astreint non plus à faire figurer dans l'apparat critique les différentes graphies du même mot qui ne semblent d'ailleurs pas avoir de valeur pertinente, puisque le même manuscrit va écrire successivement, par exemple, *dyas* puis *dias*, *cybus* ou *cibus*, voire *cubus*. Parmi les mss. utilisés, plusieurs ne font pas les assimilations et écrivent par exemple *inpar* (non pas *impar*), *inpedio* (non pas *impedio*) ; d'autres cependant les marquent ; sur ce point, nos mss. ne semblent donc pas avoir d'attitude constante, la seule chose claire étant qu'ils se refusent, de manière générale, à faire l'assimilation dans le cas d'un mot commençant par le préfixe *ad-* (par ex., dès le § 725, v. 10, on lit *adprobat* dans *ABDHRT*, et dès le § 726 *adlubescat* dans les six mss. également, seule une correction de *H* introduisant l'assimilation *allubescat ;* à la fin du § 729, ils ont tous *adportet*) *;* pour *colliniatae* (§ 729), on lit *conl-* dans *BDHRT*, mais *coll-* dans *A*. *A* et *D* écrivent *imparium* et *componitur*, les autres *inparium* et *conponitur*. Le plus simple a paru d'opter pour la régularisation des graphies et l'on a donc systématiquement marqué les assimilations. L'apparat critique ne signalera pas non plus les hésitations entre *-que* et *quae*, lorsqu'elles n'ont pas d'intérêt, ce qui est le cas général, ni des hésitations entre *e* et *i* qui n'en présentent pas davantage (par exemple, à la fin du § 730, *genetricem/genitricem*).

Remerciements

Une nouvelle fois, M. A.-Ph. Segonds a bien voulu se charger de faire la révision de cette édition ; il a fait preuve de la même précision exigeante et amicale, il a suggéré autant d'améliorations et de compléments que naguère, lors de l'édition de l'*Institution arithmétique* de Boèce ; je ne lui en dois que des remerciements plus chaleureux.

CONSPECTVS SIGLORVM

Codices qui semper citantur :

A = Harleianus 2685, saec. IX° (= A in edit. Willis)
B = Bambergensis M. V. 16 = Class. 39, saec. IX°(= *B* in edit. Dick et Willis)
D = Parisinus lat. 8670, saec. IX° (= *D* in edit. Willis)
H = Vaticanus Reg. lat. 1987, saec. IX°
R = Reichenauensis 73, saec. IX° (= *R* in edit. Dick et Willis)
T = Vaticanus Reg. lat. 1535, saec. IX°

Codices qui aliquoties citantur :

C = Parisinus lat. 8669, saec. IX° (= *C* in edit. Willis)
E = Vesontinensis bibl. munic. 594, saec. IX° (= *E* in edit. Willis)
F = Bodleianus Laud. lat. 118, saec. IX° (= *F* in edit. Willis)
G = Bruxellensis bibl. reg. 9565-9566, saec. IX° (= *G* in edit. Willis)
M = Parisinus lat. 8671, saec. IX° (= *M* in edit. Willis)
P = Petropolitanus siue Leninopolitanus publ. bibl. class. lat. F. V. 10, saec. IX° (= *P* in edit. Willis)
Y = Leidensis B. P. L. 36, saec. IX° (= *A* in edit. Dick)

Notae :

B^{ac} : B ante correctionem
B^{pc} : B post correctionem
def. : deficit
edd. : editores
Ey. : F. Eyssenhardt
Gr. : H. Grotius
Pe. : F. J. Petersen
Wi. : J. Willis

Testimonia :
ISID. = Isidori Liber numerorum

DE NVPTIIS PHILOLOGIAE ET MERCVRII

LIBER VII

DE ARITHMETICA

LES NOCES
DE PHILOLOGIE ET DE MERCURE

LIVRE VII
L'ARITHMÉTIQUE

725. Elle s'était tue, la sage Mesure de la terre[1],
et la Vierge[2] qui stimule l'amour des arts ingénieux
ordonne que l'abaque[3] reste là, que sa surface de sable
[glauque
demeure prête à recevoir le tracé des figures.
Alors, l'une des deux suivantes[4] reçoit l'ordre de faire venir
la sœur[5] de la vierge savante qui mesure le monde,
et sans retard elle s'éloigne. Alors, à nouveau, la divine
[Volupté[6],
à l'oreille éthérée du Cyllénien, murmure :
« Quand ces filles savantes suscitent l'admiration des dieux[7]
et l'approbation de la Souveraine des combats[8], toi,
[nonchalant, cet amour objet de tes vœux,
tu fais traîner l'attente de ses joies ? La récompense que
[tu tiens, tu t'en railles ?
L'époux est engourdi et paralysé par des discours sérieux ?
Quelle indifférence, sous le regard de l'exquise fiancée !
N'y a-t-il en toi aucun désir du lit nuptial ? Tu restes sourd
[aux sollicitations du fils de ma maîtresse,

DE NVPTIIS
PHILOLOGIAE ET MERCVRII

LIBER VII
DE ARITHMETICA

725. Postquam conticuit prudens Permensio terrae,
Innuba sollertes curam quae instigat in artes
sic abacum perstare iubet, sic tegmine glauco
pandere puluereum formarum ductibus aequor.
Altera tunc etiam gerularum accire iubetur
germanam doctae mundum quae admensa sororis,
nec mora digreditur. Tunc rursus dia Voluptas
ipsius aetheria Cylleni immurmurat aure :
« Cum doctas superis admirandasque puellas
approbat Armipotens, tu optati lentus amoris
gaudia longa trahis captumque eludis honorem ?
Seria marcentem stupidant commenta maritum ?
Talia complacita spectat fastidia uirgo,
nec te cura tori, nec te puer ambit herilis,

Tit. INCIPIT DE ARITMETICA LIBER VII *ADHT* I. D. A. L. VII FELICITER *B def. R* || *summa pagina non legitur in R, ut semper.*

725. 1. *post* terrae *add.* hic interponendi sunt quinque antepositi uersus qui incipiunt germanae doctae. germanae doctae mundumque admensa sororis *A* || 6-10. *quinque uersus* germanam — amoris *om. A* || 10. -potens *denuo R* || lentus *ABD*^{pc}*HRT* : -is *D*^{ac} || 11. eludis *B*^{pc}*D*^{pc} : laudis *AB*^{ac}*D*^{ac}*HRT* || honorem *ABDRT* : -e *H* || 13. complacita *ABDHT* : -pli- *R* || fastidia *C* : -gia *ABDHRT.*

tu ne veux pas dérober mon miel ? Quelle loi du mariage
[est-ce là ?
Pallas usurpe[9] un rite qui appartient à Vénus ;
mieux vaudrait que s'échauffe au lit la douce Impudence !
La chaste Tritonienne étouffe l'esprit du mari,
elle ne vient pas bien disposée envers l'épouse ; c'est Dioné[10]
[qu'il faut appeler,
et il te conviendrait mieux de rendre hommage à Priape[11]. »

726. En entendant cela, c'est à grand-peine si l'Atlantiade put se retenir de rire ; cependant, pour ne pas apparaître grossier et fermé à la plaisanterie, il murmura gaiement cette réponse :

« Tu as beau me presser, Volupté,
de passer dans la chambre nuptiale,
ces jeunes filles vont cependant
exposer brièvement leur savoir ;
ensuite, je ne me déroberai pas
comme un époux embarrassé,
je ne chercherai pas à éviter le lit,
et tout ce qu'apportera
la volupté de notre Vénus,
je ne vous le refuserai pas.
Qu'elle commence seulement à se plaire aux larcins,
et qu'à l'abri des regards elle me donne
ses petits seins de lis et de rose ;
et qu'au moment où elle va toucher
la morsure de la sensualité conjugale[1], sauvage
[et arrachée à la mélancolie,
elle ne traîne pas une chevelure de deuil. »

nec mea mella rapis ? Quaenam haec hymeneia lex est ?
In Veneris sacro Pallas sibi uindicat usum ;
quam melius thalamo dulcis Petulantia feruet !
Casta maritalem reprimit Tritonia mentem
et nuptae non aequa uenit ; poscenda Dione est,
conueniensque tibi potius celebrare Priapum. »

726. His Atlantiades auditis licet risum inhibere uix posset, ne infacetus tamen et impar lepidulis haberetur, hilaro susurramine sic respondit :

« Licet urgeas, Voluptas,
thalamos inire suadens,
tamen exeret peritas
breuis ambitus puellas ;
demumque nec iugalis
cessator intricatus
tardabo fulcra lecti,
et si quid illa nostrae
Veneris feret uoluptas,
nec uobis abnegabo.
Furtis modo allubescat
et clam roseta paruae
liliaque det papillae,
ne nunc sensus iugalis
feralis tactura morsum
et uulsa fellis atro
laceros trahat capillos. »

(725) 16. ueneris sacro *A* : ueneris agro $B^{pc}D^{pc}HT$ u. sagro $B^{ac}D^{ac}R$ || 20. *post* priapum *quattuor uersus 7-10* nec mora — amoris *add. A*.

726. auditis *BDHRT* : -us *A* || haberetur *ABDHT* : -betur *R* || 4. urgeas H^{pc} : -gueas B^{pc} -gues $ADH^{ac}RT$ -ges B^{ac} iurges *Dick* || 6. peritas $ABDH^{pc}RT$: pa- H^{ac} || 10-12. *tres uersus* tardabo — uoluptas *hic om. A qui eos in fine poematis huius addidit* || 12. feret $BDH^{pc}T^{pc}$: -at *A* feruet $H^{ac}R$ fere T^{ac} || 14. furtis $B^{ac}DH^{ac}R$: furiis $AB^{pc}T$ *Dick* furus H^{pc} || 17. ne nunc B^{pc} : nec *AHRT* ne $B^{ac}D$ || 18. tactura *D* : tacura $AB^{ac}HRT$ cura B^{pc} || morsum $DH^{ac}RT$: -su ABH^{pc}.

727. A ces mots, rayonnante, et plus joyeuse qu'à l'ordinaire, Volupté revint vers Vénus et lui raconta tout à l'oreille. Celle-ci, dont un sentiment de délice vint rosir les joues, faillit dévoiler ce qu'on lui avait murmuré ; et alors, lançant une œillade langoureuse, quoique timide, au fils de Maïa[1], elle le charma comme par des promesses, tandis que la Saturnienne, qui était là tout près, la tançait d'un regard qui marquait sa réprobation.

[Entrée d'Arithmétique]

728. Sur ces entrefaites, Paideia, qui était sortie depuis quelque temps, entre avec une autre femme d'une extraordinaire beauté[1] ; elle avait la majesté d'une noble antiquité, majesté supérieure à la naissance originelle du Tonnant lui-même, et qui éclatait dans la lumière de son visage. Il y avait aussi sur sa tête quelque chose d'étrange qui lui donnait une apparence vénérable : car de son front partait l'éclat d'un rayon unique mais à peine perceptible, duquel était issu un second rayon, qui émanait[2] du premier comme une ligne de son origine[3] ; puis un troisième et un quatrième, jusqu'à un neuvième et un dixième[4], la décade première[5], entouraient sa tête majestueuse et vénérable en des combinaisons variées, doubles et triples[6]. Mais les rayons qui partaient de son front en une multitude innombrable diminuaient de nouveau et se réduisaient à un seul[7] de manière étonnante.

729. Son vêtement multiforme aux nombreux plis était recouvert par une sorte de voile[1] qui cachait les œuvres de la nature tout entière. Les doigts de la vierge allaient et venaient dans un fourmillement dont la mobilité complexe était insaisissable pour l'œil[2]. Aussitôt entrée, elle dressa

727. Quo dicto renidens et plus solito laetior Voluptas ad Venerem regressa cuncta eius auribus intimauit. Quae deliciosa mollitie et interrumpente genas rubore paene prodidit susurrata, tuncque marcidulis decenter p*a*eta luminibus Maiugenam conspicata quodam aspectu promittentis illexit, quam Saturnia de propinquo uelut deprehendentis castigabat obtutibus.

728. Quae dum geruntur, Paedia, quae egressa dudum, cum alia femina miri decoris ingreditur, cui quaedam maiestas nobilissimae uetustatis et ipsius Tonantis natalibus ortuque praecelsior uultus ipsius lumine renidebat. Quae etiam miraculis quibusdam capitis reuerenda uidebatur ; nam primo a fronte uno sed uix intelligibili radio candicabat, ex quo item alter erumpens quadam ex primo linea defluebat ; dehinc tertius et quartus, tuncque etiam nonus decuriatusque primus honorum reuerendumque uerticem duplis triplisque uarietatibus circulabant. Sed innumerabili radios multitudine prorumpentes in unum denuo tenuatos miris quibusdam defectibus contrahebat.

729. Huius autem multiplicem plurimiformemque uestem quoddam uelamen, quo totius naturae opera tegebantur, abdiderat. Digiti uero uirginis recursantes et quadam incomprehensae mobilitatis scaturrigine uermiculati. Quae mox ingressa septingentos decem et

727. *uersus decem in summa pagina semideletos ut semper R* || mollitie AD^{pc} : -ae $BD^{ac}HT$ *def. R* || paene *BDHRT* : bene *A* || paeta *edd.* : peta $AB^{ac}DHT$ poeta B^{pc} *def. R* || conspicata $B^{pc}RT^{pc}$: -tur $AB^{ac}DHT^{ac}$ *Dick* || illexit $ABDHT^{pc}$: intellexit T^{ac} *def. R*.

728. quae dum $B^{pc}H^{pc}$: quaedam $AB^{ac}DH^{ac}T$ *def. R* || egressa $B^{pc}T^{pc}$: gressa $AB^{ac}DHRT^{ac}$ || miri *BDHT* : diri *A def. R* || uidebatur $BDH^{pc}T$: uideatur $AH^{ac}R$ || nam primo $BDH^{ac}T^{ac}$: n. -a $AH^{pc}T^{pc}$ *def. R* || uno *BDHT* : -a *A def. R* || quadam $AB^{ac}DHT$: quae- B^{pc} *def. R* || ex primo *denuo uersus integros R* || duplis $AB^{pc}DHRT$: -plicis B^{ac} || innumerabili *BDHRT* : -is *A* || radios *BDHRT* : -o *A*.

729. opera teg- $B^{pc}T$: operi teg- D^{pc} perateg- $AB^{ac}D^{ac}$ peratequ- $H^{ac}R$ || quadam $ABDHRT^{pc}$: quae- T^{ac} || septingentos $AB^{ac}DHRT$: -tis B^{pc}.

sur ses doigts, en les pliant, le nombre 717 pour saluer Jupiter. Alors Philosophie, qui était debout près de la Tritonide, demande ce qu'Arithmétique avait voulu dire avec un tel nombre. Pallas lui répondit : « C'est par son propre nom qu'elle a salué Jupiter »[3] ; et alors, le rayon qui le premier avait jailli de son front dirigea l'éclat de sa lumière sur la tête de Jupiter, qui en fut tout illuminée. Devant ces choses prodigieuses, ces rayons qui s'élançaient soudainement en une multitude innombrable, plusieurs dieux de ceux qui habitent la terre et les forêts tournèrent leurs regards vers Hercule, car ils pensaient voir pousser sur la vierge les têtes de l'Hydre. Alors, comme s'élevaient les murmures des dieux qui sont nés de la terre, l'enfant basané[4] reçoit l'ordre de réclamer le silence. Mais Pythagore[5], qui se trouvait là parmi les sages, suivit la femme jusqu'à l'abaque, et comme elle désirait maintenant exposer sa discipline, il se plaça à ses côtés, portant devant elle, avec empressement, une torche à la lumière laiteuse. Elle, alors, avant qu'on ne lui demande d'exposer ce qu'elle apportait, commença ainsi[6] :

[Primauté de l'arithmétique]

730. « Bien connue dans le ciel, bien connue dans le monde que j'ai engendré[1], j'arrive dans votre assemblée que je n'ai pas dédaignée, bien que je vous compte tous et chacun comme des rejetons de mes rameaux[2] ; et toi principalement, que le principe générateur a créé avant tous, reconnais, Jupiter, la source de ta nature d'unité originelle. Et vous ne sauriez me mépriser, moi qui suis votre mère à tous, si je me fais la servante de Mercure,

septem numeros complicatis in eos digitis Iouem salutabunda subrexit. Tum Philosophia, ut Tritonidam propter astabat, quid numero tali Arithmetica intulisset exquirit. Cui Pallas : « Proprio », inquit, « Iouem nomine salutauit. » Ac tunc illi radius qui primus emerserat colliniatae lucis nitore porrecto ipsius Iouis uerticem luminauit. Quibus miraculis radiorum innumera repente multitudine prorumpente nonnulli tellustres siluicolaeque diui Herculem conspicati opinantes eam hydreo germine pullulare. Ac tunc oborto terrigenis mussantibus murmure, puer ille piceus iussus admonere silentium. Verum feminam Pythagoras, ut inter sapientes astabat, usque abacum consecutus, idemque iam artem promere cupienti quandam lactei luminis facem officioso consistens munere praeferebat. Tum illa, antequam iuberetur quid apportet expromere, sic exorsa :

730. « Non ignota caelo nec rebus mundanis ignorata quas genui, adueni super uestrum quidem nihil dedignata concilium, quamuis singulos uos uniuersosque recenseam ex meis ramalibus germinari ; tuque potissimum, quem principalis ante cunctos procreauit emissio, tuae singularis primigeniaeque naturae fontem, Iuppiter, recognosce. Nec despicabilem uestrum omnium matrem Mercuriale quod

(729) numeros $AB^{ac}DH^{pc}T$: -is B^{pc} -us $H^{ac}R$ || quid numero $ABDH^{pc}RT$: quod n. H^{ac} || exquirit $BDH^{pc}RT$: in- AH^{ac} || inquit $B^{pc}DH^{pc}RT$: in quid $AB^{ac}H^{ac}$ || qui *add.* $B^{pc}H^{pc}$: *om.* $AB^{ac}DH^{ac}RT$ || emerserat $ABD^{ac}HRT$: e. qui D^{pc} || porrecto *BDRT* : -a H^{ac} -ae H^{pc} || multitudine $BD^{pc}RT$: -em D^{ac} -is *A* || tellustres *edd.* : telluris tres $AB^{pc}DHRT$ tellures tres B^{ac} || murmure $B^{pc}D^{pc}H^{pc}$: murmorent $B^{ac}D^{ac}H^{ac}R$ murmurent *AT* || piceus $B^{pc}D^{pc}T^{pc}$: spi- $AB^{ac}D^{ac}HRT^{ac}$ || feminam $ABD^{pc}HRT$: -neam D^{ac} || consecutus $B^{pc}T$: -ca- $AB^{ac}H^{ac}R$ -cta- H^{pc} *Dick* secatus D^{ac} || artem $A^{pc}BDHRT$: ante A^{ac} || quandam $BD^{pc}H^{pc}T^{pc}$: quadam $AH^{ac}RT^{ac}$ quae- D^{ac} || facem $B^{pc}D^{pc}H^{pc}T$: p- $AB^{ac}D^{ac}H^{ac}R$.

730. caelo *ABDHT* : -os *R* || ignorata $ABD^{pc}HRT$: ignorantia D^{ac} || genui $B^{pc}D^{pc}H^{pc}T$: -uit $AB^{ac}D^{ac}H^{ac}R$ || super *codd.* : superi *coni. Ey. Dick* || primigeniaeque $AB^{pc}H^{pc}RT^{pc}$: -nae- D^{pc} *Dick* -niae quae $B^{ac}D^{ac}H^{ac}T^{ac}$.

quand je veux vous faire reconnaître la lignée qui est le principe du mystère de votre origine et de votre destinée ; et si je suis pratiquée sur la terre, que le peuple des astres reconnaisse les honneurs qu'il me doit, comme à celle qui engendre sa multitude.

[Exposé arithmologique. La monade]

731. Ainsi donc[1], qu'avant toutes choses mon discours aille à la monade sacrée, dont les nombres, qui viennent après elle et qui lui sont associés, nous ont montré qu'elle brille avant tous les principes. Si elle est la forme[2] inhérente au premier des êtres, quel qu'il soit[3], et si la priorité appartient à ce qui nombre sur ce qui est nombrable[4], c'est à bon droit que nous la vénérons avant celui que l'on appelle le Principe. Et je ne dissimulerai pas que, du fait qu'elle est la monade, elle est pour ceux qui en traitent l'Un et Seul[5], et que c'est à partir d'elle que tout le reste est créé, qu'elle seule contient la semence[6] de tous les nombres, qu'elle seule est leur mesure, la cause de leurs accroissements et le point d'arrêt de leurs diminutions[7]. Et cependant elle est tantôt la partie, tantôt le tout, car on la retrouve[8] en toutes choses ; elle ne saurait en effet, elle qui est antérieure aux êtres et qui ne disparaît pas avec leur destruction, ne pas être éternelle[9]. C'est donc à bon droit qu'on lui donne le nom de Jupiter[10], le père de toutes choses, ce qui est bien attesté par sa force causative de la forme idéale et intelligible de ce dieu. Elle est le modèle[11] d'après lequel on parle d'un seul dieu, d'un seul monde, d'un seul soleil, d'une unique lune, et même des quatre éléments, qui existent isolément. Même si Aristote, l'un de mes

habeo me faxit officium, cum prosapiam arcanae sortis originisque primordialem uobis studeam comprobare. Quae cum in terris exerceor, astrorum populus recognoscat honorandam suae multitudinis genetricem.

731. Prae cunctis igitur affata sacra monas esto, quam ante cuncta uibrantem sociati postmodum numeri principia docuerunt. Quae si species est accidens cuilibet extantium primo priusque est quod numerat quam illud numerandum, rite eam ante ipsum quem principem dixere ueneramur. Nec dissimulabo ex eo quod monas retractantibus unum solum ipsam esse ab eaque cetera procreari omniumque numerorum solam seminarium esse solamque mensuram et incrementorum causam statumque detrimentorum. Quae tamen ubique pars est, ubique totum, dum per cuncta perpetua ; neque enim quae est ante extantia et quae post absumpta non absconditur potest non esse perpetua. Hanc igitur patrem omnium Iouem rite esse nominatam, quod quidem idealis illius intellectualisque speciei uis causatiua testatur. Ad cuius exemplum unum deum, unum mundum unumque solem singularemque lunam, elementa etiam I*III* qu*ae* extant singula memorari. Licet Aristoteles, unus e

(730) faxit *AB*^{ac}*DHRT* : fecerit *B*^{pc} || prosapiam *BDHT* : pro sapientiam *AR* || quae *B*^{pc}*T*^{pc} : qui *AB*^{ac}*DHRT*^{ac} || populus *AB*^{pc}*D*^{pc}*HR* : -os *B*^{ac}*D*^{ac}*T* || honorandam *ABHRT* : -um *D*.

731. affata *B*^{pc}*D*^{pc} : adfatas *B*^{ac}*D*^{ac}*T* fatas *HR* factas *A* || uibrantem *BDT* : b- *AR* l- *H* || principia *ABHRT* : principalia *D* || *post* species est *decem uersus semideletos summa pagina R* || accidens *ABDH*^{pc}*T* : oc- *H*^{ac} *def. R* || numerat *BD*^{pc}*H* : -tur *AD*^{ac}*T def. R* || numerandum *ABDHT*^{ac} : quod n. *T*^{pc} *def. R* || principem *BDHT* : -um *A def. R* || nec *ABD*^{pc}*HRT* : ne *D*^{ac} || ab eaque *A* : ab ea atque *B*^{pc}*HR* ab ea adque *B*^{ac}*D*^{ac}*T* abeatque *D*^{pc} || ubique pars *ABDH*^{pc}*RT* : utique p. *H*^{ac} || enim quae *ABD*^{pc}*HRT* : enim *D*^{ac} || et quae post — non esse perpetua *ABDH*^{pc} *in marg.T* : *om. H*^{ac} *def. R* || absconditur *D*^{ac} : -cen- *AB*^{ac}*D*^{pc}*HT*^{ac} -cin- *B*^{pc}*T*^{pc} *def. R* || nominatam *B*^{pc} : -tum *AB*^{ac}*DHRT* || unum mundum *BDHRT* : *om. A* || solem *BDHRT* : -um *A* || singularemque *ABD*^{pc}*HRT* : -arumque *D*^{ac} || IIII quae *Eys.* : in quo *ABDHRT* || singula *denuo integros uersus R* || memorari *AB*^{ac}*DHRT* : -ui *B*^{pc}.

disciples, affirme que du fait qu'elle est l'Un et Seul et qu'elle veut toujours être recherchée, on l'appelle Désir[12], parce qu'elle se désire elle-même, n'ayant rien au-delà d'elle — exempte de tout élan hors d'elle-même et de toute union, c'est sur elle-même qu'elle tourne ses propres feux —, et même si c'est elle encore que d'autres ont appelée Concorde, Piété et Amitié[13], parce qu'elle est si compacte qu'elle ne se divise pas en parties, il est cependant plus juste de lui donner le nom de Jupiter, parce qu'il est à la fois la tête et le père des dieux[14].

[La dyade]

732. Enfin, lorsque, étant devenue le nombre un[1], elle s'est écoulée[2] dans une direction quelconque, bien que le flux de cette ligne soit insécable et sans aucune acception de largeur, elle produit cependant la dyade. Celle-ci, parce qu'elle est la première création, est appelée par quelques-uns[3] Naissance. Parce que c'est entre elle et la monade que se produit la première union, une association entre semblables, on la tient pour Junon[4], épouse ou sœur de Jupiter qui la précède. Elle admet d'être divisée en moitiés[5] ; car elle participe du bon et du mauvais. La même dyade est la Discorde de laquelle surgissent les opposés, dans la mesure où elle est la première à pouvoir être séparée de ce qui lui est attaché. Mais en bien, elle est la Justice, parce qu'elle se réjouit de l'égalité de deux poids ; elle est aussi l'Union, parce qu'elle est considérée comme le lien commun par lequel deux moitiés sont réunies. C'est d'elle que le nombre tire son origine, elle est incorporation relevant de l'opinion[6], et l'essai du mouvement premier[7]. Elle est encore la mère des éléments, car le quatrième nombre, celui des éléments, est engendré à partir de la dyade, et la première forme du pair.

sectatoribus meis, ex eo quod unum solum ipsa sit et se quaeri semper uelit Cupidinem asserat nominatam, quod se cupiat, siquidem ultra nihil habeat, et expers totius elationis aut copulae in se proprios detorquet ardores, hanc quoque alii Concordiam, hanc Pietatem Amicitiamque dixere, quod ita nectatur ut non secetur in partes, tamen rectius Iuppiter nuncupatur, quod sit idem caput ac pater deorum.

732. Denique cum unum facta in quodcumque defluxerit, licet eius linea insecabilis ac sine latitudinis significatione fundatur, dyadem tamen facit. Quae dyas, quod sit prima procreatio, a nonnullis Genesis dicta. Quod autem inter eam ac monadem prima coniunctio est consortiumque consimile, Iuno perhibetur, uel coniunx uel germana praecedentis. Est autem medietatis capax ; nam bona malaque participat. Eadem Discordia ex qua aduersa oriuntur, utpote quae prima poterit ab adhaerente separari. In bonis uero eadem Iustitia, quod duobus aequis gaudeat pariter ponderatis ; eademque Societas, quod uinculum quo media conectantur habeatur utrimque commune. Ab hac numerus auspicatur, et est opinabilis corporatio motusque primi probamentum. Elementorum etiam mater (nam de dyade quartus elementorum numerus procreatur) primaque forma paritatis est.

(731) asserat $BDHRT$: -it A || nominatam $ABDHR$: nominandam T || ultra $AB^{ac}DHRT$: u. se B^{pc} || aut $BDHRT$: ad A || copulae $B^{pc}D^{pc}T$: copulet $AB^{ac}D^{ac}HR$ || proprios $B^{pc}D^{pc}H^{pc}T^{pc}$: -prium $AB^{ac}D^{ac}H^{ac}RT^{ac}$ || sit B^{pc} : fit $AB^{ac}DHRT$.

732. dyadem *scripsi* : dia- $ABDHRT$ || quae $BDHRT$: quod A || dyas $B^{pc}DR$: dias AHT dyadas B^{ac} || a nonnullis $BDH^{pc}T$: n. $AH^{ac}R$ || dicta $AB^{ac}DHRT^{ac}$: d. est $B^{pc}T^{pc}$ || coniunctio $ABD^{pc}HRT$: iunctio D^{ac} || consimile $BDH^{pc}T$: simile $AH^{ac}R$ || perhibetur $AB^{pc}DHR$: peribetur T perhibet B^{ac} || praecedentis $A^{pc}BDH^{pc}R$: praeci- T -dentes H^{ac} -dens A^{ac} || medietatis $ABDHR$: meditatis T || participat $BD^{pc}HRT$: -pant A -pia D^{ac} -piat A || ex qua $H^{pc}T^{ac}$: qua T^{pc} et quae $ABDH^{ac}R$ || aduersa oriuntur $B^{pc}R^{pc}$: a. oriantur $AD^{pc}HR^{ac}T$ aduersariantur $B^{ac}D^{ac}$ || iustitia $AB^{ac}DHRT$: i. est B^{pc} || eademque $BDHRT$: eamque A || quod uinculum $AB^{pc}D^{pc}H^{pc}$: quo uinculo $B^{ac}D^{ac}H^{ac}RT^{ac}$ q. uinculum T^{pc} || media $B^{pc}D^{pc}T^{pc}$: -o $AB^{ac}D^{ac}HRT^{ac}$ || conectantur $BDHRT$: quo nectantur A || hac $ABDHR$: ac T || quartus elementorum $B^{pc}D^{pc}H^{pc}$: q. el. etiam mater nam $B^{ac}D^{ac}RT$ q. el. etiam mater H^{ac} q. etiam el. m. n. A || paritatis est $BDHRT$: p. A.

[La triade]

733. Quant à la triade[1], c'est le nombre qui est le premier des impairs[2], et qui doit être considéré comme parfait. En effet, il est le premier à avoir commencement, milieu et fin, et il met en rapport, dans l'égalité des intervalles, le centre qu'est le moyen terme avec le commencement et avec la fin[3]. On relie enfin à ce nombre les Destins, les Grâces sœurs et la Vierge que l'on dit « puissante au ciel et dans l'Érèbe »[4]. Il est encore parfait parce qu'il engendre le nombre six et le nombre neuf, qui sont parfaits[5]. C'est sous ses auspices que prières et libations sont recommencées trois fois[6]. Il y a trois accords[7] dans l'harmonie : le diapason, l'hémiole et le diatessaron. Le déroulement du temps fait alterner trois époques, et c'est pourquoi on rapporte la divination au nombre trois[8]. Il est aussi la perfection du monde[9] ; car nous rattachons la monade au dieu créateur, la dyade à la matière génératrice, et par suite la triade aux formes idéales[10]. Quant à l'âme[11], on l'a divisée en un principe de raison, un principe de colère et un principe de désir, qui forment un attelage de trois.

[La tétrade]

734. Que dire de la tétrade[1] ? En elle la perfection assurée du solide[2] ; car elle est composée de la longueur, <de la largeur>[3] et de la profondeur ; et la plénitude de la décade est produite par les quatre nombres un, deux, trois, quatre, que l'on additionne dans leur progression. De même, à partir de la décade, la centaine est produite par le nombre quatre : dix, vingt, trente et quarante font cent. De même encore, à partir de cent, quatre nombres donnent mille : cent, deux cents, trois cents, quatre cents. C'est ainsi que sont formés dix mille et tous les autres accroissements[4]. Faut-il souligner qu'il y a évidemment quatre saisons de

733. Trias uero princeps imparium numerus perfectusque censendus. Nam prior initium, medium finemque sortitur et centrum medietatis ad initium finemque interstitiorum aequalitate componit. Denique Fata Gratiarumque germanitas et quaedam uirgo, quam dicunt « caeloque Ereboque potentem », huic numero colligatur. Ex eo etiam perfectus quod perfectos gignit senarium nouenariumque. Cuius auspicio preces tertio ac libamina repetuntur. Tres symphonias continet harmonia, id est diapason, hemiolion, diatessaron. In tria se spatia temporis cursus alternat, ideoque tribus diuinatio memoratur. Idem mundana perfectio est ; nam monadem fabricatori deo, dyadem materiae procreanti, triadem idealibus formis consequenter aptamus. Animam uero rationis et iracundiae cupiditatisque distribuere trigario.

734. Quid tetradem dicam ? In qua soliditatis certa perfectio ; nam ex longitudine <et latitudine> ac profunditate componitur, decasque plena his quattuor numeris gradatim *im*plicitis integratur, id est uno, duobus, tribus, quattuor. Item hecatontas a decade quaternario cumulatur, id est decem, uiginti, triginta, quadraginta, qui sunt centum. Et item a centum quattuor numeri reddunt mille, id est centum, ducenti, trecenti, quadringenti. Sic decem milia ceteraque excrementa complentur. Quid, quod quattuor anni tempora

733. trias uero *BDHRT* : u. t. *A* || medium $B^{pc}D^{pc}H^{pc}R^{pc}T^{pc}$: meum $AB^{ac}D^{ac}H^{ac}R^{ac}T^{ac}$ || interstitiorum *ABDHRT Wi.* : -onum *Dick* || caeloque $ABDH^{ac}RT$: caelo H^{pc} || huic $AB^{pc}DHRT$: huc B^{ac} || libamina *BDHRT* : libana *A* || tria se spatia *BD* : t. sp. *P* trias sp. *ART* trias specia *H* || temporis $ABDH^{pc}RT$: -a H^{ac} || alternat *ABDHT* : -nae *R* || fabricatori deo *BDT* : fabricator ideo *AH* -tori ideo *R* || materiae $AB^{ac}DHRT$: materiaei B^{pc} || procreanti $B^{ac}DH^{ac}R^{pc}T$: -ati R^{ac} -andi $AB^{pc}H^{pc}$ || idealibus $AB^{pc}D^{pc}H^{pc}R^{pc}T$: id est alibus $B^{ac}D^{ac}H^{ac}$ idem alibus R^{ac} || consequenter *ABDHT* : -tes *R* || uero rationis *ABHR* : uer orationis *DT*.

734. qua *BDHT* : quo *A def. R* || perfectio $AB^{ac}DH^{ac}RT$: p. est $B^{pc}H^{pc}$ || et latitudine *addidi* || gradatim implicitis *Wi.* : gradatimplicitis *ABDHT def. R* plicitis *Dick* || uno $AB^{ac}DH^{ac}T$: unum $B^{pc}D^{pc}$ *def. R* || duobus tribus M^{pc} : duo tres $ABDHM^{ac}T$ *def. R* || cumulatur *ABDH* : co- *T def. R* || quid quod $AB^{pc}DHT$: qui quod B^{ac} *def. R*.

l'année[5], quatre régions du ciel et quatre éléments premiers[6], qu'il y a aussi quatre âges dans la vie humaine[7], quatre vices et quatre vertus[8] ? On attribue ce nombre quatre au Cyllénien lui-même[9], parce que celui-ci est le seul à être considéré comme le dieu carré.

[La pentade]

735. Vient ensuite la pentade, nombre que l'on attribue au monde[1] ; car si, composé de quatre éléments, il en a cinq sous une autre forme[2], c'est sous le signe de la pentade qu'on doit le placer en toute raison. Ce nombre est le produit d'une union naturelle ; car les deux nombres par lesquels il est formé sont <de l'un et de l'autre> sexe : la triade est considérée comme masculine, la dyade comme féminine[3]. On l'appelle aussi *apocatastaticus*[4] : qu'il soit multiplié par d'autres impairs ou par lui-même, il réapparaît toujours. En effet, cinq par cinq donnent vingt-cinq, cinq fois trois quinze, cinq fois sept trente-cinq, et cinq fois neuf quarante-cinq[5]. De même, la terre a cinq zones, l'homme a cinq sens, et les êtres qui habitent le monde se répartissent en autant de genres[6] : les hommes, les quadrupèdes, les reptiles, les êtres qui nagent et ceux qui volent. Qui pourrait dire que ce nombre n'est pas le diamètre[7] ? Car la perfection circulaire de la décade est divisée en deux par l'hémisphère que constitue ce nombre.

[L'hexade]

736. Quant au nombre six, qui mettrait en doute sa perfection et son caractère proportionnel, puisqu'il est la somme de ses parties[1] ? Car il contient à la fois son sixième, c'est-à-dire[2] 1, son tiers, c'est-à-dire 2, et sa moitié, c'est-

frontesque caeli elementorumque principia esse non dubium est, hominum etiam quattuor aetates, quattuor uitia quattuorque uirtutes ? Hic numerus quadratus ipsi Cyllenio deputatur, quod quadratus deus solus habeatur.

735. Sequitur pentas, qui numerus mundo est attributus ; nam si ex quattuor elementis ipse sub alia forma quintus, pentade est rationabiliter insignitus. Qui quidem permixtione naturali copulatur ; nam constat ex utroque <utriusque> sexus numero : trias quippe uirilis est, dyas femineus aestimatur. Apocatastaticus etiam dicitur, et siue cum aliis imparibus siue cum suo genere sociatus se semper ostendit. Nam quinque per quinque habes uiginti quinque et quinquies terni quindecim, et quinquies septeni tri*ginta* quinque, et quinqu*ies* noueni quadrag*inta* quinque. Item zonae terrae quinque, in homine sensus quinque, totidemque habitator*um* mundi gener*a*, ut homines quadrupedesque, reptantes, natantes, uolantes. Hunc numerum quis neget esse diametrum ? Nam decadis perfectio circulusque huius hemisphaerio edissecatur.

736. Senarium uero perfectum analogicumque esse quis dubitet, cum suis partibus impleatur ? Nam et sextam sui intra se continet, quod est unus, et tertiam, quod duo, et

(734) aetates $AB^{pc}DHT$: aetas B^{ac} *def.* *R* || ipsi cyllenio deputatur quod quadratus D^{pc} : i. c. quod quad- $BD^{ac}H^{pc}T$ *om.* $AH^{ac}R$.

735. mundo $B^{pc}D^{pc}H^{pc}$: mota *A* modo $B^{ac}D^{ac}H^{ac}RT$ || forma $ABD^{ac}RT$: f. est D^{pc} *Dick* || quintus $ABDH^{ac}RT$: q. est H^{pc} || permixtione $BDH^{pc}RT$: permixtionem H^{ac} promixtionem *A* || utroque $AB^{ac}D^{ac}HRT$ *Wi.* : utriusque $B^{pc}D^{pc}$ *Dick* || utriusque *suppleui* || numero *ABDHR* : uero *T* || imparibus siue $AB^{pc}D^{pc}H^{pc}$: i. sibi $B^{ac}D^{ac}H^{ac}RT$ || triginta quinque Isid. *Dick* : tries quinquies $H^{pc}R$ t. quinques $AB^{ac}DH^{ac}T$ t. quinquis B^{pc} || quinquies noueni Isid. *Dick Wi.* : quinque n. $BD^{pc}H^{pc}T$ quinque nobeni $AD^{ac}H^{ac}R$ || quadraginta quinque Isid. *Dick* : quadragies quinquis B^{pc} quadrages quinquies H^{pc} quadrages quinques $AB^{ac}DH^{ac}R$ *Wi.* quadrages quinquinques *T* || habitatorum *Wi. ex* Isid. : habitatores $D^{pc}HR$ habitatore *A* habitores $BD^{ac}T$ || genera *Wi. ex* Isid. : generibus *codd. Dick* || uolantes $BD^{pc}HRT$: uolentes *A* uoluntas D^{ac}.

736. sextam $B^{pc}H^{pc}$: -um $AB^{ac}DH^{ac}RT$ || unus *ABDHRT* Isid. *Wi.* : -um *Dick* || tertiam *ABDH* : -a *RT.*

à-dire 3. De même, les fonctions naturelles[3], sans lesquelles rien ne peut être, sont au nombre de six : grandeur, couleur, forme, dimension, repos, mouvement. Il y a également six espèces différentes de mouvements[4] : vers l'avant ou vers l'arrière, vers la droite ou vers la gauche, vers le haut ou vers le bas. Car il existe un mouvement circulaire, qui est éternel. Et ce nombre est attribué à Vénus[5], parce qu'il est formé par l'union des deux sexes, c'est-à-dire par la triade, qui est considérée comme mâle, parce qu'elle est un nombre impair, et par la dyade, considérée comme féminine à cause de son caractère pair ; car 2 fois 3 font 6. La figure solide du carré[6] a également six faces. L'harmonie, dans sa totalité, a 6 tons, c'est-à-dire 5 tons et 2 demi-tons.

737. Et le même nombre, multiplié[1] par le premier mouvement, c'est-à-dire par la dyade, donne 12 ; or, entre ces deux nombres, on trouve deux moyens, 8 et 9. De ces deux moyens, l'un relève de mon nom et de mon type (en effet, on l'appelle arithmétique[2]), c'est 9 ; car c'est du même nombre que 9 est surpassé par 12 et surpasse 6 : de 3. L'autre nombre, 8, prend place dans une proportion harmonique. Car c'est de la même partie de ces nombres qu'il est surpassé par 12 et que lui-même surpasse 6 : du tiers ; car 2 est le tiers de 6 et 4 est le tiers de 12. Cela constitue une proportion géométrique : car on obtient la même valeur par la multiplication des moyens, c'est-à-dire

medietatem, quod tres. Item naturalia officia, sine quibus esse nihil potest, sunt sex : magnitudo, color, figura, interuallum, status, motus. Item motus totidem differentiae sunt ; nam mouemur prorsum retrorsumue, dextra laeuaque, sursum deorsumque. Nam ille aeternus quidam motus est circuli. Hic autem numerus Veneri est attributus, quod ex utriusque sexus commixtione conficitur, id est ex triade, qui mas quod impar est numerus habetur, et dyade, quae femina paritate ; nam bis terni sexis facit. Solida etiam figura quadrati sex superficies habet. Totius harmoniae toni sunt sex, id est quinque toni et duo hemitonia. **737.** Idem per primum motum, hoc est dyadem, collatus duodecim facit, inter quos duos numeros duo medii inueniuntur, hoc est octo et nouem. Quorum unus ex meo nomine regulaque censetur (nam arithmeticus memoratur), id est nouenarius ; eodem enim numero superatur a duodecim quo nouenarius superat senarium, id est tribus. Alius autem numerus, id est octo, musica ratione confertur. Ea enim parte superatur a duodecim qua ipse superat sextum, id est tertia ; nam sexti tertia duo sunt, duodecimi tertia quattuor. Quod geometrica ratione componitur ; ea enim possunt per collationem media,

(736) sine $ABDHRT^{pc}$: in T^{ac} || motus item motus $BDH^{pc}T$: modus item motus H^{ac} modus item modus *AR* || prorsum $AB^{ac}D^{ac}HRT$: priorsum $B^{pc}D^{pc}$ *Dick* || retrorsumue *codd. Dick* : retrorsumque *Wi.* || nam ille *codd.* : n. septimus i. *coni. Dick* || quidam *codd.* : quidem *Wi.* || circuli *BDHRT* : -us *A* || quod ex utriusque $ABDH^{pc}RT$: quo dextriusque H^{ac} || id est ex $ABDHRT^{pc}$: adest ex T^{ac} || femina $AB^{ac}DHT$: feminina B^{pc} femine *R* || terni $AB^{pc}RT$: -is $B^{ac}H$ || sexis $BDH^{pc}T$: bis s. H^{ac} sex his *AR* || facit $ABD^{ac}RT$ *Wi.* : -iunt D^{pc} *Dick.*

737. idem $AB^{pc}DH^{pc}RT$: id est $B^{ac}H^{ac}$ || meo $B^{pc}H^{pc}$: eo $AB^{ac}DH^{ac}RT$ || memoratur $AB^{pc}D^{pc}H^{pc}R^{pc}$: me miratur $B^{ac}D^{ac}H^{ac}R^{ac}T$ || id est nouenarius $AB^{ac}D^{pc}HRT$: idem n. B^{pc} i. e. noberarius D^{ac} || superatur $ABDH^{pc}T$: -tum H^{ac} || quo nouenarius *Y ed. pr.* : quod numeris $B^{ac}DH^{ac}R$ q. numerus *AT* quo numero B^{pc} quot numeris H^{pc} || id est tertia $AD^{pc}HR$: i. e. tert tertia $B^{ac}D^{ac}$ i. e. ter tertia B^{pc} i. e. tert tricia *T* || duodecimi $B^{ac}DHRT$: XII *A* duodecim B^{pc} || quod *BDH* : quo *T* sunt quod *A def. R* || per collationem *BDHT* : lationem *A def. R.*

de 8 par 9, et des extrêmes, c'est-à-dire de 6 par 12 : les deux multiplications font 72. De même, avec des nombres plus grands, les moyens se mettent avec les extrêmes dans un rapport subordonné à celui que l'on vient de dire pour 6 ; car 6 fois 72 font 432 ; de la même façon, 8 fois 72 font 576. De même, 9 fois 72 font 648 ; de la même façon, 12 fois 72 font 864. Et les moyens, multipliés entre eux, donnent un nombre égal aux extrêmes multipliés entre eux. Il est démontré que ce nombre 6 est la source et l'origine des accords musicaux : le rapport de 6 à 12 est en effet l'accord de diapason, celui de 6 à 9 est l'hémiole, celui de 6 à 8 est l'épitrite, c'est-à-dire l'accord de quarte. C'est pourquoi ce nombre est considéré comme Vénus[3], mère d'Harmonie. De même, ce nombre 6, associé au quaternaire[4] qui est carré et solide, mesure les heures du jour et de la nuit ; car quatre fois 6 font[5] 24.

[L'heptade]

738. Que dire[1], heptade[2], de ton caractère vénérable[3] ? C'est toi, parce que tu informes les œuvres de la nature

id est octo per nouem, quae extrema, id est sex per duodecim ; nam utrumque facit septuaginta duo. Item et in maioribus numeris media extremorum rationibus componuntur sub praedicta senaria ratione. Nam sexies septuages dipondius facit quadringenta tries dipondius ; similiter octies septuages dipondius quingenta LXXVI. Item nouies LXXII facit sescentos XLVIII ; similiter duodecies facit octingentos LXIIII. Quae media inter se multiplicata reddunt numeros extremorum inter se conuenientium. Hic primus numerus, id est senarius, harmonias ostenditur genuisse ; quippe sex ad duodecim est symphonia diapason, sex ad nouem hemiolios, sex ad octo epitritos, id est symphonia diatessaron. Vnde Venus Harmoniae mater perhibetur. Item hic senarius quadrato et solido quaternario sociatus horas diei noctisque dimetitur ; nam quater seni XXIIII facit.

738. Quid autem te, heptas, uenerandam commemorem ? quae, quod naturae opera sine feturarum contagione

(737) id est octo $B^{pc}D^{pc}H^{pc}$: e. o. $AB^{ac}D^{ac}H^{ac}T$ *def.* *R* || quae extrema $BD^{pc}HT$: qua e. D^{ac} quae extremi *A* *def.* *R* || per duodecim *BDHRT* : super XII *A* || utrumque *G* *Wi.* : utramque $ADH^{ac}T$ utraque BH^{pc} *def.* *R* || extremorum rationibus componuntur *BDHT* : ponuntur *A* *def.* *R* || nam sexies septuages dipondius $B^{ac}DT$: n. sexies septuagies d. $B^{pc}H$ *om.* *A* *def.* *R* || facit quadringenta $B^{pc}H$: f. quadringenti $B^{ac}D^{ac}T$ f. quadringentos D^{pc} *om.* *A* *def.* *R* || tries dipondius *BDHRT* : *om.* *A* || similiter octies $B^{pc}D^{pc}H^{pc}$: s. octogies $B^{ac}D^{ac}H^{ac}T$ octo[*R* *om.* *A* || septuages dipondius quingenta H^{ac} : septuagies d. q. $B^{pc}H^{pc}$ s. d. quingenti $B^{ac}D^{ac}$ s. d. uiginti *T* septuages d. q. D^{pc} d. quingenti *A* *def.* *R* || extremorum inter se — numerus $ABDH^{pc}RT$: *om.* H^{ac} || harmonias *BDHRT* : -ius *A* -icas R^{pc} || ostenditur *ABDHR* : -dit *T* || ad duodecim $ABDH^{pc}RT$: a d. H^{ac} || est symphonia *ABDHR* : e. simpla *T* || diapason $ABD^{pc}H^{pc}RT$: dipason H^{ac} diatessaron unde uenus D^{ac} || mater *M* : maior *ABDHRT* || quadrato $BDH^{pc}T$: aliquadrato $AH^{ac}R$ || dimetitur $BDH^{pc}T$: de- *A* dimititur *R* dimittitur H^{ac} || XXIIII Isid. *Dick* **:** uies quattus $H^{ac}R$ uies quartus *ADT* uies quartis $B^{ac}H^{pc}$ uiges q. B^{pc} || facit *ABDHRT* : -iunt *Dick*.

738. uenerandam $ABDH^{ac}RT$: -a H^{pc} *Wi.* || quae quod $B^{pc}D^{pc}H^{pc}$: qui quod $AB^{ac}D^{ac}H^{ac}RT$ || naturae $B^{pc}D^{pc}H$: -a $AB^{ac}D^{ac}RT$ || opera $D^{pc}H^{pc}$: opere $ABD^{ac}H^{ac}RT$ || feturarum $AB^{pc}D^{pc}HRT$: fu- $B^{ac}D^{ac}$.

sans céder aux rapports de la procréation[4], qui parmi les dieux t'es vu attribuer le nom de la vierge Tritonienne[5]. En effet, si tous les nombres qui se trouvent à l'intérieur de la décade en engendrent d'autres, <ou sont engendrés par d'autres[6], ou en même temps en engendrent d'autres> et sont engendrés ou créés par d'autres, — <la monade, la dyade, la triade, la pentade, créent d'autres nombres mais ne sont pas créées par d'autres ;> l'hexade, l'ogdoade et l'ennéade sont engendrées seulement ; la tétrade crée et est créée —, l'heptade, elle, qui n'engendre rien, est pour cela présentée comme vierge, et en tant qu'elle ne naît d'aucun nombre, elle est Minerve, mais en tant qu'elle est formée de nombres aussi bien masculins que féminins, elle est appelée Pallas la virile ; car ce sont 3 et 4 qui font 7. Et ce nombre embrasse les phases de la lune[7] ; car elle est d'abord en croissant, ce que les Grecs appellent μηνοειδής[8] ; ensuite il y a la demi-lune[9], en grec διχότομος, puis elle est plus grande que la demi-lune, et c'est ce que l'on appelle ἀμφίκυρτος, puis vient la pleine lune, que l'on appelle πληροσέληνος ; ensuite, à son décours, elle repasse par les trois phases qui viennent d'être dites. Ce nombre désigne le mois de la lune[10] : car 1+2+3+4+5+6+7 font[11] 28. De même, il y a sept cercles et autant de planètes, <autant d'étoiles au sommet de l'axe du monde[12]> autant de jours et autant de transformations des éléments[13]. Car de la matière informe vient tout d'abord le feu, du feu vient

conformas, inter deos Tritoniae uirginis uocabulum possedisti. Namque omnes numeri intra decadem positi aut gignunt alios <aut gignuntur ab aliis aut simul gignunt alios ab> aliisque gignuntur aut procreantur ; <monas, dyas, trias, pentas, alios procreant, non procreantur ;> hexas, o*gdo*as, <enneas,> generantur tantummodo, tetras autem et creat et creatur, at heptas, quod nihil gignit, eo uirgo perhibetur, sed quod nullo nascitur, hinc Minerua est, et quod ex numeris tam masculinis quam femininis constet, Pallas uirago est appellata. Nam ex tribus et quattuor septem fiunt, qui numerus formas lunae complectitur. Nam primo est corniculata, quam menoidem Graeci uocant, deinde medilunia, quam dichotomon, dehinc dimidiat*a* maior, quae dicitur amphicyrtos, mox plena, quae dicitur pleroselenos ; item tres formas praedictas deficiens repetit. Hic numerus lunae m*ensem* significat ; nam unum, duo, tria, quattuor, quinque, sex, septem uiginti octo faciunt. Item septem sunt circuli et tot planetae, <totidem stellae in uertice axis caelestis,> tot dies totque transfusiones elementorum. Nam ex informi materie primus ignis, ex igni

(738) conformas $AB^{ac}DHRT$: -mans B^{pc} || namque $B^{pc}D^{pc}$ *Dick* : nam quod $AB^{ac}D^{ac}HRT$ *Wi.* || numeri $ABDH^{pc}RT$: numerari H^{ac} || intra $AB^{ac}DHRT$: inter B^{pc} || aut gignuntur ab — gignunt alios ab *addidi suadente Wi. qui* aut g. ex — gignunt alios *scripsit* || monas dyas — non procreantur *add. Wi.* || ogdoas *Dick* : octas *codd. Wi.* || enneas *add. Wi.* || tantummodo $ABDH^{pc}RT$: -modum H^{ac} || tetras $ABD^{pc}HT$: terras $D^{ac}R$ || at $B^{pc}H^{pc}$: ad $AB^{ac}DH^{ac}RT$ || heptas quod *Wi.* : h. autem q. *ABDHRT* || uirgo *T* : peruirgo *ABDHR* || quod nullo nascitur $BDH^{pc}T$: quo nasc. *AR* quod enasc. H^{ac} || hinc M^{pc} : hic $ABDHRTM^{ac}$ || constet $ABDH^{pc}RT$: -at H^{ac} || est appellata $AB^{ac}DHRT$: appellata B^{pc} || formas lunae *D* : formam l. *ABH* forma l. *RT* || dichotomon $AB^{ac}DR$: diatomon $B^{pc}T$ diacomenoiden *H* διχότομον *Pe.* || dimidiata *Pe.* : -diato $BHRT^{pc}$ -diaco *A* -cato *D* -dio T^{ac} || pleroselenos $B^{ac}DHRT$: plerosilenos B^{pc} per hos selinos *A* πληροσέληνος *Ey.* || lunae mensem *ego* : lumina $B^{ac}D^{pc}$ -e $AD^{ac}H^{ac}T$ -ae *R* lumina lunae H^{pc} lumen lunae B^{pc} lunae cursum *Dick* || unum *BDHRT* : -o *A* || faciunt $BDH^{pc}T$: fiunt $AH^{ac}R$ || planetae $BDH^{pc}T$: planae $AH^{ac}R$ || totidem stellae in uertice axis caelestis *ego hic transposui, quae uerba uel similia in fine cap. 739 habent codd.* || materie $B^{pc}D$: -riae $AB^{ac}HRT$.

l'air, de l'air l'eau, et de l'eau la terre ; et l'on remonte de la même façon : de la terre vient l'eau, de l'eau l'air, et de l'air le feu ; mais du feu on ne pourra plus remonter à la matière insaisissable. **739.** Mais quoi ? N'est-il pas assuré que la nature humaine[1] est à la dévotion de ce nombre ? Pour commencer, un accouchement à sept mois produit un être humain dont le développement est achevé. Ensuite, la tête de l'homme a sept orifices sensoriels, deux yeux, deux oreilles, autant de narines, et une bouche[2]. Ensuite, c'est au septième mois que les dents sortent chez le nourrisson, et à la septième année qu'elles se renouvellent. De même, la seconde série de sept ans amène la puberté et l'aptitude à la procréation, et la troisième, le duvet sur les joues ; à la quatrième, la croissance de la taille s'achève ; à la cinquième, c'est la complète perfection de l'âge de la jeunesse. La nature a aussi dissimulé dans le corps sept organes vitaux : la langue, le cœur, le poumon, la rate, le foie et les deux reins[3]. De même, le corps humain est composé de sept parties : la tête jusqu'au bas du cou, la poitrine, le ventre, les deux mains et les deux pieds[4] [; il y a autant d'étoiles au sommet de l'axe du monde[5]].

[L'ogdoade]

740. Quant au nombre 8, c'est le premier cube[1] et c'est un nombre parfait, dédié à Vulcain[2]. Car il est formé à partir du premier mouvement, c'est-à-dire de la dyade, qui est Junon. Car la dyade multipliée par la dyade fait la tétrade ; mais celle-ci, multipliée par deux, donne l'ogdoade[3]. De plus, il

aer, ex aere aqua, ex aqua terra ; item fit ascensio, et ex terra aqua est, ex aqua aer, ex aere ignis ; ex igni in materiem incomprehensam iam non poterit perueniri. **739.** Quid ? Hominum natura nonne huic probatur numero deseruire ? In principio septimani partus hominem absolutum perfectumque dimittunt. Dehinc idem homo septem meatus habet in capite sensibus praeparatos, duos oculos auresque et nares totidem et os unum. Dehinc paruulis mense septimo dentes emergunt ac septimo anno mutantur. Item secunda hebdomas pubertatem mouet gignendique possibilitatem, tertia florem genarum ; quarta incrementa staturae finiuntur ; quinta iuuenalis aetatis plena perfectio est. Septem etiam natura abstrusit membra uitalia : linguam, cor, pulmonem, lienem, iecur et duo renes. Item septem corporis partes hominem perficiunt : caput tenus imum collum, pectus, uenter, dua*e* manus pedesque [; totidem stellae in uertice axis caelestis].

740. At octonarius numerus primus cybus est et perfectus, Vulcano dicatus. Nam ex primo motu, id est dyade, quae Iuno est, constat. Nam dyas per dyadem facit tetradem ; at bis facit o*gdo*adem. Perfectus item quod a senario tegitur ; omnis enim cybus sex superficies habet ;

(738) ex aqua terra $ABD^{ac}HR^{pc}T$: ex a. terna $D^{pc}R^{ac}$ || ex terra aqua $ABD^{pc}HRT$: ex t. in qua D^{ac} || ex aqua aer $B^{ac}DHRT$: et ex aqua aer B^{pc} et ex qua aer *A* || incomprehensam $BD^{ac}H^{pc}$: -a $D^{pc}T$ comprehensam $AH^{ac}R$.

739. quid $B^{pc}H^{pc}$: quod $AB^{ac}DH^{ac}RT$ || hominum *Y* : omnium *ABDHRT* || deseruire $BDH^{pc}T$: -uio $AH^{ac}R$ || in principio D^{pc} : principio $B^{pc}H^{pc}$ incipio $AB^{ac}D^{ac}H^{ac}RT$ || idem *Wi.* : ideo *codd.* || et os $ABD^{pc}HRT$: *om.* D^{ac} || ac septimo *BHRT* : hac s. *A* a s. *D* || mutantur *ABDHR* : m. dentes *T* || secunda $B^{pc}B^{pc}H$: -ae $AB^{ac}D^{ac}RT$ || pubertatem B^{ac} : uber- $AB^{pc}DHRT$ || tertia *BDHRT* : IIIae *A* || pulmonem $BD^{pc}HT$: -mon D^{ac} -mone *R* -mones *A* || lienem $AB^{pc}H^{ac}RT$: lenem *D* splenem $B^{ac}H^{pc}$ || uenter *BD Wi.* : uentrem *AHT def. R* || duae *Dick Wi.* : duas *ABDHT def. R* || totidem stellae in uertice axis caelestis *supra cap. 738 transtuli, uerba quae hic habet* D^{pc} : t. in u. a. c. septem stellae T^{pc} t. in u. a. c. septem stellae sunt B^{pc} t. in u. a. c. septem sunt stellae H^{pc} t. in u. a. c. $AB^{ac}D^{ac}H^{ac}T^{ac}$ *def. R del. Wi.*

740. at $BDH^{pc}T$: ad AH^{ac} *def. R* || dicatus *ABDH* : dedicatus *T def. R* || at bis $B^{pc}H^{p}$: aut b. $AB^{ac}DH^{ac}T$ hoc b. *Wi. def. R* || ogdoadem *Gr. Dick* : octadem *codd. Wi.*

est parfait parce qu'il est enveloppé par le nombre 6 : car tout cube a 6 faces ; de même, il est composé par des impairs qui se suivent, car le premier des impairs est la triade, le second est la pentade ; et ces deux nombres donnent l'ogdoade. De même, le cube qui vient de la triade, c'est-à-dire 27, est formé par les impairs suivants, l'heptade, l'ennéade et onze, qui, tous ensemble, font 27. De même, le troisième cube, celui qui vient de la tétrade, c'est-à-dire 64 (en effet, 4 fois 4 font 16, et ce nombre 4 fois fait 64), est produit lui aussi par quatre impairs qui suivent les précédents : 13, 15, 17 et 19 font ensemble 64. Et ainsi on trouve tous les cubes en parcourant la progression des impairs, en se bornant au nombre d'impairs qui produit chaque cube[4]. Il est certain que le nombre 8 est le premier de tous les cubes comme la monade l'est de tous les nombres. Tout cube est aussi attribué à la Mère des dieux ; c'est l'origine du nom de Cybébé[5].

[L'ennéade]

741. L'ennéade[1] aussi est parfaite, et on dit qu'elle est particulièrement parfaite, parce que sa forme est produite par la multiplication de la triade parfaite ; ensuite, parce qu'elle occupe le terme du premier rang, elle a aussi reçu le nom de Mars, duquel vient le terme de toutes choses. Ce nombre carré est aussi le terme de la série des rapports[2]. Car c'est aussi la dernière partie de l'harmonie : en effet, le rapport de l'ogdoade à l'ennéade produit le ton[3] du temps frappé. On dit que les Muses ne sont pas moins de neuf. Il y a aussi neuf zones dans le monde, celle de la sphère, celles des sept dieux et celle de la terre[4].

item ex imparibus consecutis impletur. Nam primus imparium trias, secundus pentas ; ambo o*gdo*adem faciunt. Item cybum qui a triade uenit, id est XXVII, sequentes impares reddunt, id est heptas, enneas et undecimus, qui omnes faciunt XXVII. Item tertius cybus, qui a tetrade uenit, id est LXIIII (nam quater quaterni sedecim sunt, hoc quater LXIIII), fit et hic ex imparibus quattuor qui superiores sequuntur ; id est, XIII, XV, XVII, XVIIII fiunt simul LXIIII. Et sic omnes cybi per imparium incrementa inueniuntur sui dumtaxat numeri. Sane hic octonarius cybus ita omnium cyborum primus est ut monas omnium numerorum. Cybus autem omnis etiam Matri deum tribuitur ; nam ideo Cybebe nominatur.

741. Enneas quoque perfecta est et perfectior dicitur quoniam ex triade perfecta forma eius multiplicata perficitur ; deinde, quod primi uersus finem tenet, et ideo Mars appellata, a quo finis omnium rerum. Quadratus quoque finis est eorum quae per collationem augentur. Nam et harmoniae ultima pars est ; ad enneadem enim ab o*gdo*ade collatio percussionis tonus efficitur. Non minus nouem Musas dixere. In mundo etiam nouem sunt zonae, id est sphaerae et deorum septem et terrae.

(740) ogdoadem *Gr. Dick* : octadem *codd. Wi* || sequentes *ABDHR* : -te *T* || undecimus $B^{ac}D^{ac}HRT$: XI *A* undecim $B^{pc}D^{pc}$ || XXVII item *ABDHT* : XXVI item *R* || qui a tetrade $AB^{pc}D^{pc}H^{pc}T$: qua t. $B^{ac}D^{ac}H^{ac}R^{pc}$ quae t. R^{ac} || LXIIII nam quater — fiunt simul *om. T* || nam^{2} BDH^{pc} : item tertius $AH^{ac}R$ || quaterni $AB^{ac}DH$: q. faciunt B^{pc} quaternis *R* || sedecim sunt D^{pc} : sedecies $ABD^{ac}H$ decies *R* || hoc quater *BDHR* : hoc est q. *A* || XVII $BDHR^{pc}$: XII AR^{ac} || sic *BDHRT* : si *A* || sui *BDHRT* : sin *A* || numeri sane *BDHT* : numeris ante *AR* || octonarius *ABDHR* : o. numerus *T* || cybus autem $AB^{pc}H^{pc}$: quibus a. $B^{ac}DH^{ac}RT$ || tribuitur $B^{pc}H^{pc}$: -etur $AB^{ac}DH^{ac}RT$ || cybebe $B^{pc}D^{pc}H^{ac}R$: cybe bene $B^{ac}D^{ac}$ cybe omne *T* cybele AH^{pc}.

741. forma D^{pc} : per f. $AB^{ac}D^{ac}HRT$ ter f. B^{pc} || primi $BDH^{pc}T$: -us $AH^{ac}R$ || a quo *BDHRT* : quo *A* || ogdoade collatio *Dick* : octade c. $AB^{pc}D^{pc}HR$ *Wi.* octo decollatio $B^{ac}D^{ac}$ octaua collatio *T* || tonus H^{pc} *Wi.* : s- $ABDH^{ac}RT$ *Dick* || nouem musas *BDHT* : nouenus *A* nouemus *R* nouem musis *Wi.* || dixere $D^{pc}T$ *Dick* : addixere $ABD^{ac}HR$ *Wi.* || in mundo $B^{ac}DHRT$: immo B^{pc} inmunde *A* || nouem sunt $B^{pc}DHT$: noue s. *A* nouae s. $B^{ac}R$ || deorum *BDHT* : deorsum *AR*.

[La décade]

742. Quant à la décade, elle doit être mise au-dessus de tous les autres nombres, elle qui les contient[1] tous avec la diversité de leurs vertus et de leurs perfections[2]. Bien qu'elle soit le terme du premier rang[3], elle assume la fonction de monade du second rang. Elle renferme les types des nombres du premier rang, leurs rapports, leurs genres, leurs espèces, leurs différences, leurs perfections et leurs imperfections[4]. Elle est consacrée à Janus[5], bien que la plupart l'aient mentionnée comme *apocatastasis*[6].

[Thèmes d'arithmétique pythagoricienne. Le nombre et ses subdivisions]

743. Ce bref exposé a porté sur le nombre qui fait le premier rang, sur les dieux et les caractéristiques qui lui sont attachés. Maintenant, qu'est-ce que le nombre lui-même ? Quels rapports, quelles formes comporte-t-il[1] ? C'est ce que je vais expliquer brièvement[2]. Le nombre est une réunion de monades, ou une pluralité issue de la monade et se terminant dans la monade. Le nombre simple se répartit en quatre types[3]. Le premier est celui que l'on appelle le pairement pair, le second le pairement impair, le troisième l'impairement pair, le quatrième l'impairement impair, et je vais en parler plus bas[4].

[Nombres premiers]

744. Il y a aussi ceux qui sont appelés nombres premiers[1], qui ne peuvent être divisés par aucun nombre excepté l'unité seule[2], qui sont évidemment non pas divisés, mais composés[3] : par exemple, 7, 11, 13, 17, etc. ; car aucun nombre ne peut les diviser, parce qu'ils n'ont qu'une seule

742. Decas uero ultra omnes habenda, quae omnes numeros diuersae uirtutis ac perfectionis intra se habet. Quae licet primi uersus finis sit, secundi monadis implet auxilium. Haec primi uersus numerorum regulas, analogias, genera, species, differentias, perfectiones et imperfecta concludit, daturque Iano, quamuis eam plurimi apocatastasin memorarint.

743. Dictum breuiter qui numerus primum uersum facit, quos deorum contineat quasque uirtutes. Iam nunc quid ipse numerus sit quasue inter se analogias seruet et formas breuiter intimabo. Numerus est congregatio monadum uel a monade ueniens multitudo atque in monadem desinens. Sunt autem numeri simplicis regulae quattuor. Prima est quae appellatur a paribus par, secunda a paribus impar, tertia ab imparibus par, quarta ab imparibus impar, quas inferius memorabo.

744. Sunt etiam qui primi numeri appellantur, qui a nullo numero diuidi possunt nisi a monade tantum ; non diuidi, sed componi uidentur, ut puta VII, XI, XIII, XVII et cetera similia ; nullus enim eos numerus diuidere uno ordine

742. finis sit — primi uersus *om.* B^{ac} || secundi *ADHRT* : -ae B^{pc} || differentias *BDHRT* : -ae *A* || perfectiones *BDHRT* : -is *A* || memorarint $B^{pc}DH^{pc}T$: -arent $AH^{ac}R$ -arit B^{ac}.

743. qui $B^{pc2}D^{pc}H^{pc}$: quis B^{pc1} *om.* $AB^{ac}D^{ac}H^{ac}RT$ || nunc $ABD^{pc}HRT$: tunc D^{ac} || a monade $BD^{pc}H^{pc}T$: ad m. D^{ac} monade $AH^{ac}R$ || simplicis AB^{ac} : -es $B^{pc}DHRT$ || par secunda a paribus $B^{pc2}D^{pc}H^{pc}$: par secunda ab imparibus B^{pc1} *om.* $AB^{ac}D^{ac}H^{ac}RT$ || ab imparibus par $AB^{pc}DHRT$: ab i. impar B^{ac} || ab imparibus impar $AB^{pc}DHR$: ab i. im B^{ac} ab i. et impar *T* || inferius B^{pc} : interius $B^{ac}DH^{pc}R^{pc}T$ *Dick Wi.* intertius $AH^{ac}R^{ac}$.

744. ut puta ABH^{pc} : ut putas $D^{ac}H^{ac}RT$ ut puta sunt D^{pc} || VII $AB^{ac}DHRT$: V VII B^{pc}.

dimension[4]. C'est pourquoi ils sont appelés premiers, parce qu'ils ne sont produits par aucun nombre et ne se divisent pas en parties égales. C'est pourquoi, nés d'eux-mêmes, ils créent d'autres nombres à partir d'eux-mêmes, puisque les impairs produisent des pairs, tandis que l'impair ne peut jamais être produit par des pairs. Il faut donc de toute nécessité les considérer comme des nombres premiers et beaux[5].

[Application aux nombres de la dizaine]

745. Mais reprenons sous ces différents types tous les nombres de la première rangée. L'unité, quant à elle, n'est pas un nombre[1]. La dyade est paire. La triade est première dans la série et par les caractéristiques[2]. La tétrade est pairement paire. La pentade est un nombre premier. L'hexade est pairement impaire et impairement paire[3], et c'est pourquoi on dit qu'elle est parfaite. L'heptade est un nombre premier. L'ogdoade est pairement paire. L'ennéade est impairement impaire. La décade est impairement paire. Ces différents types se trouvent aussi bien dans la première rangée que dans les suivantes. Ainsi donc, la première rangée va de la monade jusqu'à l'ennéade, la seconde de la décade jusqu'à 90, la troisième de la centaine jusqu'à 900, la quatrième et dernière de 1 000 à 9 000, bien qu'il y ait des Grecs qui semblent avoir ajouté[4] 10 000.

[Arithmétique et géométrie]

746. Quant à moi, je n'aime que le nombre qui tient sur les doigts ; autrement, les bras doivent se livrer à des danses et à des contorsions[1]. Voilà pourquoi nous faisons correspondre les nombres aux figures et aux lignes dont s'occupe ma sœur, qui me précède. Car moi, dans le premier rang, j'ai la monade comme principe ; et elle, elle a son

potest. Quapropter primi appellantur, quoniam a nullo numero exoriuntur nec aequis portionibus discernuntur. A semet igitur nati alios ex se creant numeros, quoniam ab imparibus paria fiunt, a paribus impar fieri nullo modo potest. Ergo et primi numeri necessario habendi pulchrique.

745. Sed omnes numeros primi uersus sub his regulis retractemus : monas quidem numerus non est ; dyas par est ; trias et ordine et uirtute primus ; tetras a paribus par ; pentas primus ; hexas a paribus impar et ab imparibus par, unde et perfectus nominatur ; heptas primus ; o*gdo*as a paribus par ; enneas ab imparibus impar ; decas ab imparibus par. Sicuti in primo uersu, ita et in sequentibus hae regulae colliguntur. Primus igitur uersus est a monade usque ad enneadem, secundus a decade usque ad nonaginta, tertius uero ab hecatontade usque ad nongentos, quartus, qui et ultimus, a mille usque ad nouem milia, licet nonnulli Graeci etiam myria adiecisse uideantur.

746. Mihi uero solus numerus approbatur qui digitis coercetur ; alias quaedam bracchiorum contorta saltatio sit. Quo fit ut numeros germanae praecedentis formis ac lineis concinamus. Nam mihi in primo uersu monas, illi in signo principium, quod non habet partes ; in secundo uersu a

(744) portionibus *BDHRT* : paria fiunt *A* || semet *BDHRT* : semetipsis *A* || ex se $BDH^{pc}T^{pc}$: ex $AH^{ac}R$ ex se alios T^{ac} || necessario *M* : -rii $B^{pc}D^{pc}HR^{pc}T$ -ri $AB^{ac}R^{ac}$ || pulchrique $A^{pc}B^{pc}D^{pc}H^{pc}$: pulchrisque $A^{ac}B^{ac}D^{ac}H^{ac}RT$.

745. par est trias $ABDH^{pc}T$: pares trias H^{ac} *def.* *R* || tetras *ABDHT* : ceteras *R* || et ab imparibus par *BDHT* : *om.* *AR* || ogdoas *Dick* : octas *ABDHT Wi.* *def.* *R* || sicuti $ABDH^{pc}T$: secuti H^{ac} *def.* *R* || in sequentibus D^{pc} : s. $ABD^{ac}HRT$ || uersus est $B^{pc}D^{pc}H^{pc}R$: u. et $AB^{ac}D^{ac}H^{ac}T$ || myria $B^{pc}H^{pc}T$: myrea $AB^{ac}DH^{ac}$ minea *R* μυριάδα *Dick*.

746. quo B^{pc} *Wi.* : quae $AB^{ac}DHRT$ *Dick* || numeros $B^{pc}D^{pc}H^{pc}$: -us *A* -is $B^{ac}D^{ac}H^{ac}RT$ || monas $D^{pc}H^{pc}$: monades $ABH^{ac}RT$ monandes D^{ac}.

principe dans le point, qui est sans partie ; dans le second rang, les nombres s'étendent en ligne depuis 10 ; dans le troisième rang sont produits les carrés à partir de 100 et des suivants ; ces nombres représentent la combinaison de la largeur avec la première longueur. Sur le quatrième rang, voici les cubes : c'est pourquoi de 1000 et des autres vient le solide. Pour moi, donc, les extrémités ou les limites sont la monade, la décade, la centaine et 1000, tandis que pour la Géométrie ce sont le point, la ligne, la figure et le solide. Car la monade est indivisible, comme le point ; la décade, dans les nombres, est comme la ligne qui a seulement la longueur, la centaine correspond au carré, qui est une surface et qui se divise en longueur et en largeur[2] ; c'est-à-dire que 10 par 10 font 100, qui est un carré, et que celui-ci par 10 fait un cube, 1 000.

[Les impairs et la génération des carrés]

747. Tout impair, quand on progresse à partir de la monade en passant par chacun des emplacements [des impairs], produit nécessairement des carrés[1] : prends d'abord la monade elle-même[2] ; ajoute la triade : cela fait 4, le premier carré ; en ajoutant 5, tu formes le second carré, 9 ; ajoute 7, et tu obtiens le carré 16 ; tu ajoutes de même 9, et tu produis le carré 25. Le procédé va de cette manière jusqu'à l'infini.

Mais je vais revenir aux divisions précédentes : on a dit que tout nombre est pair ou impair, et qu'il est limité par l'un et l'autre[3], que tout ce qui peut être ajouté à un nombre fini est une addition finie, et que rien d'infini ne peut être produit par des choses finies[4].

decem numeri ueluti linea distenduntur ; in tertio uersu quadrati ex centum reliquisque fiunt, quae uelut latitudo primae longitudini sociatur ; in quarto uersu iam cybi sunt ; ideo ex mille reliquisque soliditas. Fines ergo uel limites mihi sunt monas, decas, hecatontas et mille, Geometriae uero nota, linea, figura, soliditas. Nam monas ita indiuidua est ut nota ; decas in numeris ut linea longitudinis solius ; hecatontas quadratus, qui est superficies et in longitudinem latitudinemque diuiditur ; id est decus*sis* per decus*sim* fit centum quadratus, hoc per decem fit cybus mille.

747. Omnis impar progressus a monade per singulas positiones necessario quadratos efficit : primam ipsam monadem ; adde triadem : fecit quattuor, primum quadratum ; associatis quinque fecisti secundum quadratum VIIII ; iunge septem, implesti quadratum XVI ; adicis item VIIII, et perficis quadratum XXV. Eodem modo progreditur ratio usque in infinitum.

Sed ad superius diuisa regrediar : omnem numerum aut parem aut imparem esse et utroque finiri ; quicquid numero adiciatur finito, finitum adici, neque ex finitis infinitum fieri posse.

(746) ex centum *ABD*^{pc}*HRT* : extentum *D*^{ac} || quae uelut — cybi sunt *om.* *R* || reliquisque soliditas *B*^{pc}*H*^{pc} : r. sociatas *R* r. sociatos *AH*^{ac} r. sotas *B*^{ac}*D*^{ac}*T* r. soties *D*^{pc} || in numeris *B*^{pc}*H*^{pc} : innumerus *AB*^{ac}*D*^{ac}*H*^{ac}*RT* || ut linea *BD*^{pc}*H*^{pc} : ut in l. *AD*^{ac}*H*^{ac}*RT* || longitudinem latitudinemque *B*^{pc}*D*^{pc}*H*^{pc} : longitudinemue *AB*^{ac}*D*^{ac}*H*^{ac}*RT* || id est *ABD*^{ac}*HRT* : ideo *D*^{pc} || decussis per decussim *Gr. Dick* : decus per decus *codd. Wi.*

747. necessario *L*^{pc} : -ios *ABDHL*^{ac}*RT* || primam *AB*^{ac}*DHRT* : -um *B*^{pc} || adde triadem *B*^{pc} : *om.* *AB*^{ac}*DHRT* || fecit *ABD*^{ac}*HRT* : fa- *D*^{pc} || associatis *H*^{pc} : -ciatas *AH*^{ac}*R* cias *BDT* || VIIII^{1} — implesti quadratum *B*^{pc}*D* : VIIII adiungas VII et fit quadratus *H*^{pc} *om.* *AB*^{ac}*H*^{ac}*RT* || XVI *AB*^{pc}*DH*^{pc}*RT* : XV *B*^{ac} XVII *H*^{ac} || adicis *ABDHT* : -cies *R* || VIIII^{2} *Gr.* : nonas *ABDHR* monas *T* nonus *Wi.* || perficis *AB*^{pc}*DHRT* : -it *B*^{ac} || usque in *B*^{pc}*D*^{pc}*H*^{pc} : u. *AB*^{ac}*D*^{ac}*H*^{ac}*RT* || ad superius *ABDHT* : a s. *R* || esse *ABDHR* : inesse *T* || et utroque *AB*^{ac}*DHT* : aut utroque *B*^{pc} et utraeque *R* et alterutro *Dick* || ex finitis *H*^{pc} : ex infinitis *ABDH*^{ac}*RT* || infinitum *AB*^{ac}*D*^{ac}*HRT* : finitum *B*^{pc}*D*^{pc} || posse *ABDHT* : possem *R*.

[Division fondamentale du nombre]

748. Tout nombre est soit pair soit impair. Le pair est celui qui se divise en deux parties égales[1], comme 2, 4, 6 ; l'impair, celui qui ne peut se diviser en deux parties égales[2], comme 3, 5, 7. Ensuite, parmi les impairs, certains sont des impairs seulement formés par un impair, comme 3, 5, 7 ; certains sont aussi formés par une pluralité d'impairs, comme 9, 15, 21, que les Grecs appellent περισσάκις περισσούς. Maintenant, parmi ceux qui sont pairs, on distingue plusieurs subdivisions, <...>[3] s'ils sont pairs et peuvent recevoir cette appellation. Les autres sont soit pairement pairs soit impairement pairs ; les premiers sont appelés par les Grecs ἀρτιάκις ἄρτιοι, et les autres περισσάκις ἄρτιοι ou ἀρτιάκις περισσοί[4].

[Le pairement pair, l'impairement pair, le pairement impair]

749. Sont pairement pairs 4, parce que c'est 2 fois 2, ou 8, parce que c'est 2 fois 4 ; sont impairement pairs ceux qui sont produits par la multiplication des pairs par un impair, comme 3 fois 2 qui font 6 ou 5 fois 4 qui font 20 ; ce genre est appelé par les Grecs περισσάκις ἄρτιον ; et ceux qui multiplient une quantité impaire par un pair, comme 2 fois 3 six, et 4 fois 5 vingt, constituent le genre que les Grecs appellent ἀρτιάκις περισσόν. Quoique ces nombres

748. Omnis uero numerus aut par aut impar est. Par est qui in duas aequas partes diuiditur, ut II, IIII, VI ; impar, qui in duas aequas partes diuidi non potest, ut III, V, VII. Deinde ex imparibus quidam ex impari tantum impares sunt, ut III, V, VII ; quidam etiam multitudine constant, ut VIIII, XV, XXI, quos περισσάκις περισσούς Graeci appellant. At in his qui pares sunt plura discrimina sunt, <...> an pares sint et dici possint. Ceteri uel ex paribus pares uel ex imparibus pares ; et illos Graeci ἀρτιάκις ἀρτίους, <hos> uel περισσάκις ἀρτίους uel ἀρτιάκις περισσούς nominant.

749. Pares ex paribus sunt IIII, quia ex bis binis, octo, quia ex bis quaternis constat ; pares ex imparibus et qui par*ium* impari multiplicatione fiunt, ut ter bini sex sunt aut quinquies quater*ni* XX, quod genus Graeci περισσάκις

748. par est $BD^{pc}HRT$: parem est *A om.* D^{ac} ‖ VI impar $AB^{ac}DHRT$: VI impar est B^{pc} ‖ potest ut III $B^{pc}T$: p. III $AB^{ac}DHR$ ‖ ex impari tantum $AB^{pc}D^{pc}HRT^{pc}$: ex imparibus tantum $B^{ac}D^{ac}T^{ac}$ ‖ constant $AB^{pc}H^{pc}$: -at $B^{ac}DH^{ac}RT$ ‖ quos περισσάκις *edd.* : q. ΠΡΙCCAKEIC B^{ac} q. ΠΕΟΓCCAKIEI D^{ac} q. ΠΕΡΙCCAKEIC D^{pc} q. ΠΕΟCICAKIC *T* quosdam neoiccakic *A alii alia et corruptiora* ‖ περισσούς graeci B^{pc} : EPICCOYC g. B^{ac} TEPICCOYC g. *D* ITEPICCOYC g. *T alii alia et corruptiora* ‖ at $B^{pc}H^{pc}T^{pc}$: ad $AB^{ac}DH^{ac}RT^{ac}$ ‖ in his $BDH^{pc}T$: his $AH^{ac}R$ ‖ plura *BDHRT* : p. quis *A* ‖ *post* discrimina sunt *lacunam indicauit Dick* ‖ possint $B^{pc}D^{pc}$: -unt $AB^{ac}D^{ac}HRT$ ‖ ceteri $BD^{pc}HR$: ceteri III *T* ceterae *A om.* D^{ac} ‖ paribus *ABDHR* : partibus *T* ‖ uel ex paribus impares *post* uel ex imparibus pares *add.* $B^{pc}H^{pc}$ ‖ graeci ἀρτιάκις *edd.* : g. APTIAKEIC $AB^{ac}DT$ g. APTIHKI B^{pc} *alii alia et corruptiora* ‖ ἀρτίους $AB^{pc}D^{pc}T$: APTIOY $B^{ac}D^{ac}$ *alii alia* ‖ hos *add. Pe.* ‖ uel περισσάκις *edd.* : u. ΠΕΡΙCAKEC B^{ac} u. ΠΕΡCCAKEC D^{ac} u. ΠΕΡΙCCAKEC D^{pc} u. ΠΕΡΙCCAHKEIC B^{pc} *alii alia et corruptiora* ‖ ἀρτιάκις περισσούς *edd.* : APTIAKEI ΠΕΙCCOYC $B^{ac}DT$ APTIOYHKEIC ΠΕΡΙCCOYC B^{pc} *alii alia et corruptiora*.

749. ex paribus $ABDH^{pc}RT^{pc}$: ex imp- H^{ac} paribus T^{ac} ‖ octo quia $ABDHR^{ac}T$: o. qui R^{pc} ‖ constat $AB^{ac}D^{ac}H^{ac}RT$: -ant $B^{pc}D^{pc}H^{pc}$ ‖ *post* constat *add.* quod genus graeci APTIAKEIC APTIOYC uocant B^{pc} ‖ et qui $AB^{ac}D^{ac}HRT$: sunt et qui $B^{pc}D^{pc}$ ‖ parium *Wi.* : pares *codd.* ‖ ter bini H^{pc} : bis terni $ABDH^{ac}RT$ ‖ sex sunt aut D^{pc} : sexis aut $AB^{pc}D^{ac}H$ sexsis aut $B^{ac}R$ sexhis aut *T* ‖ quinquies quaterni *Wi.* : quinquies quater $B^{pc}D^{pc}H^{pc}T$ quinques quater *R* quiques quater $AB^{ac}D^{ac}H$ ‖ XX *edd.* : uies $AB^{ac}DHRT$ uiges B^{pc} ‖ περισσάκις ἄρτιον *edd.* : ΠΕΡΙCCAKEIC APTION $B^{ac}DHRT$ NEPICCAKEI CAPTION *A* ΠΕΡΙCCAHKEIC APTION B^{pc}.

soient les mêmes, leurs modes de croissance sont cependant différents. Et parmi eux, il y en a qui, divisés en deux parties, retombent immédiatement sur des nombres impairs, et d'autres qui, divisés une fois ou davantage par des pairs, se résolvent en impairs sans remonter à l'unité. En effet, 12 et 20 ne peuvent être divisés qu'une seule fois en nombres pairs ; mais 48, assurément, fait 2 fois 24, puis 2 fois 12, ensuite 2 fois 6, tous des pairs, jusqu'ici, et à la fin il tombe sur 3, qui est un impair[1]. C'est pourquoi on ne peut aller plus loin par une multiplication semblable ; bien plus, la division en plusieurs parties à travers les sous-multiples correspond à la progression de la duplication en sens inverse[2]. Car 20 est 2 fois 10, <ou 4 fois 5>, ou 5 fois 4, ou 10 fois 2.

ἄρτιον uocant, et hi qui imparem numerorum multitudinem pari multiplicatione consummant, ut cum bis terni sexis, et quater quini XX fiunt, quod genus ἀρτιάκις περισσόν Graeci uocant. Qui numeri quamuis idem sunt, rationes tamen increscendi diuersas recipiunt. Atque ex his ipsis quidam in duas partes diuisi protinus in impares numeros recidunt, quidam semel saepiusue per pares replicati citra singularitatem in impares resoluuntur. Nam duodecim et uiginti semel per pares diuidi possunt ; at XLVIII nimirum bis uicenos quaternos, inde bis duodenos, dein bis senos, omnes adhuc pares, efficiunt, nouissime in ternos impares decidunt. Itaque nemo longius procedere simili multiplicatione potest ; quin, ut duplicatione reuoluta ascenditur, sic per replicationes item in plures partes digeritur. Nam XX et bis dena sunt <et quater quina> et quinquies quaterna et decies bina.

(749) imparem $ABDH^{pc}RT$: -es H^{ac} || multitudinem *BDHRT* : -i *A* || cum $ABDH^{pc}RT$: *om.* H^{ac} || terni sexis $B^{pc}D^{pc}H^{pc}$: ternis ex his $AB^{ac}D^{ac}H^{ac}RT$ || quater quini *E* : quater quina $ABD^{ac}HRT$ quaterni quinquies D^{pc} || ἀρτιάκις *edd.* : ΑΡΤΙΑΚΕΙC *ADHRT* ΑΡΤΥΑΚΕΙC B^{ac} ΑΡΤΙΑΗΚΕΙC B^{pc} || *post* ἀρτιάκις *iterum* ἄρτιον — genus ἀρτιάκις *scripsit T* || περισσόν *BDRT* : ΠΕΡΙCON *H* ΤΙΕΡΙCCON *A* || increscendi $AB^{ac}RT$: in crescendo $B^{pc}DH$ || diuersas $B^{pc}H^{pc}$: -a $AB^{ac}DH^{ac}RT$ || atque $ABDH^{pc}T$: adque H^{ac} aut quae *R* || his $AB^{pc}HT$: is $B^{ac}D$ *om. R* || protinus in impares $B^{pc}H^{pc}$: p. in pares $AB^{ac}DH^{ac}T$ *def. R* || numeros $B^{pc}DH^{pc}$: -o $AB^{ac}H^{ac}T$ *def. R* || per pares replicati $AB^{ac}DHT$: pro pares r. B^{ac} *def. R* || at $B^{pc}H^{pc}$: ad $AB^{ac}DH^{ac}T$ *def. R* || nimirum $B^{pc}D^{pc}H^{pc}$: -o $AB^{ac}D^{ac}H^{ac}T$ *def. R* || dein $D^{ac}H$: dum $AD^{pc}T$ inde B^{pc} *om.* B^{ac} *def. R* || bis senos *BH* : s. *ADT def. R* || in ternos impares $BDH^{pc}R^{pc}$: in terno pares *A* in terno imp. $H^{ac}R^{ac}T$ || ascenditur H^{pc} *ed. pr.* : ascabest $B^{ac}DH^{ac}R^{ac}T$ abscabest *A* scabet B^{pc1} scauet B^{pc2} scabest R^{pc} scanderit *Ey.* || digeritur $B^{pc}DHRT$: diregitur *A* dirigitur B^{ac} || et quater quina *add. Dick* || et quinquies D^{pc} : et quinque $BD^{ac}HRT$ et V *A* || bina $D^{pc}H^{pc}$: una $AB^{ac}D^{ac}H^{ac}RT$ bina et quattuor quina B^{pc}.

[Nombres composés et incomposés]

750. Ensuite, les nombres se répartissent en quatre espèces. Certains sont incomposés en soi, d'autres composés en soi ; d'autres incomposés entre eux, et d'autres composés entre eux ; parmi ces quatre classes, les deux premières sont celles des nombres dits premiers, les deux secondes, celles des nombres dits seconds[1]. Mais là-dessus, pour permettre un apprentissage plus facile, il faut un développement plus clair. La première et la plus petite mesure de tout nombre est l'unité, car il n'y a aucun nombre qui ne puisse se diviser en unités. Ensuite, le nombre admet aussi d'autres mesures, comme la duplication, augmentation par le double, ou le triplement, par le triple. Dans ces conditions, certains nombres n'admettent de mesure que par l'unité ; ce sont ceux qui ne peuvent se diviser qu'en unités, comme 3. 3 est seulement impair ; d'autres admettent d'être mesurés aussi par d'autres nombres : par exemple, 4 et 9 ; car 4 est 2 fois 2, et 9 est 3 fois 3 ; ainsi, nous mesurons 4 par la duplication et 9 par le triplement. Et souvent il n'y a pas une seule mesure de ce genre pour le nombre, mais plusieurs : car il est facile de mesurer 8 par le quadruplement aussi bien que par la duplication, puisque 4 fois 2 aussi bien que 2 fois 4 font 8. Aussi est-il évident que tout ce que nous mesurons par une multiplication peut être mesuré également par l'unité, tandis qu'il n'est pas vrai que partout où l'on a la mesure de l'unité, on ait également la mesure d'une multiplication. Ainsi l'unité est-elle la mesure commune de tous les nombres, et pour certains l'unique mesure.

750. Quattuor deinde species numeros excipiunt. Quidam enim sunt per se incompositi, quidam per se compositi, quidam inter se incompositi, quidam inter se compositi ; ex quibus duo priores primi numeri, duo sequentes secundi nominantur. Sed ea res quo facilius addisci possit planius indicanda est. Prima et minima omnis numeri mensura singularitas est, quia nullus numerus non in singula diuidi potest. Deinde eum etiam aliae mensurae excipiunt, ut duplicationes, quae duplo, triplicationes, quae triplo increscunt. Cum hoc ita sit, quibusdam numeris in singularitate sola mensura est, qui nisi in singula digeri non possunt, quales sunt tres : tantum impares tres sunt ; quibusdam uero et in aliis numeris, quales sunt IIII et VIIII ; nam bis bina IIII, ter terna nouem sunt : ita illa duplicatione, haec triplicatione metimur. Ac saepe non una quidem talis mensura numero, sed plures ; siquidem octo metiri et quadruplicatione et duplicatione facile est, cum et quater bina et bis quaterna VIII sint. Itaque euidens est quicquid aliqua multiplicatione metimur metiri nos etiam singularitate posse, non ubicumque singularitatis mensura est esse alicuius etiam multiplicationis. Ita singularitas omnibus communis mensura, quibusdam unica est.

750. quattuor $B^{ac}DH^{ac}RT$: de q. *A* et quattuor quina B^{pc} et quattuor quina quattuor H^{pc} ‖ numeros $AB^{ac}DHRT$: omnes n. B^{pc} ‖ excipiunt $D^{pc}H^{pc}$: -ntur $ABD^{ac}H^{ac}RT$ ‖ quidam per se compositi — inter se compositi *om.* H^{ac} ‖ quidam inter se compositi $B^{pc}D^{pc}$: *om.* $AB^{ac}D^{ac}RT$ ‖ primi numeri $B^{pc}D^{pc}H^{pc}$: p. numero $AB^{ac}D^{ac}H^{ac}RT$ ‖ addisci $B^{pc}D^{pc}H^{pc}$: adici $AB^{ac}D^{ac}H^{ac}RT$ ‖ deinde $AB^{pc}DH^{pc}$: deinde inde $B^{ac}H^{ac}RT$ ‖ duplicationes $AB^{pc}DH^{pc}T$: duplationes $B^{ac}H^{ac}R$ ‖ numeris in singularitate *ABDHR* : numeri singularitatem *T* ‖ possunt quales $AB^{pc}D^{pc}HR$: p. qualis $B^{ac}D^{ac}T$ ‖ tantum impares tres sunt $AB^{ac}DH^{ac}RT$: quidam tantum impares quidam inimpares ut sunt $B^{pc}H^{pc}$ ‖ quibusdam uero — quales sunt D^{pc} : *om. ceteri* ‖ ter *ABDHT* : *om. R* ‖ non una $B^{pc}D^{pc}H^{pc}$: una $AB^{ac}D^{ac}H^{ac}RT$ ‖ numero sed plures $BD^{ac}H^{ac}RT$: n. est s. p. D^{pc} in n. s. p. H^{pc} s. p. *A* numeros habet plures *ed. pr.* n. h. sed p. *Kopp* ‖ bis quaterna $AB^{pc}D^{pc}HT$: quis qua- $B^{pc}D^{ac}R$ ‖ itaque *Wi.* : interque $AB^{pc}D^{ac}RT$ inter quae $B^{ac}D^{pc}H$ itemque *Kopp* ‖ multiplicatione *BDHRT* : multitudine *A* ‖ posse $AB^{ac}DHRT$: p. sed B^{pc} ‖ est esse alicuius $B^{ac}DHRT$: est esse etiam alicuius B^{pc} esse alicuius *A* ‖ etiam $ABD^{pc}HRT$: et cum D^{ac}.

751. Puisqu'il en est ainsi, on appelle nombres incomposés en soi ceux qui n'ont aucune mesure excepté l'unité ; composés par soi, ceux que l'on peut mesurer non seulement par l'unité, mais aussi par une autre multiplication. Voilà pour les nombres considérés individuellement. Mais si on les prend par deux ou davantage, on appelle incomposés entre eux ceux qui n'ont de commune mesure que celle de l'unité, comme 3 et 4. Car peu importe que 4 admette la mesure du double, si elle n'est pas dans 3. Maintenant, sont composés entre eux ceux qui admettent une mesure commune en plus de celle de l'unité : ainsi, 9 et 12, dont chacun peut être mesuré par le triplement, puisque 3 fois 3 font 9 et 3 fois 4 font 12.

[« Membres » et « parties » des nombres]

752. Puisque certains nombres se divisent seulement en unités et d'autres également en des nombres entiers, je les distinguerai par les termes comme ils sont distingués dans la réalité, pour ne pas créer de la confusion chez ceux qui n'apportent pas assez de soin à cette étude, et j'appellerai membres de chaque nombre les nombres entiers auxquels on pourra le réduire, par exemple, pour 12, les nombres 3 et 4 ; mais s'il s'agit d'unités ou de nombres entiers auxquels pourront se combiner des unités, je parlerai de parties : par exemple, dans 7, il y a ou bien autant d'unités, ou bien 2 fois 3 avec l'addition d'une unité.

751. Cum hoc ita sit, per se incompositi numeri dicuntur qui nullam mensuram habent nisi singularitatis ; per se uero compositi quos metiri non tantum singularitate, sed alia quoque multiplicatione licet. Et haec quidem singulorum numerorum aestimatio est. Bini uero pluresue iuncti inter se incompositi esse dicuntur, qui nullam communem mensuram nisi singularitatis habent, ut III et IIII. Neque enim interest an IIII dupli mensuram habeant, cum eadem illa in tribus non sit. At inter se compositi sunt quibus alia quoque quam singularitatis mensura communis est, ut VIIII et XII, quorum utrumque licet triplicatione metiri, cum ter terna VIIII, ter quaterna XII fiant.

752. Cum uero alii numeri in singula tantum, alii etiam in aliquos solidos numeros diuidantur, ut re ipsa discreti sunt, sic etiam uocabulis discernam, ne qua indiligentibus confusio oriatur, et cuiusque numeri membra nominabo solidos numeros in quos is diduci poterit, ut in XII <III et IIII> fiunt ; at singula et si qui etiam solidi numeri immixti singulis inserentur, partes appellabo, ut in VII uel totidem singula uel etiam bis terna singulo adiecto.

751. qui nullam mensuram *BDHRT* : quin n. m. A^{ac} quia n. m. A^{pc} || habent $A^{pc}BDHT$: -et $A^{ac}R$ || nisi singularitatis *ABDHR* : n. s. habent *T* || quos metiri $AB^{pc}D^{pc}H^{pc}$: q. meriti $B^{ac}D^{ac}H^{ac}RT$ || bini $B^{pc}D^{pc}H^{pc}T^{pc}$: boni $AB^{ac}D^{ac}H^{ac}RT^{ac}$ || habeant — singularitatis mensura *om. A* || habeant $B^{pc}H^{pc}T$: -ent $DH^{ac}R$ *om.* B^{ac} || illa $BDH^{pc}RT$: illam H^{ac} || at $BDH^{pc}RT$: ad H^{ac} || ut VIIII $BDH^{pc}RT$: aut VIIII H^{ac} ut a VIIII *A* || et XII $BD^{pc}HRT$: et XII fiant D^{ac} ex XII *A* || ter terna *ABDHT* : terrena *R* || fiant $AB^{ac}DH^{pc}RT$: fiunt $B^{pc}H^{ac}$.

752. diuidantur $ABHR^{pc}T$: -untur *D* -atur R^{ac} || discreti B^{pc} : -a $AB^{ac}DHRT$ || discernam $ABDHRT^{ac}$: -endum T^{pc} || indiligentibus *AHR* : inde legentibus *BDT* || diduci $DH^{pc}T$: deduci $AB^{pc}H^{ac}R$ didici B^{ac} || III et IIII *ad. Wi.* || at $B^{pc}H^{pc}$: ad $AB^{ac}DH^{ac}RT$ || singulo B^{pc} : -a $AB^{ac}DHRT$ || adiecto $D^{pc}H^{pc}R^{pc}$: adicto $BD^{ac}H^{ac}R^{ac}T$ addicto *A*.

[Nombres parfaits, abondants et déficients]

753. Parmi les nombres, certains sont parfaits, d'autres abondants, et d'autres déficients ; les Grecs les appellent τέλειοι, ὑπερτέλειοι et ὑποτέλειοι. Les nombres parfaits sont ceux qui sont égaux à [la somme de] leurs parties, les nombres abondants sont ceux dont la somme des parties est supérieure à eux-mêmes, les nombres déficients sont ceux dont la somme des parties est inférieure à eux-mêmes. Prenons par exemple 6. Ce nombre peut se diviser en unités aussi bien qu'en 2 et en 3, puisque 6 fois 1 et 3 fois 2 aussi bien que 2 fois 3 font 6 ; ses parties sont donc 1, 2 et 3. Maintenant, additionnons-les, cela fait 6 : voilà ce que signifie être égal à [la somme de] ses parties, et ce genre de nombre appartient, si l'on peut dire, à la vertu, tandis que les autres relèvent du vice, soit par excès, soit par défaut. Prenons par exemple 12. 12 fois 1, comme 6 fois 2, comme 4 fois 3, comme 3 fois 4, comme 2 fois 6, font 12. Aussi les parties de ce nombre sont-elles 1, 2, 3, 4, 6, dont l'addition donne 16, et 12 est un nombre abondant. Mais 16 est le résultat de la somme de 16 unités, ou de 8 fois 2, ou de 4 fois 4, ou de 2 fois 8, et il n'y a pas d'autre mesure de ce nombre que celles-ci. L'addition de 1, 2, 4 et 8 ne fait pas plus que <15, c'est-à-dire> moins que le nombre duquel ils sont issus : ce nombre est déficient[1].

753. Ex numeris quidam perfecti sunt, quidam ampliores perfectis, quidam imperfecti : τελείους et ὑπερτελείους et ὑποτελείους Graeci appellant. Perfecti sunt qui partibus suis pares sunt, ampliores perfectis qui plus in partibus suis quam in se ipsis habent, imperfecti in quorum partibus minus quam in ipsis est. Et exempli causa sumamus sex. Hi et in singula diuidi possunt et in bina et in terna, cum et sexies singula et ter bina et bis terna fiant sex ; ergo partes eius sunt I, II, III. Nunc in unum eae conferantur, fiunt VI : hoc est parem esse partibus suis, et hoc numeri genus in aliqua uirtute est, cetera in uitio uel ex superante uel ex deficiente, ut puta sumamus XII : et duodecies singula et sexies bina et quater terna et ter quaterna et bis sena XII fiunt. Itaque eius partes sunt I, II, III, IIII, VI, quae iunctae in unum XVI efficiunt ; hic amplior perfecto numerus est. At XVI fiunt iunctis sedecies singulis, octies binis, quater quaternis, bis octonis, neque pr*ae*ter has [si facias] ulla eius numeri mensura est. Collati autem in unum I, II, IIII, VIII non ultra faciunt quam <XV, id est> minus quo ex quo orti sunt. Hic imperfectus numerus est.

753. ex numeris $ABDH^{pc}RT$: et n. H^{ac} ‖ τελείους *AH* : τελευουϲ D^{pc} τελεουϲ D^{ac} Γελειουϲ *B corruptius T def. R* ‖ ὑπερτελείους D^{pc} : περτελειουϲ D^{ac} υπερΓελεοιϲ *B* ΥΠΡΤΕΑΟΝϹ *H corruptius AT def. R* ‖ ὑποτελείους *D* : υποΓελειουϲ *B* ΥΠΟΤΕΑΕΝϹ *H* ΥΠΟΤΕΛΕΥΟΥϹ *T corruptius A def. R* ‖ graeci $AB^{ac}DHT$: graece B^{pc} *def. R* ‖ qui partibus *G* : qui a p. *BD* quia p. *AHT def. R* ‖ pares sunt *BDHT* : pare s. *A def. R* ‖ perfectis qui $AB^{ac}DHT$: p. sunt qui B^{pc} *def. R* ‖ hi et in *BDH* : et hi et in *T* et *A def. R* ‖ et ter bina $BD^{pc}HT$: et termina $D^{ac}R$ eterna *A* ‖ fiant sex *BDHR* : fiunt VI *A* faciunt VI *T* ‖ partes eius sunt I II III *BDHRT* : p. e. s. I II IIII *A* ‖ parem *ABDH* : partem *T def. R* ‖ esse partibus $BDHRT^{pc}$: e. paribus T^{ac} esse *A qui* partibus suis — cetera *om.* ‖ ex deficiente *HT* : ex definiente $AB^{ac}D^{pc}R$ deficiente B^{pc} ex definitione D^{ac} ‖ quater terna $BH^{pc}T$: ter terna *A* quater quaterna $DH^{ac}R$ ‖ XII fiunt $ABDH^{ac}RT$: XII fiant H^{pc} ‖ efficiunt $AD^{pc}H^{pc}T$: -ntur $BD^{ac}H^{ac}R$ ‖ at $AB^{pc}H^{pc}$: ad $B^{ac}D^{pc}H^{ac}RT$ ad ad D^{ac} ‖ sedecies singulis $B^{pc}D^{pc}H^{pc}$: *om.* $AB^{ac}D^{ac}H^{ac}RT$ ‖ octies binis $B^{pc}D^{pc}RT$: oties b. *A* otiens benis B^{ac} octies D^{ac} octonis bis *H* ‖ quater quaternis $B^{pc}DH^{pc}$: quaternis $AB^{ac}RT$ quater ternis H^{ac} ‖ bis octonis *B* : octies binis H^{pc} *om.* $ADH^{ac}RT$ ‖ praeter *Kopp* : pariter *codd.* ‖ si facias *del. Ey.* ‖ XV id est *addidi* ‖ hic imperfectus $H^{pc}T$: hic -os H^{ac} hic interfectus *BDR* hinc interfectus *A*.

[Nombres plans et nombres solides]

754. Certains nombres sont plans, d'autres possèdent également l'épaisseur. Le nombre plan, d'après les Grecs, est celui qui est contenu par deux nombres[1]. C'est-à-dire que dans le calcul des mesures ils considèrent qu'autant est contenu par l'équerre que par le rectangle entier dont l'équerre est une partie. De même, sont rapportés aux nombres plans ceux qui s'ordonnent sur deux côtés de manière à former un angle droit et à présenter l'apparence de l'équerre. Ainsi donc, si l'un des côtés est formé par le nombre 4 et l'autre par le nombre 3, ces deux nombres, suivant la règle des Grecs, contiennent 12, et ce nombre est appelé nombre plan[2]. Quant à l'épaisseur[3], ils disent qu'elle est produite par 3 nombres. Soit par exemple sur un côté le nombre 4, sur le second le nombre 3, et que l'on ajoute 4 au-dessus. Ils disent que ces nombres produisent aussi la hauteur, au-dessus de l'équerre de base, et que le nombre qui est contenu est 24. En cela on chercherait inutilement de l'obscurité, car il est tout à fait évident que le nombre plan est constitué par des nombres dont chacun est joint aux autres de telle façon qu'aucun ne se trouve sur un autre, et qu'il y a un solide quand un nombre est placé sur un autre.

755. Mais la surface elle-même[1] a des formes variées, et les nombres sont arrangés à la ressemblance des différentes figures, qui commencent à la ligne, puis deviennent triangulaires <ou quadrangulaires> ; et celles qui ont quatre angles sont soit carrées soit ayant un côté

754. Alii etiam plani numeri sunt, alii crassitudinem quoque in se habent. Planum numerum esse Graeci dicunt qui a duobus numeris continetur. Id eiusmodi est : in ratione mensurarum tantum de norma contineri quantum a toto quadriangulo cuius pars in ea norma sit existimant. Item ad numeros planos feruntur qui in duo latera ordinantur sic ut rectum angulum faciant et normae similitudinem repraesentent. Igitur si in alterum latus IIII, in alterum III porriguntur, hi duo numeri lege eorum XII capiunt, planumque eum numerum nominant. At crassitudinem aiunt a tribus numeris. Sint in alterum puta latus IIII, in alterum III, supra deinde quattuor adiciantur. His numeris altitudinem quoque super inferiorem normam impleri dicunt includique uiginti quattuor. In quibus, obscuritate ex superuacuo quaesita, euidentissimum est planum esse numerum sic singulis iunctis ne quid super alterum sit, crassitudinem fieri numero super numerum imposit*o*.

755. Ipsa autem planities uarias formas habet, numeris ad similitudinem aliquarum figurarum ordinatis, quae incipiunt a linea, tum uel triangulae <uel quadriangulae> fiunt ; atque eae quae quattuor angulos habent uel quadratae

754. mensurarum *ABDHT* : mensuram *R* || contineri $ABDH^{pc}RT$: -ere H^{ac} || cuius *BDHRT* : huius *A* || item $B^{pc}D^{pc}H^{pc}$: idem $B^{ac}D^{ac}H^{ac}RT$ id est *A* || planos $B^{pc}D^{pc}H^{pc}T^{pc}$: -i $AB^{ac}D^{ac}H^{ac}RT^{ac}$ *Wi.* || qui in duo $ABDHRT^{pc}$: qui duo T^{ac} || faciant $D^{pc}H^{pc}$: -unt $ABD^{ac}H^{ac}RT$ || et normae $B^{pc}D^{pc}H^{pc}$: n. $AB^{ac}D^{ac}H^{ac}RT$ || repraesentent $D^{pc}H^{pc}$: -ant $ABD^{ac}H^{ac}T$ -at *R* || planumque $ABDH^{pc}RT$: ple- H^{ac} || nominant at $B^{pc}D^{pc}H^{pc}$: n. ad $B^{ac}D^{ac}H^{ac}RT$ nominant nominant ad *A* || tribus $AB^{ac}DHRT$: tres B^{pc} || numeris sint $D^{pc}HT$: numeri s. $B^{ac}D^{ac}$ numeri sunt B^{pc} numeris *AR* || in alterum III supra AD^{pc} : in a. III tres s. *T* in laterum III s. $BD^{ac}HR$ || adiciantur *CEFVL* : -untur *ABDHRT* || quaesita *BDH* : quae sit *RT* sita *A* || planum esse *ABDHR* : ple- e. *T* || numerum sic $ABD^{pc}HRT$: n. sin D^{ac} || numero $AB^{ac}D^{ac}H^{ac}RT$: -is $B^{pc}D^{pc}H^{pc}$ || imposito *Pe.* : -is *codd.*

755. ipsa $ABD^{pc}HRT$: -i D^{ac} || a linea $B^{pc}D^{pc}H$: aliea B^{ac} aliena R^{pc} alienis *A* alie $D^{ac}R^{ac}$ aliae *T* || tum $BD^{pc}R$: cum *H* autem D^{ac} a tribus *T* *om.* *A* || uel quadriangulae *Wi.* : u. quadranglae B^{pc} *om. ceteri* || fiunt atque *BDHT* : f. ut *A* f. at *R* || eae quae $B^{pc}D^{pc}$: eae qua *A* ea quae $B^{ac}T$ eaeque quae $D^{ac}HR$ || quadratae $ABDHR^{ac}T$: quae quadratae R^{pc}.

plus long que l'autre, ce que les Grecs appellent ἑτερομήκεις[2]. En outre, il peut aussi se faire qu'un nombre d'angles supérieur à 4 donne au nombre une quantité variable de côtés. Mais si le nombre s'élève ensuite au solide, ce qui peut former plusieurs figures, le cube apparaît comme la plus parfaite d'entre elles. Le plus petit triangle est 3, le plus petit carré est 4, le plus petit nombre parmi ceux qui ont un nombre variable de côtés est 5, le plus petit nombre quadrangulaire ayant un côté plus long que l'autre est 6 ; de même, dans les solides, le cube le plus petit est 8. 2 fait une rangée simple ; 3 peut être posé de façon à avoir le même nombre d'angles ; 4, posé en carré, a 2 dans chaque direction ; 5 est arrangé de manière qu'il y ait 2 sur un côté et 3 sur l'autre ; 6, de manière à former une figure quadrangulaire ayant 2 sur deux côtés et 3 sur chacun des deux autres. Mais si l'on pose[3] 4, on fait surgir l'épaisseur et tous les côtés en surface et en hauteur sont égaux, avec une rangée de 2 dans chaque direction.

[Nombres semblables]

756. Des nombres plans sont semblables lorsque leurs côtés ont le même rapport[1] : par exemple, 6 et 600, puisque l'un a pour côtés 2 et 3, et l'autre[2] 200 et 300. De la même

sunt uel altera parte longiores, quas ἑτερομήκεις Graeci appellant. Praeterea plures quoque anguli possunt interdum etiam inaequalia numeri latera esse. *A*t cum deinde in crassitudinem insurgat figurasque plures efficiat, tessera perfectissima esse inter eas uidetur. Est autem triangulum in paucissimis tribus, quadratum in paucissimis IIII, id autem quod imparia latera habet in paucissimis V, altera parte longius quadr*i*angulum in paucissimis sex ; crassitudo item, quae tessera, in paucissimis octo. Nam duo simplicem ordinem faciunt ; tres sic componi possunt ut totidem angulos habeant ; quattuor in quadrum positi in omnem partem binos habent ; quinque sic colligantur ut in altero latere duo, in altero tres sint ; sex, ut quadriangulum faciant, quod in duobus lateribus binos, in duobus ternos habet. At si quattuor ponuntur, et crassitudo oritur et paria omnia latera in planitiem atque altitudinem sunt, binis in omnem partem ordinatis.

756. Similes autem plani numeri sunt quorum latera eandem rationem habent, ut VI et DC, cum illis in altero latere II et in altero III, his in altero CC, in altero CCC sint.

(755) quas B^{pc} : quae $AB^{ac}DHRT$ ‖ ἑτερομήκεις *edd.* : ETEPOMEKEIC *ABDHRT* ‖ at cum *Wi.* : ut cum *codd.* ‖ in crassitudinem *P Wi.* : c. *ABDHRT* ‖ triangulum $B^{pc}D^{pc}H^{pc}$: *om.* $AB^{ac}D^{ac}H^{ac}RT$ ‖ autem quod $BDH^{pc}T$: a. $AH^{ac}R$ ‖ imparia latera $BDH^{pc}T$: impari altera $AH^{ac}R$ ‖ V *ed. pr.* : VI *codd.* ‖ quadriangulum in *Wi.* : quadrangulum in $B^{pc}D^{pc}$ quam angulum in $B^{ac}D^{ac}HRT$ quam angulam in *A* ‖ item quae *ABDHR* : item *T* ‖ paucissimis octo *ABDHR* : paucis o. *T* ‖ sic componi *BDHR* : si c. *A* sic composui *T* ‖ habeant $BDH^{pc}T$: -ent $AH^{ac}R$ ‖ quadrum D^{pc} : -dram $ABD^{ac}H^{pc}RT$ -dam H^{ac} ‖ positi in omnem partem $B^{pc}D^{pc}H^{pc}$: p. in o. partes *T* p. in o. parem B^{ac} positisnen *A* positionem parem D^{ac} positi nomen H^{ac} positi nonem *R* ‖ binos $BDH^{pc}T$: -o $AH^{ac}R$ ‖ quinque sic *BDHRT* : q. si *A* ‖ colligantur $ABD^{ac}HRT$: -untur D^{pc} ‖ faciant $D^{pc}H^{pc}$: -unt $ABD^{ac}RT$ fiant H^{ac} ‖ ternos habet $BD^{ac}H^{pc}T$: t. habeat D^{pc} t. habent AH^{ac} *def. R* ‖ at si *BDHT* : aut si *A def. R* ‖ paria omnia *BDHRT* : pari o. *A* ‖ binis *ABDH* : bis binis *T def. R* ‖ partem ordinatis $AB^{ac}DHRT$: p. o. fiunt B^{pc}.

756. eandem $AB^{pc}D^{pc}H^{pc}$: eadem $B^{ac}D^{ac}H^{ac}T$ *def. R* ‖ rationem *ABDH* : -e *T def. R* ‖ habent *ABDHR* : -ntur *T* ‖ ut VI *BDHRT* : VI *A* ‖ DC *BH* : $\overline{DC}$ *ADRT* ‖ et in altero *A* : et a. *BDHT def. R* ‖ in altero CCC $D^{pc}H^{pc}T$: a. CCC $ABD^{ac}H^{ac}R$ ‖ sint $B^{pc}D^{pc}H^{pc}$: sit $AB^{ac}D^{ac}H^{ac}RT$.

manière, des nombres solides sont également semblables lorsque leurs côtés sont dans le même rapport : par exemple[3], 24 et 96 ; car l'un a pour côtés 4 et 3, ce qui lui donne une surface de 12 et un volume de 24 ; de la même façon, l'autre a pour côtés 8 et 6, ce qui lui donne une surface de 48 et un volume de 96. Le rapport qui existe entre 2 et 3 est le même qu'entre 200 et 300 ; le rapport qui existe entre 3 et 4 est le même qu'entre 6 et 8. Ce sera évident dès que j'aurai posé les rapports qui existent entre les nombres.

[Les cinq classes de l'inégalité en plus grand et en plus petit]

757. Tout nombre, en effet, est une partie pour un nombre plus grand ; et le plus grand est produit soit par la multiplication, soit par un rapport des membres ou des parties, ou à la fois par la multiplication et par un rapport des membres ou des parties[1]. Le rapport des membres se fait en un seul membre ou en plusieurs, le rapport des parties en une seule partie ou en plusieurs. Le petit nombre s'obtient soit par la division soit par un rapport des membres ou des parties, ou à la fois par la division et par un rapport des membres et des parties. Aucun rapport d'un nombre à un autre ne fait exception à cela. Les Grecs appellent les nombres multipliés πολλαπλάσιοι, les nombres divisés ὑποπολλαπλάσιοι, les antécédents d'un membre ou de plusieurs ἐπιμόριοι, les conséquents d'un membre ou de plusieurs <ὑπεπιμόριοι, les antécédents d'une partie ou de plusieurs parties ἐπιμερεῖς, les conséquents d'une partie

Eodemque modo similes etiam in crassitudine numeri sunt quorum latera sub eadem ratione sunt, ut uiginti quattuor et nonaginta sex. Nam ut in illis alterum latus IIII et alterum III habet, quo fit ut planities XII, crassitudo XXIIII capiat, sic in his alterum latus VIII, alterum sex recipiat, quo fit ut planities XLVIII, crassitudo XCVI comprehendat. Quod est autem inter duos et tres, hoc inter CC et CCC ; ratio quae est inter III et IIII, haec est inter VI et VIII. Manifestum erit simul atque rationes quae inter numeros sunt subiecero.

757. Omnis enim numerus pars est alicui numero maiori ; maior autem aut multiplicatione procedit, aut ratione membrorum aut partium, aut simul et multiplicatione et ratione membrorum uel partium. Ratio membrorum in uno membro pluribusue, ratio partium in una parte pluribusue est. Minor uero numerus aut replicatione minuitur aut ratione membrorum uel partium, interdum etiam simul replicatione et ratione aut membrorum aut partium. Neque ulla ratio numeri ad numerum non intra haec est. Graeci multiplicatos numeros πολλαπλασίους, replicatos ὑποπολλαπλασίους, membro membrisue antecedentes ἐπιμορίους, membro

(756) eodemque modo *BDHRT* : in e. m. *A* ‖ crassitudine $DH^{pc}T$: -em $ABH^{ac}R$ ‖ latera sub $BDH^{pc}T$: altera s. $AH^{ac}R$ ‖ in illis $B^{ac}DHRT$: illis B^{pc} illum *A* ‖ XCVI $B^{pc}D^{pc}HT$: XCXVI $B^{ac}D^{ac}$ CXXVI R^{ac} CXVI R^{pc} XVI *A* ‖ comprehendat $ABDH^{ac}RT$: -it H^{pc} ‖ quod est *ABDHRT* : quae est *Wi.* ‖ duos et *BDHRT* : d. aut *A* ‖ tres hoc inter D^{pc} : t. est i. B^{pc} tres $AB^{ac}D^{ac}HRT$ ‖ ratio quae *codd.* : r. quaeque *Wi.* ‖ haec est inter VI et VIII D^{pc} : et VI et VIII $ABD^{ac}HRT$.

757. maiori maior autem aut C^{pc} : maior aut $AB^{ac}C^{ac}DHRT$ maiori qui aut B^{pc} ‖ ratio membrorum $BDH^{pc}RT$: -one m. AH^{ac} ‖ minuitur aut ratione $AB^{pc}D^{pc}HT$: m. ut r. $B^{ac}D^{ac}$ m. aut rationem *R* ‖ πολλαπλασίους $B^{ac}DT$: ΠΟΛΥ-ΠΛΑCΙΟΥC B^{pc} *corruptius AHR* ‖ ὑποπολλαπλασίους *edd.* : ΥΠΟΛΛΑΠΛΑΣΙΟΥC $B^{ac}DH$ ΥΠΟΛΛΑΠΛΑΣΙΟΥ *D* ΥΠΟΠΟΛΥΠΛΑ-CΙΟΥC B^{pc} *corruptius ART* ‖ membro membrisue antecedentes $AB^{pc}D^{pc}HR^{pc}T$: m. m. antecedentibus R^{ac} membro membris ut antecedentes B^{ac} membrorum membris ut antecedentes D^{ac} ‖ ἐπιμορίους BDH^{pc} : ΕΠΙΜΕΡΙΟΥC H^{ac} ΕΙΠΙΜΟΡΟΙC *R corruptius AT*.

ou de plusieurs parties[2]> ὑπεπιμερεῖς ; ensuite, ils utilisent chaque fois les deux noms pour ceux qui contiennent deux rapports chaque fois.

[Égalité et différence]

758. Dans ces conditions, le nombre a <à l'égard du nombre> semblable un rapport d'égalité[1], que les Grecs appellent ἰσότης, comme 2 à 2, 3 à 3 ; c'est aussi le rapport du nombre parfait à [la somme de] ses parties ; et c'est pourquoi ce nombre est considéré comme préférable à tous les autres. En effet, qu'y a-t-il de meilleur que l'égal ? Mais quand il y a un nombre plus grand et un plus petit, immédiatement il y a entre eux de la différence, ce qui se produit pour tous les nombres qui surpassent ou sont surpassés dans un rapport des membres ou des parties ; et c'est pourquoi sont plus mauvais les nombres entre lesquels et entre les parties desquels il y a une différence. Mais si la différence entre deux nombres, un plus grand et un plus petit, est identique, inversement le rapport entre ces nombres est contraire ; car il y a la même différence entre 3 et 4 qu'entre 4 et 3, mais le rapport entre ces nombres est différent, et l'on va montrer ci-après ce qu'il est.

[Reprise des dix classes de l'inégalité]

759. Puisque j'ai exposé que les premiers rapports se trouvent dans le multiple, le rapport multiple est celui de 6 à 3, ou de 8 à 4 ; inversement, le rapport sous-multiple est celui de 3 à 6, ou de 4 à 8. Le rapport des membres est

membrisue <inferiores ὑπεπιμορίους, parte partibusue antecedentes ἐπιμερεῖς, parte partibusue> inferiores ὑπεπιμερεῖς appellant ; binis deinde nominibus utuntur in his in quibus binae rationes sunt.

758. Cum hoc ita sit, numerus <ad numerum> comparem rationem habet aequalitatis, quam ἰσότητα Graeci uocant, ut duo ad duos, tres ad tres ; quae ratio etiam perfecto numero ad suas partes est, ideoque is numerus potior ceteris habetur. Quid enim aequo esse melius potest ? At ubi alter numerus maior, alter minor est, protinus inter eos distantia est, quod in omnibus fit qui ratione membrorum uel partium aut antecedunt aut anteceduntur ; ideoque hi numeri peiores sunt, inter quos partesque eorum aliquod discrimen est. Sed ut distantia inter duos numeros maiorem minoremque eadem est, sic ratio inter eosdem contraria est ; tantundem enim distat inter tres et quattuor quantum inter quattuor et tres, at ratio inter hos ipsos diuersa est, eaque quae sit infra patebit.

759. Cum proposuerim uero primas in multiplicatione rationes esse, multiplicationis ratio est senioni ad ternionem, octonario numero ad quaternarium ; contra replicationis ternioni ad senionem, quaternario numero ad octonarium.

(757) inferiores ὑπεπιμορίους — partibusue *add. Pe.* || ὑπεπιμερεῖς *Kopp* : ΥΠΟΜΕΡΕΙC $AB^{ac}DHRT$ ΥΠΟΜΕΡΙΟΙC B^{pc} || his $AHR^{pc}T$: iis *BD* is R^{ac}.

758. ad numerum *add. Pe.* || comparem *AHRT* : cum parem *BD* || ἰσότητα *edd.* : EICOTETA *B* eicoteta *DR* eacoteta *A corruptius HT* || aequo *ABDHT* : inaequo *R* || at ubi $B^{pc}H^{pc}T$: aut ubi $AB^{ac}DH^{ac}R$ || fit *ABDHT* : fuit *R* || partium aut $BD^{ac}H^{pc}$: p. $AD^{pc}H^{ac}RT$ || antecedunt aut $B^{pc}D$: *om.* $AB^{ac}HRT$ || peiores $ABD^{pc}HRT$: priores D^{ac} || aliquod *BDHR* : -id *T* aliquod aliquod *A* || discrimen est $B^{pc}D^{pc}H^{pc}$: discriminent $B^{ac}D^{ac}H^{ac}RT$ discreminet A discrimen erit *Wi.* || eadem est *BDHRT* : eorum est *A* || eosdem $BDH^{pc}T$: eas- $AH^{ac}R$ || contraria $AB^{pc}DHRT$: -o B^{ac} || tantundem *ABDHR* : tantum *T* || at ratio $B^{ac}DHRT$: ac r. B^{pc} ad r. *A* || quae sit *ABHRT* : quae est *D*.

759. multiplicatione rationes *BDHRT* : multiplicationes *A* || esse $ABDHR^{pc}T$: e se R^{ac} || is $AB^{pc}DT$: his $B^{ac}HR$.

celui par lequel l'emporte celui des deux nombres qui surpasse l'autre d'un membre ou de plusieurs membres entiers, comme est 9 à l'égard de 6 ; il le surpasse en effet de 3, quantité que l'on trouve deux fois dans le nombre 6, et inversement, c'est par un rapport des membres que le nombre 6 est surpassé par 9. Mais dans le rapport des parties, l'emporte celui qui contient en lui à la fois le petit nombre lui-même et une partie ou des parties de ce nombre, comme dans le rapport de 7 à 4 ; car dans le nombre 7 il y a 4 et en même temps 3 parties de ce nombre. Inversement, donc, c'est par un rapport de parties que 4 est surpassé par 7. Mais le même nombre peut aussi l'emporter et par la multiplication et par un rapport des membres, par exemple si l'on compare 8 et 3 : car 8 contient 2 fois 3 et, en outre, un membre qui est 2. Mais c'est par la multiplication en même temps que par un rapport des parties que 5 est supérieur, si on le compare à 2 : car dans 5 il y a deux fois 2 et en outre une partie de 2. Inversement, dans le cas de ces nombres, les petits sont surpassés par les grands à la fois par la division et par un rapport des membres ou des parties.

[Différentes espèces du multiple et du sous-multiple]

760. Mais si tels sont les genres de rapports entre les nombres, il y a de même plusieurs espèces pour chacun[1]. Pour considérer d'abord le multiple et le sous-multiple, ils peuvent être dans le rapport double, triple ou quadruple,

Membrorum uero ratione uincit is numerus qui solido membro membrisue antecedit, qualis est nouenarius ad senarium ; ternione enim uincit, quae eadem bis in senario numero inuenitur, contraque membrorum ratione uincitur a nouenario senarius. At partium ratione uincit qui in se et ipsum minorem numerum habet et aliquam partem eius partesue, ut si VII cum IIII conferantur ; siquidem in septenario numero et IIII sunt et horum III partes. Contra ergo partium ratione uincuntur IIII a VII. At idem numerus et multiplicatione et membrorum ratione antecedit, si puta VIII et III iunguntur ; nam VIII et bis terna habent et praeterea membrum in duobus. Et multiplicatione uero et partium ratione uincunt V, si conferantur cum duobus ; nam in quinque bis bina sunt et praeterea duorum pars una. Contra in his ipsis numeris minores a maioribus simul et replicatione uincuntur et aut membrorum ratione aut partium.

760. Sed ut genera rationum inter numeros haec sunt, sic species in singulis plures. Nam ut ad multiplicationem primum replicationemque ueniamus, inter hos aut dupli ratio est aut tripli aut quadrupli, ac procedere quoque

(759) contraque membrorum ratione *ABDHR* : c. r. m. *T* || a nouenario senarius $D^{pc}R^{pc}$: s. a n. $B^{pc}H^{pc}$ nouenarius a senario $AB^{ac}D^{ac}H^{ac}R^{ac}T$ || at partium $ABDH^{pc}R$: ad p. $H^{ac}T$ || et ipsum $ABDHR^{ac}T$: i. R^{pc} || numero et *BDH* : et *A* n. inuenitur et *T* *def.* *R* || horum *ABHRT* : h. sunt *D* || partes B^{pc} : *om.* $AB^{ac}DHRT$ || ergo $AB^{ac}DH^{ac}RT$: uero $B^{pc}H^{pc}$ || uincuntur $ABD^{pc}HT$: -itur D^{ac} *def.* *R* || IIII a VII H^{pc} : IIII a $B^{ac}D^{ac}H^{ac}$ IIII $AB^{pc}D^{pc}T$ *def.* *R* || at idem *BDHT* : ad i. *A* *def.* *R* || multiplicatione et *BDHRT* : m. *A* || si puta VIII *BDHT* : s. p. VII *A* *def.* *R* || et tres iunguntur nam VIII *BDHT* : *om.* *AR* || membrum $BDH^{pc}T$: -a $AH^{ac}R$ || uincunt *BDHRT* : -ant *A* || V $AB^{ac}DHRT$: ut V B^{pc} || si conferantur $D^{pc}H^{pc}$: si conferatur $BD^{ac}RT$ si conferuntur H^{ac} sicut ferantur *A* || praeterea duorum *BDHT* : propterea d. *A* propterea duo *R* || minores $BDHR^{pc}T$: -is AR^{ac} || replicatione $AB^{pc}D^{pc}HRT$: -em $B^{ac}D^{ac}$.

760. genera rationum $ABDH^{ac}RT$: generationum rationes H^{pc} || hos aut *edd.* : hos autem $AB^{ac}DHRT$ quos autem B^{pc} || dupli ratio *BDHRT* : d. rati *A* || ac *BDHT* : a *R* a aut qua *A*.

et le multiple peut aussi aller plus loin, et inversement c'est en suivant les les mêmes degrés que l'on divise le même nombre. Ainsi donc, le rapport double, en supériorité, est celui de 2 à 1, de 4 à 2, de 8 à 4 ; le rapport double en infériorité est celui de 1 à 2, de 2 à 4, de 4 à 8. De même, il y a un rapport triple en supériorité de 3 à 1, de 6 à 2, de 9 à 3 ; et triple en infériorité de 1 à 3, de 2 à 6, de 3 à 9 ; quadruple en supériorité de 4 à 1, de 16 à 4 ; quadruple en infériorité de 1 à 4, de 4 à 16 ; et le procédé est le même pour les multiples suivants, aussi bien en croissance qu'en diminution.

[L'épimore et le sous-épimore]

761. Mais lorsqu'entre des nombres plus grands et plus petits il y a un rapport de membres[1], le grand nombre peut surpasser le petit soit par le rapport superdemi, que les Grecs appellent ἡμιόλιος, soit par le rapport supertierce, ἐπίτριτος pour les Grecs, soit par le rapport superquarte, ἐπιτέταρτος pour les Grecs ; on peut continuer ainsi avec le superquinte, le supersexte et les suivants. Le superdemi est celui qui contient à la fois un nombre et la moitié de ce nombre ; le supertierce est celui qui contient un nombre lui-même et un tiers de ce nombre ; le superquarte contient un nombre et le quart de ce nombre ; etc. Inversement, de ces mêmes nombres, le petit est par rapport au grand soit sous-demi, ce que les Grecs appellent ὑφημιόλιος, soit sous-tierce, ce qu'ils appellent ὑπότριτος, soit sous-quarte,

ultra multiplicatio potest, per eosdemque rursus gradus idem numerus replicatur. Ergo rationem habent duplo maiorem duo ad unum, IIII ad duos, VIII ad IIII ; duplo minorem unus ad duos, duo ad IIII, IIII ad VIII ; item triplo maiorem III ad I, VIIII ad III ; triplo minorem I ad III, III ad VIIII ; quadruplo maiorem IIII ad I, XVI ad IIII ; quadruplo minorem I ad IIII, IIII ad XVI ; eademque in ulterioribus multiplicationibus et incrementi et deminutionis ratio est.

761. At ubi inter maiores minoresque numeros ratio membrorum est, maior aut superdimidio uincit, quem ἡμιόλιον, aut supertertio, quem ἐπίτριτον, aut superquarto, quem ἐπιτέταρτον Graeci uocant, et sic ad superquintum, supersextum ulterioresque ratio procedit. Superdimidius est qui ipsum aliquem numerum et dimidium eius habet ; supertertius, qui ipsum aliquem et tertiam eius ; superquartus, qui ipsum aliquem et quartam eius ; eademque in ulterioribus ratio est. Contra ex isdem numeris minor maiori aut subdimidius est, quem ὑφημιόλιον, aut subtertius, quem ὑπότριτον, aut subquartus, quem

(760) potest B^{pc}*DHRT* : est potest *A* est B^{ac} || duplo maiorem *A*B^{ac}*DHRT* : in dupli m. B^{pc} || VIII ad IIII *ABD*H^{pc}*RT* : VIII ad tres H^{ac} || unus *BDHRT* : unum *A* || item triplo D^{pc} : i. in triplo *AB*D^{ac}*HRT* || VIIII ad *BDHT* : VIII ad *AR* || III ad VIIII $B^{pc}D^{pc}H^{pc}R^{pc}$: III ad IIII $B^{ac}D^{ac}H^{ac}R^{ac}$*T* ad IIII *A* || quadruplo maiorem — ad IIII $B^{pc}D^{pc}$: *om.* *A*$B^{ac}D^{ac}$*HRT*.

761. at ubi — minoresque numeros *BD*H^{pc}*T* : at ubi — numero *R* at ubi inter maioresque numeros *A* *om.* H^{ac} || ratio membrorum est *A*$B^{pc}D^{pc}H^{pc}$*T* : statio m. e. $B^{ac}D^{ac}$*R* *om.* H^{ac} || superdimidio uincit *AB*D^{pc}*HRT* : superquarto D^{ac} || quem ἡμιόλιον B^{pc}*T* : q. HMIOΛEIΟΝ B^{ac}*D* HMIOΛEIΟΝ *A* q. emiolion H^{pc} q. *corruptius* H^{ac}*R* || aut supertertio B^{pc}*DH* : ut s. *A*B^{ac}*RT* || ἐπιτέταρτον B^{ac}*DT* : EΠITETPAPTON B^{pc} EΠITETPAΠTON *H* EΠITTEPTAPTON *R* enit temptaton *A* || supersextum *A*B^{ac}*DHRT* : ad s. B^{pc} || et tertiam eius *ABDHT* : numerum et dimidium eius habet *R* || superquartus qui ipsum *A*B^{pc}*D*H^{pc} : s. q. ipsam $B^{ac}H^{ac}$*RT* || ὑφημιόλιον *edd.* : ΥΠOEMIOΛION *H* ΥΠOMIOΛION B^{pc} EΦHMIAION B^{ac} EΦHMIOAION *R* EΦHMIΛION *D* EΦEMIΛION *T* EMIOΛION *A* || ὑπότριτον H^{pc} : ΥΠOHΠITPITON B^{pc} ΠPOTPITON B^{ac}*D*H^{ac}*RT* EΠITPITON *A*.

en grec ὑποτέταρτος[2]. Le rapport superdemi est celui de 3 à 2, de 300 à 200, nombres dont on a parlé plus haut[3] ; inversement, le sous-demi est celui de 2 à 3, ou de 200 à 300. Le supertierce est celui de 4 à 3, de 8 à 6, nombres que l'on a aussi posés plus haut ; le sous-tierce est celui de 3 à 4, de 6 à 8 ; le superquarte celui de 5 à 4 ou de 10 à 8 ; le sous-quarte celui de 4 à 5 ou de 8 à 10.

[L'épimère]

762. Le rapport des parties se rapproche, dans le cas de certains nombres, du supertierce, pour d'autres, du superquarte, etc.[1]. Il est semblable au supertierce quand le grand nombre contient le petit plus un certain nombre de tiers de ce petit nombre ; au superquarte, quand il contient le petit nombre lui-même plus des quarts de ce petit nombre. Prenons 5 et 3, et 10 et 6. Le nombre 5 surpasse le nombre 3 en ce qu'il contient ce nombre plus deux tiers de ce nombre. De même, en 10, il y a 6 plus deux tiers de 6. Mais il y a un rapport proche du superquarte entre 7 et 4, entre 14 et 8. Dans 7, il y a 4 lui-même plus trois quarts de ce nombre. [Et de même que c'est de ce rapport qui est proche du supertierce et du superquarte, que les grands nombres, ici, sont supérieurs, de même les petits nombres ont avec les grands un rapport proche du sous-tierce et du sous-quarte[2].] Que personne n'aille se tromper là-dessus au point de penser qu'un rapport des parties peut être semblable au superdemi[3] ; car si un nombre contient un nombre plus la moitié de ce nombre, il est superdemi ; s'il contient un

ὑποτέταρτον Graeci appellant. Superdimidii rationem habent tres ad duos, CCC ad CC, quorum supra facta mentio est ; contra subdimidii duo ad tres, CC ad CCC. At supertertii IIII ad III, VIII ad VI, qui ipsi quoque supra positi sunt ; subtertii III ad IIII, VI ad VIII ; superquarti V ad IIII, X ad VIII ; subquarti IIII ad V, VIII ad X.

762. Partium uero ratio proxima in quibusdam numeris supertertio est, in quibusdam superquarto, idque procedere ultra potest. Supertertio similis est ubi maior numerus minorem ipsum et aliquas eius tertias partes comprehendit, superquarto ubi et illum ipsum et quartas eius. Sumamus V et III et X et VI. Antecedit quinarius ternionem, quod et illam ipsam et eius duas tertias habet. Item in X sunt et VI et de sex duae tertiae. At proxima superquarto ratio est inter septem et IIII, inter XIIII et VIII. In VII et ipsa IIII sunt et eius tres quartae [atque ut ea ratione quae supertertiae et superquartae proxima est maiores in his numeris uincunt, sic rationem proximam subtertiae et subquartae minores cum maioribus habent]. Illo neminem decipi conuenit, ut aliquam partium rationem superdimidiae similem putet ; nam si numerus aliquis numerum aliquem et dimidium eius habet, superdimidius est ; si numerum

(761) ὑποτέταρτον *CEFV* : ΥΠΟΤΕΤΡΑΡΤΟΝ *H*^{pc} ΥΠΟΤΡΑΡΤΟΝ *B*^{pc} toteTAPTON *B*^{ac} TOTETAPTON *DT* eptaton *A* teptaton *R corruptius H*^{ac} ‖ facta mentio *BDT* : m. *AHR* ‖ subdimidii *ABDHRT*^{pc} : dimidii *T*^{ac} ‖ CC ad CCC *ABDHT* : CC ad CC *R* ‖ at supertertii *B*^{pc}*H*^{pc} : ad s. *AB*^{ac}*DH*^{ac}*RT* ‖ superquarti *ABDHT* : -us *R*.

762. in quibusdam numeris supertertio *Wi.* : in q. -o s. *ABH*^{ac}*RT Dick* in q. -o supertertia *D* q. in numero s. *H*^{pc} ‖ in quibusdam superquarto *BDT Wi.* : in q. superIIII *A* in quibus superquarto *H*^{ac}*R* in quibusdam in s. *H*^{pc} ‖ V et III et X et *ABD*^{ac}*HR*^{ac}*T* : V ad III et X ad *D*^{pc}*R*^{pc} *Dick* ‖ VI antecedit *B*^{pc}*DHRT* : V a. *B*^{ac} III a. *A* ‖ et VI et *B*^{ac}*DHRT* : VI et *B*^{pc} et VI *A* ‖ at *B*^{pc}*D*^{pc}*H* : ad *AB*^{ac}*D*^{ac}*RT* ‖ superquarto ratio *B*^{pc}*D*^{pc} : -a r. *AB*^{ac}*D*^{ac}*HRT* ‖ inter XIIII *ABD*^{pc}*HRT* : et i. XIIII *D*^{ac} ‖ tres *B*^{pc}*D*^{pc}*H* : sex *B*^{ac}*D*^{ac}*RT om. A* ‖ atque ut — maioribus habent *del. Pe.* ‖ rationem proximam *B*^{pc} : -e -a *AB*^{ac}*DHRT* ‖ subquartae *BDHR* : quartae *T* superIIII *A* ‖ aliquam *AB*^{ac}*DHRT* : -quis *B*^{pc} ‖ et dimidium *B*^{pc}*H*^{pc} : d. *AB*^{ac}*DRT om. H*^{ac} ‖ eius habet superdimidius *BDH*^{pc}*T* : e. h. *A om. H*^{ac} *def. R.*

nombre plus deux moitiés de ce nombre, il est double. Et alors que deux tiers ont un rapport proche du supertierce, deux quarts n'ont pas un rapport proche du superquarte. Car si un nombre renferme un nombre lui-même plus deux quarts de ce nombre, il est superdemi ; exemple : 6 et 4 ; car 6 contient 4 plus deux quarts de 4. Inversement, de même que c'est par un rapport proche du supertierce et du superquarte que les grands nombres surpassent les petits, de même les petits ont avec les grands un rapport proche du sous-tierce et du sous-quarte, etc. : par exemple, un rapport semblable au superquinte ou aux suivants[4].

[Exemples numériques]

763. De là naissent encore plusieurs distinctions[1] : un nombre peut être engendré par le double, <par le triple ou par le quadruple> par le superdouble, par le supertierce ou par le superquarte, etc., par des rapports de multiplication et de membres. Posons 4 et 10 : de ces deux nombres, 10 est produit par le double et le superdemi : en effet, 2 fois 4 font 8 et ensuite la moitié de 4 fait 2. Mais posons 4 et 14 : de ces deux nombres, 14 est produit par le triple et le superdemi ; en effet, 3 fois 4 font 12, et ensuite la moitié de 4 fait 2. Avançons maintenant jusqu'à 4 et 18 : de ces deux nombres, 18 est produit par le quadruple et le superdemi ; en effet, 4 fois 4 font 16 et ensuite la moitié de

aliquem et eius duo dimidia habet, *duplus* est. *Nec* ut duae quidem tertiae rationem supertertio proximam habent, sic duae quartae rationem superquarto proximam recipiunt. Nam si quis ipsum et eius duas quartas habet, superdimidius est, ut sunt VI et IIII : in sex enim et quattuor sunt et eius duae quartae. Contra uero ut ea ratione quae supertertiae et superquartae proxima est, maiores in his numeris uincunt, sic rationem proximam subtertiae et subquartae minores cum maioribus habent, eademque ratio procedit, sicut superquintae ulterioribusue similis est.

763. Hinc rursus plura discrimina oriuntur, siquidem unus numerus potest duplo <aut triplo aut quadruplo au>geri et aut superdimidio aut supertertio aut superquarto ulterioribusue et multiplicationum et membrorum rationibus. Ponamus IIII et X : ex his X duplo et superdimidio aucti sunt ; nam bis quaterna VIII sunt, deinde dimidium IIII *fi*t in duobus. A*t* ponamus IIII et XIIII : ex his XIIII triplo et superdimidio aucti sunt ; nam ter quaterna XII sunt, deinde dimidium quattuor *fit* in duobus. Progrediamur ultra usque IIII et XVIII : ex his XVIII quadruplo et superdimidio increuerunt ; nam quater quaterni XVI sunt ; deinde

(762) duplus est nec *Pe.* : pars est nam $AB^{ac}D^{ac}H^{ac}$ par e. n. $B^{pc}D^{pc}H^{pc}T$ *def.* *R* || sic duae quartae $AB^{ac}DHT$: s. III q. B^{pc} *def.* *R* || ipsum et eius $B^{pc}D^{pc}H^{pc}$: i. eius $AB^{ac}D^{ac}H^{ac}$ ipsam eius *T def.* *R* || ut sunt *A* : ut si sunt *BDHRT* || subquartae $B^{pc}D^{pc}$: quartae $AB^{ac}D^{ac}HRT$ || eademque *BDHRT* : eamque *A* || sicut $B^{pc}D^{pc}H^{pc}$: si ut $AB^{ac}D^{ac}H^{ac}RT$ || ulterioribusue *ABDHT* : ulteriusue *R*.

763. unus *ABDHT* : unius *R* || aut triplo aut quadruplo *add. Wi.* || augeri *Pe.* : geri *codd.* || et aut superdimidio *Pe.* : aut ut s. $B^{ac}RT$ aut s. $AB^{pc}DH^{pc}$ aut si per dimidio H^{ac} || multiplicationum *BDHRT* : -e *A* || ex his X duplo $AB^{pc}D^{pc}HRT$: et h. X d. $B^{ac}D^{ac}$ || bis quaterna VIII $ABDH^{pc}RT$: ter q. VIII H^{ac} || IIII fit *Wi.* : IIII sunt $AB^{ac}DT$ IIII est $B^{pc}HR$ IIII separat *Dick* || at ponamus *Wi.* : apponamus *BHRT* op- *AD* || ex his XIIII $B^{ac}DT$: et ex his XIIII $AB^{pc}HR$ || quattuor fit *Wi.* : q. sunt $ABDH^{ac}RT$ q. est H^{pc} q. separat *Dick* || ultra $B^{pc}D^{pc}H^{pc}$: u. sex *A* u. sexum *R* u. sextum $B^{ac}D^{ac}H^{ac}T$ || usque $AB^{ac}DHRT$: u. ad B^{pc} || ex his XVIII $B^{ac}DT$: et ex his XVIII $B^{pc}R$ et ex his de XVIII *H* et ex his de XVII *A* || XVI sunt M^{pc} : sunt XVI $B^{pc}H^{pc}$ sunt $AB^{ac}DH^{ac}RTM^{ac}$.

4 fait 2. Mais soient 3 et 7 ; de ces deux nombres, 7 est produit par le double et le supertierce ; en effet, 2 fois 3 font 6 ; ensuite le tiers de 3 est 1. Soient 3 et 10 ; de ces deux nombres, 10 est produit par le triple et le supertierce ; en effet, 3 fois 3 font 9, et ensuite le tiers de 3 est 1. Posons 3 et 13 : de ces deux nombres, 10 est produit par le quadruple et le supertierce : en effet, 3 fois 4 font 12, et ensuite le tiers de 3 est 1. Entre 4 et 13 il y a le rapport du triple superquarte ; de même, entre 4 et 17, il y a le rapport du quadruple superquarte. Même chose pour les nombres suivants ; et de la même manière, les petits nombres ont avec les grands le rapport d'un sous-multiple en même temps que du sous-demi ou du sous-tierce ou du sous-quarte, etc.

[Ordonnance des rapports multiples successifs]

764. Comme il a pu apparaître d'après ce qui précède, le multiple part du rapport qui est le plus petit et passe ensuite à des rapports de plus en plus grands par le rapport des membres ou des parties ; le sous-multiple part du rapport le plus grand et passe ensuite à des rapports de plus en plus petits. On appelle plus grand rapport celui qui ajoute plus, et plus petit celui qui ajoute moins ; donc, le rapport triple est plus grand que le double, et le quadruple plus grand

dimidium quattuor *fi*t in duobus. At sint III et VII : ex his VII duplo aucti sunt et supertertio ; nam bis terna VI sunt ; deinde pars tertia trium *fi*t in uno. Sint III et X : ex his X triplo increuerunt et supertertio ; nam ter terna VIIII sunt, et deinde pars tertia trium *fi*t in uno. Ponantur III et XIII : ex his XIII quadruplo aucti sunt et supertertio ; nam ter quaterna XII sunt ; deinde pars tertia trium *fi*t in uno. Accipiamus nunc IIII et VIIII : ex his VIIII et duplo plus habent et superquarto ; nam bis quaterna VIII sunt ; deinde IIII quarta pars est in uno. IIII uero et XIII tripli et superquarti, item IIII et XVII quadrupli et superquarti ratio est. Idemque in ulterioribus numeris fit, perindeque numeri minores ex iis et replicationis alicuius et subdimidii uel subtertii uel subquarti uel alicuius ulterioris rationem cum maioribus habent.

764. Vt apparere autem ex his potuit, multiplicatio a minima ratione incipit et subinde ad maiores maioresque transit ratione membrorum uel partium ; replicatio a maxima ratione incipit et subinde ad minores minoresque transit. Maior ratio dicitur quae plus, minor quae minus adicit ; ergo maior ratio tripli quam dupli, maior quadrupli quam

(763) quattuor fit *Wi.* : q. sunt $AB^{ac}DH^{ac}RT$ q. est $B^{pc}H^{pc}$ ‖ at sint *Wi.* : at si sint *ABDHRT* ‖ trium fit[1] *Wi.* : t. est *BH* t. sunt *ADRT* ‖ ter terna $AB^{pc}H^{pc}T$: terna $B^{ac}D^{pc}H^{ac}R$ ‖ trium fit[2] *Wi.* : t. est *ABHR* t. sunt *DT* ‖ ex his XIII $AB^{ac}DHRT$: et de his XIII B^{pc} ‖ trium fit[3] *Wi.* : t. est $B^{pc}D^{pc}H^{pc}R$ t. sunt $AB^{ac}D^{ac}H^{ac}T$ ‖ in uno[3] $B^{pc}T$: in unum $AB^{ac}DHR$ ‖ deinde IIII *BDT* : *om.* *AHR* ‖ quarta pars est in uno IIII $B^{pc}D^{pc}$: *om.* $AB^{ac}D^{ac}HRT$ ‖ uero *BDT* : *om.* *AHR* ‖ et XIII tripli *B* : et quattuodecim tripli *DT* tripli *AHR* ‖ item IIII D^{pc} : inter IIII $AB^{ac}D^{ac}H^{pc}$ inter quartum *T* et inter IIII *R* inter IIII uero B^{pc} IIII H^{ac} ‖ XVII H^{pc} : X et VII BD^{ac} XVIII $AH^{ac}R$ X et VIII $BD^{pc}T$ ‖ quadrupli et superquarti $ABD^{pc}HR$: q. s. *T* *om.* D^{ac} ‖ perindeque $B^{pc}D^{pc}H^{pc}$: per quem *ART* per quae $B^{ac}D^{ac}H^{ac}$ ‖ replicationis $B^{pc}D^{pc}$: plicationis $AB^{ac}D^{ac}RT$ multiplicationis *H* ‖ uel subquarti *ABDRH* : uel quarti *T* ‖ rationem *Pe.* : -is $ABD^{ac}H^{pc}RT$ -es $D^{pc}H^{ac}$.

764. maioresque $AB^{pc}D^{pc}HT$: -isque $B^{ac}D^{ac}$ minoresque *R* ‖ ratione membrorum uel partium B^{pc} *Dick* : ratio m. u. p. $AB^{ac}DHRT$ *del.* *Wi.* ‖ minores $B^{pc}H^{pc}$: *om.* $AB^{ac}DH^{ac}RT$.

que le triple ; inversement, le double est plus petit que le triple, le triple est plus petit que le quadruple. **765.** Le multiple part donc du double, ensuite il passe au triple, au quadruple, et à des rapports toujours plus grands. Mais le rapport des membres commence au superdemi, et passe ensuite au supertierce, au superquarte et à des rapports toujours de plus en plus petits. Tous ces rapports sont entre deux termes. Voilà comment sont les nombres[1] : par exemple, le rapport double est entre 2 et 1, le triple entre 3 et 1, le quadruple entre 4 et 1. Dans ces rapports, on a les termes les plus petits de chacune de ces dénominations[2], beaucoup plus petits que leurs rapports analogues : car il n'y a pas de termes plus petits[3] que, pour le double, 2 et 1, ou pour le triple 3 et 1, ou pour le quadruple 4 et 1. Au-dessus de ces termes, ensuite, à mesure que l'on remonte avec les mêmes rapports, les termes croissent dans ces nombres. Et c'est pourquoi le pythagoricien Thymaridas appelait πυθμένες les termes qui sont les plus petits[4] parce que, comme le vase repose sur son fond, ainsi les nombres d'un même rapport reposent sur ces termes ; et c'est la même chose aussi dans le rapport des membres.

tripli est ; contra minor dupli quam tripli, minor tripli quam quadrupli est. **765.** Incipit igitur multiplicatio a duplo, inde ad triplum, ad quadruplum semperque ad maiores rationes transit. At ratio membrorum incipit a superdimidio, deinde ad supertertium, superquartum semperque ad minus et minus peruenit. Quae omnes rationes inter duos fines sunt. Ita numeri sunt : ut puta dupli ratio est inter II et I, tripli inter III et I, quadrupli inter quattuor et I, et sub isdem rationibus nominum fines minimi suaque comparatione multo <minores ; neque> minores uel sub duplo quam duo et I, uel sub triplo quam III et I, uel sub quadruplo quam IIII et I sunt. Super hos deinde quantumlibet isdem rationibus soluis, fines his numeris augentur. Ideoque [hii] e*o*s fines qui minim*i* *s*unt <πυθμένας> pythagoricus Th*y*ma*r*ides nominabat, quod ut uas super suum fundum, sic numeri rationis eiusdem super istos adiunguntur ; idemque etiam ratione membrorum.

(764) contra — quadrupli est $AB^{pc}D^{pc}HRT$: *om.* $B^{ac}D^{ac}$ || quam quadrupli *ABDH* : quamquam quadrupli *RT*.

765. ad triplum $A^{pc}BHT$: at t. *D* a t. $A^{ac}R$ || at $ABD^{pc}H^{pc}RT$: ad $D^{ac}H^{ac}$ || ad supertertium H^{pc} : s. $ABDH^{ac}RT$ || superquartum $ABDH^{ac}RT$: ad s. H^{pc} || omnes rationes *ABDHRT* **:** o. *Wi.* || fines minimi $B^{ac}DH^{pc}T$: f. sunt m. B^{pc} finis m. AH^{ac} *def. R* || minores neque *addidi* || I sunt B^{pc} : I possunt $AB^{ac}DHT$ *def. R* || super hos $AB^{pc}D^{pc}H^{pc}T$: superos $B^{ac}D^{ac}H^{ac}R$ || isdem rationibus[2] *BHT* : his- r *D* et his- r. *A def. R* || soluis $B^{ac}DH$: solius *AT* solis B^{pc} *def. R* || *post* soluis *lac. censebat Dick* || fines his $B^{pc}D^{pc}$: -is his $AB^{ac}D^{ac}HRT$ || hii *del.* $B^{pc}D^{pc}$: hii $AB^{ac}D^{ac}T$ id *H def. R* || eos *ego* : eas *ABDHT def. R* || qui minimi sunt *ego* : qui minime eunt $AB^{ac}D^{ac}H^{ac}T$ qua m. e. B^{pc} quae m. e. $D^{pc}H^{pc}$ *def. R* || πυθμένας *add. Tannery* || thymarides *Tannery* : thermacides $ABDH^{pc}RT$ *Dick Wi.* ter- H^{ac} || nominabat $B^{pc}H^{pc}$: nomina dant $AB^{ac}D^{ac}H^{ac}RT$ nominat D^{pc} || uas $B^{ac}D^{pc}$: uos $B^{pc}D^{ac}H^{ac}RT$ nos *A* uasis H^{pc} || sic D^{pc} : sit $AB^{ac}D^{ac}H^{ac}RT$ sit ita $B^{pc}H^{pc}$ || istos $B^{pc}D^{pc}H^{pc}$: -is $AB^{ac}D^{ac}H^{ac}T$ histis *R* || adiunguntur *BDH* : -unt *ART* || etiam $B^{pc}D^{pc}H^{pc}$: an e. $AB^{ac}D^{ac}H^{ac}RT$ || ratione *edd.* : -em *ABDHRT*.

[Les pythmènes de l'épimore et de l'épimère]

766. En effet, les termes les plus petits sont, pour le superdemi, 2 et 3, pour le supertierce 3 et 4, pour le superquarte 4 et 5, et ensuite[1] vient toute la série des nombres qui sont dans les mêmes rapports. Et le rapport <des parties est de la même nature>, lui qui, en ce qui le concerne, commence au tiers, comme le rapport des membres commence à l'hémiole, et ensuite réunit d'abord les termes les plus petits, puis passe à de plus grands.

[Priorité du rapport multiple sur les autres espèces de rapports]

767. Parmi ces rapports, c'est vraisemblablement le multiple qui a été découvert le premier[1] ; ensuite est venu le rapport des membres, puis celui des parties. Car aucune difficulté n'est apparue pour le double, ni ensuite pour le triple et pour le quadruple. Alors, du double, on a tiré la nature du superdemi, du triple celle du supertierce et du quadruple celle du superquarte ; même chose pour les suivants. Voir le double, en effet, c'était déjà entrer dans l'intelligence du demi ; car de même que 4 est double de 2, 2 est le demi de 4 ; donc, de même qu'en ajoutant 2 à 2 on a fait 4, de même, ensuite, en ajoutant 2 à 4 on a fait le superdemi ; et comme on avait tiré 6 de 2 multiplié par 3, on a de même découvert le supertierce en ajoutant 2 au nombre 6 ; même chose pour les suivants. Ensuite, comme survenaient des nombres entre lesquels on ne pouvait discerner de rapports[2], on a cherché combien de parties d'un nombre il y avait dans l'autre, ou des parties de combien. Voilà comment on en est arrivé à ce qu'il n'y

766. Minimi enim fines sunt superdimidii inter II et III, supertertii inter III et IIII, superquarti inter IIII et V, tum deinde sub isdem rationibus numeri complentur. Neque alia condicio<ne partium ratio> est, quae ipsa incipit a tertia parte, sicut membrorum ratio de hemiolio, deinde primum minim*o*s fines comprehendit, tum ad maiores transit.

767. Ex his autem uerisimile est primam multiplicationem esse inuentam, deinde rationem membrorum, tum partium. Neque enim difficultas ad duplum, deinde triplum et quadruplum apparuit. Tum ex duplo superdimidii facta condicio, ex triplo supertertii, ex quadruplo superquarti est, idemque in ulterioribus incidit. Nam qui duplum uidebat hoc ipso coepit intellegere dimidium, quia ut duplum quattuor duorum sunt, sic dimidium quater*n*ionis duo. Vt igitur duobus duos adiciendo quattuor fecit, sic rursus quaternioni duos adiciendo fecit superdimidium, utque ex duobus triplo sexis impleuit, sic senario numero duos adiciendo supertertium inuenit, idemque in ulterioribus incidit. Deinde, cum incurrerent numeri sine iudicii quidem rationibus positi, quaesitum est quot quotaeue partes alterius numeri in altero essent. Ex his eo uentum est ne cuius

766. minimi H^{pc} : -ae *ABDT* mini H^{ac} mine *R* || inter II $BDH^{pc}T$: in II *R* *om.* AH^{ac} || sub isdem $BD^{pc}HT$: s. his- *AR* subinde D^{ac} || condicione partium ratio *Wi.* : condicio rationis partium *Pe. Dick* condicio *codd.* || de hemiolio *F* : de hemiolia $D^{pc}H^{pc}$ de milia $AD^{ac}H^{ac}RT$ ab emiolia B^{pc} bemilia B^{ac} || minimos *edd.* : -as *ABDHRT*.

767. ex his $B^{pc}D^{pc}H$: aut ex his $AB^{ac}RT$ aut ex iis D^{ac} || condicio *codd.* : cognitio *Wi.* || supertertii ex quadruplo $B^{pc}D^{pc}H^{pc}$: supertertii D^{ac} *om.* $AB^{ac}H^{ac}RT$ || dimidium quia *BDT* : d. qui *A* d. quam duplum IIII sunt duorum sunt sic dimidium quia *HR* || quaternionis *Wi.* : quartae rationis *codd.* || duobus duos $D^{pc}T$: duos duobus *A* duobus duobus $B^{ac}H^{ac}$ duobus $D^{ac}R$ duobus duo $B^{pc}H^{pc}$ duo duobus *Wi.* || triplo sexis *BD* : t. sex his *A* triplos ex his *R* t. ex iis *H* t. ex is *T* || adiciendo fecit — numero duos *om.* *R* || adiciendo[2] $ABD^{ac}HRT$: -a D^{pc} || iudicii $B^{pc}D^{pc}H^{pc}$: -cis $AB^{ac}D^{ac}H^{ac}RT$ || quot quotaeue D^{pc} : quod q. *ART* quodquot eae H^{ac} quotquot haeue $B^{ac}D^{ac}$ q. hae H^{pc} q. aee B^{pc} || ex his eo *H* : ex is eo *D* et is eo $AB^{ac}RT$ et his eo B^{pc} || ne *BDHT* : nec *AR*.

ait plus aucun rapport d'aucun nombre à un autre qui ne fût parfaitement connu ; après cela, il n'y avait plus aucune difficulté pour étudier les nombres qui sont en deux rapports[3].

[Théorèmes d'arithmétique euclidienne]

768. Puisque j'ai exposé les genres des nombres et des rapports qui naissent entre eux, je vais revenir aux nombres pris individuellement, et indiquer quelles observations peuvent se faire à propos de chacun. Je commencerai par les pairs et les impairs. La progression du pair, en toute multiplication, est telle qu'il demeure pair. En doublant, on a la progression 2, 4, 8, 16 ; en triplant, 2, 6, 18 ; en quadruplant[1], 1, 4, 16, 64, 256 ; même chose pour les suivants. L'impair, au contraire, disparaît immédiatement s'il est multiplié par un pair, et retombe dans le nombre pair[2] ; multiplié par un impair, il peut s'accroître de manière à rester impair[3]. Car 2 fois 3 font 6, de même 2 fois 4 font 8, et de la même façon 4 fois 3 font 12 et 4 fois 5 font 20 ; mais 3 fois 3 font 9 et 3 fois 9 27 ; de même, 5 fois 3 font 15, 5 fois 5 25, et c'est la même chose avec tous les multiples. C'est pourquoi il se fait que, la pluralité des nombres pairs fût-elle paire ou impaire, une somme de nombres pairs est paire[4] ; exemples : 2, 4, 6, 8, pluralité de nombres <pairs> en nombre pair, fait 20 ; 2, 4, 6, pluralité de nombres <pairs> en nombre impair, fait 12 : or les deux nombres, 20 et 12, sont pairs.

numeri non aliqua ratio ad alium numerum exploratis*s*ima sit ; post haec non difficillima animaduersio gemina ratione in numeris fluxit.

768. Quoniam genera numerorum rationumque inter eos orientium exposui, rursus ad ea singula reuertar, et quae in quoque animaduersiones sint indicabo. Incipiam de paribus atque imparibus. Par omni multiplicatione sic procedit ut par maneat. Duplo augentur II et IIII et VIII et XVI, triplo II, VI, XVIII, quadruplo I, IIII, XVI, LXIIII, CCLVI, idemque in ulterioribus fit. At impar pari multiplicatione protinus interit et in numerum parem recidit ; impari multiplicatione increscere potest, ut impar maneat. Nam bis terna sex, item bis quaterna VIII fiunt, eodemque modo quater terna XII, quater quina XX ; at ter terna VIIII, et ter VIIII XXVII ; item quinquies terna XV, quinquies quina XXV, idemque in omnibus multiplicationibus euenit. Quo fit ut, siue par siue impar parium numerorum multitudo est, id quod consummatum est par sit, ut II, IIII, VI, VIII, quae par numerorum multitudo est, fiunt XX ; II, IIII, VI, quae impar numerorum multitudo est, XII, ambo numeri pares.

(767) exploratissima *Kopp* : exploratis ultima $ABD^{ac}H^{ac}RT$ -i u. $D^{pc}H^{pc}$ || in numeris $D^{pc}H^{pc}$: si n. $AB^{ac}D^{ac}RT$ in numeros $B^{pc}H^{ac}$.

768. et VIII $B^{ac}DH^{ac}T$: VIII $B^{pc}H^{pc}R$ et *A qui* VIII et XVI — I IIII X *om.* || et XVI $B^{pc}DHT$: et XV $B^{ac}R$ || triplo II $D^{ac}H^{ac}RT$: t. II et $D^{pc}H^{pc}$ t. est II B^{pc} t. et B^{ac} || XVIII *BHRT* : et XVIII D^{pc} VIII D^{ac} || quadruplo I *Wi.* **:** q. I et *BDHRT* || XVI LXIIII $B^{ac}H^{pc}R$: et XVI LXIIII $D^{ac}H^{ac}T$ et XVI et LXIIII D^{pc} et XVI LXIIII et LXIIII B^{pc} VI LXIIII *A* || CCLVI *BDHRT* : CCLVII *A* || fit at *Wi.* : fiat *ABDHRT* || recidit impari $AB^{ac}DHRT$: r. impar impari B^{pc} || VIII fiunt $ABDH^{pc}RT$: fuit H^{ac} || quater terna *ABDT* : quaterna *HR* || at ter terna VIIII $B^{pc}D^{pc}H^{pc}T$: at terna VIIII $B^{ac}D^{ac}H^{ac}$ a terna VIIII *A* terna VIII *R* || quinquies terna $ABDHR^{pc}T$: quinque t. R^{ac} || siue par $ABDH^{pc}T$: sine p. H^{ac} *om. R* || parium numerorum $ABDHT^{pc}$: partium n. T^{ac} parium numerum *R* || multitudo est id quod — impar numerorum $ABDH^{pc}RT$: *om.* H^{ac} || ut II IIII $B^{pc}D^{pc}H^{pc}R^{pc}$: et II IIII $D^{ac}H^{ac}T$ et II et IIII $AB^{ac}R^{ac}$ || fiunt XX *BDHRT* : fuit XX *A* || XII ambo $AB^{ac}DHRT$: XII fiunt a. B^{pc}.

769. De même, une pluralité de nombres impairs en nombre pair produit des pairs[1] ; donc 3 et 5 font 8, qui est pair. C'est seulement une pluralité d'impairs en nombre impair qui conserve les impairs[2] : car 3, 5 et 7 font 15, qui est aussi un impair. Pour la même raison, toutes les fois qu'un nombre pair multiplie un autre nombre, que ce soit un pair ou un impair, le résultat est pair[3]. Car la duplication, si elle multiplie 2, donne 4, et si elle multiplie 3, elle donne 6, qui sont tous deux pairs. Au contraire, le nombre impair, s'il multiplie un pair, produit un pair, et s'il multiplie un impair, alors seulement il produit un impair[4]. Car la multiplication par 3, si on l'applique à 2, produit 6, qui est pair lui aussi ; appliquée à 3, elle produit 9, qui est impair.

770. Maintenant, si l'on ajoute un pair à un pair, le résultat demeure pair[1] : par exemple, si l'on ajoute 4 à 2, on a 6. Si l'on ajoute un impair à un impair, cela donne un pair[2] : par exemple, si l'on ajoute 5 à 3, on a 8. L'impair ne peut être produit que d'une seule manière, à savoir si l'on ajoute au nombre un nombre qui ne soit pas du même genre : <un impair> à un pair, ou un pair à un impair. En effet, que l'on ajoute 3 à 4 ou 4 à 3, cela fera 7, qui est impair. Ensuite, pour le nombre pair, le reste est du même genre que ce qui est retranché ; pour le nombre impair, c'est le contraire : l'espèce retranchée ne se maintient pas. Donc, si d'un pair on retranche un pair, le reste est pair[3], de sorte que si l'on retranche 2 de 8, il reste 6 ; si

769. Item par imparium numerorum multitudo pares facit ; ergo III et V fiunt VIII, qui pares sunt. Impar tantummodo imparium multitudo impares seruat ; nam III et V et VII fiunt XV, illi quoque impares. Eadem de causa quotiens par numerus uel parem uel imparem multiplicat, is qui efficitur par est. Nam duplicatio, siue duo multiplicauit, fecit IIII, siue III, fecit VI, ambos pares. At impar numerus, si parem multiplicat, facit parem, si imparem, tum demum imparem reddit. Nam triplicatio, si duos multiplicat, efficit VI, ipsos quoque pares ; si III, efficit VIIII, qui impares sunt.

770. Tum si pari par adicitur, par manet, ut, si duobus IIII adiciantur, sunt VI. Si impari impar adicitur, par fit, ut, si tribus V adiciantur, sunt VIII. Vno autem modo impar numerus procedit, si numero numerus non adicitur eiusdem generis, sed pari <impar>, impari par. Nam siue IIII quis adiectis tribus auxerit, siue III adiectis IIII, fient VII, qui impares sunt. Deinde numero pari quale demitur tale superest ; numero impari contrarium est, ne quod demitur supersit. Ergo si pari par demitur, id quod superest par est, ut si ex VIII duo auferantur, supersint VI.

769. item par $AB^{pc}D^{pc}H^{pc}R$: i. pari $B^{ac}D^{ac}H^{ac}T$ || ergo *ABHRT* : ergo I *D* || V et VII $B^{pc}H^{pc}T$: V VIII $B^{ac}D$ VI et VIII H^{ac} VIII VIII *A def. R* || uel parem *ABDH* : u. partem *T def. R* || uel imparem $B^{pc}D^{pc}H^{pc}$: u. parem $B^{ac}D^{ac}H^{ac}RT$ u. par est *A* || multiplicat is D^{pc} : m. $B^{pc}H^{pc}$ multiplicatio $AB^{ac}D^{ac}H^{ac}RT$ || par est $BDH^{pc}T$: *om.* AH^{ac} *def. R* || duplicatio $AB^{pc}D^{pc}H^{pc}$: d. siue duo multiplicatio $B^{ac}D^{ac}H^{ac}T$ *def. R* || at $B^{pc}D^{pc}$: aut $AB^{ac}D^{ac}HT$ *def. R* || parem multiplicat *ed. pr.* : p. multiplicatione *BD* p. -em *AHRT* || tum *BDHRT* : dum *A* || imparem reddit $B^{pc}D^{pc}H^{pc}T$: parem r. $AB^{ac}D^{ac}H^{ac}R$.

770. par manet $ABD^{pc}H^{pc}T$: permanet $D^{ac}H^{ac}R$ || ut si[1] M^{pc} : ut $ABDHM^{ac}RT$ || sunt VI *BDHR* : fiunt VI *AT* || impar[1] $B^{pc}D^{pc}H^{pc}T$: par $AB^{ac}D^{ac}H^{ac}R$ || adicitur[2] *AHRT* : additur D^{pc} aditur D^{ac} adiciditur *B* || adiciantur[2] $AB^{pc}D^{pc}H^{pc}T$: -atur $B^{ac}D^{ac}H^{ac}R$ || uno autem *ABDHR* : in u. a. *T* || sed *codd.* : seu *Dick* || pari impar[1] *Wi.* : p. ABD^{ac} p. par *T* par $D^{pc}H$ impari *R* || impari par[1] $AB^{ac}DH^{ac}RT$: i. B^{pc} i. impar H^{pc} || adiectis III *BDHRT* : -us tribus *A* || quale demitur *BDHRT* : qua redemitur *A* || ne quod $AB^{ac}DRT$: nec q. $B^{pc}H$ || superest par est $B^{pc}D^{pc}H^{pc}T$: s. pars est $B^{ac}D^{ac}H^{ac}R$ s. *A* || ut si ex VIII $DH^{pc}RT$: ut si ex VIIII $B^{ac}H^{ac}$ ut si ex VI B^{pc} *om. A* || duo auferantur *BDHRT* : *om. A* || supersint VI $B^{ac}DHRT$: s. IIII B^{pc} *om. A*.

d'un nombre pair on retranche un impair, le reste <est impair[4], de sorte que si l'on retranche 3 de 8, il reste 5. Au contraire, si d'un nombre impair on retranche un impair, le reste> est pair[5], de sorte que si l'on retranche 3 de 7, il reste 4. Si d'un nombre impair on retranche un pair, le reste est impair[6], de sorte que si de 7 on retranche 2, il reste 5.

771. Ensuite, est pairement pair tout nombre qui a une moitié paire[1] : par exemple, dans le cas de 12, dont la moitié est le nombre 6, qui lui aussi est pair. De même, est pairement pair tout nombre produit[2] par la duplication à partir de 2 : ainsi 4, 8, 16, ou tout autre nombre dont la production est telle qu'il peut retomber dans le pair, ce qui se produit aussi quand on multiplie par 4, par 8, etc. Mais tout nombre dont la moitié est impaire est impairement pair[3] : par exemple, 6, dont la moitié est le nombre 3. Un nombre qui n'est pas produit par la duplication <à partir de> 2 et qui n'a pas non plus de moitié impaire est bien pairement pair, mais relève cependant de l'impairement pair[4] ; exemple : 12. Car ce nombre n'est pas produit par la duplication à partir de 2 et il n'a pas de moitié impaire, mais c'est par le nombre 6 qu'il est produit, par duplication ; et ce nombre est impairement pair, puisqu'il est produit par[5] 3.

Si numero pari impar demitur, id quod superest <impar est, ut si ex VIII III auferantur, supersint V. Contra si numero impari impar demitur, id quod superest> par est, ut si ex VII III auferantur, supersint IIII. Si numero impari par demitur, id quod superest impar est, ut si ex VII duo auferantur, supersint V.

771. Par deinde ex paribus est numerus quisquis dimidium par habet, ut est in XII, quorum dimidium in senario numero est, ipso quoque pari. Item par ex paribus est quisquis a duobus duplo increuit, ut IIII, VIII, XVI aut quisquis ab aliis sic increuit uti recidere in parem possit, quod euenit etiam quadruplo uel octuplo similibusue auctis. At quisquis numerus dimidium impar habet par ex imparibus est, ut senio, cuius dimidium in tribus est. Si quis uero neque <a> duobus per duplicationem increuit nec dimidium impar habet, par quidem ex paribus est, oritur tamen ab eo qui par ex imparibus est, ut XII. Hic enim numerus neque per duplicationem a duobus ortus est neque dimidium impar habet, sed a senario numero per duplicationem increuit ; ille autem par ex imparibus, id est ternis, est.

(770) si numero pari impar demitur id quod superest $B^{ac}DHRT$: *del.* B^{pc} *om.* *A* || impar est ut si ex VIII — impar demitur id quod superest *add. Wi.* || par est ut si ex VII III auferantur supersint IIII $AB^{ac}RT$: par ut si — supersint III *D* *del.* B^{pc} *om.* *H* || si numero impari par demitur id quod superest *BDRT* : *om.* *AH* || impar est^{2} $ABD^{pc}H^{pc}T$: impares $D^{ac}H^{ac}R$ || ut si ex VII duo *BDHT* : et si ex VII d. *A* ut si ex VIII *R*.

771. numerus quisquis — par ex paribus est *om.* *A* || pari item $D^{pc}H^{ac}$: par item $B^{pc}H^{pc}$ pariter $B^{ac}D^{ac}T$ parietem *R* || par ex paribus est $B^{pc}D^{pc}H^{pc}$: par ex par imparibus est $B^{ac}D^{ac}H^{ac}RT$ || ut IIII $ABDR^{pc}T$: V ut IIII R^{ac} quicquid ut IIII *H* || aut quisquis *BDHRT* : quid quisquis *A* || in parem possit BDH^{ac} : in pares possit H^{pc} in pare possit *R* impari possit *AT* || euenit H^{pc} : uenit $ABDH^{ac}RT$ || at $B^{pc}D^{pc}H^{pc}R^{pc}T$: ad $B^{ac}R^{ac}$ aut $AD^{ac}H^{ac}$ || dimidium impar^{1} $AB^{pc}DHR^{pc}T$: d. par B^{ac} non d. impar R^{ac} || a^{2} *add. edd.* || increuit^{3} *BDT* : impleuit *AHR* || dimidium impar^{2} *ABDHT* : def. *R* || par quidem ex paribus *BDT* : p. q. ex imp- *H* per q. ex imp- *AR* || qui par $B^{pc}D^{pc}$: q. impar $AB^{ac}D^{ac}HRT$ || a duobus ortus — numero per duplicationem *om.* *R* || a duobus^{3} BH^{pc} : *om.* $ADH^{ac}T$ || autem *ABDRT* : enim *H* || ternis est $B^{ac}DHRT$: t. B^{pc} terminus est *A*.

772. Passons maintenant aux nombres incomposés et aux nombres composés, dont j'ai indiqué plus haut[1] qu'on les appelle aussi respectivement premiers et seconds. Il n'y a pas de nombres incomposés par soi qui soient pairs, excepté 2, comme je l'ai posé plus haut[2] ; tous les autres incomposés par soi, quels qu'ils soient, sont tous impairs : 3, 5, 7, 11, 13, 17, 19, etc. Sont composés par soi tous les pairs, qu'ils soient pairement pairs ou impairement pairs. En effet, 4 et 8 sont mesurés par la duplication l'un en 2, l'autre en 4 ; et il est aisé de faire la même chose avec 6 ou 10, l'un se résolvant en 3, l'autre en 5. A côté de ces nombres, beaucoup d'impairs sont composés par soi : tous ceux qui sont le produit de la multiplication par un nombre impair. En effet, que l'on multiplie des nombres impairs par 3, par 5 ou par un autre impair, le résultat est un nombre impair[3] et composé par soi. Que l'on multiplie 3 par lui-même, 3 fois 3 font 9 ; que l'on multiplie le nombre 5 par lui-même, 5 fois 5 font 25 ; mais que l'on multiplie 5 par 3 ou 3 par 5, cela fait 15 ; et tous ces nombres, 9, 25, 15, sont composés par soi, ainsi que tous les impairs qui sont de la même nature[4].

772. Transeamus nunc ad numeros incompositos et compositos, quos etiam primos secundosque nominari proposui. Incompositi per se numeri nulli pares sunt exceptis, ut supra posui, duobus ; ceteri quicumque per se incompositi sunt omnes impares sunt, ut III, V, VII, XI, XIII, XVII, XVIIII similesque. Per se uero compositi numeri sunt omnes pares qui uel ex paribus uel ex imparibus sunt. Nam et IIII atque VIII duplicatione metimur, quorum alter numerus in binos, alter in quaternos replicatur ; et idem facere in VI aut X facile est, cum ille in ternos, hic in quinos resoluatur. Praeter hos multi impares per se compositi sunt, id est quicumque impari numero multiplicantur. Nam siue ternio siue quinarius numerus siue quis alius impar impares numeros multiplicauit, qui sic effectus impar est et per se compositus. Multiplicet ternio se ipsum, fiunt ter terna VIIII ; multiplicet quinarius numerus se ipsum, fiunt quinquies quina XXV ; at multiplicet uel ternio quinarium numerum uel quinarius numerus ternionem, fiunt XV ; omnesque hi numeri VIIII, XXV, XV, per se compositi sunt, et quicumque impares *so*rtis eiusdem sunt.

772. nunc *BDT* : *om. AHR* || et compositos B^{pc} : *om.* $AB^{ac}DHRT$ || *post* incompositos *add.* omnes superpositi ad numeros incompositos *A* || quos *BDHRT* : quod *A* || nominari *BDHRT* : numerari *A* nominare *MGL Wi.* || posui *BDHRT* : p. incompositi *A* || ut III *T* : ut IIII *ABDHR* || XI $B^{pc}H^{pc}$: VIIII $AB^{ac}DH^{ac}RT$ || XVII $ABD^{pc}HRT$: *om.* D^{ac} || VI *BDHRT* : VII *A* || aut X $AB^{ac}DHRT$: aut in X B^{pc} || id est quicumque *GP Wi.* : i. e. qui cum *ABDHRT* || siue quis $B^{pc}H^{pc}$: si quis $AB^{ac}DH^{ac}RT$ || alius impar $B^{pc}D^{pc}H^{pc}R^{pc}$: a. in impar $AB^{ac}D^{ac}H^{ac}R^{ac}T$ || sic $B^{pc}H^{pc}T$: sit $AB^{ac}DH^{ac}R$ || ternio se *BDHRT* : terni in se *A* || at multiplicet *BDHR* : aut m. *A* at multipli *T* || uel ternio *BDHRT* : u. t. fiunt *A* || hi *ABDHT* : ii *Wi. def. R* || et quicumque $ABDH^{pc}T$: et qui quinque H^{ac} *def. R* || sortis *Wi.* : partis *codd.*

773. Deux pairs[1], soit pairement pairs, soit impairement pairs, ne peuvent jamais être incomposés entre eux, parce qu'on n'a jamais deux pairs qui ne possèdent pas de commune mesure. En effet, pour prendre deux nombres pairs, l'un pairement pair, l'autre impairement pair, 4 et 6, ils sont cependant composés entre eux, parce qu'ils ont en commun la duplication, qui fait que 2 fois 2 font 4 et que 2 fois 3 font 6. Mais tout d'abord, tous ceux qui sont incomposés entre eux sont impairs ; et ils ne peuvent avoir de commune mesure excepté l'unité, eux qui n'ont justement aucune mesure propre[2]. Donc, 3, 5, 7, etc., sont incomposés aussi bien entre eux que par eux-mêmes. De même nature est aussi le nombre 2, qui est pair, mais suit la même règle[3] : car il ne peut être mis en rapport avec 3, ni avec 5, ni avec aucun nombre semblable.

774. Aussi[1] la comparaison de tout nombre incomposé par soi avec un autre nombre, même composé[2] par soi, fait que les deux nombres sont incomposés entre eux[3] ; par exemple, si l'on compare 3 et 4. A quoi sert-il, en effet, que l'un des deux ait une mesure en plus de l'unité, si l'autre ne l'a pas ? Mais deux nombres ou davantage peuvent bien <être composés> non seulement par soi, mais encore <entre eux>, il suffit <d'un> nombre incomposé <par soi> pour que tous soient incomposés entre eux, parce que, bien qu'il y ait une mesure commune à plusieurs, il n'y en a cependant de commune à tous aucune, excepté l'unité.

773. Inter se uero incompositi nulli duo pares sunt, siue ex paribus siue ex imparibus sunt, quia nulli non aliquam communem mensuram habent. Nam ut sumamus duos pares numeros, alterum ex paribus, alterum ex imparibus, id est IIII et VI, tamen inter se compositi sunt, quia communis iis duplicatio est, qua bis bina IIII, bis terna VI sunt. At impares primum omnes qui per se incompositi sunt ; neque enim possunt aliquam communem mensuram praeter singularitatem habere qui ne propriam quidem ullam habent. Ergo III, V, VII similesque omnes, ut per se, sic etiam inter se incompositi sunt, et in eadem sorte is quoque numerus est qui par sub eodem iure est, duo ; nam ne hic quidem cum tribus aut quinque aut consimili componitur.

774. Tum quisquis ex his numeris qui per se incompositi sunt iungitur cum altero numero, quamuis per se composito, efficit ut hi duo numeri inter se incompositi sint, ut si III et IIII iungantur. Quid enim interest *a*n alteri mensura aliqua pr*ae*t*er* ea*n*dem singularitate*m* sit, si alteri non est ? Ac licet etiam duo pluresue numeri non per se tantum, sed etiam inter se <compositi sint, unus per se> incompositus efficit ut omnes inter se incompositi sint, quia quamuis aliqua mensura pluribus communis, nulla tamen omnibus

773. uero $BDH^{pc}T$: *om.* $AH^{ac}R$ || incompositi[1] $BDH^{pc}T$: compositi $AH^{ac}R$ || aliquam B^{pc} : alia quam $B^{ac}D^{pc}$ aliam quam $AD^{ac}H$ alia quam in *T def.* *R* || alterum ex paribus $ABD^{pc}RT^{pc}$: a. ex patribus D^{ac} a. ex imparibus HT^{ac} || duplicatio *BDHRT* : bis d. *A* || qua *ABDHR* : quia *T* || qui ne $AB^{ac}DHRT$: q. nec B^{pc} || quidem ullam *BDHRT* : quidam u. *A* || III $B^{pc}R^{pc}T$: IIII $AB^{ac}DHR^{ac}$ || similesque *BT* : -isque *ADHR* || incompositi[3] $ABD^{pc}HRT$: compositi D^{ac} || consimili *ed. pr.* : cum simili $ABD^{ac}HRT$ cui s. D^{pc}.

774. iungitur *ABDHR* : -untur *T* || composito *codd.* : in- *Wi.* || efficit *BDHRT* : -tur *A* || hi duo D^{pc} : hii d. $ABD^{ac}HRT$ ii d. *Wi.* || an *Pe.* : in $AB^{ac}D^{ac}HRT$ si in $B^{pc}D^{pc}$ || alteri mensura $AB^{ac}D^{ac}H^{ac}RT$: -ius m. $B^{pc}D^{pc}H^{pc}$ || praeter eandem *Wi.* : par et eadem $AB^{ac}D^{pc}H^{ac}RT$ pars et eadem $B^{pc}D^{ac}H^{pc}$ || singularitatem sit *Wi.* : -e s. $AB^{ac}DHRT$ in -e s. B^{pc} || si alteri $AB^{ac}DH^{ac}RT$: si -a $B^{pc}H^{pc}$ || pluresue $ABD^{ac}HRT^{pc}$: plures $D^{pc}T^{ac}$ || compositi sint unus per se *add.* *Wi.*

C'est ce qui se passe si l'on pose 4, 6, 8, etc., autant que l'on veut, et qu'ensuite on leur ajoute, pour les lui comparer, 3 ; car bien que les trois premiers nombres puissent être comparés entre eux, les quatre nombres, pris ensemble, ne se comparent pourtant pas entre eux. **775.** Non seulement[1] l'addition d'un incomposé par soi fait que plusieurs nombres ne se comparent pas entre eux ; mais il peut aussi en résulter que des nombres composés par soi sont incomposés entre eux si on les met ensemble, lorsqu'ils admettent certaines mesures, mais différentes ; et cela se produit aussi bien entre deux nombres impairs qu'entre un pair et un impair. Prenons[2] 9 et 25 : chacun des deux est composé par soi : 9 a en effet sa mesure dans le nombre 3, et 25 dans le nombre 5. Cependant, ils ne se comparent pas entre eux, parce que 9 n'admet pas la mesure de 5, pas plus que 25 celle de 3. Même chose entre 8 et 9, un nombre pair et un nombre impair, car nous ne pouvons mesurer 9 par 2 ni par 4, pas plus que 8 par 3. Ainsi donc, composés[3] par soi, ils sont aussi incomposés entre eux ; si des nombres sont composés par soi, il ne s'ensuit pas qu'ils puissent se comparer entre eux.

praeter singularitatem. Quod euenit si IIII, VI, VIII et quotlibet similes ponantur, adiciantur deinde iis III ; nam quamuis tres priores numeri inter se componi possunt, tamen quattuor hi inter se non componuntur. **775.** Non tantum uero adiectio eius numeri qui per se incompositus est efficit ut plures numeri inter se non componantur, sed potest etiam euenire ut qui per se compositi sunt in unum dati inter se incompositi sint, ubi quamuis aliquas mensuras, diuersas tamen recipiunt ; idque euenit et inter impares duos numeros et parem atque imparem. Sumamus VIIII et XXV ; horum uterque per se compositus est. Habet enim mensuram nouenarius numerus in ternione, habent XXV in quinario numero. Inter se tamen hi non componuntur, quia neque VIIII quinarii numeri mensuram neque XXV ternionis admittunt. Idem fit inter VIII et VIIII, parem atque imparem numerum : nam neque duplicatione aut quadruplicatione VIIII, neque ternione VIII metiri possumus. Itaque per se compositi etiam inter se incompositi sunt ; qui per se componuntur, non protinus etiam inter se componi possunt.

(774) quotlibet *E* : quod- *ABDHRT* || iis *H*^{ac} : his *BD*^{ac} II *ART del. D*^{pc}*H*^{pc} || hi inter se *BDHRT* : h. i. s. compositi sunt sint ubi quamuis aliquas mensuras inter se *A*.

775. componantur *ABDHT* : -atur *R* || euenire *B*^{pc}*H*^{pc} : uenire *AB*^{ac}*DH*^{ac}*RT* || ubi quamuis aliquas mensuras *BDHRT* : *om. A* || diuersas tamen *AB*^{pc}*H*^{pc} : -a t. *B*^{pc}*DH*^{ac}*T* diuersitatem *R* || idque *BDHT* : atque *A* id quo *R* || et parem *AB*^{pc}*DH*^{pc} : et imparem *B*^{ac}*H*^{ac}*RT* || sumamus VIIII *BDHRT* : s. VIII *A* || horum uterque per se *BDHRT* : *om. A* || compositus est *BDH*^{pc}*T* : -is est *H*^{ac} compositi sunt est *R om. A* || enim mensuram *BDHT* : e. mensum *R om. A* || habent XXV *BDHR* : XXV *T om. A* || in quinario — neque XXV *om. R* || neque XXV *ABDH*^{pc}*T* : n. XXV neque *H*^{ac} || ternionis *ABDH*^{pc}*T* : -es *H*^{ac} -e *R* || duplicatione aut quadruplicatione *ABDH*^{pc}*RT* : -em aut -em *H*^{ac} || compositi etiam *B*^{pc}*H*^{pc} : e. *AB*^{ac}*DH*^{ac}*RT Wi.* || componuntur — etiam *ABD*^{pc}*HRT* : *om. D*^{ac} || inter se componi possunt *ABD*^{pc}*HR* : i. se incompositi sunt componi possunt *T om. D*^{ac}.

776. Sont composés[1] entre eux tous les pairs soit pairement pairs soit impairement pairs, comme il est apparu ci-dessus[2], ensuite certains impairs, comme 9 et 15, l'un et l'autre des deux nombres retombant sur 3 ; également, dans certains cas, des pairs et des impairs, comme 9 et 12, s'il est vrai que le multiple 3 leur est commun : 3 fois 3 font 9, 3 fois 4 font 12. Il est remarquable que l'on ne peut jamais comparer à un nombre impair un nombre pairement pair, mais seulement un impairement pair ; tellement, malgré le changement de catégorie, se maintient pourtant une sorte de communauté. Donc, 9 ne peut être comparé ni avec 4, ni avec 8, ni avec 16, ni avec aucun nombre semblable ; mais il se compare à 12 et 24, qui tirent leur origine de 3. **777.** Et tout nombre impair[1], composé par soi, ne peut se comparer avec tous les impairement pairs, parce qu'il peut ne pas retomber sur la même mesure. Donc, 9 et 50 ne peuvent se comparer, parce que 50 n'admet pas la mesure de 3, qui est la seule mesure de 9 en plus de l'unité ; et cela se produit parce que 25 non plus, dont la multiplication par 2 produit 50, n'admettait pas 3. Donc, si un nombre impair, par lequel est produit un pair, a la même mesure qu'admet l'autre impair, alors seulement on peut comparer à cet impair le pair qui est produit par lui ; quand cette condition n'est pas remplie, il n'y a pas non plus la conséquence. Aussi 9 et 50 ne se comparent-ils pas entre eux ; mais 9 et 30 se comparent entre eux, car 30 est produit

776. Compositi uero inter se sunt omnes pares, ut apparere supra quoque potuit, quicumque uel ex paribus uel ex imparibus sunt ; deinde quidam impares, ut VIIII et XV, cum uterque numerus in ternos recidunt ; tum quidam pares et quidam impares, ut VIIII et XII, siquidem his quoque triplicatio communis est : ter terna VIIII, ter quaterna XII sunt. Illud animaduersione dignum est, quod cum impari numero numquam is par componi potest qui ex paribus, sed qui ex imparibus ortus est ; adeo mutata quoque sorte iuris tamen aliqua societas superest. Ergo VIIII neque cum IIII neque cum VIII neque cum XVI neque cum ullo simili numero componi possunt ; componuntur uero cum XII et XXIIII, quae a tribus initium sumpserunt. **777.** Ac ne cum omnibus quidem qui pares ex imparibus sunt componi potest omnis impar numerus qui per se compositus est, quia potest non in eandem mensuram recidere. Ergo VIIII et L componi non possunt, quia L nullam triplicationem recipiunt, quae nouenario numero sola praeter singularitatem mensura est ; euenit autem hoc quia ne XXV quidem, quae duplicata L fecerunt, ternionem recipiebant. Ergo si quando impar numerus ex quo par factus est eandem mensuram quam alter impar tenet habuerit, tum demum cum illo impari par qui ex hoc factus est componi potest ; ubi illud non antecessit, ne hoc quidem sequitur. Ideo VIIII et L inter se non componuntur ; at VIIII et XXX inter se componuntur :

776. uero inter se sunt $ABD^{pc}HT$: u. i. se *R om.* D^{ac} || uel ex imparibus *BDHRT* : *om. A* || XV $AD^{pc}H^{pc}$: XVI $BD^{ac}H^{ac}RT$ || recidunt $B^{pc}D^{pc}H$: -ce- $AB^{ac}D^{ac}RT$ || et XII *BDHRT* : ut XII A^{pc} ut XVII A^{ac} || ter terna $ABDH^{pc}RT$: terrena H^{ac} || quaterna *AHT* : quater *BDR* || quod cum $AB^{pc}D^{pc}H^{pc2}$: quod dum *T* quo dum $B^{ac}D^{ac}H^{pc1}R$ quodam H^{ac} || cum VIII $ABDHR^{pc}T$: et VIII R^{ac} || quae a $AB^{ac}DT$: qui a $B^{pc}H^{pc}$ quae H^{ac} *def. R.*

777. imparibus $ABDH^{pc}RT$: paribus H^{ac} || hoc quia $ABDH^{pc}RT^{pc}$: q. $H^{ac}T^{ac}$ || ne XXV $AB^{ac}DH^{ac}R$: nec XXV $B^{pc}H^{pc}$ neque XXV *T* || ex quo $AB^{pc}D^{pc}HR$: sex quo $B^{ac}D^{ac}T$ || alter $ABDH^{pc}RT$: alteri H^{ac} || non componuntur $B^{pc}D^{pc}H^{pc}$: c. $AB^{ac}D^{ac}H^{ac}RT$ || at *BDHR* : ad *AT.*

par la duplication de 15, or 9 et 15 pouvaient déjà se comparer, puisqu'ils avaient dans le nombre 3 une commune mesure. De là viennent toutes les autres caractéristiques qui concernent les nombres de ce genre.

778. Si l'on a deux nombres incomposés entre eux, que tous les deux soient composés en soi, ou l'un des deux seulement, la mesure de l'un ne se compare pas avec l'autre[1]. Soient 4 et 9 : ils sont composés par soi et incomposés entre eux. La mesure de 4 est en 2, celle de 9 en 3, et 2 ne se compare pas avec 9 ni 3 avec 4. Mais soient 5 et 4, dont le premier est incomposé par soi ; 4 a sa mesure en 2 ; or, 2 et 5 ne se comparent pas.

Si deux nombres sont incomposés entre eux et si l'un d'eux se multiplie lui-même, le résultat de cette opération ne se compare pas avec le premier nombre[2]. Soient 3 et 4 : ces nombres sont incomposés entre eux. Si 3 se multiplie lui-même, 9 et 4 seront incomposés entre eux ; et si 4 fait de même, 16 et 3 seront incomposés entre eux.

Si deux nombres incomposés entre eux se multiplient eux-mêmes, les nombres produits seront incomposés entre eux[3]. Si par exemple nous prenons les mêmes nombres 3 et 4 et si l'un et l'autre se multiplie par lui-même, 9 et 16 seront aussi incomposés entre eux.

orta sunt enim XXX duplicatis XV, iam autem VIIII et XV inter se componi poterant, cum communis his mensura in ternione esset. Ex his cetera oriuntur quae ad hoc genus numerorum pertinent.

778. Ex duobus numeris inter se incompositis, siue uterque siue alter per se compositus est, mensura alterius cum altero non componitur. Sint IIII et VIIII ; hi per se compositi, inter se incompositi sunt. Mensura autem quattuor in duobus, nouem in tribus est, neque duo uero cum VIIII, neque III cum IIII componuntur. At sint V et IIII, alter per se incompositus ; mensuram quaternio habet in duobus ; duo autem et V non componuntur.

Si duo numeri inter se incompositi sunt et alter ex his se ipsum multiplicarit, is qui sic effectus est cum priore illo non componitur. Sint III et IIII : hi inter se incompositi sunt. Siue ternio se multiplicarit, VIIII et IIII, siue quaternio idem fecerit, XVI et III inter se incompositi erunt.

Si duo numeri inter se incompositi se ipsos multiplicarint, qui ex his fient inter se incompositi erunt, ut si eosdem III uel IIII sumpserimus et uterque se multiplicarit, VIIII quoque et XVI inter se incompositi erunt.

(777) communis his $AB^{pc}H^{pc}$: c. is $B^{ac}D^{ac}H^{ac}R$ c. iis D^{pc} c. *T* || esset AH^{ac} : esset et $B^{pc}D^{pc}H^{pc}$ est et $B^{ac}D^{ac}T$ es et *R*.

778. per se compositus *BDHT* : p. se -um *R* compositus *A* || sint IIII *ABDH* : sunt IIII *R* si sint IIII *T* || et VIIII *ABDHR* : et VIII *T* || hi per se $AB^{ac}DH^{ac}RT$: hi qui per se $B^{pc}H^{pc}$ || compositi *BDHT* : c. sunt *AR* || inter se incompositi sunt[1] *BDT* : *om.* *AHR* || nouem $B^{pc}D^{pc}H^{pc}$ *Dick* : nonus $AB^{ac}D^{ac}H^{ac}RT$ *Wi.* || at sint *DHR* : at si sint *T* ad si sint *A* ut sint B^{ac} adsint B^{pc} || non componuntur $B^{pc}D^{pc}H^{pc}$: c. $B^{ac}D^{ac}H^{ac}RT$ componitur *A* || inter se incompositi sunt[2] $AB^{ac}D^{ac}H^{pc}RT$: int. se inc. sint $B^{pc}D^{pc}$ int. se compositi sunt H^{ac} || et alter — inter se incompositi sunt[3] *om.* *A* || ipsum $B^{pc}D^{pc}H^{pc}$: ipse $B^{ac}D^{ac}H^{ac}RT$ || multiplicarit[1] *H* : -cauerit $B^{pc}D^{pc}$ *Wi.* -cabit $B^{ac}D^{ac}RT$ || is qui *BDRT* : his qui H^{pc} qui H^{ac} || sint III *BDH* : sunt III *R* si sint *T* || inter se incompositi sunt[3] $B^{pc}D^{pc}HR$: i. se compositi s. $B^{ac}D^{ac}T$ || multiplicarit[2] $BD^{ac}H^{pc}T$: -caret $H^{ac}R$ -cauerit D^{pc} -car *A* || et III *BDHRT* : *om.* *A* || incompositi erunt[1] $ABD^{pc}HRT$: compositi e. D^{ac} || multiplicarint $AB^{pc}D^{pc}H^{pc}$: -carent $B^{ac}D^{ac}H^{ac}RT$ || his fient $AD^{pc}H^{pc}$: eis f. $B^{pc}T$ se f. H^{ac} f. $B^{ac}D^{ac}R$ || multiplicarit[3] $B^{ac}DH^{pc}T$: -caret $H^{ac}R$ -cauerit B^{pc} -car *A*.

779. Si deux nombres sont incomposés entre eux et si l'un d'eux se multiplie par lui-même, et si le nombre ainsi produit se multiplie à nouveau par lui-même, le nombre ainsi produit ne se compare pas avec le second nombre de départ[1]. Soient 2 et 3 ; que l'un des deux nombres, celui qu'on voudra, se multiplie lui-même : 2 fois 2 font 4, 3 fois 3 font 9 ; que les mêmes nombres multiplient à nouveau 4 et 9 : 2 fois 4 font 8, 3 fois 9 font 27 ; que l'on prenne maintenant 2 et 27 ou 3 et 8 : ils sont incomposés entre eux de la même manière.

Si deux nombres sont incomposés entre eux et si l'un et l'autre se multiplie lui-même, et qu'ensuite le produit se multiplie à nouveau par lui-même, les nombres qui en résultent <sont aussi incomposés entre eux>[2], comme c'était le cas pour ceux qui ont été posés ci-dessus. Car 8, produit à partir de 2, et 27, à partir de 3, ne se comparent pas entre eux.

Si deux nombres incomposés entre eux sont additionnés, le résultat ne peut être comparé avec aucun des deux nombres de départ[3]. Si 3 et 5 sont additionnés, cela fait 8 : ce nombre ne peut être comparé ni avec 5 ni avec 3.

779. Si duo numeri inter se incompositi sunt et alter ex his se multiplica*r*it effectusque sic numerus rursus ipse se multiplica*r*it, qui sic effectus est numerus cum altero illo non componitur. Sint II et III ; uterlibet numerus se multiplicet, fiunt bis bina IIII, ter terna VIIII ; rursus hos numeros idem multiplicent, fiunt bis quaterna VIII, ter VIIII XXVII. Sumantur nunc II et XXVII uel II*I* et VIII ; aeque inter se incompositi sunt.

Si duo numeri inter se incompositi sunt et uterque se multiplicarit, deinde effectum ex se rursus multiplicauerit, hi quoque qui sic effecti sunt <inter se incompositi sunt>, ut in iis ipsis qui supra positi sunt. Nam ex duobus VIII, ex tribus XXVII sic facti inter se non componuntur.

Si duo numeri inter se incompositi sunt et in unum iunguntur, hic numerus qui sic effectus est componi cum alterutro ex prioribus non potest. Si III et V in unum iungantur, fiunt VIII ; hi neque cum V neque cum tribus componi possunt.

779. multiplicarit[1] *edd.* : -cabit AH^{pc} -cauit $BDH^{ac}RT$ || effectusque sic *ABDHRT* : effectusque *Wi.* || rursus ipse se multiplicarit qui sic effectus est numerus *om. R* || ipse se $AD^{pc}HT$: ipse $B^{ac}D^{ac}$ ille B^{pc} ille se *Dick* || multiplicarit[2] *edd.* : -cabit H^{pc} -cauit $ABDH^{ac}T$ || numerus cum *BDHT* : -o c. *A* || illo $BDH^{pc}T$: *om.* $AH^{ac}R$ || se multiplicet $ABDH^{pc}RT$: m. H^{ac} || ter terna *BDHRT* : terna *A* || uel III *Wi.* : uel II $BDH^{pc}T$ *om.* $AH^{ac}R$ || et VIII *Wi.* : et VIIII *ABDHRT* || aeque inter se incompositi $BDH^{pc}T$: a. interpositi $AH^{ac}R$ || multiplicarit[3] *A* : -cabit H^{pc} -cauit $BDH^{ac}RT$ || qui sic[2] *BDHRT* : quasi *A* || inter se incompositi sunt *add. Pe.* || ex duobus VIII D^{pc} : ex d. VII *A* ex d. VIIII $BD^{ac}HRT$ || incompositi[5] *ABDRT* : compositi *H* || hic numerus $D^{pc}T$: his n. *A* hi n. $B^{ac}D^{ac}H$ hi numeris R^{pc} numerus B^{pc} in numeris R^{ac} || alterutro $B^{pc}D^{pc}$: -troque $AB^{ac}D^{ac}H^{ac}RT$ altero H^{pc} || potest si *ABDHRT* : p. sint *Wi.* || III et V $BD^{pc}HRT$: duo et V *A* in et V D^{ac} *ut uidetur* || iungantur $AB^{ac}DHRT$: -untur B^{pc} || fiunt VIII $BDH^{pc}T$: f. VII A f. VIIII $H^{ac}R$ || cum V neque $B^{pc}D^{pc}$: c. duobus n. *A* communeque $B^{ac}D^{ac}HR^{ac}T$ *ut uidetur* commune neque R^{pc}.

780. Si un nombre est divisé en deux nombres incomposés entre eux, il ne peut être comparé ni avec l'un ni avec l'autre[1]. Divisons 9 en 4 et 5 : 9 ne peut être comparé ni avec 4 ni avec 5.

Si deux nombres sont mis en rapport avec un troisième de manière que tous soient incomposés entre eux, et qu'ensuite l'un de ces deux nombres multiplie l'autre, le résultat ne pourra pas non plus être comparé avec le troisième nombre[2]. Soient les deux nombres 4 et 8, et qu'on mette en rapport avec eux le nombre 3 : ils sont incomposés entre eux. Que les deux premiers se multiplient l'un l'autre : 4 fois 8 ou 8 fois 4 font 32 : ce nombre et 3 seront incomposés entre eux.

781. Tout nombre incomposé en soi ne peut être comparé avec un second nombre, si ce n'est avec celui dont il est la mesure[1]. <...> 3 se compare donc à 9, 5 à 15, parce que 3 fois 3 font 9 et 5 fois 3 font 15. <Si donc>[2], à propos d'un nombre, ils ne possèdent pas une partie de lui, ils ne pourront être comparés avec lui.

Deux nombres étant posés, si l'on retranche <toujours> le plus petit du plus grand, et si le reste n'est pas la mesure de celui qui vient d'être retranché avant qu'on arrive à lui, ces nombres sont incomposés entre eux[3]. Soient 3 et 8 : du

780. Si numerus in duos inter se incompositos diuisus est, componi cum alterutro eorum non potest. Diuidantur VIIII in IIII et V ; neque cum IIII neque cum V componi VIIII possunt.

Si duo numeri cum tertio iuncti sic fuerint ut omnes inter se incompositi sint, deinde ex duobus alter alterum multiplica*r*it, qui sic effectus erit a*e*que cum eodem illo tertio componi non poterit. Sint duo numeri IIII et VIII ; adiciantur his III : inter se incompositi sunt. Multiplicent duo priores alter alterum ; quater VIII aut octies quaterna fiunt XXXII ; hi et III inter se incompositi erunt.

781. Omnis numerus qui per se incompositus est componi cum altero non potest, nisi cuius ipse mensura est. <...> Ergo componuntur III ad VIIII, V ad XV, quia ter terna VIIII, quinquies terna XV sunt. <Si ergo> in quo numero quid eius non habebunt, cum eo componi non poterunt.

Si duobus numeris positis minor <semper> e maiore detrahitur et is qui superest non est mensura eius qui proximus ante eum demptus est, hi numeri inter se incompositi sunt. Sint III et VIII ; tollantur ex maiore

780. in duos *BDHRT* : *om. A* || VIIII in $ABDH^{pc}RT$: VIIII et H^{ac} || cum tertio *BHT* : cum III *A om. D def. R* || ex duobus *ABDT* : ex his d. H^{pc} exin duobus H^{ac} *def. R* || multiplicarit *Dick* : -cauit *AHT* -cant $B^{ac}D^{ac}$ -cat B^{pc} -et D^{pc} *def. R* || aeque *Wi.* : atque $AB^{ac}D^{ac}RT$ uterque D^{pc} atqui $B^{pc}H$ || poterit $B^{pc}HT$: -int $AB^{ac}D$ *def. R* || et VIII $B^{pc}D^{pc}HR^{pc}$: et VIIII $AB^{ac}D^{ac}R^{ac}T$ || his III *BDHRT* : h. IIII *A* || XXXII $ABDH^{pc}T$: XXII $H^{ac}R$ || hi $ABDHR^{pc}T$: *om.* R^{ac}.

781. qui per se D^{pc} : quippe si a se B^{pc} quippe a se $AB^{ac}D^{ac}HRT$ || componi cum $B^{pc}D^{pc}$: et c. c. $AB^{ac}D^{ac}HRT$ || *post* mensura est *lacunam statuit Dick* || ad VIIII $ABD^{ac}HR$: et VIIII D^{pc} ad VIII *T* || ad XV ABH^{pc} : et XV $DH^{ac}RT$ || quia *BDHRT* : qua *A* || terna VIIII *BDHRT* : t. XII *A* || si ergo *dubitanter addidi in lacuna quam post* XV sunt *statuit Pe.* || quid eius $B^{ac}DH^{ac}RT$: si q. e. H^{pc} qui id e. B^{pc} quid ei unus *A* || poterunt $B^{pc}D^{pc}H$: -tuerunt $AB^{ac}D^{ac}RT$ || semper *add. Dick ex Eucl.* || qui proximus *ABDHR* : quia p. *T* || demptus est *ABDHR* : d. *T* || incompositi sunt $AB^{pc}HRT$: i. *D om.* B^{ac} || VIII $ABD^{pc}HRT$: VIIII D^{ac}.

plus grand nombre, retranchons 3 autant de fois que possible : il reste 2 ; ce nombre n'admet pas la mesure de 3. Donc, 3 et 8 sont aussi incomposés entre eux.

Si l'on a trois nombres, les plus petits de tous ceux qui relèvent du même rapport, alors deux quelconques de ces nombres, additionnés, ne se comparent pas avec le troisième[4]. Soient les 3 nombres 9, 12, 16 : dans cette suite, l'un est toujours supertierce du précédent, et l'on n'en trouvera point trois autres de plus petits dans ce rapport. Additionnons 9 et 12 : cela fait 21. Ce nombre ne se comparera pas avec 16.

782. Si un nombre impair ne peut être comparé avec un autre, il ne se compare pas non plus avec le double de ce nombre[1]. Soient 5 et 8 ; ces nombres sont incomposés entre eux. Doublons 8, cela fait 16 ; et 5 ne peut pas se comparer avec ce nombre non plus.

Si l'on pose deux nombres, puis deux autres, de sorte que ni l'un ni l'autre des deux premiers ne puisse se comparer à l'un ou l'autre des deux suivants, la somme des deux premiers non plus ne peut se comparer ni à l'un ni à l'autre des deux suivants[2]. Soient deux nombres 4 et 8, et encore deux autres, 5 et 7 : ni l'un ni l'autre des deux premiers ne peut se comparer avec l'un ou l'autre des deux suivants. Additionnons 4 et 8 : cela fait 12 ; ce nombre non plus ne se compare ni avec 5 ni avec 7.

numero terni quotiens possunt, supersunt duo ; in his trium mensura non est. Ergo III quoque et VIII inter se incompositi sunt.

Si tres *minimi* sunt ex omnibus qui sub eadem ratione sunt, ex his duo quilibet in unum *iunc*ti cum tertio non componuntur. Sint tres numeri VIIII, XII, XVI ; horum insequens semper priori supertertius est, nec ulli tres minores *sic* iuncti reperientur. Confundantur in unum VIIII et XII : fiunt XXI. Hi cum XVI non componentur.

782. Si impar numerus cum aliquo componi non potest, nec cum duplicato quidem eo componitur. Sint V et VIII ; hi inter se incompositi sunt. Duplicentur VIII : fiunt XVI ; nec cum his quidem qu*in*que componi possunt.

Si duo et alteri duo numeri ponuntur sic ut neuter ex prioribus cum alterutro ex insequentibus componi possit, ne is quidem qui ex duobus prioribus factus est componi cum alterutro insequentium potest. Sint duo numeri IIII et VIII itemque alii duo V et VII ; neuter ex prioribus componi cum alter*utr*o insequentium potest. Confundantur in unum IIII et VIII ; fiunt XII : ne hi quidem cum V aut VII componuntur.

(781) minimi *ego suadente Tannery* : iuncti *codd.* || sunt *codd.* : sint *Dick Wi.* || ex omnibus $B^{pc}D^{pc}$: et o. $AB^{ac}D^{ac}HRT$ || qui sub *ABDHR* : quibus *T* || in unum iuncti *ego suadente Tannery* : in u. dati *codd. Dick Wi.* || tertio *BDHRT* : III *A* || non componuntur $B^{pc}D^{pc}H^{pc}$: c. $AB^{ac}D^{ac}H^{ac}RT$ || sic *Pe.* : duo $AB^{ac}DHRT$ *Dick del.* B^{pc} || reperientur *HR* : -antur *A* -untur *BDT*.

782. componitur $AB^{ac}DHRT$: -untur B^{pc} || hi[1] *BDHRT* : fiunt et hi *A* || incompositi $B^{pc}D^{pc}H^{pc}$: compositi $AB^{ac}D^{ac}H^{ac}RT$ || duplicentur *codd.* : -antur *Wi.* || quinque *Kopp* : quoque *codd.* || possunt *BDHRT* : p. ne is qui de duobus *A* || duo numeri[1] *ABDHR* : n. d. *T* || prioribus[1] *ABDHR* : prioribus factus est componi *T* || alterutro[1] — duobus prioribus *om.* $AB^{ac}D$ || quidem qui ex B^{pc} : quidem *HR* qui de *T* || factus est componi cum *om.* *A* || alterutro[2] $BD^{pc}H^{ac}RT$: altero utro AD^{ac} a. H^{pc} || potest[2] $ABD^{ac}HRT$: possit D^{pc} || duo V *H* : duo et V *BDRT* duo et VIII *A* || prioribus[3] *BDHRT* : p. numeri *A* || alterutro[3] *Dick* : altero *codd.* || cum V $BDHR^{pc}T$: cum II AR^{ac}.

783. Les nombres les plus petits de ceux qui relèvent du même rapport sont incomposés entre eux[1] : par exemple, dans le rapport double, les nombres les plus petits sont[2] 2 et 1 ; dans le triple, 3 et 1 ; et ces nombres ne se comparent pas entre eux. Mais si grands que soient les nombres incomposés entre eux que l'on veuille prendre, ils sont les plus petits de tous ceux qui relèvent du même rapport[3]. Soient[4] 200 et 101 : ces nombres ne se comparent pas entre eux ; or, il y a entre eux un rapport des parties, parce que 200 surpasse 101 de 99 parties : rapport qui ne peut exister entre des nombres plus petits. **784.** Le calcul de la mesure faisant que certains sont soit incomposés par soi soit composés par soi, certains sont incomposés entre eux ou composés entre eux, il ne paraît pas hors de propos d'ajouter maintenant quelques observations sur les mesures.

Ou bien tout nombre est incomposé par soi ou bien, s'il est composé par soi, il a sa mesure dans un nombre incomposé par soi[1]. Par exemple, 9 et les nombres qui à partir de lui règlent leur augmentation sur le nombre 3, ont leur mesure dans le nombre 3 ; de même, 15 a sa mesure en 5. Mais[2] ceux qui sont pairement pairs ont leur plus petite mesure en 2 ; ceux qui sont impairement pairs et aussi les impairs peuvent aussi trouver leur plus petite mesure dans des nombres plus grands [que 2], tous impairs,

783. Minimi numeri ex his qui sub eadem ratione sunt inter se incompositi sunt, ut in dupli ratione minimi sunt II et I, in tripli II*I* et I, hique inter se non componuntur. At quamuis magni numeri sumantur qui inter se incompositi sunt, minimi sunt ex omnibus qui sub eadem ratione sunt. Sint CC et C*I* ; hi inter se non componuntur ; est autem inter eos partium ratio, quod CC CI [dimidio et] XCVIIII partibus antecedunt, neque id esse inter ullos minores numeros potest. **784.** Cum uero mensurae ratio efficiat ut quidam per se incompositi compositiue, quidam inter se incompositi compositiue sint, non alienum uidetur d*e* men*s*u*r*is protinus subicere.

Omnis numerus aut per se incompositus est aut, si per se compositus est, in aliquo per se incomposito mensuram habet, ut *V*IIII quique ab eo per triplicationem increscunt in tribus, item XV in V. Sed eorum qui pares ex paribus sunt minima mensura in duobus est ; eorum qui pares ex imparibus aut etiam impares sunt potest minima mensura etiam in maioribus numeris esse, omnibus tamen imparibus.

783. minimi numeri $BDH^{pc}T$: m. AR^{pc} minimum $H^{ac}R^{ac}$ || incompositi[1] — componuntur[2] *om.* D^{ac} || ut in dupli ratione $AB^{ac}D^{pc}H^{pc}R$: u. i. duplici r. B^{pc1} u. i. duplicatione $B^{pc2}H^{ac}T$ || minimi sunt[3] $BD^{pc}HRT$: m. s. ex his qui sub eadem *A* || II et I *Tannery* : II et IIII $BD^{pc}HRT$ II et III *A* || in tripli $B^{ac}D^{pc}$: in triplici $AB^{pc}HR$ in triplicatione *T* || III et I *Tannery* : II et VI $ABD^{pc}HRT$ || at $BD^{pc}HRT$: ad *A* || qui sub[2] $ABD^{pc}HR$: quibus *T* || sunt sint $BD^{pc}H^{pc}T$: sunt sunt H^{ac} sunt AR^{ac} sint R^{pc} || CC et CI *Pe.* : CC et C $ABD^{pc}HRT$ || componuntur[2] $ABD^{pc}H^{pc}RT$: -entur H^{ac} *Wi.* || autem *BDHRT* : a. ratione *A* || CC CI *Tannery* : CC C et I D^{pc} CC et C et *A* CC C et B^{pc} CC et C et I $B^{ac}DHRT$ || dimidio et *del. Pe.* || ullos $BDH^{pc}T$: illos $AH^{ac}R$ || minores $AB^{pc}H^{pc}R^{pc}$: -is $B^{ac}DH^{ac}R^{ac}T$.

784. incompositi compositiue[1] $AB^{pc}D^{pc}H^{ac}R$: incompositiue $B^{ac}D^{ac}$ compositi compositiue H^{pc1} c. incompositiue $H^{pc2}T$ || incompositi[2] *ABDHR* : incompositiue *T* || compositiue[2] $AB^{ac}DHR$: -inc- B^{pc} *om. T* || de mensuris *Pe.* : timentis $AB^{ac}D^{ac}H^{ac}RT$ tamen his H^{pc} his B^{pc} documentis D^{pc} || VIIII *Pe.* : IIII $AD^{ac}HRT$ III BD^{pc} || quique $B^{ac}DHRT$: quinque AB^{pc} || increscunt $AB^{ac}DHRT$: i. VIIII B^{pc} || eorum qui[1] *BDHRT* : eorumque qui *A* || paribus $ABD^{pc}H^{pc}RT$: patribus D^{ac} imparibus H^{ac} || eorum qui[2] $ABD^{ac}HRT$: e. autem q. D^{pc} || omnibus tamen $AB^{ac}DH$: t. o. *T* o. etiam B^{pc} *def. R.*

cependant. La plus petite mesure et la plus grande mesure d'un nombre composé sont faciles à découvrir. Car si l'on divise le nombre, la mesure la plus proche de ce nombre est la plus grande, la plus éloignée est la plus petite. Par exemple, soit 50 : divisons-le : sa moitié est 25 ; c'est dans ce nombre que se trouve la plus grande mesure. Observons maintenant quelles sont ses mesures inférieures : 10 fois 5 font 50, et de même 5 fois 10, ou encore 2 fois 25 ; et aucune de ces mesures n'est plus petite que celle qui se tire de 2 : cette dernière est donc la plus petite mesure de 50.

785. Mais si deux nombres sont composés entre eux, un grand et un petit, on peut chercher comment découvrir leur plus petite et leur plus grande commune mesure[1]. Il faut retrancher du grand nombre le petit autant de fois que possible[2] ; ensuite, retrancher autant de fois que possible du petit autant qu'il reste du premier. Le reste sera la plus grande mesure de ces nombres. Soient deux nombres 350 et 100 : retranchons 100 de 350 autant de fois que possible, c'est-à-dire 3 fois : il reste 50. Du second nombre, 100, retranchons 50 : il restera 50. Ce nombre est la plus grande commune mesure de 350 et de 100 ; car 50 fois 2 font 100, et 50 fois 7 font 350. D'où il est évident[3] aussi que tout petit nombre qui mesure deux nombres mesurera aussi leur

Vnius autem compositi mensura uel minima uel maxima facile reperitur. Replicato enim numero proxima mensura maxima, ultima minima est. Vt puta sint quinquaginta ; hi replicentur : dimidia pars eorum XXV ; in his maxima mensura est. Rursus animaduertamus quas inferiores mensuras habeant : sunt autem decies quina L, item quinquies dena, item bis quina uicena ; nec ulla ex his minor est ea quae ex duobus est : haec igitur minima mensura quinquagenarii est.

785. At si duo numeri inter se compositi sunt, maior et minor, quomodo reperiatur communis his maxima minimaque mensura quaeri potest. Oportet autem maiori numero minorem detrahere quotiens potest ; deinde quantum ex priore superest, tantundem demere ex minore quotiens potest. Qui s*up*ererit numerus, is erit eorum numerorum mensura maxima. Sint duo numeri CCCL et C ; demantur ex CCCL quotiens possunt centeni, id est ter : reliqui sunt L. Ex altero centenario numero detrahantur L, supererunt ex eo L. Hic numerus CCCL et C communis mensura maxima est ; nam quinquagiens bina centum, quinquagiens septena CCCL sunt. Ex hoc etiam illud apparet quod quisquis numerus minor

(784) unius autem $ABDH^{ac}$: u. $H^{pc}T$ *def.* R || compositi $B^{pc}D^{pc}$: -tio $AB^{ac}D^{ac}HT$ *def.* R || facile $AB^{pc}D^{pc}H$: felice $B^{ac}D^{ac}T$ *def.* R || reperitur $AB^{ac}DHT$: -ietur B^{pc} *def.* R || replicato $B^{pc}D^{pc}$: -tio $AB^{ac}D^{ac}HT$ *def.* R || numero $BD^{pc}HRT$: -a A num uero D^{ac} || ex his minor est *bis scripsit* A || quinquagenarii $B^{ac}DHT$: -ia $AB^{pc}R$.

785. at $BDHRT$: ad A || reperiatur $BDHRT$: com- A || maiori numero minorem M^{pc} : maiorem numerum minori $AB^{ac}D^{ac}HRT$ minorem numerum maiori B^{pc} maior numeri minoris D^{pc} || minore $ABDHR$: priore minore T^{ac} priore T^{pc} || supererit *Pe.* : sic intererit $ABDHRT$ || mensura^2 $ABD^{pc}H^{pc}$: -am $D^{ac}H^{ac}RT$ || ex CCCL $B^{pc}D^{pc}H^{pc}$: ex CCCCL $AB^{ac}D^{ac}H^{ac}RT$ || detrahantur L $BDH^{pc}T$: d. $AH^{ac}R$ || supererunt $BDHRT$: -sunt A || ex eo $ABDH^{ac}R$: eo T *del.* H^{pc} || numerus CCCL $ABDHR$: n. CCCCL T || centum $AB^{pc}D^{pc}H^{pc}T$: cento $B^{ac}D^{ac}H^{ac}R$ || quinquagiens^2 T : quinquagies AB^{pc} quingiens $B^{ac}D^{ac}$ quingies $D^{pc}R$ quinquies H || CCCL sunt $ABDHR$: CCCCL s. T || hoc $B^{pc2}H^{pc}$: hic $B^{ac}D^{ac}H^{ac}R$ his AD^{pc} hinc $B^{pc1}T$ || quisquis numerus $AB^{pc}D^{pc}HT$: q. -os $B^{ac}D^{ac}$ q. -is R.

plus grande mesure. Quant à la plus petite mesure des mêmes nombres, on la trouve comme suit : quand on a trouvé la plus grande, on en cherche la plus petite ; et c'est la même qui est aussi la plus petite commune mesure des premiers nombres : par exemple, ici aussi la plus petite mesure de 50 est en 2 ; donc, la même est aussi la plus petite commune mesure des nombres précédents.

786. Dans le cas de trois nombres composés entre eux, on trouve leur plus grande mesure et la plus petite de la façon suivante[1] : on cherche la plus grande mesure de deux des nombres ; si elle est aussi commune au troisième d'entre eux, le plus petit, on a trouvé ce que l'on cherchait ; sinon, on cherche de la même façon la plus grande mesure du moyen et du petit, et elle est commune aux trois. Soient trois nombres 350, 100, 75 : que la plus grande mesure que l'on cherche soit commune à 350 et à 100, et qu'elle soit découverte dans le nombre 50. Examinons si ce nombre mesure le troisième, 75. S'il le mesurait, ce serait la mesure commune des trois ; mais il ne le mesure pas. Donc, nous comparons 100 et 75 ; cherchons leur commune mesure. De 100, je retranche 75 ; il reste 25. Ce nombre, je le retranche de 75 autant de fois que possible, c'est-à-dire deux fois : il reste 25. Ce nombre est la plus grande commune mesure de 100 et de 75 ; c'est aussi en lui que

[maximam in supra] duos numeros metitur m*ax*imam quoque eorum mensuram metietur. Minima autem mensura eorundem numerorum sic inuenitur : ubi maxima reperta est, illius ipsius minima quaeritur ; eadem etiam prioribus numeris communis minima est, ut hic quoque minima quinquagenarii mensura in duobus est ; igitur eadem etiam priorum numerorum minima mensura est.

786. At trium numerorum qui inter se compositi sunt maxima minimaque mensura sic inuenitur : duorum mensura maxima quaeritur ; si e*s*t tertio quoque eorum minimo communis, repertum est id quod desideratum est ; si non est, medii minimique maxima mensura eodem modo requiritur, eaque tribus omnibus communis est. Sint tres numeri CCCL, C, LXXV : quaesit*a* mensura maxima sit communis his qui CCCL et his qui C sunt, repertaque sit in quinquagenario numero. Consideremus an hic tertium illum qui LXXV habet metiatur. Si metiretur, omnibus tribus communis esset ; non metitur autem. Ergo iungimus C et LXXV, et horum maximam mensuram requiramus. Demo ex C LXXV ; supersunt XXV. Hos quotiens possum demo ex eo numero qui LXXV habet, id est bis ; supersunt XXV. Hic numerus maxima mensura est communis his qui

(785) maximam[1] *del. Tannery* : maxima *Pe. Dick Wi.* ‖ in supra *deleui* : mensura *Pe. Dick Wi.* ‖ duos $AB^{ac}DHRT$: dictos B^{pc} ‖ maximam[2] *Pe.* : minimam H^{pc} is B^{pc} *om. ceteri Wi.* ‖ quaeritur *BDHRT* : sequitur *A* ‖ quinquagenarii mensura $B^{pc}H$: quinquagenii m. $B^{ac}D^{pc}$ quinquagenium m. $D^{ac}RT$ q. *A*.

786. at trium $ABDH^{pc}R$: ac t. *T* atrium H^{ac} ‖ si est *ego* : si ex $AB^{ac}D^{ac}H^{pc}RT$ si et D^{pc} *Dick* si in B^{pc} sic ex H^{ac} si ea *Kopp Wi.* ‖ eorum D^{pc} : eo $ABD^{ac}HRT$ ‖ repertum est H^{pc2} : r. $ABDH^{pc1}RT$ *om.* H^{ac} ‖ minimique $AB^{pc}D^{pc}H^{pc}R^{pc}$: -qui $B^{ac}D^{ac}H^{ac}R^{ac}T$ ‖ eodem $ABDH^{pc}RT$: ea- H^{ac} ‖ CCCL C $H^{pc}R^{pc}$: CCCL $AB^{ac}DH^{ac}R^{ac}T$ CCCL et C et B^{pc} ‖ quaesita *Dick* : quae sit *codd.* ‖ maxima sit $AB^{ac}DR^{ac}T$: m. $B^{pc}HR^{pc}$ ‖ repertaque sit $B^{ac}DT$: reperta quae sit *AHR* r. q. fit B^{pc} ‖ illum qui *BDHRT* : i. *A* ‖ metiatur $B^{pc}D^{pc}HR^{pc}$: si m. $AB^{ac}D^{ac}T$ si metiamur R^{ac} ‖ si metiretur *ABDH* : *om. RT* ‖ maximam mensuram $AB^{pc}D^{pc}H^{pc}R^{pc}$: -a -a $B^{ac}D^{ac}H^{ac}R^{ac}T$ ‖ ex C *ABDHR* : et C *T* ‖ supersunt XXV[1] BDH^{pc} : s. *T om.* $AH^{ac}R$ ‖ ex eo $AB^{ac}DHRT$: et ex eo B^{pc} ‖ bis *ABDHR* : his *T.*

se trouve la plus grande commune mesure des trois nombres. Car 25 fois 3 font 75, 25 fois 4 font 100, et 25 fois 14 font 350. Observons maintenant quelle est la plus petite mesure de ce nombre 25 : elle ne peut arriver ni à 2 ni à 3 ni à 4, mais elle se trouve dans le nombre 5 ; et l'on trouve que le même nombre est la plus petite commune mesure des trois nombres de départ. Car 2, qui mesure à la fois 350 et 100, ne mesure pas 75 ; 3, qui mesure 75, ne mesure pas 350, ni 100 ; 4, qui mesure 100, inversement ne mesure pas 350 ni 75. 5 est le premier à pouvoir mesurer tous ces nombres, parce que 5 fois 15 font 75, 5 fois 20 font 100 et 5 fois 70 font 350.

787. Deux nombres étant donnés, pour trouver quel est le plus petit qu'ils peuvent mesurer[1], on procède ainsi : soient les deux nombres donnés 2 et 3. Ces nombres sont incomposés entre eux ; que l'un de ces nombres multiplie l'autre : 2 fois 3 ou 3 fois 2 font 6. Ce nombre est le plus petit qui soit mesuré par ces deux nombres. Quant au plus grand qu'ils puissent mesurer, on ne saurait le dire, car les mêmes nombres mesureront tout nombre produit par la multiplication par 6. Mais que soient donnés deux nombres composés entre eux, 9 et 12 : si l'on fait une multiplication semblable, on ne parvient pas au même

C et his qui LXXV sunt ; in his etiam omnium trium numerorum maxima mensura communis est. Nam uicies quinquies terna LXXV sunt, uicies quinquies quaterna C, uicies quinquies quaterna dena CCCL. Consideremus nunc horum XXV quae minima mensura sit : ea peruenire neque ad duos neque ad tres neque ad quattuor potest, sed est in quinario numero ; et haec eadem mensura minima communis omnibus tribus superioribus numeris reperietur. Nam duo, qui et CCCL et C metiuntur, LXXV non metiuntur ; III, qui LXXV metiuntur, CCCL et C non metiuntur ; IIII, qui C metiuntur, rursus CCCL et LXXV non metiuntur. V primum omnes illos metiri possunt, quia quinquies quina dena LXXV, quinquies uicena C, quinquies septuagena CCCL sunt.

787. Duobus uero numeris datis, quem minimum illi metiantur sic inuenitur : sint dati numeri duo et III. Hi inter se incompositi sunt ; ex his alter alterum multiplicet : bis terna uel ter bina fiunt VI. Hic minimus numerus est quem illi duo metiantur. Maximum quem metiri possint nemo dixerit, sed omnem idem numeri metientur quicumque senario numero multiplicato fiet. A*t* dentur duo numeri

(786) LXXV sunt^{1} *ABDHR* : LXXV sint *T* || omnium *BDHRT* : *om. A* || C uicies quinquies quaterna $B^{pc}H^{pc}$: *om.* $AB^{ac}DH^{ac}RT$ || dena CCCL $AB^{pc}D^{pc}H^{pc}$: d. CCCCL $B^{ac}D^{ac}H^{ac}RT$ || nunc $B^{pc}DHR^{pc}$: hunc $AB^{ac}R^{ac}T$ || minima communis *ABDHR* : c. m. *T* || duo *ABDHR* : qui d. *T* || qui et *ABDHT* : et q. R^{ac} q. R^{pc} || et C metiuntur $BD^{pc}H^{pc}R$: C m. *T* et m. $D^{ac}H^{ac}$ m. *A* || III qui LXXV *bis scripsit T* || IIII qui C metiuntur rursus CCCL et LXXV *Dick* : IIII qui rursus C metiuntur CCCL et LXXV $B^{pc}D^{pc}H^{pc}$ IIII qui rursus CCCL et C metiuntur LXXV $B^{ac}D^{ac}$ IIII qui rursus CCCL et C *A* IIII qui rursus CCCL et LXXV H^{ac} *om. T def. R* || non metiuntur^{3} *ABDH* : *om. T def. R.*

787. sint $AB^{pc}D^{pc}H^{pc}R^{pc}T$: sine $B^{ac}D^{ac}H^{ac}R^{ac}$ || incompositi $B^{pc}D^{pc}R^{pc}$: compositi $AB^{ac}D^{ac}HR^{ac}T$ || terna $ABDH^{pc}RT$: bina H^{ac} || ter *BDHRT* : terna *A* || duo metiantur $ABDH^{pc}R^{pc}T$: d. m. duo H^{ac} d. mentiantur R^{ac} || metiri $AD^{pc}H^{pc}RT$: mi- BD^{ac} men- H^{ac} || metientur $ABDH^{pc}RT$: men- H^{ac} || multiplicato $ABDHR^{pc}T$: multiplicatione eodem non peruenitur R^{ac} || at dentur *Wi.* : addantur H^{pc} *edd.* addentur $ABDH^{ac}RT$.

résultat, parce qu'il est possible qu'un nombre plus petit que celui qui est produit par cette multiplication ait aussi sa mesure dans ces nombres. Il faut donc avoir recours à une autre méthode pour le découvrir. **788.** Voyons quels sont les nombres les plus petits qui relèvent du même rapport que 9 et 12. Pour le nombre 9, le plus petit du même rapport est 3, et pour 12 c'est 2. Maintenant, que l'un quelconque des petits nombres multiplie non pas le nombre qui lui correspond, mais celui qui correspond à l'autre : c'est-à-dire, que 3 multiplie 12, ou 2, 9 ; 3 fois 12, 36, et 2 fois 9, 18. Regardons si le plus petit nombre, qui est 18, a sa mesure à la fois dans 9 et dans 12 ; il l'a en 9, il ne l'a pas en 12. Laissons-le donc, et prenons le plus grand nombre, qui est 36. Ce nombre est le plus petit qui puisse être mesuré à la fois par 9 et par 12 ; car 9 fois 4 aussi bien que 12 fois 3 font 36. De la même façon, tout nombre, quel qu'il soit, produit par la multiplication de 36, est mesuré par ces deux mêmes nombres.

789. Trois nombres étant donnés, voici comment on trouve le plus petit nombre qu'ils peuvent mesurer[1]. Soient donnés trois nombres 2, 3, 4 : prenons[2] le plus petit nombre qui a sa mesure à la fois dans le double et dans le triple :

inter se compositi VIIII et XII ; simili multiplicatione eodem non peruenitur, quia potest etiam minor numerus quam qui sic efficitur in his mensuram habere ; alia igitur uia reperiendum est. **788.** Videamus qui minimi numeri sub eadem ratione qua hi sint. Est autem [in] nouenario numero minimus rationis eiusdem in tribus, duodenario in duobus. Nunc multiplicet ex minoribus numeris uterlibet non suum numerum, sed alienum, id est uel III XII uel II VIIII ; ter duodena XXXVI, bis nouena XVIII. Ex his consideremus an minor numerus, qui est XVIII, mensuram habeat et in VIIII et in XII ; habet autem in VIIII, in XII non habet. Dimittatur igitur, et maior apprehendatur, qui est XXXVI. Hic minimus est quem metiri et VIIII et XII possint ; nam et nouies quaterna et duodecies terna XXXVI sunt. Eadem ratione omnem numerum quicumque XXXVI multiplicatis fiet idem illi duo numeri metiuntur.

789. Tribus autem numeris datis numerus quem minimum illi metiantur sic inuenitur : sint dati tres numeri II, III, IIII ; sum*atur* is numerus qui minimus et in duplicatione et in triplicatione mensuram habet : is est

(787) etiam $AB^{pc}DHRT$: iam B^{ac} || mensuram habere alia *Wi.* : m. a. h. $B^{ac}D^{ac}H^{ac}R^{ac}T$ m. aliam h. $AB^{pc}D^{pc}H^{pc}R^{ac}$.

788. numeri sub *BDHRT* : n. rationis eiusdem s. *A* || qua $B^{ac}DHRT$: quia *A* quam B^{pc} || sint $B^{ac}DT$: sunt $AB^{pc}HR$ || nouenario *Dick* : in n. *codd.* || rationis eiusdem *BDHRT* : *om.* *A* || in tribus duodenario H^{pc} : in III in d. B^{pc} tres in duodecim D^{pc} *om.* $AB^{ac}D^{ac}H^{ac}RT$ || in duobus $ABD^{ac}HRT$: duo D^{pc} || II VIIII $D^{pc}HR^{pc}$: II uel VIIII $ABD^{ac}R^{ac}T$ || et in VIIII $AB^{pc}D^{pc}H^{pc}$: et in VIIII et in VIIII $B^{ac}D^{ac}R^{ac}T^{pc}$ et in nouem et in VIII H^{ac} et VIIII et in VIIII R^{pc} et VIIII et VIIII T^{ac} || et in XII $BDH^{ac}RT$: et XII H^{pc} et in XX *A* || in VIIII in *AHRT* : in VIIII et in *BD* || et maior $AB^{ac}DHRT$: et sic m. B^{pc} || apprehendatur $B^{pc}D^{pc}H^{pc}R^{pc}$: -itur $AB^{ac}D^{ac}H^{ac}R^{ac}T$ || est XXXVI $B^{pc}R^{pc}H$: e. XXXV $AB^{ac}DR^{ac}T$ || hic — terna XXXVI *om.* R^{ac} || possint $AB^{ac}DHT$: -sunt $B^{pc}R^{pc}$ || metiuntur $ABDHR^{pc}T$: -etur R^{ac} -entur *Dick*.

789. numerus quem minimum $A^{pc}D^{pc1}H$: -is q. m. A^{ac} numerusque m. $D^{ac}R^{ac}T$ numerus qui m. $B^{ac}D^{pc2}R^{pc}$ n. quem m. B^{pc} || sumatur is *Pe.* : summus his $ABD^{ac}H^{ac}R^{ac}$ summus is $D^{pc}H^{pc}R^{pc}T$ sumptus sit *coni. Dick* || habet *BDHRT* : -ent *A* || is est senarius $AB^{ac}D^{pc}RT$: id e. s. $B^{pc}D^{ac}H^{pc}$ id e. s. numerus H^{ac}.

c'est 6. Regardons s'il est mesuré aussi par le troisième des trois, c'est-à-dire par 4. Si c'était le cas, on aurait trouvé ce qui est demandé. Mais ce n'est pas le cas ; regardons alors quel est le plus petit qui soit mesuré par 4 et par 3 : c'est 12 ; le même nombre est donc le plus petit qui puisse être mesuré par tous les trois ; en effet, 2 fois 6 comme 3 fois 4 et 4 fois 3 font 12. A partir de là, tout nombre produit par la multiplication de 12 est aussi mesuré par ces trois mêmes nombres.

790. Quand deux nombres mesurent un nombre, le plus petit à avoir sa mesure dans ces deux nombres est une mesure du nombre en question[1]. Soit le nombre 12 : il est mesuré à la fois par 2 et par 3. Le plus petit nombre mesuré par ces deux nombres est 6 ; et ce nombre mesure aussi 12 ; car 6 fois 2 font 12. Même chose pour un nombre qui est mesuré par trois nombres ; car ce nombre aussi est mesuré par le plus petit nombre qui a sa mesure dans les trois. Posons 24 : ce nombre est mesuré à la fois par 2, par 3 et par 4 ; et le plus petit nombre qui a sa mesure dans ces trois nombres est 12. Mais ce nombre mesure aussi 24 ; car 12 fois 2 font 24.

senarius. Consideremus an hunc etiam tertius ex tribus, id est quaternio, metiatur. Si metiretur, repertum id esset quod requisitum est. Nunc non metitur ; aspiciamus ergo quem minimum IIII et III metiantur : is est XII ; ergo is est minimus quem omnes illi tres metiri possint ; nam et bis sena et ter quaterna et quater terna XII fiunt. Et hinc quoque omnem numerum qui XII multiplicatis fiet idem illi numeri III metiuntur.

790. Vbi duo numeri numerum aliquem metiuntur, qui minimus in illis duobus mensuram habet eiusdem illius numeri mensura est. Sint dati XII ; hos et II et III metiuntur. Minimus autem numerus quem illi duo metiuntur senarius ; atqui*n* idem etiam XII metitur ; nam sexies bina XII sunt. Idem fit in eo numero quem tres aliqui metiuntur ; nam hunc quoque metitur qui minimus in illis tribus mensuram habet. Ponantur XXIIII ; hos et II et III et IIII metiuntur ; minimus autem numerus qui [est XII] in isdem illis tribus mensuram habet <est XII>. Atquin hic quoque eos qui XXIIII sunt metitur ; nam duodecies bina XXIIII sunt.

(789) hunc BH^{pc} : hic $ADH^{ac}RT$ || tertius H^{pc} : -um $B^{pc}D^{pc}R^{pc}$ tertrium $AB^{ac}D^{ac}H^{ac}R^{ac}T$ || quaternio *EF* **:** -nionem *ABDRT* -nione *H* || esset $B^{pc}H$: est et $AB^{ac}DR^{ac}T$ est R^{pc} || requisitum est *ADHRT* : r. *B* || aspiciamus *ABDHR* : -cimus *T* || minimum[2] *BDHRT* : m. *est A* || et III $ABDHR^{pc}T$: et IIII R^{ac} || is est XII $B^{ac}DHR^{pc}T$: his est XII *A* id est XII R^{ac} is est in XII B^{pc} || ergo is est $B^{pc1}D^{pc}R$ *Dick* : e. id est $B^{ac}D^{ac}H^{ac}$ e. idem $AB^{pc2}T$ *Wi.* e. is H^{pc} || quater terna $B^{pc}D^{pc}H^{pc}R^{pc}T$: q. quaterna $B^{ac}D^{ac}H^{ac}R^{ac}$ quaterna *A* || hinc *Wi.* **:** hic $AB^{ac}DRT$ his $B^{pc}H^{ac}$ hi H^{pc} sic *coni. Dick* || qui XII $AB^{ac}DH^{pc}RT$: qui a XII $B^{pc}H^{ac}$ || fiet $D^{pc}H^{pc}$: fient $AB^{ac}D^{ac}H^{ac}RT$ atque fient B^{pc}.

790. ubi *BDHRT* : ibi *A* || minimus[1] $ADH^{pc}RT$: -is H^{ac} minus *B* || dati XII *BDHRT* : d. XXII *A* || et III $AB^{ac}DHRT$: et III et IIII B^{pc} || atquin idem *Dick* : atqui idem H^{pc} atquin isdem $B^{ac}DH^{ac}R^{pc}$ atqui isdem B^{pc} atque in isdem $AR^{ac}T$ || XII sunt *BDHRT* : XXII s. *A* || hunc $B^{pc}H^{pc}R^{pc}$: hinc $AB^{ac}D^{ac}H^{ac}R^{ac}T$ hic D^{pc} || metitur qui $AB^{pc}DHRT$: m. atquin quinarius quoque numerus sexiens metitur qui B^{ac} || est XII *huc transtulit Pe. quod supra post* numerus qui *habent codd.* || metitur $ABD^{ac}HRT$: -iuntur D^{pc} || nam duodecies *ABHRT* : non d. *D*.

791. Si l'on pose deux nombres, <les plus petits de ceux qui sont dans le même rapport, avec deux nombres plus grands>, de sorte que le rapport entre les grands et les petits soit le même, le petit nombre mesure le petit nombre autant de fois que le grand mesure le grand[1]. Soient les nombres 2 et 3, et ensuite 8 et 12. Il y a le même rapport entre les grands nombres et les petits ; car 3 est superdemi de 2 et 12 de 8. Et 3 mesure 4 fois 12 ; car 4 fois 3 font 12 ; mais 2 mesure aussi 4 fois 8 : car 4 fois 2 font 8.

792. Si un nombre en mesure un autre autant de fois que l'unité mesure un nombre, il se produira que celui qui aura été auparavant mesuré par l'unité mesurera le dernier nombre autant de fois que l'unité mesurera le premier des deux seconds nombres[1]. Soient 1 et 5, puis 6 et 30. L'unité mesure 5 fois le nombre 5, et de même le nombre 6 mesure 5 fois le nombre 30 ; inversement, 6 lui-même est mesuré 6 fois par l'unité ; mais le nombre 5 mesure aussi 6 fois le nombre 30.

791. Si bini numeri <qui minimi sunt ex iis qui sub eadem ratione sunt cum binis numeris maioribus> [maiores minoresque] ponuntur sic ut eadem ratio inter maiores minoresque sit, quotiens maior maiorem, totiens minor minorem metitur. Sint numeri II et III, deinde VIII et XII. Eadem inter maiores minoresque numeros ratio est ; nam et III duobus et XII his qui VIII sunt superdimidii sunt. Metiuntur autem III eos qui XII sunt quater ; nam quater terna XII sunt. Atqui duo quoque eos qui VIII sunt quater metiuntur ; nam quater bina VIII sunt.

792. <Si> quotiens singularitas aliquem numerum metitur, totiens alius numerus alium metietur, eueniet ut quotiens singularitas ex secundis *p*riorem numerum metietur, totiens is qui ante in singularitatis mensuram uenerit ulteriorem numerum metiatur. Sint I et V et VI et XXX. Singularitas quinarium numerum quinquies metitur, idem facit senio in XXX ; rursus ipsos sex singularitas sexies metitur ; atquin quinarius quoque numerus sexies metitur eos qui XXX sunt.

791. bini numeri $B^{pc}H^{pc}$: -is -is $DH^{ac}RT$ bis numeris B^{ac} ibi in his numeris *A* || qui minimi — maioribus *Dick add. uoluit ex Eucl. 7 prop. 20* || maiores minoresque[1] *del. Dick* || maiores minoresque[2] $B^{pc}D^{pc}H^{pc}R^{pc}$: maioresque $AB^{ac}D^{ac}R^{ac}T$ minoresque H^{ac} || maiorem $D^{pc}H^{pc}$: minorem $ABD^{ac}H^{ac}RT$ || minorem $AB^{ac}DHRT$: maiorem B^{pc} || II et $AB^{ac}DHRT$: II uel B^{pc} || III deinde $B^{pc}D^{pc}HR^{pc}T$: IIII d. $AB^{ac}D^{ac}R^{ac}$ || deinde VIII *BDHRT* : et d. et VIIII *A* || nam et $ABDHR^{pc}T$: n. R^{ac} || VIII sunt[1] $ABDH^{pc}RT$: XIII s. H^{ac} || superdimidii sunt $BDH^{pc}R^{pc}T$: *om.* $AH^{ac}R^{ac}$ || III eos $AB^{pc}DHRT$: III B^{ac} || quater terna R^{pc} : ter quaterna $ABDHR^{ac}T$ || quoque eos $D^{pc}H^{pc}$: q. $ABD^{ac}H^{ac}T$ *def. R*.

792. si *add. Pe.* || alius numerus alium B^{pc} *Dick* : alius n. $B^{ac}DHT$ alios n. *A* <alium> alius n. *Wi. def. R* || priorem *Ey.* : ulteriorem *ABDHT def. R* || et XXX $BD^{pc}H$: XXX $AD^{ac}RT$ || idem *BDHRT* : id est *A* || atquin quinarius quoque numerus sexies metitur $AB^{pc}DHRT$: *om.* B^{ac} || eos qui $BDH^{pc}R^{pc}$: eo qui $H^{ac}R^{ac}T$ eos qui quid *A*.

793. Si deux nombres se multiplient l'un l'autre, le nombre produit est mesuré par un nombre incomposé par soi, et ce dernier mesure aussi nécessairement chacun des deux premiers[1]. Que 8 multiplie 10, cela fait 80 ; ce nombre est mesuré par 2, car 2 fois 40 font 80 ; mais le même nombre 2 mesure aussi 8 et 10, puisque 2 fois 4 font 8 et 2 fois 5 font 10.

794. Toutes les fois que des nombres sont posés en série proportionnelle[1], ce que les Grecs appellent *ἀναλογία*, si le premier mesure le dernier, il mesurera aussi le second et tous ceux qui suivent ; s'il mesure le second, il mesurera aussi le dernier et les moyens ; enfin, s'il mesure l'un quelconque des moyens, il les mesurera tous[2]. Au contraire, s'il ne mesure pas le dernier, il ne mesurera pas non plus le second ni aucun autre ; s'il ne mesure pas le second, il ne mesurera pas non plus le dernier ni aucun autre ; s'il ne mesure pas un moyen, il n'en mesurera pas non plus un autre[3]. Soient 3, 9, 27, 81, 243 : entre tous ces nombres, il y a le rapport du triple ; et le nombre 3 mesure 243 : 3

793. Si duo numeri alter alterum multiplicant, eum uero numerum qui sic effectus est aliquis qui per se incompositus est metitur, idem necesse est etiam utrumque ex prioribus metiatur. Multiplicet decus*sis* octonarius numerus, fiunt LXXX ; hos duo metiuntur ; nam bis quadragena LXXX sunt ; atquin idem II VIII quoque et X metiuntur, cum bis quaterna octo, bis quina X fiant.

794. Quotienscumque numeri portionis eiusdem, quam ἀναλογίαν Graeci uocant, in ordinem ponuntur, primus si ultimum metitur secundum quoque et deinceps omnes metietur ; si secundum metitur, ultimum quoque et medios metietur ; si quemlibet denique unum metitur, omnes metietur. Contra si ultimum non metitur, ne secundum quidem neque quemquam alium ; si secundum non metitur, ne ultimum quidem aliumue ; si quem medium non metitur, ne alium quidem. Sint III et VIIII, XXVII, LXXXI, CCXLIII ; inter hos omnes tripli ratio est ; ternio autem

793. si $ABDH^{pc}RT$: qui H^{ac} || alter $B^{pc}R^{pc}$: alteri $AB^{ac}DHR^{ac}T$ || decussis *Dick* : decus *codd. Wi.* || octonarius numerus $ABDH^{ac}R$: o. *T* octonarium n. H^{pc} || LXXX sunt *ABDHR* : LXXX *T* || II VIII B^{pc} : si VIII $AB^{ac}D^{ac}H^{ac}RT$ sic VIII D^{pc} VIII H^{pc} || metiuntur cum $AB^{ac}DHR^{ac}T$: -itur c. $B^{pc}R^{pc}$ || fiant $AB^{ac}DH^{ac}RT$: -unt $B^{pc}H^{pc}$.

794. quotienscumque $B^{pc}D^{pc}H^{pc}$: quotiens cum $AB^{ac}D^{ac}H^{ac}RT$ || portionis $AB^{ac}DH^{ac}R^{ac}T$: proportionis $B^{pc}H^{pc}R^{pc}$ || quam $BDH^{pc}T$: *om.* $AH^{ac}R$ || ΑΝΑΛΟΓΙ ΑΝ *H* : analogian $B^{pc}D^{pc}$ anaΠΟΠΛΑΝ $B^{ac}D^{ac}$ ΑΝΑΠΟΠΑΑΝ *RT* ΑΝΑΝΟΝΑΑΝ *A* || primus si *ABDHT* : p. *R* || secundum quoque *BDHRT* : -us q. *A* || metitur[1] *ABDHT* : -mur *R* || secundum[2] $AB^{pc}DHR$: -o $B^{ac}T$ || quemlibet $BDHR^{pc}T$: quidem libet AR^{ac} || metitur[2] $D^{pc}HR^{pc}$: -ietur $ABD^{ac}R^{ac}T$ || omnes metietur[2] *ABDHT* : ultimum quoque et medios metietur *R* || contra si $B^{pc}D^{pc}H^{pc}$: c. se $AB^{ac}D^{ac}H^{ac}RT$ || ne secundum $AB^{pc}D^{ac}HT$: nec s. $B^{ac}D^{pc}$ non s. *R* || neque quemquam $D^{pc}R^{pc}$: nec q. $H^{pc}T$ neque quam $B^{ac}D^{ac}RH^{ac}$ n. quem B^{pc} nequamquam *A* || ne ultimum $AB^{ac}DHRT$: nec u. B^{pc} || medium non $ABDH^{pc}RT$: *om.* H^{ac} || ne alium $AB^{ac}D^{pc}HRT$: nec a. B^{pc} ne ultimum quidem ne alium D^{ac} || et VIIII $B^{pc}D^{pc}H^{pc}R^{pc}$: et VII $AB^{ac}D^{ac}H^{ac}R^{ac}T$ || XXVII $AB^{ac}DHRT$: et XXVII B^{pc} || LXXXI $ABDH^{pc}RT$: LXXXXI H^{ac} || CCXLIII[1] $B^{pc}H^{pc}R^{pc}T^{pc}$: CCLIII $AB^{ac}DH^{ac}R^{ac}$ CCLII T^{ac} || tripli ratio *BDHT* : triplicatio *AR*.

fois 81 font 243. Le même nombre 3 mesure donc aussi 9, puisque 3 fois 3 font 9 ; et puisqu'il mesure ce nombre, il mesure aussi le dernier, et puisqu'il en mesure deux, il mesure aussi tous les autres, et puisqu'il mesure un moyen quelconque, il mesure également ceux qui le précèdent aussi bien que ceux qui le suivent. Mais 2, parce qu'il ne mesure pas 243, ne mesure pas non plus 9 ni les moyens ; parce qu'il ne mesure pas 9, il ne mesure pas non plus 243 ni les moyens ; parce qu'il ne mesure aucun des moyens, il ne mesure pas non plus ceux qui les suivent.

795. Si l'on rassemble[1] autant de nombres proportionnels que l'on veut, à partir de 1, autant il y aura de nombres incomposés par soi qui mesureront le dernier nombre, autant il y aura de nombres qui mesureront le nombre qui est le plus proche de 1. Soient des nombres en progression double, 1, 2, 4, 8, 16 : parmi eux, 16 est mesuré par 2, et 2 se mesure lui-même. Mais soient[2] 1, 12, 144, 1728 : <1728 est mesuré> par les nombres incomposés en soi 2 et 3, parce que 2 fois 864 font 1728 ; de même, 3 fois 576. Mais les mêmes nombres 2 et 3 mesurent aussi 12, qui est le plus proche de 1, puisque 2 fois 6 et 3 fois 4 font 12.

metitur eos qui CCXLIII sunt : ter octogena singula CCXLIII sunt. Idem ergo metitur nouenarium numerum, cum ter terna VIIII sint ; et qui*a* hunc metitur, etiam ultimum, et quia utrumlibet, etiam ceteros, et quia medium quemuis ex illis, et priores quoque et ulteriores. At duo, quia non metiuntur CCXLIII, ne VIIII quidem aut medios ; quia VIIII non metiuntur, ne CCXLIII quidem aut medios ; quia nullum ex mediis metiuntur, ne ulteriores quidem.

795. Si quotlibet ab uno numeri conueniunt portionis eiusdem, quot per se incompositi numeri ultimum numerum, totidem etiam eum qui ab uno proximus est metientur. Sint numeri qui duplo increscunt I, II, IIII, VIII, XVI ; ex his eos qui XVI sunt II, et idem se ipsos metiuntur. At sint I, XII, CXLIII*I*, MDCC*XXV*III : <metiuntur eos qui MDCCXXVIII> sunt per se incompositi numeri II et III, quia bis octingena *sex*agena *quater*na MDCC*XXV*III sunt ; itemque ter quingena se*ptu*agena *se*na. Atquin idem II et III XII quoque, qui ab uno proximi sunt, metiuntur, cum bis sena et ter quaterna XII s*i*nt.

(794) ter octogena $B^{pc}D^{pc}H^{pc}R^{pc}$: t. octogenas $AH^{ac}R^{ac}T$ ergo octogenas $B^{ac}D^{ac}$ ‖ ter terna $AB^{pc}DHRT$: terna B^{ac} ‖ VIIII sint $B^{ac}DH^{ac}R$: VIIII sunt $AB^{pc}H^{pc}T$ ‖ quia[1] *Dick* **:** qui *ABDHRT* ‖ quia[2] $ABDH^{ac}RT$: qui H^{pc} ‖ quia[3] $ABDH^{ac}RT$: qui H^{pc} ‖ quemuis *BDHRT* : quamuis *A* ‖ at $A^{pc}BDH^{pc}T$: ad $H^{ac}R$ a A^{ac} ‖ CCXLIII ne VIIII $B^{pc}D^{pc}H^{pc}R^{pc}T$: CCXLIII VIIII $B^{ac}H^{ac}R^{ac}$ ne CCXLIII D^{ac} CCXLIII *A* ‖ VIIII non metiuntur $BD^{pc}HRT$: *om.* AD^{ac} ‖ ne CCXLIII $BDH^{pc}R^{pc}T$: CCXLIII $H^{ac}R^{ac}$ *om. A* ‖ quidem aut medios quia[2] $BD^{pc}HRT$: *om.* AD^{ac} ‖ quia VIIII — aut medios *bis scripsit H*.

795. quotlibet T^{pc} : quod- *ABDHR* quo- T^{ac} ‖ portionis $AB^{ac}DH^{ac}RT$: proportionis $B^{pc}H^{pc}$ ‖ quot per BDH^{pc} : quod p. $H^{ac}RT$ quod *A* ‖ I II *BDHRT* : I III *A* ‖ VIII *AHT* : VIIII *BD* VII *R* ‖ at *ABDHR* : ad *T* ‖ CXLIIII *Pe. Dick* : CXLII *codd. Wi.* ‖ MDCCXXVIII *Pe. Dick* : MDCCIIII *BDH Wi.* AACCIIII *ART* ‖ metiuntur eos qui MDCCXXVIII *add. Pe.* : m. e. q. MDCCIIII *Wi.* ‖ quia bis *LP* : qui ab his $BD^{ac}HRT$ qui ab is D^{pc} *om. A* ‖ octingena *Pe. Dick* : octingenta *BDHRT* octingentena *Wi. om. A* ‖ sexagena *Pe. Dick* : quinquagena *BDHRT Wi. om. A* ‖ quaterna[1] *Pe. Dick* : bina *BDHRT Wi. om. A* ‖ MDCCXXVIII sunt *Pe. Dick* : MDCCIIII s. $BDHR^{pc}$ *Wi.* AACCIIII s. $R^{ac}T$ s. *A* ‖ quingena *Pe. Dick* : quingenta *H* quingentena *ABDRT Wi.* ‖ septuagena *Pe. Dick* : sexagena *ABDHRT Wi.* ‖ sena[1] *Pe. Dick* : octona $B^{pc}D^{pc}H^{pc}$ *Wi.* octogena $AB^{ac}D^{ac}H^{ac}RT$ ‖ III XII D^{pc} : III et XII $ABD^{ac}HRT$ ‖ XII sint *ed. pr.* : XII sunt *ABDHRT*.

796. Si autant de nombres que l'on veut, à partir de 1, sont proportionnels, un nombre plus petit mesure toujours un plus grand par l'un des autres nombres qui relèvent de la proportion[1]. Soient 1, 2, 4, 8, 16, 32, 64. Parmi ces nombres, 2 mesure 4, 4 mesure 8, 8 mesure 16, 16 mesure 32, 32 mesure 64, tous par la multiplication par 2. Mais 2 mesure 8 par la multiplication par 4 ; c'est par la même multiplication que 16 est mesuré par 4, et que 8 mesure 32 et 16 64. De même, c'est par la multiplication par 8 que 2 mesure 16, 4 32, 8 64 ; et l'on ne trouve aucun nombre qui n'en mesure pas un plus grand et il ne le fait avec aucune autre mesure que celle qui se trouve dans ces mêmes nombres.

797. Si, à partir de 1, autant de nombres que l'on voudra sont proportionnels et si celui qui est le plus proche de 1 est incomposé par soi, le plus grand nombre ne sera mesuré que par ceux qui seront dans la proportion[1]. Soient 1, 3, 9, 27 : entre ces nombres, il y a la proportion triple, et le nombre le plus proche de 1 est incomposé en soi. Donc,

796. Si quotlibet ab uno numeri portionis eiusdem sunt, minor numerus maiorem semper per aliquem aliorum qui sub eadem portione sunt metitur. Sint I, II, IIII, VIII, XVI, XXXII, LXIIII. Ex his II eos qui IIII sunt, IIII eos qui VIII sunt, VIII eos qui XVI sunt, XVI eos qui XXXII sunt, XXXII eos qui LXIIII sunt duplicatione metiuntur. At II eos qui VIII sunt quadruplicatione metiuntur ; eadem eos qui XVI sunt metiuntur qui IIII sunt, VIII eos qui XXXII sunt, XVI eos qui LXIIII sunt. Itemque octuplicatione metiuntur II eos qui XVI sunt, IIII eos qui XXXII sunt, VIII eos qui LXIIII sunt, neque inuenitur numerus qui non et maiorem metiatur et nulla alia mensura id facit quam quae in isdem numeris est.

797. Si quotlibet ab uno numeri portionis eiusdem sunt et is qui ab uno proximus est per se incompositus est, maximus ex his in mensuram non ueniet nisi <ab iis> qui eiusdem portionis erunt. Sint I, III, VIIII, XXVII : inter hos tripla portio est et uni proximus numerus per se

796. quotlibet BDH^{pc} : quod- RT quodlibeat AH^{ac} || portionis $AB^{ac}DHRT$: proportionis B^{pc} || portione $AB^{ac}D^{pc}HRT$: p. eiusdem sunt minor numerus maiorem semper D^{ac} proportione B^{pc} || LXIIII ex his — qui XXXII sunt[1] *om.* D^{ac} || LXIIII ex his II eos $BD^{pc}HRT$: LXIIII et h. II e. A || qui IIII sunt IIII eos $B^{pc}H$: *om.* $AB^{ac}DRT$ || qui VIII — XVI eos qui XXXII sunt *om.* H^{ac} || XXXII[3] $B^{pc}D^{pc}T$: qui XXXII $AH^{pc}R^{pc}$ quae XXXII H^{ac} que XXXII $B^{ac}D^{ac}$ que XXII R^{ac} || LXIIII[2] $ABDHR^{ac}T$: XLIIII R^{pc} || at — quadruplicatione metiuntur *om.* $AH^{ac}R^{ac}$ || quadruplicatione $H^{pc}R^{pc}$: quadruplatione BDT || metiuntur qui *Dick* : q. m. *codd.* || IIII sunt[2] $ABDHR^{pc}T$: III sunt R^{ac} || VIII eos[2] $BDHRT$: III eos A || XXXII sunt[1] $BDHR^{pc}T$: XXIII s. A XXII s. R^{ac} || XVI eos qui LXIIII — II eos qui XVI sunt *om.* A || octuplicatione M^{pc} : VIII plicatione $B^{ac}H^{pc}$ VIIII plicatione D VIII multiplicatione H^{ac} VIII duplicatione T octo quadruplicatione B^{pc} *def.* R || eos qui LXIIII sunt[3] $AB^{ac}DHT$: e. q. LXIIII s. XVI B^{pc} *def.* R || et nulla $B^{pc}H$: eo n. $AB^{ac}DT$ *def.* R || facit T^{pc} *Dick* : -iat $ABDHRT^{ac}$ *Wi.*

797. quotlibet $B^{pc}D^{pc}H^{pc}$: quo- T quodlibeat $AB^{ac}H^{ac}R$ quot- D^{ac} || portionis[1] $AB^{ac}DH^{ac}RT$: proportionis $B^{pc}H^{pc}$ || maximus $AB^{ac}DH^{ac}RT$: -o $B^{pc}H^{pc}$ || ex $BDHRT$: et A || ueniet $AB^{ac}DH^{ac}RT$: -ent $B^{pc}H^{pc}$ || ab iis *add. Dick* : iis *add. Wi.* || qui[2] $ABDHR$: qui ab T || portionis[2] $AB^{ac}DH^{ac}RT$: proportionis $B^{pc}H^{pc}$ || tripla $B^{pc}D^{pc}H^{pc}R^{pc}$: -o $AB^{ac}D^{ac}H^{ac}R^{ac}T$ || portio $AB^{ac}DH^{ac}RT$: proportio $B^{pc}H^{pc}$ || uni $BDHRT$: cum A.

27 ne peut être mesuré par aucun autre nombre que 3 ou 9, qui relèvent de la proportion. Il n'en va pas ainsi lorsque le nombre le plus proche de 1 est composé. Soient 1, 4, 16, 64 : le nombre le plus proche de 1 est composé en soi ; donc, le dernier, qui est 64, admet aussi d'autres mesures que celles qui sont dans cette série : il admet 2, 8 et 32, puisque 2 fois 32, ou 8 fois 8, ou 32 fois 2 font 64.

Le nombre le plus petit que mesurent deux nombres incomposés par soi ne sera mesuré par aucun autre nombre incomposé par soi[2]. Prenons 5 et 7 : ils ne mesurent aucun nombre plus petit que 35 : car 5 fois 7 et 7 fois 5 font 35, et aucun autre nombre incomposé en soi ne peut mesurer ce nombre : ni 2, ni 3, ni 11, ni 13, ni 17, et les nombres suivants bien moins encore.

798. Si un nombre carré mesure un nombre carré, la mesure du côté de ce dernier nombre se trouve aussi dans le côté de l'autre[1]. Soient deux nombres carrés 4 et 16 : 16 est mesuré par 4 ; car 4 fois 4 font 16. Mais le côté de 4 fait 2 et le côté de 16 fait 4 : 2 mesure 4, car 2 fois 2 font 4. D'où il est évident aussi que de deux nombres carrés,

incompositus est. Igitur eos qui XXVII sunt nullus numerus metiri potest nisi aut III aut VIIII, qui sub eadem portione sunt. Quod non ita euenit si quando ab uno proximus numerus compositus est. Sint I, IIII, XVI, LXIIII : proximus ab uno numerus per se compositus est ; ergo ultimus, qui est LXIIII, alias quoque mensuras quam quae in hac serie sunt admittit, et II et VIII et XXXII, cum bis XXXII, octies octona, bis et tricies bina LXIIII faci*a*nt.

Quem minimum numerum duo per se incompositi metiuntur, eum nullus alius per se incompositus metietur. Sumantur V et VII : nullum minorem numerum quam XXXV metiuntur ; nam quinquies VII et septies quina XXXV sunt, atque nullus alius numerus per se incompositus hunc metiri potest, non II, non III, non XI, non XIII, non XVII, multo uero minus ulteriores numeri.

798. Si quadratus numerus quadratum metitur, in latere quoque eius lateris mensura est. Sint duo quadrati numeri IIII et XVI : metitur eos qui XVI sunt quaternio ; quater enim IIII XVI. Atquin in latere quattuor duo sunt, in latere eorum qui XVI sunt IIII sunt : II metiuntur quaternionem ; bis enim bina IIII sunt. Ex hoc etiam illud apparet ex duobus

(797) nisi $ABDH^{pc}RT$: si H^{ac} ‖ VIIII qui $B^{pc}H$: VIIII quia $AB^{ac}DRT$ ‖ portione $AB^{ac}DH^{ac}R^{ac}$: proportione $B^{pc}H^{pc}R^{pc}$ ratione *T* ‖ compositus $AB^{ac}DHRT$: c. numerus B^{pc} ‖ sint — compositus est^{2} *om.* D^{ac} ‖ XVI LXIIII $ABD^{pc}HR^{ac}T$: XVI LXIIII faciunt R^{pc} ‖ quam quae $AB^{pc}H$: quamquam $B^{ac}DR^{ac}T$ quam quem R^{pc} ‖ et VIII $ADHR^{ac}$: et VIIII $BR^{pc}T$ ‖ XXXII $B^{pc}D^{pc}HR^{pc}$: XXXV $AB^{ac}D^{ac}R^{ac}T$ ‖ XXXII *codd.* : tricena bina *Kopp Dick Wi.* ‖ octona $AB^{ac}DH^{ac}RT$: octona et H^{pc} octone et B^{pc} ‖ faciant *ed. pr.* : -iunt $B^{ac}DT$ fiunt $AB^{pc}HR$ ‖ minorem numerum *BDHRT* : *om. A* ‖ quam XXXV B^{pc} : XXXV $AB^{ac}DHRT$ ‖ VII et *codd.* : septena et *Kopp Dick Wi.* ‖ septies *G Dick Wi.* **:** VII *ABDHRT* ‖ non II *BDHRT* : nam II *A* ‖ non XI $B^{pc}D^{pc}H$: n. XII $AB^{ac}D^{ac}RT$ ‖ non XIII *BDHRT* : n. XIIII *A* ‖ XVII — ulteriores numeri *om. A*.

798. si quadratus — latere quoque *om. A* ‖ quadratum $B^{pc}D^{pc}H^{pc}T^{pc}$: -us $B^{ac}D^{ac}H^{ac}RT^{ac}$ ‖ enim IIII *H* : e. quattuor *ABDRT* e. quaterna *Dick* ‖ quattuor $AB^{ac}DHRT$: eorum qui quattuor sunt B^{pc} ‖ duo sunt $B^{pc}H^{pc}R^{pc}$: d. sint $AB^{ac}DH^{ac}R^{ac}T$ ‖ sunt^{3} $ABDHR^{pc}T$: sint R^{ac} ‖ sunt^{4} *BD* : sint *AHRT* ‖ II metiuntur $AB^{ac}DHRT$: hii m. B^{pc}.

si la mesure <d'un côté de l'un> est dans le côté de l'autre, la mesure du second carré est aussi dans le nombre carré lui-même[2].

799. Si un nombre carré ne mesure pas un nombre carré, la mesure <du côté> de l'un ne se trouve pas non plus dans le côté de l'autre[1]. Soient les nombres carrés 4 et 9 ; le nombre 4 ne mesure pas le nombre 9 ; donc, 2 non plus, qui est le côté de 4, ne mesure pas 3, qui est le côté de 9. D'où il est évident aussi que de deux nombres carrés, si le côté de l'un ne trouve pas sa mesure dans le côté de l'autre, l'un des deux carrés n'est pas non plus la mesure de l'autre[2].

800. Si un cube mesure un cube, la mesure du côté de l'un se trouve aussi dans le côté de l'autre. Soient deux cubes 8 et 64 : 64 est mesuré par 8, s'il est vrai que 8 fois 8 font 64. Mais si le côté du cube qui contient 8 fait 2, et si le côté du cube 64 fait 4, 2 est la mesure de 4. D'où il est évident aussi que si de deux cubes la mesure du côté de l'un est dans le côté de l'autre, ce dernier cube est aussi la mesure du premier[1].

Mais si un cube ne mesure pas un cube, il n'y a pas non plus de mesure du côté de l'un par le côté de l'autre[2]. Soient

quadratis numeris, si in alterius latere <alterius lateris> mensura est, in ipso quoque quadrato numero alterius quadrati mensuram esse.

799. Si quadratus numerus quadratum non metitur, ne in latere quidem alterius mensura alterius <lateris> est. Sint quadrati numeri IIII et VIIII : quaternio nouenarium numerum non metitur ; ergo ne duo quidem, qui in latere quaternarii sunt, III, qui in latere nouenarii numeri sunt, metiuntur. Ex hoc etiam illud apparet ex duobus quadratis numeris, si in alterius latere alterius lateris mensura non est, ne in alio quidem quadrato numeri alterius quadrati mensuram esse.

800. Si tessera tesseram metitur, in latere quoque alterius alterius lateris mensura est. Sint duae tesserae VIII et LXIIII : eos qui LXIIII sunt octo metiuntur, siquidem octies VIII LXIIII sunt. Atquin si in latere eius tesserae quae VIII habet II sint, in latere eius quae LXIIII habet IIII sint, II quattuor mensura sunt. Ex hoc etiam illud apparet : si ex duabus tesseris in alterius latere alterius lateris mensura est, eius quoque tesserae alia tessera mensura est.

Atquin si tesseram tessera non metitur, ne in latere quidem alterius lateris alterius mensura est. Sint duae tesserae VIII et XXVII : eos qui XXVII sunt VIII non metiuntur ; ergo cum in latere eius tesserae quae VIII habet

(798) alterius lateris *add. Dick* : eius *add.* B^{pc} *om. ceteri*.

799. lateris[1] *add. Pe.* || VIIII $D^{pc}H^{pc}$: VIII $ABD^{ac}H^{ac}RT$ || quaternio $AB^{pc}D^{pc}HRT$: quaterni $B^{ac}D^{ac}$ || nouenarium $B^{pc}D^{pc}H^{pc}R^{pc}T$: -o $B^{ac}D^{ac}$ uenario $AH^{ac}R^{ac}$ || quaternarii $B^{pc}H^{pc}$: quaternam $H^{ac}R^{pc}$ quattus $B^{ac}D^{ac}R^{ac}$ *Wi.* quartus $AD^{pc}T$ || quadrato $ABDH^{ac}RT$: -i H^{pc}.

800. tessera tesseram D^{pc} : etiam tesseram B^{pc} eam t. $AB^{ac}D^{ac}HRT$ || alterius alterius $AB^{ac}DHRT$: a. tesserae a. B^{pc} || octies VIII *codd.* : o. octona *Dick Wi.* || si in[1] $B^{pc}D^{pc}H^{pc}$: si $AB^{ac}D^{ac}H^{ac}RT$ || hoc[1] $B^{pc}D^{pc}H^{pc}$: hac $AB^{ac}D^{ac}H^{ac}RT$ || in alterius $B^{pc}H^{pc}$: duo a. $AB^{ac}DRT$ duos a. H^{ac} || latere[4] B^{pc} : lateris H^{pc} latus $D^{pc}T$ latius $AB^{ac}D^{ac}H^{ac}R$ || alia *BDHRT* : alius *A* || non metitur *D* : n. metietur *ABHR* n. metiatur *T* || ne[1] *BDT* : nec *H om. AR* || quidem alterius B^{pc} : q. apparens $AB^{ac}DHRT$ || et XXVII $BD^{pc}HT$: et XXVI *A* et XXVIII D^{ac} *def. R* || XXVII sunt $B^{pc}DH$: XXVI s. $AB^{ac}T$ *def. R* || VIII non $AB^{pc}H$: VIIII n. $B^{ac}DT$ *def. R.*

deux cubes 8 et 27 : 27 n'est pas mesuré par 8 ; donc, puisque le côté du cube 8 est 2, et 3 celui du cube 27, 2 ne mesure pas 3. D'où il est évident aussi que, si le côté d'un cube ne mesure pas le côté de l'autre, ce dernier cube n'est pas non plus mesuré par le premier.

801. Dans toute la série du nombre, celui qui est mesuré par un nombre possède aussi une partie dénommée par le nombre qui le mesure[1]. Soit 9 : ce nombre est mesuré par 3, et le tiers de 9 se trouve en 3. Soit 16 : ce nombre est mesuré par 4, et 4 est le quart de 16. Même chose pour tous les autres nombres.

Il suit que, si un nombre a une partie, il sera mesuré par le nombre dont le nom est commun avec celui de cette partie[2] ; par exemple, le nombre 9 a comme partie le nombre 3, et il est mesuré par 3.

[Conclusion]

802. Il suffira[1] de ce rapide exposé sur les nombres et les [mesures ;
pour le reste, il convient de le laisser à la science athénienne[2],
s'il flotte encore un souffle au-dessus de nos autels,
si le manteau de philosophe[3] est encore porté à l'ancienne, [comme il se doit[4].
Pour moi, le temps écoulé m'avertit de conclure maintenant [mon discours,
si je veux éviter que l'assemblée des dieux ne se lasse de [moi,
et du ciel étoilé que je ne sois chassée, moi l'antique science [du Nombre. »
Elle dit, et se tut, et rejoignit sa sœur, qui était là tout [près.

II sint, in eius quae XXVII habet III sint, II ternionem non metiuntur. Ex hoc etiam illud apparet, quod, si in latere tesserae <lateris alterius tesserae> non est mensura, ne ea quidem tessera eam tesseram metitur.

801. In omni numero, qui mensuram in aliquo numero habet ex eodem et me*mbri* nomen acquirit qui mensuram facit. Sint VIIII : hos ternio metitur, et est nouenarii numeri tertia pars in tribus. Sint XVI : hos quaternio metitur, et est quarta eorum qui XVI sunt IIII ; idemque in ceteris omnibus numeris reperietur.

Sequitur autem ut, si numero membrum sit, in eo numero mensuram is habeat cui cum eo membro commune nomen sit ; ut nouenarii numeri membrum in ternione est, eumque tres metiuntur.

802. Hos sat erit cursim numeros memorasse modosque ;
cetera Cecropias aequum perhibere cathedras,
si tamen ullus inest nostris super halitus aris
aut rite in ueterem cultum replicantur abollae.
Me spatium admonuit iam claudere fatibus orsa,
ne superum nostri capiant fastidia coetus,
et uetus astrigero pellar Numeraria caelo. »
Sic ait, ac reticens propiori adiuncta sorori.

(800) lateris alterius tesserae *suppl. Dick.*

801. membri *Pe. Wi.* : mensurae *ABDHR Dick* -a *T* || VIIII *ABDHR*^{pc}*T* : VIII *R*^{ac} || quaternio *ADHRT* : quaternario *B*.

802. hos *B*^{ac}*DH*^{ac}*T* : nos *AB*^{pc}*H*^{pc}*R* || super halitus *B*^{pc}*D*^{pc}*HRT* : s. habitatus *A* superna litus *B*^{ac}*D*^{ac} || aris *ABDH*^{pc}*RT* : alis *H*^{ac} || orsa *codd. Dick* : ora *Wi.* || numeraria *ABDHR*^{pc}*T* : -o *R*^{ac} || propiori *B*^{pc}*D*^{pc}*HR*^{pc} : propriori *AB*^{ac}*D*^{ac}*R*^{ac} propior *T* || *post* sorori *add.* MARTIANI MINNEI FELICIS CAPELLAE DE ARITMETICA LIBER VII EXPLICIT *uel simillima BDHRT* : MARTIANI MINEI FELICIS CAPELLAE DE ARITHIMECICA LIBRI *(sic)* VII EXPLICIT *A*.

NOTES

§ 725

1. Il s'agit évidemment de Géométrie ; l'expression latine *Permensio terrae* cherche à calquer exactement γεω-μετρία. On peut faire la même remarque à propos de *mundum quae admensa* (ci-après, v. 6).

2. Minerve est dite « non mariée » chez Virgile, *Énéide* 2, 31, où l'adjectif est *innupta* (*innuptae Mineruae*) comme chez Stace, *Thébaïde* 2, 251-252 ; l'adjectif *innuba* (composé de l'époque impériale d'après Ernout-Meillet, *Dictionnaire étymologique de la langue latine*, *s. u. nubo*) est employé par Ovide, *Mét.* 10, 92 et 567 ; 14, 142 ; Valérius Flaccus 1, 87. Cf. l'éloge de Pallas/Minerve sur lequel Martianus a ouvert le livre 6 consacré à la géométrie (§ 567 sq.).

3. L'abaque dont il est question ici a été apporté juste avant l'arrivée de Géométrie par Philosophie et Paideia (début du livre 6, § 579). C'est sur cet abaque que Géométrie, à la fin de son intervention (6 § 724), vient de mener une ligne droite (*lineam in abaco rectam ducens*) pour suggérer la première proposition du livre 1 des *Éléments* d'Euclide. On voit ici que l'abaque est susceptible de servir aux deux sœurs Géométrie et Arithmétique. Il existe, en effet, plusieurs sortes d'abaque. Le plus connu est l'abaque à jetons, table à compter sur laquelle sont matérialisées des colonnes dont chacune symbolise généralement une puissance de 10. On dispose donc dans chaque colonne autant de jetons (ψῆφοι en grec, *calculi* en latin) qu'il faut : sur un abaque à quatre colonnes, de gauche à droite, les milliers dans la première colonne, les centaines dans la seconde, les dizaines dans la troisième et les unités dans la dernière. Tel n'est pas l'abaque de notre texte, qui n'aurait pu servir qu'à l'arithmétique, non pas à la géométrie. L'abaque à cire eût pu convenir aux deux : tablette enduite de cire sur laquelle, à l'aide d'un stylet, on traçait des colonnes

et inscrivait des chiffres suivant les mêmes principes que ci-dessus ; mais sur laquelle on pouvait aussi, évidemment, tracer des figures géométriques. L'abaque dont il est question dans notre texte est un tableau recouvert de sable (du reste, il est possible que l'étymologie du terme, grec *abax* ou *abakion*, soit à rechercher dans le mot sémite *abq* « sable », « poussière »). Ce sable, croirait-on de prime abord à la lecture du texte, est de couleur vert bleu (*glauco... puluereum*), et l'on retrouvera une notation semblable chez Cassiodore (*Inst.*, 2, 5, 11 p. 150 l. 9 Mynors : *puluere colorato*) ; on la trouvera encore dans la définition de l'abaque par le grammairien lombard Papias (qui composa en 1053 un *Glossaire* édité pour la première fois à Milan en 1476 : *Papiae Elementarium* ed. V. De Angelis, Milan, 1977) : *abacus uel abax, tabula in qua uiridi puluere formae depinguntur*. En réalité, il y a tout lieu de croire que *glaucus* de Martianus, auquel remontent de telles expressions, est une simple métonymie pour désigner le sable « de la mer », sans référence aucune à sa couleur et sans lui prêter la couleur bleue de la mer ! Sur l'abaque, voir T. L. Heath, *A History of Greek Mathematics*, Oxford, 1921 (repr. 1965), vol. 1, p. 46-52 ; K. Menninger, *Zahlwort und Ziffer*, Breslau, 1934, p. 216 sq. ; F. Kretzschmer, *La technique romaine*, Bruxelles, 1966 (trad. française par J. Breuer et F. Ulrix de *Bilddokumente Römischer Technik*, Düsseldorf, 1958), p. 7-11 ; et en dernier lieu A. Schärlig, *Compter avec des cailloux. Le calcul élémentaire sur l'abaque chez les anciens Grecs*, Lausanne, 2001.

4. Les deux suivantes de la fiancée sont Philosophie et Paideia (cf. *supra*, 5 § 578-579) ; celle dont il s'agit ici est Paideia (cf. début du § 728).

5. La sœur de Géométrie, laquelle vient de s'exprimer au livre 6, est Arithmétique, qui va maintenant présenter sa science dans le livre 7.

6. Volupté, qui est la suivante de Vénus, s'adresse ici au « Cyllénien », c'est-à-dire à Mercure.

7. Allusion au concert de louanges que vient de faire entendre l'assemblée des dieux après l'énoncé de la première proposition euclidienne, à la fin du livre 6 (§ 724).

8. *Armipotens* est une épithète attribuée à Minerve chez Virgile, *Énéide* 2, 425 et 11, 483.

9. Pour l'expression *sibi uindicat*, cf. Lucain, *Guerre civile* 6, 73.

10. Mère de Vénus, qu'elle conçut de Jupiter.

11. Divinité de la fécondité.

§ 726

1. Le texte latin de la dernière phrase est corrompu ; tel qu'il apparaît dans les mss., il n'a pas de sens ; Dick et Willis le considèrent comme désespéré, et Willis édite : † *nec sensus iugalis // feralistacura morsum* †. Pour le premier de ces deux vers, la leçon *ne nunc sensus iugalis* satisfait bien mieux les exigences rythmiques du dimètre iambique catalectique ; pour le second, *feralis tactura morsum* est la leçon donnée au moins par le ms. *D*. Plutôt que d'en rester au *locus desperatus*, nous préférons adopter un texte auquel on puisse donner un sens, même si ce sens reste trop peu clair ; mais enfin le texte de Martianus abonde en passages de la même relative obscurité, dès lors qu'il s'agit de passages poétiques.

§ 727

1. Le fils de Maïa est évidemment Mercure ; la Saturnienne est Junon ; la réprobation de cette dernière tient au fait que de Vénus et Mercure était né Hermaphrodite (cf. Martianus 1 § 34, et voir p. ex. Ovide, *Métamorphoses* 4, 288) et que Junon, comme l'observe Rémi d'Auxerre, ne voulait pas voir la naissance d'un second monstre.

§ 728

1. La femme extraordinaire qui est introduite par Paideia est évidemment Arithmétique. Il faut souligner ici que la description des *Virgines* par Martianus a influencé la description de Philosophie par Boèce (*Consolation de Philosophie* 1, *pr.* 1) : entre le portrait d'Arithmétique particulièrement et celui de Philosophie, on relèvera les points communs que sont le caractère vénérable de la *uirgo* (*reuerenda* chez Martianus ; *reuerendi* chez Boèce), son antiquité (*uetustatis* chez Martianus ; *uetustatis* chez Boèce), la valeur symbolique de son vêtement (chez les deux auteurs). Ceci est un document à verser au dossier concernant la question de savoir si Boèce avait lu ou non Martianus Capella (cf. D. Shanzer, *op. cit.*, p. 11-12, qui pose le problème) : plutôt que H. Parker (« The Seven Liberal Arts », *EHR* 5, 1890, p. 453) qui ne le croit pas, on suivra là-dessus J. Gruber (*Kommentar zu Boethius De Consolatione Philosophiae*, Berlin-New York, 1978, p. 18), qui répond par l'affirmative à cette question.

2. Le verbe *defluere* sera utilisé au § 732 pour signifier l'extension d'une ligne à partir d'un point, parallèle à l'extension de la dyade à partir de la monade, préliminaires de ce que l'arithmétique pythagoricienne appelle le « flux » du nombre ; c'est-à-dire que le début du § 732 énoncera de manière abstraite l'idée qui est ici présentée dans le symbolisme des rayons.

3. Le premier rayon représente la monade, perceptible à l'intellect mais non pas aux sens, et qui est elle-même non pas un nombre mais le principe et l'origine du nombre. Le second rayon représente la dyade ou la ligne, c'est-à-dire la première extension de la monade indivisible ou du point.

4. Les dix rayons représentent les dix nombres de la décade, dont il sera question successivement aux § 731-742 (ce dernier paragraphe traitant spécifiquement du nombre dix). Rémi d'Auxerre, dans son commentaire, a bien noté cette allusion à la décade à travers les dix rayons dont parle le texte (vol. 2, p. 177 Lutz).

5. Si la décade est dite « première » (*primus*), c'est d'une part (explication pythagoricienne) parce qu'elle embrasse tous les nombres, comme dans les rayons partant du front d'Arithmétique se récapitulent tous les nombres qui peuvent émaner d'elle ; c'est d'autre part (explication liée au système décimal) que le nombre dix (*decuriatus*) est le premier (*primus*) de la « seconde rangée » du nombre (voir *infra*, § 741, 742 et 745), et que, parvenu à 10, on recommence (10, 11, etc.) : ce rôle de « pivot » de la décade dans la série des nombres est souligné p. ex. par Philon d'Alexandrie, *De opificio mundi* 47 : δεκάδα (...) ἥτις ὅρος τῆς ἀπειρίας τῶν ἀριθμῶν ἐστι, περὶ ὃν ὡς καμπτῆρα εἱλοῦνται καὶ ἀνακάμπτουσι, « la décade (...), qui est la borne de l'infinité des nombres, autour de laquelle ils tournent comme autour d'un *kamptêr*, et repartent dans l'autre sens » (le καμπτήρ est la borne de l'hippodrome, autour de laquelle tournent les chars).

6. On peut voir là une allusion aux possibilités de multiplication des nombres de la décade par tel ou tel nombre de cette série, entraînant la production d'un autre nombre, toujours dans la même série de la « décade », précisément : c'est ce dont il sera question aux § 742 et 745, qui montreront, du reste, que cela ne peut s'appliquer au nombre 7, qui n'est pas plus divisible par deux ni par trois que par un autre nombre, et qui, si on le double ou si on le triple, ne produit pas un nombre de la décade. Mais il est question ensuite d'une multitude innombrable de rayons. Mieux vaut alors comprendre *duplis*, *triplis*, comme le début d'une série : les « combinaisons

variées » (*duplis*, *triplis*, jusqu'à 10) engendrent la décade seconde, puis la décade troisième, etc., jusqu'à l'infini.

7. L'unité est l'origine des nombres, qui, à partir d'elle, croissent à l'infini, mais c'est aussi en elle qu'ils reviennent au terme du processus inverse, celui de la décroissance : l'image des rayons sera explicitée par l'énoncé théorique du § 731 (*omniumque numerorum solam seminarium esse solamque mensuram et incrementorum causam statumque detrimentorum*). L'opération arithmétique que veut ici suggérer l'image du « retour à l'unité » est la division, par opposition à la multiplication qui a été évoquée dans les lignes précédentes.

§ 729

1. Le vêtement pourrait (selon Stahl et Johnson, vol. 2, p. 275 n. 16) symboliser les nombres dans leur pure abstraction, et le voile les nombres appliqués aux objets corporels et au monde dans son ensemble (*totius naturae opera*). On aurait alors ici l'annonce de l'opposition qui sera suggérée au § 731 entre « ce qui nombre » (*quod numerat*) et « ce qui est nombré » (*numerandum*). Il s'agit d'une distinction néoplatonicienne entre nombre « nombrant » (ἀριθμῶν) et nombre « nombré » (ἀριθμούμενος). La vierge Arithmétique montre par son costume qu'elle seule peut rendre compte de toute réalité, c'est-à-dire de la réalité « visible » et, au delà, de la réalité véritable. Dire que le voile d'Arithmétique cache les *opera totius naturae*, c'est faire allusion, de manière imagée, à la doctrine pythagoricienne du « tout est nombre ».

2. Il s'agit d'une première allusion au *computus* ou *loquela digitorum* (sur lequel on revient plus longuement en note *infra*, à propos du § 746), dans lequel le mouvement des doigts, qui se plient de différentes façons, est fondamental et très caractéristique. La difficulté qu'éprouve le non initié à suivre les mouvements des doigts et leur signification est un élément important du prestige de celui qui est capable de pratiquer la *loquela digitorum* : aux mouvements des doigts on reconnaît le savant…

3. Nombreuses tentatives pour découvrir ce nom, au Moyen Âge et à l'époque moderne. Rémi (vol. 2, p. 178 l. 31-p. 179 l. 3 Lutz) a-t-il raison de dire que pour les Grecs, ce nom était ἡ ἀρχή (affirmation qu'il prenait chez Jean Scot Érigène, p. 154 l. 22-25 Lutz, lequel la faisait remonter à Macrobe : *Per numerum significauit proprium nomen Iouis,* ZIPΥΣ, *id est* Z *II,* I *X,* P *C,* Υ *CCCC,*

Σ *CC. Macrobius autem dicit : proprium nomen Iouis est* Η ΑΡΧΗ, *id est principium,* Η *VIII,* Α *I,* Ρ *C,* Χ *DC,* Η *VIII*) ? Effectivement, le total des valeurs numériques des lettres qui composent cette expression est de 717 (8+1+100+600+8) et l'explication est astucieuse ; mais il est gênant que l'on doive prendre en compte l'article ; du reste, Rémi prétend trouver cette idée chez Macrobe (*Macrobius autem dicit proprium nomen Iouis esse apud Graecos* Η ΑΡΧΗ), alors que le *Commentaire sur le Songe de Scipion* (1, 17, 14) se contente de citer Virgile, *Buc.* 3, 60 (*ab Ioue principium, Musae, Iouis omnia plena*) ; s'agissant exactement du nom de Jupiter, ce paragraphe du *Commentaire sur le Songe de Scipion* dit que c'est « le ciel » pour les Anciens, ou « l'Âme du Monde » pour les théologiens. Rémi, au même endroit, fournit une autre manière d'obtenir le nombre 717 de Jupiter : ΖΙΡΥΣ, *id est sublimis*. Le commentaire très approfondi de L. Lenaz, *Martiani Capellae De Nuptiis... lib. II*, Padoue, 1975, ne se prononce pas de manière définitive. Au livre 2, le nombre de Mercure est bien clairement 1218, somme des valeurs numériques des lettres qui composent Θωύθ (9+800+400+9) ; et Philologie se réduit non moins clairement au nombre 724 (Φιλολογία = 500+10+30+70+30+70+3+10+1 = 724) ; mais le cas du Soleil (dont le nombre est 608) est lui-même aussi difficile que celui de Jupiter ici : L. Lenaz se borne à rappeler que 608 était ΗΥΣ (8+400+200) pour Jean Scot et Grotius, *cognomen* du Soleil pour Rémi d'Auxerre, l'*omen* étant ΤΗΤ (300+8+300) ; une forme ΦΡΗ (500+100+8) peut aussi être proposée. Dans le cas de Zeus, il faudrait pouvoir arriver, comme dans le cas de Mercure (appelé Theuth) et du Soleil, à une appellation quasi-secrète, qui puisse rendre compte de cette valeur numérique 717. Ces spéculations sur la somme des valeurs numériques des lettres constituant un nom sont aussi connues dans le monde hébraïque (où elles se nomment « guématrie », *guematria*, sans doute corruption d'un mot grec comme γεωμετρία : par exemple, si le tétragramme divin est de valeur 26, on peut remarquer que sa valeur est égale à la somme de *ahavah* « amour » : 1+5+2+5 = 13, et de *ehad* « un » : 1+8+4 = 13) ; et par la suite chez les musulmans (*Hisāb al Jumal*, « calcul de la somme »). On peut soit calculer la valeur numérique d'un nom considéré isolément, soit chercher à établir des rapports entre deux noms ayant chacun la même valeur numérique ou des valeurs numériques entre lesquelles on peut tenter des rapprochements, ce que l'on appelle l'« isopséphie ». Voir les exemples donnés par T. L. Heath, *A History of Greek Mathematics*, vol. 1, p. 116 ; voir, sur l'ensemble de la question de la pséphographie, F. Dornseiff, *Das Alphabet in Mystik und Magie*[2], Leipzig-Berlin, 1925. Sur le *computus uel loquela digitalis*, cf. *infra*, § 746 et notes.

4. C'est Harpocrate, c'est-à-dire l'Horus jeune, qui est déjà apparu au § 90, où il n'était pas nommé plus qu'ici : *Puer ad os compresso digito salutari silentium commonebat*, « posant un doigt sur ses lèvres, il donnait le signal du silence » (expression qui rappelle celle d'Ovide, *Mét.* 9, 692, *quique premit uocem digitoque silentia suadet,* dans un contexte où le poète décrit une scène égyptienne) : il est généralement représenté un doigt sur les lèvres, car c'est un dieu du silence. Dans la littérature latine, cf. Catulle, 74, 41 ; Varron, *LL* 5, 57 ; Augustin, *Cité de Dieu* 18, 5.

5. Pythagore, qui apparaît ici au début du livre 7, est à l'arithmétique ce qu'était à la géométrie Euclide, qui vient d'être applaudi à la fin du livre 6 (§ 724 : *acclamare Euclidi plaudereque coeperunt*) : une figure tutélaire et emblématique.

6. Le discours d'Arithmétique va occuper tout le livre 7, jusqu'à l'avant-dernier vers du § 802.

§ 730

1. Pour les pythagoriciens, les nombres sont le principe (en grec, ἀρχή) de l'univers ; tout s'explique par le nombre, jusqu'aux mouvements des corps célestes, qui se conforment à des lois arithmétiques. L'arithmétique occupe donc la place essentielle dans le processus de création par le Démiurge, ce qui fonde sa primauté par rapport aux autres sciences. Ce thème est fréquent chez les néoplatoniciens. On peut citer par exemple Nicomaque, *Introduction arithmétique* 1, 4, 1-2 : Τίνα οὖν ἀναγκαῖον πρωτίστην τῶν τεσσάρων τούτων μεθόδων ἐκμανθάνειν ; ἢ δηλονότι τὴν φύσει πασῶν προϋπάρχουσαν καὶ κυριωτέραν ἀρχῆς τε καὶ ῥίζης καὶ οἱονεὶ πρὸς τὰς ἄλλας μητρὸς λόγον ἐπέχουσαν. Ἔστι δὲ αὕτη ἡ ἀριθμητική οὐ μόνον ὅτι ἔφαμεν αὐτὴν ἐν τῇ τοῦ τεχνίτου θεοῦ διανοίᾳ προϋποστῆναι τῶν ἄλλων ὡσανεὶ λόγον τινὰ κοσμικὸν καὶ παραδειγματικόν, πρὸς ὃν ἀπερειδόμενος ὁ τῶν ὅλων δημιουργὸς ὡς πρὸς προκέντημά τι καὶ ἀρχέτυπον παράδειγμα τὰ ἐκ τῆς ὕλης ἀποτελέσματα κοσμεῖ καὶ τοῦ οἰκείου τέλους τυγχάνειν ποιεῖ, ἀλλὰ καὶ ὅτι..., « Laquelle de ces quatre méthodes faut-il donc apprendre en premier ? N'est-ce pas évidemment celle qui par nature préexiste

à toutes les autres et qui est plus souveraine, parce qu'elle tient le rôle de principe, de racine et pour ainsi dire de mère pour les autres ? Et c'est l'arithmétique elle-même, non seulement parce que nous avons dit qu'elle préexiste aux autres sciences dans la pensée du dieu artisan, comme une raison cosmique et paradigmatique, sur laquelle, comme sur une esquisse et un modèle archétype, le démiurge des êtres s'appuie pour arranger les réalisations tirées de la matière et leur faire trouver leur fin propre, mais aussi parce que... » (trad. J. Bertier, *Nicomaque de Gérase. Introduction arithmétique, Introduction, traduction notes et index*, Paris, Vrin, 1978, p. 57-58), paraphrasé par Boèce, *Institution arithmétique* 1, 1, 8 : *Haec enim cunctis prior est, non modo quod hanc ille huius mundanae molis conditor deus primam suae habuit ratiocinationis exemplar et ad hanc cuncta constituit quaecumque fabricante ratione per numeros adsignati ordinis inuenere concordiam*, « Si elle a sur toutes la priorité, ce n'est pas seulement parce que c'est elle que le Dieu qui a créé la masse du monde a prise en premier comme modèle de son calcul, établissant d'après elle tout ce qui, dans la création opérée par sa pensée, a trouvé la concorde grâce à des nombres dans un ordre fixé... »

2. Parce que chaque dieu est assimilé à un nombre, comme on le verra *infra*, dans les développements arithmologiques qui vont être consacrés aux nombres de la décade.

§ 731

1. Les § 731-742 constituent un abrégé d'arithmologie (qu'il y a lieu de compléter, du reste, dans la propre œuvre de Martianus, par le contenu des § 102-108 du livre 2, à propos de la valeur numérique du nom de Philologie et de celui de Mercure) parfaitement attendu ici, dans la mesure où non seulement l'arithmologie est sœur de l'arithmétique, mais aussi l'arithmétique n'a pour but que de conduire à l'arithmologie. Cet abrégé de Martianus inspirera le *Liber numerorum* d'Isidore de Séville (cf. J. Fontaine, *Isidore de Séville et la culture classique dans l'Espagne wisigothique*, Paris, 2ème éd. revue et corrigée, 1983, p. 371 n. 4, et pages suivantes pour des comparaisons de détail). Selon F. E. Robbins (« The Tradition of Greek Arithmology », *Classical Philology*, vol. 16, 1921, p. 97-123 ; cet article reprend et précise des données de base énoncées par le même auteur, six mois plus tôt, dans « Posidonius and the Sources of Pythagorean Arithmology »,

Classical Philology, vol. 15, 1920, p. 309-322), la source des différents textes arithmologiques grecs et latins que l'on trouve chez Varron, Philon, Nicomaque, Théon de Smyrne, Anatolius, les *Theologumena arithmeticae*, Calcidius, Macrobe, Martianus Capella, Favonius et Lydus, serait à placer dans un texte disparu, antérieur à Posidonius qui s'en est le premier inspiré : un texte, donc, qu'il faudrait placer au plus tard dans la seconde moitié du 2ème s. av. J.-C. Robbins parvient à distinguer deux « familles » dans la transmission de l'enseignement de cette source inconnue, qu'il désigne par S : d'une part, Philon, Anatolius et Lydus ; d'autre part, Théon et les autres, notamment Martianus Capella. Il n'est pas question de reprendre ici toute l'argumentation, fondée sur une étude comparative minutieuse des textes. S'agissant de notre auteur, la conclusion de Robbins (« The Tradition ... », p. 121) est que « Capella, then, seems to be descended from an S document of the Theonian group, more voluminous than Theon, and probably influenced by a Latin translation of Adrastus » (il s'agit du *Commentaire sur le Timée* écrit par Adraste). L'ordre dans lequel le texte de Martianus va traiter des nombres est canonique : depuis 1, on va jusqu'à 10, terme des nombres de la « première rangée ». Traditionnelle aussi, à propos de la monade, l'affirmation de son caractère insécable (... *ut non secetur in partes*), bien que l'adjectif *insecabilis* ne figure pas ici (mais il se trouve au § 732 et il était déjà dans le livre 6, § 707, appliqué à la monade). Ce caractère insécable, la monade le partage avec l'atome, le point et l'instant (thème traditionnel, développé par Martianus lui-même au livre 8, § 971) ; quant à l'adjectif *insecabilis*, c'est évidemment la transcription latine du grec ἄτομος, lequel est classiquement appliqué à l'unité dans les textes grecs, contrairement à ce que laisse entendre J. Fontaine, *op. cit.*, p. 375 : s'il est vrai, comme le souligne cet auteur, que ni Théon ni le Pseudo-Jamblique des *Theologumena arithmeticae* n'emploient ἄτομος pour la monade, il est vrai aussi que le Jamblique du *Commentaire sur l'Introduction arithmétique de Nicomaque* a l'expression τῆς φύσει ἀτόμου μονάδος, « la monade insécable par nature » (p. 12 l. 12 Pistelli ; répété p. 13 l. 13, p. 19 l. 2, p. 21 l. 3), qu'il reprend au texte qu'il commente (p. 15 l. 9 et 14, p. 22 l. 10 Hoche).

2. Martianus prend *species* comme synonyme de *forma* ; cf. livre 4, § 345 : *Formas easdem dicimus quas species*. D'autre part, le terme *accidens* ne peut être employé ici avec son sens technique, puisqu'il est appliqué à la monade en tant que caractéristique essentielle.

3. Si les *extantia* sont l'ensemble des réalités existantes, leur « principe » est sans doute Jupiter ; mais alors à quoi bon la précision *cuilibet ?* Il se pourrait donc que le mot *extantia* ne vise que les nombres, et alors la précision « quel que soit leur principe » prend du sens : car le début de la série numérique peut être soit le nombre 2 (la monade étant posée comme n'étant pas un nombre parce qu'elle est l'origine du nombre), soit le nombre 1 (posé comme différent de la monade, en tant qu'il fait partie, lui, des *numerabilia*, voir note suivante). Il y a peut-être également sous ces mots un souvenir de la définition de l'unité donnée par les *Éléments* d'Euclide (7, déf. 1) : Μονάς ἐστιν καθ' ἣν ἕκαστον τῶν ὄντων ἓν λέγεται, « L'unité est ce selon quoi chacun des êtres est dit un » (B. Vitrac, *Euclide. Les Éléments*, vol. 2 : *Livres V à IX*, Paris, 1994, p. 247, préfère traduire : « Est unité ce selon quoi chacune des choses existantes est dite une »).

4. On retrouve ici, à propos de l'unité, un thème déjà abordé de façon générale au § 729 (cf. n. 1 *ad loc.*). « Ce qui nombre » est le nombre, *numerus*, c'est-à-dire ici la monade ; « ce qui est nombrable » est l'un, *numerabile*. La monade est un principe de numération antérieur au nombre 1 qui, comme les autres nombres, ne peut se définir que par rapport à elle. Cette conception pourrait dénoter l'influence du péripatéticien Adraste, selon F. E. Robbins, « The Tradition ... », p. 121. Mais si elle est d'abord aristotélicienne, elle est aussi bien connue des néoplatoniciens.

5. On peut voir dans l'expression *unum solum* l'équivalent latin de l'expression grecque τὸ ἓν καὶ μόνον (ou εἷς καὶ μόνος, ou εἷς μόνος) qui s'applique à la transcendance divine chez Philon d'Alexandrie par exemple (*De agricultura* 54 : « Comme l'âme que Dieu fait paître possède l'Un et le Seul (τὸ ἓν καὶ μόνον ἔχουσα), duquel dépendent toutes choses, il est normal qu'elle n'ait plus besoin de rien d'autre » ; *Quis rerum diuinarum heres sit* 216 : « Car ce qui est réellement Un, Seul et Pur (τὸ γὰρ ἓν καὶ μόνον καὶ καθαρὸν ὄντως) a engendré de soi seul, sans faire usage absolument d'aucune autre matière, l'hebdomade qui n'a point eu de mère ») et aussi dans les textes de l'hermétisme (p. ex. *Corpus hermeticum* 4, 5, p. 51 l. 6 : ἐπὶ τὸ ἓν καὶ μόνον σπεύδουσιν ; 4, 8, p. 52 l. 10 : ἵνα πρὸς τὸν ἕνα καὶ μόνον σπεύσωμεν ; 4, 1, p. 49 l. 4 : τοῦ ἑνὸς μόνου) ; voir J. Festugière, *La Révélation d'Hermès Trismégiste*, t. 4, Paris, 1954, p. 18 sq. et notamment p. 21. Pour *retractantibus*, voir le commentaire de Jean Scot Érigène, p. 154 l. 22 Lutz : *Retractantibus : id est philosophis disputantibus*.

6. Dans l'arithmétique pythagoricienne, l'unité est l'origine des nombres. Le complément traditionnel de cette affirmation consiste à dire que l'unité n'est pas elle-même un nombre : dans le livre 7 des *Noces*, il faudra attendre le § 745 pour voir exprimer cette idée qui avait pourtant sa place naturelle dans le présent développement. Sur la monade comme source des nombres, cf. A. J. Festugière, *La Révélation d'Hermès Trismégiste*, t. 4, p. 6 sq., 26-32, et *passim*.

7. On a pu penser à corriger le dernier mot en *decrementorum* d'après Isidore de Séville, *Liber numerorum* 2, 4, qui copie la phrase de Martianus (cf. J. Fontaine, *op. cit.*, p. 375 n. 3) ; mais en réalité, *decrementorum* d'Isidore n'est qu'une faute de lecture de l'édition Arévalo = PL, car le texte du ms. de Turin sur lequel se fonde cette édition du *Livre des nombres* porte *detrimentorum*, comme d'ailleurs les autres mss. ; on observera de plus que, chez Boèce, *Inst. mus.*, p. 250 l. 1 Friedlein, l'unanimité des mss. donne le mot *detrimenta* dans un contexte comparable.

8. Ici l'adjectif *perpetuus* a le sens du grec ἀεί dans les textes philosophiques et scientifiques : « chaque fois ».

9. Cette fois l'adjectif *perpetuus* a le sens de *aeternus* et correspond à l'autre signification du grec ἀεί. Martianus a confondu les deux significations de cet adverbe.

10. La monade est assimilée à Jupiter ; dans la suite du texte de Martianus, chaque paragraphe arithmologique consacré à un nombre proposera semblablement une identification de chaque nombre avec une divinité. C'est là un des traits communs les plus nets entre Martianus et l'arithmologie de Nicomaque telle que nous la connaissons par le résumé de Photius (*Bibliothèque*, t. 3, codex 187, éd. R. Henry, CUF, 1962) ; voir aussi, dans les *Indices* finaux de l'édition De Falco des *Theologumena arithmeticae*, la liste des *Epitheta numerorum*, p. 89-90. La correspondance entre tel nombre et telle divinité sera la seule donnée supprimée par Isidore de Séville quand il copiera ce texte de Martianus dans son *Liber numerorum*. Macrobe, *in Somn. Scip.* 1, 6, 8, dit comme Martianus, dans un développement comparable sur la monade, que celle-ci *ad summum refertur deum* (p. 19 l. 28-29 Willis) : la monade/dieu suprême est la première des trois hypostases des néoplatoniciens. Quant à l'origine de ces assimilations parallèles de la monade à Jupiter et de la dyade à Junon (cf. *infra*, § 732), elle est ancienne et l'on peut, avec les doxographes, remonter jusqu'à Xénophane : Ξενοκράτης... τὴν μονάδα καὶ τὴν δυάδα θεούς, τὴν μὲν ὡς ἄρρενα πατρὸς ἔχουσαν τάξιν ἐν οὐρανῷ βασιλεύουσαν, ἥντινα προσαγορεύει καὶ Ζῆνα καὶ περιττὸν καὶ νοῦν, ὅστις ἐστὶν

αὐτῷ πρῶτος θεός · τὴν δ' ὡς θήλειαν, μητρὸς θεῶν δίκην, τῆς ὑπὸ τὸν οὐρανὸν λήξεως ἡγουμένην, ἥτις ἐστὶν αὐτῷ ψυχὴ τοῦ παντός, « Pour Xénocrate, la monade et la dyade sont des dieux ; il considère la première comme mâle, tenant le rôle de père et régnant dans le ciel, et il lui donne les noms de Zeus, d'impair, et de Nous, qui est pour lui le premier dieu ; la seconde est femelle, tient le rôle de mère des dieux, maîtresse du sort placé sous le ciel, et elle est pour lui l'âme du Tout » (Fragment 213 Heinze = Aetius, *Doxographi Graeci* éd. Diels, p. 304 = Stobée, 1, 1, 29b Wachsmuth-Hense).

11. Les *Theologumena arithmeticae* du Pseudo-Jamblique appellent la monade παράδειγμα, p. 6 l. 7 De Falco. La monade est vue comme le modèle de la création du monde ; c'est pourquoi on ne peut ici se contenter de la traduction de Stahl-Johnson, vol. 2, p. 277 : « To cite examples : there is one God... ».

12. C'est la dyade, non pas la monade, qui est « Désir », Ἵμερος, chez Nicomaque résumé par Photius, *Bibliothèque*, codex 187 (Photius, *Bibliothèque*, t. 3, éd. R. Henry, CUF, 1962, p. 43 l. 13).

13. « Concorde, Piété et Amitié » sont des appellations pythagoriciennes de la monade ; cf., chez le Pseudo-Jamblique, συμφωνίαν et φίλον (*Theologumena arithmeticae*, p. 6 l. 7 et 10 De Falco).

14. On ne se défend pas de l'impression d'être en face d'un certain fatras au fur et à mesure que l'on progresse dans la lecture de ces paragraphes arithmologiques. Pêle-mêle sont livrées des considérations où s'entrecroisent le microcosme et le macrocosme. La volonté de produire un abrégé utilitaire, malgré la forme emphatique du discours de la *Virgo Arithmetica*, y est sans doute pour beaucoup.

§ 732

1. Le paragraphe s'ouvre sur l'affirmation que la monade, principe idéal qui est au-delà du nombre, doit, pour produire la suite des nombres en commençant par le nombre deux, devenir un « un » par une union avec le ὄν (voir au § 731 l'affirmation selon laquelle « la priorité appartient à ce qui nombre sur ce qui est nombrable », c'est-à-dire à la monade sur l'un, et notre commentaire *ad loc.*). C'est ce que signifie l'expression *unum facta* qui, bien attestée par les mss., n'est pas traduite par Stahl-Johnson, vol. 2, p. 277 : « When the monad has extended itself in any direction... ».

2. Le même verbe a été employé plus haut au § 728 (voir le commentaire *ad loc.*) ; même emploi de *defluere* chez Macrobe, *in Somn. Scip.* 1, 6, 18, dans le même sens. Le flux du nombre (cf. la définition pythagoricienne du nombre telle que la présente par exemple Nicomaque, 1, 7, 1 : ποσότητος χύμα ἐκ μονάδων συγκείμενον, « un flux de quantité composé d'unités »), issu de la monade, produit d'abord la dyade ; de même, en géométrie, le point produira-t-il la ligne ; cf. Philon, *De opificio mundi* 49 : ῥύσει μὲν ἑνὸς δυάς, ῥύσει δὲ σημείου συνίσταται γραμμή, « c'est par l'écoulement du nombre un qu'est constituée la dyade, et par l'écoulement du point qu'est constituée la ligne ». C'est qu'il y a correspondance entre la monade et le point, entre la dyade et la ligne, entre la triade et la surface, enfin entre la tétrade et le volume (cf. § 746). La manière dont la dyade émane de la monade, ou la ligne du point, était symbolisée dans l'image des rayons lumineux issus du front d'Arithmétique, *supra*, § 728.

3. Il s'agit encore des pythagoriciens, comme le confirme la lecture des *Theologumena arithmeticae*, où l'on voit que la dyade est appelée γένεσις (p. 8 l. 2 sq. De Falco).

4. La dyade est investie des qualités opposés à celles de la monade avec laquelle elle forme couple. Si la monade était Jupiter, il n'est pas étonnant que la dyade soit Junon. Cf. Favonius Eulogius, *Disputatio de Somnio Scipionis* 6, 2 : *Primumque conubium poetae fabulose dixerunt, sororis et coniugis... ; et Iunonem uocant, uni, scilicet Ioui, ... inhaerentem*, « et les poètes ont appelé cela [*sc.* l'union de la monade et de la dyade], dans leur langage mythique, le premier mariage, celui de la sœur et épouse... Ils l'appellent aussi Junon, parce qu'elle est attachée à l'un, c'est-à-dire à Jupiter... » (jeu de mots « étymologique » sur *Iuno* < *uni* et *Ioui*). Si la monade était « Concorde » et « Amitié », par opposition la dyade est « Discorde ». La dyade est aussi « Discorde » chez Nicomaque résumé par Photius : διχοστασία (*op. cit.*, p. 43 l. 17), et déjà chez Philon d'Alexandrie, *in Gen.* 1, 15. Le texte de Martianus, qui souligne que la dyade contient du bon et du mauvais (*nam bona malaque participat*), oppose le terme de « Discorde » aux appellations positives de la Dyade : elle est *Iustitia* (δίκη dans les *Theol. ar.*, p. 13 l. 12 De Falco) et *Societas* (cf. κοινωνία dans les *Theol. ar.*, p. 8 l. 4 De Falco), dans une opposition du bien au mal qui est soulignée par *in bonis uero*, « mais en bien... ».

5. L'expression *medietatis capax* est de type mathématique technique, sans qu'il soit nécessaire de faire intervenir pour la comprendre la notion de « médiété » telle qu'elle existe dans les

mathématiques pythagoriciennes. Le sens est que la dyade admet d'être divisée en deux moitiés égales et se distingue ainsi, d'une part de la monade dont la fin du paragraphe précédent a souligné « qu'elle est si compacte qu'elle ne se divise pas en parties », d'autre part de la triade (voir la deuxième phrase du § 733). Une autre signification de cette expression, suggérée par la suite de la phrase, pourrait être tout simplement que la dyade a un rapport à la fois avec le bien et avec le mal, d'où sa position moyenne.

6. Le mot *corporatio* peut correspondre au grec σωμάτωσις (employé p. ex. dans les *Theol. arithm.* p. 20 l. 8 et p. 23 l. 12 De Falco, à propos de la tétrade), et *opinabilis* paraît rendre le grec δοξαστός. Mais l'opposition ainsi marquée entre la monade et la dyade n'est pas claire.

7. Comparer avec Favonius Eulogius, *Disputatio de Somnio Scipionis* 6, 1 : *Dyas uero, ut theologi asserunt, secundus est motus ; primus enim motus, in monade stabilis et consistens, in dyadem uelut foras egreditur*, « La dyade, selon les théologiens, est le second mouvement. Car le mouvement premier, demeurant stable dans la monade, procède jusqu'à la dyade comme vers l'extérieur ». Chez Martianus, l'idée est que la dyade est la première à avoir l'audace de se séparer de la monade originelle : cette idée se trouve aussi, par exemple, dans les *Theol. arithm.* p. 7 l. 19, où la dyade est appelée τόλμα ; voir D'Ooge, Robbins et Karpinski, *Nicomachus of Gerasa*, p. 105 n. 2.

§ 733

1. Sur les vertus arithmologiques du nombre 3, cf. livre 2 § 105 qui présentait des développements comparables. C'est une « perfection » (*perfectusque censendus*) de nature arithmologique qui est ici mise en valeur pour le nombre 3 ; elle le sera à nouveau pour le nombre 4 au début du § 734, pour 6 au début du § 736, puis au début du § 740 pour le nombre 8 et au début du § 741 pour le nombre 9. Cette « perfection » ne doit pas être confondue avec celle d'un « nombre parfait » comme 6, qui consiste dans le fait qu'il est égal à la somme de ses parties aliquotes (cf. début du § 736). Noter du reste que le présent développement présente des éléments de similitude avec celui de Macrobe, *in Somn. Scip.* 1, 6, 42-43.

2. Parce que, dans l'arithmétique pythagoricienne, l'unité, qui n'est pas un nombre mais le principe du nombre, ne saurait donc être le premier impair.

3. Pour ce début de paragraphe, cf. Nicomaque, résumé par Photius (*op. cit.*, p. 43 l. 19-21) : Ἡ δὲ τριάς ἐστι μὲν πρῶτος περισσὸς κατ' ἐνέργειαν, καὶ τέλειος πρῶτος, καὶ μεσότης, καὶ ἀναλογία, « La triade est le premier impair en acte et le premier nombre parfait, et le moyen terme, et l'analogie. » On a une expression tout à fait comparable dans les *Theologumena arithmeticae* du Pseudo-Jamblique, p. 17 l. 4-5 De Falco : Ὁ τρία πρῶτος περισσὸς καλεῖται ὑπ' ἐνίων τέλειος, ὅτι πρῶτος τὰ πάντα σημαίνει, ἀρχὴν καὶ μέσον καὶ τέλος, « Le nombre trois, le premier impair, est appelé par d'aucuns "parfait", parce qu'il est le premier à désigner le Tout, le début, le milieu et la fin. » Il y a des passages parallèles chez Macrobe, *in Somn. Scip.* 1, 6, 23 (plus développé : *Item scimus secundum Platonem, id est secundum ipsius ueritatis arcanum, illa forti inter se uinculo colligari quibus interiecta medietas praestat uinculi firmitatem... Primo ergo ternario contigit numero ut inter duo summa medium quo uinciretur acciperet*, « Nous savons également, d'après Platon, c'est-à-dire selon les arcanes de la vérité même, qu'une chaîne puissante relie l'une à l'autre les choses pour lesquelles une médiété intermédiaire tient lieu de chaîne solide... Le nombre trois est donc le premier à avoir reçu entre ses extrêmes un élément médian qui assure sa cohésion », trad. M. Armisen-Marchetti, CUF, 2001) et chez Favonius Eulogius 7, 1 (*sed trias primus est totus, quod habet et medium*, « mais la triade est le premier nombre parfait, car elle possède aussi un élément médian ») ; la référence à Platon, chez Macrobe, renvoie au *Timée* 31 B-32 B.

4. Assimilation de la triade aux Destins, aux Grâces et à Hécate : là encore on a un parallèle très net avec l'arithmologie de Nicomaque, car le résumé de Photius (p. 44 l. 3) possède l'assimilation à Hécate, présente aussi dans les *Theol. ar.*, p. 49 l. 13 De Falco. Sur la déesse à la triple forme : Diane (terre), Lune (ciel) et Hécate (monde souterrain), cf. Virgile, *Énéide* 6, 247 : *uoce uocans Hecaten caeloque Ereboque potentem*, « appelant à haute voix Hécate puissante au ciel et dans l'Erèbe » (trad. J. Perret, CUF).

5. Sur la perfection du nombre 6, qui est de nature arithmétique, voir le début du § 736 et surtout le § 753. C'est en un sens plus arithmologique que le nombre 9, lui aussi, est ici déclaré parfait : ce thème sera repris au début du § 741.

6. Sur le nombre trois en tant qu'il préside aux prières et aux libations, cf. *Theologumena arithmeticae*, p. 17 l. 7 De Falco : Εὐχαὶ καὶ σπονδαὶ τρὶς γίνονται, « Les souhaits et les libations vont par trois » (même chose en substance, p. 18 l. 5 sq.). L'origine est

vraisemblablement à chercher dans le début du *De caelo* d'Aristote : Διὸ παρὰ τῆς φύσεως εἰληφότες ὥσπερ νόμους ἐκείνης, καὶ πρὸς τὰς ἁγιστείας χρώμεθα τῶν θεῶν τῷ ἀριθμῷ τούτῳ, « Voilà pourquoi, la nature nous ayant, en quelque sorte, livré ses propres lois, nous nous servons également de ce nombre dans les cérémonies du culte des dieux » (*De caelo* 1, 1, 268 a 13-15, trad. P. Moraux, CUF, 1965). Sur l'usage du nombre trois dans la religion grecque, voir H. Usener, « Dreiheit », dans *Rheinisches Museum* 58, 1903, p. 1-47 ; 161-203 ; 320-362 ; et R. Mehrlein, « Drei », *Reallexikon für Antike und Christentum*, 4, p. 269-310.

7. Nicomaque résumé par Photius, *op. cit.*, p. 44 l. 37, qui appelle la triade Ἁρμονίαν, peut fournir un parallèle avec notre texte qui affirme qu'il y a « trois accords dans l'harmonie » ; la triade est aussi appelée ἁρμονία dans les *Theol. ar.*, p. 19 l. 18 De Falco. Les trois rapports musicaux (très anciennement connus comme en témoigne la légende de leur découverte par Pythagore, cf. Boèce, *Inst. mus.* 1, 10, et avant lui Jamblique, *Vie de Pythagore* 26, 115 sq.) sont l'octave, correspondant au rapport 2/1 entre les longueurs de cordes de même épaisseur et soumises à la même tension, la quinte, correspondant au rapport que l'on appelle en grec « hémiole » (1 + 1/2, soit 3/2 : en latin, « sesquialtère » chez Boèce, « superdemi » chez Martianus, *infra*, § 761 ; Macrobe, *in Somn. Scip.* 1, 6, 43 — passage parallèle à la présente phrase de Martianus, mais plus développé —, emploie *hemiolius*), la quarte, correspondant à l'« épitrite » (nom grec du rapport de valeur 1 + 1/3 soit 4/3 ; en latin, c'est chez Boèce le « sesquitierce » et chez Martianus le « supertierce » ; Macrobe, *loc. cit.*, emploie *epitritus*). Il en a déjà été question chez Martianus, au livre 1, § 11. Voir sur ces sujets Boèce, *Inst. mus.* 1, 16-19, mais déjà *Inst. ar.* 1, 1, 10 et 2, 54, 8. Noter ici la conservation des termes grecs dans le vocabulaire de Martianus (*diapason* = octave, *hemiolion* = sesquialtère, *diatessaron* = quarte), comme ce sera souvent le cas chez Boèce, et le fait que dans cette énumération, Martianus emploie alternativement le nom de l'accord (*diapason*, *diatessaron*) et celui du rapport dont il dépend (*hemiolion*) ; en grec, l'octave est *diapason*, la quinte est *diapente*, la quarte est *diatessaron*. Sur les rapports en question, cf. plus loin, § 757 sq. Pour une étude de la genèse de ces notions, voir Á. Szabó, *Les débuts des mathématiques grecques*, trad. française par M. Federspiel, Paris, Vrin, 1977 ; plus récemment, M. L. West, *Ancient Greek Music*, Oxford, 1992.

8. Cf. Philon d'Alexandrie, *De sacrif. Ab. et Cai.* 47 : Τριμερὴς γὰρ ὁ χρόνος ἐκ παρεληλυθότος καὶ ἐνεστῶτος καὶ μέλλοντος

συνεστώς, « Le temps est tripartite, composé du passé, du présent et du futur » ; Anatolius, p. 31 l. 15 Heiberg ; *Theol. ar.*, p. 16 l. 19-21, p. 17 l. 10 et p. 49 l. 20 De Falco ; et chez Martianus lui-même, livre 2 § 105 : *Omne uero tempus tribus uicibus uariatur*.

9. Perfection du monde reliée à la triade : cf. les célèbres pages du début du *De caelo* où Aristote attribue formellement cette doctrine aux pythagoriciens : Καθάπερ γάρ φασι οἱ Πυθαγόρειοι, τὸ πᾶν καὶ τὰ πάντα τοῖς τρισὶν ὥρισται· τελευτὴ γὰρ καὶ μέσον καὶ ἀρχὴ τὸν ἀριθμὸν ἔχει τὸν τοῦ παντός, ταῦτα δὲ τὸν τῆς τριάδος, « En effet, comme le disent les Pythagoriciens, c'est le nombre trois qui détermine le Tout et la totalité des choses ; fin, milieu et début forment le nombre caractéristique du Tout, et leur nombre est la triade » (*De caelo* 1, 1, 268 a 10-13).

10. Le schéma ternaire des principes premiers regroupant Dieu, la Matière et les Formes affiche clairement sa dette à l'égard de la tradition doxographique de l'Antiquité tardive : ainsi Timée de Locres, *De natura mundi et animae* 94 b-c : θεός, ὕλα, ἰδέα ; Varron, *Antiquitates rerum diuinarum*, fr. 206 (Augustin, *Cité de Dieu* 7, 28, *CCSL* 47, 210-211) : *caelum, terra, ideae ;* Plutarque, *Propos de table* 8, 2, 720 A-B : θεός, ὕλη, ἰδέα ; Taurus chez Philopon, *De aeternitate mundi* 6, 8, p. 147 l. 19-20 : δημιουργός, ὕλη, παράδειγμα ; etc. (liste de seize références chez S. Gersh, *Middle Platonism and Neoplatonism...*, vol. 1, p. 244-246). Pour l'interprétation des principes premiers en termes d'arithmétique et leur assimilation à la monade, à la dyade et à la tétrade, voir *Theol. ar.*, p. 17 l. 14 sq. De Falco ; *Orac. Chald.*, fr. 31 (Damascius, *In Parm.* I, p. 101. 12-13 Westerink) ; Plotin, *Enn.* 5, 1, 5, 6-19 ; 5, 4, 2, 7-12 ; 6, 6, 4, 1-24. Les *Oracles*, qui présentent fréquemment les notions de monade, de dyade et de triade, ont souvent aussi la notion du caractère ternaire des Formes : cf. H. Lewy, *Chaldaean Oracles and Theurgy. Mysticism, Magic and Platonism in the Later Roman Empire*, Le Caire, 1956 [², Paris, 1978], p. 105-117.

11. La fin du paragraphe reprend la tripartition platonicienne de l'âme : cf. *Timée* 69 C et *République* 4, 436 A puis 9, 580 D sq. : la première partie de l'âme est l'ἐπιθυμία, dont le principe est le désir (ce qui correspond ici à *cupiditas*) ; la seconde est le θυμός, d'où naissent les passions, et dont le principe est la colère, ὀργή (ici, *iracundia*) ; la troisième, seule immortelle, est l'esprit, νοῦς, dont le principe est la raison (ici, *ratio*). En outre, l'image de l'attelage évoque le *Phèdre* de Platon (246 A 7 ; 254 A 5 ; 254 C 8 ; 256 C 2). Même développement (mais avec les noms grecs des trois divisions

de l'âme) chez Macrobe, *in Somn. Scip.* 1, 6, 42 : *Ternarius uero adsignat animam tribus suis partibus absolutam, quarum prima est ratio quam* λογιστικόν *appellant, secunda animositas quam* θυμικόν *uocant, tertia cupiditas quae* ἐπιθυμητικόν *nuncupatur*, « Quant au nombre trois, il caractérise l'âme, dont l'ensemble est fait de trois parties : la première est la raison, appelée λογιστικόν, la seconde l'irascibilité, nommée θυμικόν, la troisième le désir, désigné par ἐπιθυμητικόν » (p. 26 l. 1-4 Willis ; trad. M. Armisen-Marchetti, CUF, 2001). Les mots latins *ratio*, *iracundia* et *cupiditas* sont ceux qui sont employés par Calcidius, 187, 212, 11-20 Waszink.

§ 734

1. La perfection du nombre 4 a déjà fait l'objet d'un développement au livre 2, § 106-107 (1+2+3+4=10 ; 4 saisons de l'année ; climats du ciel ; éléments du monde ; serment pythagoricien « par la tétrade »).

2. À propos de la tétrade, cette expression (qui sera reprise par Isidore, *Liber numerorum* 5, 19) renvoie à un type de perfection qui est le suivant : si 1 correspond au point, 2 à la ligne et 3 à la surface, le nombre 4 est celui du solide ; ainsi peut-on dire que « les quatre premiers nombres produisent les trois dimensions et par là le plus simple solide » (P. Kucharski, *Étude sur la doctrine pythagoricienne de la tétrade*, Paris, 1952, p. 46). On peut mettre en parallèle, p. ex., Philon d'Alexandrie, *De decalogo* 26 : ἀρχέτυποι δὲ τούτων ἀριθμοὶ τοῦ μὲν ἀδιαστάτου σημείου τὸ ἕν, τῆς δὲ γραμμῆς τὰ δύο, καὶ ἐπιφανείας μὲν τρία, στερεοῦ δὲ τέσσαρα, « leurs (*sc.* point, ligne, surface, solide) nombres archétypes sont, pour le point qui n'a pas de dimensions, le nombre un, pour la ligne, le nombre deux, et pour la surface, trois, pour le solide, quatre », la suite de la phrase soulignant que la somme de ces quatre nombres donne la décade, comme le dit précisément la suite de la phrase de Martianus (l'idée que la tétrade est ainsi la source de la décade est exprimée aussi par Philon dans le *De opificio mundi* 47, par Théon de Smyrne p. 93 l. 19-21 et p. 99 l. 20-22 Hiller, par Anatolius p. 32 l. 2-3 et p. 39 l. 20 Heiberg, par les *Theol. arithm.* p. 23 l. 4, p. 27 l. 10, p. 29 l. 5, p. 58 l. 15-17 et p. 86 l. 9-10 De Falco). Là encore, il s'agit de considérations arithmologiques tout à fait canoniques : voir A. Delatte, *Études sur la littérature pythagoricienne*, *BEPHE* IVe section, t. 217, Paris, 1915, p. 201.

3. Même si l'on ne disposait pas du texte parallèle d'Isidore de Séville, *Liber numerorum* 5, 19, PL 83, col. 183 A : *Nam ex longitudine et latitudine et profunditate componitur decas*, il faudrait tout de même rétablir dans le texte de Martianus la mention de la largeur dans l'énumération des trois dimensions qui définissent classiquement le corps solide : la disparition de *latitudine* que l'on observe ici est fréquente dans des contextes comparables où se trouve défini le corps solide, mais la plupart du temps elle s'explique par la ressemblance entre les mots *latitudo* et *altitudo*, alors qu'ici Martianus emploie *profunditas* pour la troisième dimension.

4. Cf. Philon d'Alexandrie, *De decalogo* 27 : οἱ δ' ἴσοι ἑκατοντάδα γεννῶσιν ἐκ δεκάδων — δέκα γὰρ καὶ εἴκοσι καὶ τριάκοντα καὶ τεσσαράκοντα γίνονται ἑκατόν —, ὁμοίως δὲ καὶ χιλιάδα ἐξ ἑκατοντάδων καὶ μυριάδα ἐκ χιλιάδων, « et les mêmes nombres (*sc.* 1, 2, 3, 4) engendrent le nombre cent à partir de décades — car 10, 20, 30 et 40 font 100 —, et semblablement le nombre mille à partir de centaines, et le nombre dix mille à partir de milliers ».

5. Les quatre saisons de l'année sont également chez Philon d'Alexandrie, *De opificio mundi* 52 ; Théon de Smyrne, p. 98 l. 11 Hiller ; Anatolius, p. 32 l. 6 Heiberg ; Macrobe, *Sat.* 1, 21, 13.

6. Même mention des quatre éléments (terre, eau, air, feu) chez Philon d'Alexandrie, *De opificio mundi* 52 ; Théon de Smyrne, p. 97 l. 5 Hiller ; Anatolius, p. 32 l. 6 Heiberg ; Lydus, p. 115 l. 11-13 Wünsch ; *Theol. arithm.*, p. 23, l. 19-22 De Falco.

7. Les quatre âges de la vie ne sont pas détaillés ici. Ce sont l'enfance, la jeunesse, l'âge mûr, la vieillesse. Voir là-dessus J.-P. Néraudau, *La jeunesse dans la littérature et les institutions de la Rome républicaine*, Paris, 1979, p. 34 sq., 49, 92, 96 et 134, qui insiste à bon droit sur les origines pythagoriciennes de cette division. Pour une division de la vie humaine en sept âges, plus fréquente, qui est celle de Solon, voir *infra*, § 739.

8. Les quatre vertus sont évidemment les quatre vertus cardinales (prudence, tempérance, courage et justice), d'abord platoniciennes (*République* 4, 427 E sq. ; *Protagoras* 330 B ; *Phédon* 69 B), ensuite stoïciennes — et qui deviendront chrétiennes, ce qui fait que mention en sera encore faite, de la même façon qu'ici, par Isidore de Séville (*Liber numerorum* 5, 23). Le même Isidore (*Diff.* 2, 40, 159), s'appuyant sur « les philosophes » (*philosophi*), oppose à ces vertus quatre vices : *metum et gaudium, cupiditatem et dolorem*, « la crainte, le plaisir, la cupidité, la douleur », s'inscrivant ainsi dans la tradition

qui définissait quatre *passiones*, ce dont Macrobe (*in Somn. Scip.* 1, 8, 11) se fait l'écho en citant un vers de Virgile (*Énéide* 6, 733) : *Passiones autem, ut scimus, uocantur quod homines « metuunt cupiuntque, dolent gaudentque »*, « On appelle passions, nous le savons, le fait que les hommes 'craignent et désirent, souffrent et jouissent' » (trad. M. Armisen-Marchetti, CUF, 2001). Douleur, crainte, désir et plaisir ont constitué le groupe des quatre *passiones* fondamentales pour les Stoïciens (voir Zénon, *SVF* 1, 211 ; Cicéron, *De finibus* 3, 35 et *Tusculanes* 3, 24-25 puis 4, 15).

9. La remarque finale, qui attribue la tétrade « au Cyllénien », c'est-à-dire à Mercure (cf., pour une première occurrence de cette appellation, le § 725), trouve un parallèle chez Nicomaque résumé par Photius (*op. cit.*, p. 44 l. 10), où la tétrade, parmi beaucoup d'autres dieux, est Ἑρμῆς. Voir aussi Plutarque, *Propos de table* 9, 3, 738 C 10 - 739 A 6 (CUF, t. 9, 3ème partie, F. Frazier et J. Sirinelli, 1996, p. 149-151) et Macrobe, *Sat.* 1, 19, 14 : *Pleraque etiam simulacra Mercurii quadrato statu figurantur solo capite insignita et uirilibus erectis, quae figura significat solem mundi esse caput et rerum satorem, omnemque uim eius non in quodam diuisorum ministerio membrorum, sed in sola mente consistere, cuius sedes in capite est*, « En outre, la plupart des statues de Mercure se présentent sous la forme d'un bloc carré où seuls se détachent la tête et un membre viril en érection, représentation signifiant que le soleil est la tête de l'univers et le procréateur des choses et que toute sa force ne réside pas dans la fonction particulière et la distribution de ses membres mais dans sa seule intelligence dont le siège est dans la tête » ; et le texte poursuit (§ 15), à propos de la mise en rapport de Mercure avec le nombre 4 : *Quattuor latera eadem ratione finguntur qua et tetrachordum Mercurio creditur attributum. Quippe significat hic numerus uel totidem plagas mundi uel quattuor uices temporum quibus annus includitur, uel quod duobus aequinoctiis duobusque solstitiis zodiaci ratio distincta est*, « Quatre côtés sont représentés pour la même raison qui, selon la tradition, fait mettre le tétracorde parmi les attributs de Mercure. De fait ce nombre évoque soit le nombre égal de parties de l'univers soit les quatre périodes de temps qui forment le cycle annuel, soit encore les deux équinoxes et les deux solstices qui divisent le zodiaque. » (p. 110 l 20 - p. 111 l. 2 Willis ; trad. Ch. Guittard, *Macrobe. Les Saturnales, livres I-III*, Paris, 1997, p. 120-121). Cf. aussi Hérodote, 2, 51 ; Cicéron, *De natura deorum* 3, 22, 56 ; Pausanias, 6, 26, 3 ; Plotin, *Ennéades* 3, 6, 19, 25 sq. Chez Martianus lui-même, l'adjectif *quadratus* a déjà

été employé à propos du nombre 4 en même temps que de Mercure au livre 2, § 106 (*Nam quaternarius suis partibus complet decadis ipsius potestatem ideoque perfectus est et habetur quadratus, ut ipse Cyllenius, cui IIII anni tempora, caeli climata mundique elementa conueniunt*, « Car le nombre 4 achève, par les parties qui le composent, la puissance de la décade, et pour cette raison il est parfait et tenu pour *quadratus*, comme le Cyllénien lui-même, lui avec qui s'accordent les quatre saisons de l'année, les quatre climats du ciel et les quatre éléments du monde »). La phrase finale du § 734 de Martianus ne mérite donc pas la *crux* dont l'affecte J. Willis, ni le commentaire de son apparat critique : « locum mutilum sanare non potui. » Noter d'autre part que l'adjectif *quadratus* sera de nouveau appliqué au nombre 4 à la fin du § 737.

§ 735

1. Il y a ici le souvenir d'une étymologie grecque, rapprochant πέντε de πάντα, que rappelle par exemple Plutarque, *De defectu oraculorum* 36, 429 D 6-7 : Οἶμαι δὲ καὶ τὰ πάντα τῶν πέντε παρώνυμα γεγονέναι κατὰ λόγον, « Et je crois aussi que le mot qui désigne l'univers (*panta*) est dérivé de celui qui désigne le nombre cinq (*penté*), et cela avec raison » (trad. R. Flacelière, *Plutarque. Œuvres morales*, t. 6, *Dialogues Pythiques*, CUF, 1974, p. 144).

2. Les quatre éléments sont définis depuis Empédocle. Mais, pour Aristote, ce sont les éléments du monde terrestre ou « sublunaire » (κάτω σελήνης, *Meteor*. 1, 4, 341 a 22 et 342 a 30 ; mais voir aussi l'exposé du *De caelo*) ; à cette région du monde, qui est celle de la génération et de la corruption, le Philosophe oppose le monde sidéral, immensément plus vaste, celui des substances sensibles éternelles, à la fois corps et êtres animés, faites d'un élément qui est l'éther (*Meteor*. 1, 3, 270 a 4-25), lequel, par nature, circule sans cesse. En ce sens, le nombre des éléments se monte donc à 4+1, comme le dit ici Martianus. Chez Photius également, qui résume Nicomaque, sont mentionnés à propos de la pentade les cinq éléments : τὰ στοιχεῖα τοῦ παντὸς κατὰ τὴν πεντάδα, προστίθησι γὰρ τοῖς τέσσαρσι καὶ τὸν αἰθέρα, *op. cit.*, p. 45 l. 28-29 : « les éléments premiers du Tout vont par cinq, car notre auteur ajoute aux quatre éléments l'éther. »

3. De façon générale, comme le dit Macrobe (*in Somn. Scip.* 1, 6, 1), « le nombre impair est appelé mâle et le nombre pair, femelle »

(*Nam impar numerus mas et par femina uocatur*). Chez Martianus lui-même, on a pu lire *supra* (2 § 105) : *numerusque impar maribus attributus est*, « et le nombre impair est attribué au mâle ». On peut rapprocher aussi Philon, *De opificio mundi* 13 : ἄρρεν μὲν γὰρ ἐν τοῖς οὖσι τὸ περιττόν, τὸ δ' ἄρτιον θῆλυ, « l'impair est le mâle dans les êtres, et le pair est la femelle » ; la conséquence est que le nombre 1 est à la fois mâle et femelle puisqu'il est à la fois impair et pair, en tant qu'origine de tous les nombres : à côté de Macrobe, *in Somn. Scip.* 1, 6, 7 (*Vnum autem quod monas, id est unitas, dicitur, et mas idem et femina est, par idem atque impar, ipse non numerus sed fons et origo numerorum*, « Le un, que l'on appelle monade, c'est-à-dire unité, est à la fois mâle et femelle, pair et impair à la fois ; ce n'est pas un nombre, mais la source et l'origine des nombres »), on peut citer le Pseudo-Jamblique, *Theol. arithm.* p. 4 l. 1 De Falco (λέγουσιν οὖν ταύτην οὐ μόνον θεόν, ἀλλὰ καὶ νοῦν καὶ ἀρσενόθηλυν, « ils disent donc qu'elle [*sc.* la monade] est non seulement le Dieu, mais aussi l'Intellect, et mâle-femelle »), puis l. 18 (ὡς δὲ σπέρμα συλλήβδην ἁπάντων ἄρσενά τε καὶ θήλειαν τὴν αὐτὴν τίθενται, « ils la posent, en tant que semence universelle, comme mâle et femelle à la fois »). Formé par l'addition de 3, qui est le premier nombre impair et « mâle », et de 2, la dyade « femelle », le nombre 5 est pour cette raison appelé « mariage » par les pythagoriciens (voir *Nicomachus of Gerasa, Introduction to Arithmetic, translated into English by* M. L. D'Ooge, *with studies in Greek Arithmetic by* F. E. Robbins *and* L. C. Karpinski, New York-Londres, 1926, p. 106), comme en témoigne p. ex. Plutarque, *De E Delphico* 388 C (Ὡς οὖν ἄρρενός τε τοῦ πρώτου καὶ θήλεος ὁμιλίᾳ τὰ πέντε γιγνόμενα γάμον οἱ Πυθαγόρειοι προσεῖπον, « Le nombre cinq, comme résultant de l'union du premier nombre mâle et du premier nombre femelle, a été appelé par les Pythagoriciens le nombre nuptial », trad. R. Flacelière, *op. cit.*, à la n. 1, p. 21), au terme d'un long développement arithmologique sur les vertus du nombre 5 (lecture à compléter par celle du développement parallèle dans le *De defectu oraculorum* 36, 429 D sq., même volume de la CUF, p. 144 sq.). Au paragraphe suivant, pourtant (§ 736), on verra Martianus attribuer à Vénus le nombre 6, parce que la multiplication de 3 par 2 dont il est le résultat est une autre combinaison possible de ces deux nombres, à côté de l'addition 3 + 2.

4. Transcription latine de ἀποκαταστατικός grec : cf. Théon de Smyrne, *Expos.*, p. 38 l. 16 sq. Hiller ; ce terme se retrouve aussi chez Nicomaque, *Intr. ar.* 2, 17, 7 ; paraphrasé par Boèce, *Inst.*

ar. 2, 30, 1-2, qui parle de nombre « cyclique ». Même idée chez Anatolius (p. 33 l. 2 sq. Heiberg). C'est sans doute une erreur typographique qui présente chez Jamblique, *in Nic.*, p. 11 l. 19 Pistelli, la forme ἀποκαταστική (*sic* ; repris dans l'Index, p. 140), appliquée à la monade. L'adjectif ἀποκαταστατικός (« qui revient toujours au même point ») est appliqué aux mouvements des astres, par exemple dans le commentaire de Simplicius sur le *De caelo* d'Aristote (vol. 7, p. 117 l. 29) : τὰς κινήσεις τὰς ἀποκαταστατικάς. Le nombre 5 est *apocatastaticus*, dit Martianus, parce que la multiplication de 5 par un nombre impair donne un nombre qui se termine toujours par 5 : même idée chez Plutarque, *De defectu oraculorum* 36, 429 D 10-12 : ἡ δὲ πεντάς, ἂν μὲν ἀρτιάκις λαμβάνηται, τὸν δέκα ποιεῖ τέλειον · ἐὰν δὲ περισσάκις, ἑαυτὴν πάλιν ἀποδίδωσιν, « mais cinq, multiplié par un nombre pair, produit la dizaine, qui est un nombre parfait, et, multiplié par un nombre impair, il se reproduit lui-même » (trad. R. Flacelière, *op. cit. supra* à la n. 1). Le même Plutarque, *De E Delphico* 8, 388 D 1-2, dit que « les nombres cinq et six sont les seuls, multipliés par eux-mêmes, à se reproduire et à se conserver à la fin du résultat obtenu. Car six fois six font trente-six et cinq fois cinq font vingt-cinq » (trad. R. Flacelière, *op. cit. supra*).

5. *Et quinquies septeni triginta quinque, et quinquies noueni quadraginta quinque* : tel est le texte d'Isidore, *Livre des nombres* 6, 27 ; il est à prendre en compte en face des leçons parfois étranges des mss. de Martianus, car tout le présent passage montre des erreurs de lecture, sans doute par saut.

6. Il y a ici un problème de texte. *Totidem habitatorum mundi genera* est le texte d'Isidore, *Livre des nombres* 6, 27, dans les mss. les plus anciens ; et Cl. Leonardi, « Intorno... », p. 219 n. 1, cite Barwick qui préférerait ce texte à celui des mss. de Martianus, *totidem habitatores mundi generibus ;* si l'on gardait, avec Dick, *totidemque habitatores mundi generibus*, il faudrait comprendre « autant d'habitants du monde, selon leurs genres ». Platon, *Timée* 40 A, distingue quatre genres d'habitants du monde : εἰσὶν δὴ τέτταρες, μία μὲν οὐράνιον θεῶν γένος, ἄλλη δὲ πτηνὸν καὶ ἀεροπόρον, τρίτη δὲ ἔνυδρον εἶδος, πεζὸν δὲ καὶ χερσαῖον τέταρτον (« Il y en a quatre : en premier lieu le genre des êtres célestes et divins, puis les êtres ailés qui vont leur chemin dans les airs, troisièmement l'espèce aquatique, quatrièmement ceux qui vivent sur la terre »). Les *Theologumena arithmeticae* du Pseudo-Jamblique (p. 34 l. 10-11 De Falco) ont, à propos de la pentade, la

phrase suivante : Πέντε δὲ καὶ ζώων γένη, ἐμπύρων ἐναερίων ἐγγείων ἐνύδρων ἀμφιβίων (« Il y a cinq genres d'êtres animés : ceux de l'empyrée, ceux qui vivent dans l'air, les êtres terrestres, les aquatiques et les amphibies ») ; la source est Aristote jeune, selon qui il y a un genre d'habitants par élément : aux cinq éléments correspondent cinq genres d'habitants. La différence marquée par le texte de Martianus est dans l'introduction de l'homme, qui en général ne fait pas partie de ces classifications : ou bien Martianus n'a pas compris ses sources, ou bien il a innové.

7. *Diametrum :* Le mot, appliqué ici au nombre 5, est appelé, semble-t-il, par la liaison arithmologique qui est établie entre la décade et le cercle, à cause de la perfection qui est respectivement reconnue à chacun d'eux. Sa signification dans le contexte n'est pas claire pour autant, et l'on ne peut guère que formuler l'hypothèse suivante. Comme le diamètre est la ligne qui sépare les deux demi-cercles, de même le nombre 5 est le milieu d'une série de nombres, celle qui va de 1 à 9, et dont la somme du premier terme, 1, et du dernier terme, 9, donne 10. Si 5 est bien au milieu de la série 1… 9, il est la moitié de 10. Il y a donc dans l'esprit de Martianus un glissement de la notion de « milieu » à la notion de « moitié ».

§ 736

1. Il n'y a rien d'original dans la présentation du nombre 6 comme modèle du nombre dit « parfait », c'est-à-dire égal à la somme de ses parties aliquotes : 1+2+3 = 6 (cf. *infra*, § 753). Il s'agit d'une donnée de base de l'arithmétique ancienne. Plus original, le fait qu'à propos de cette propriété arithmétique de 6, Martianus applique à ce nombre le qualificatif *analogicus*, parce que les nombres 1, 2 et 3 constitue une proportion (ἀναλογία, *analogia*) arithmétique : même notation dans les *Theol. arithm.*, p. 43 l. 15-16 De Falco : ἔτι δὲ καὶ τὰ μέρη αὐτοῦ ἀναλογίαν τινὰ ἀριθμητικὴν ἔχει, οἷον α' β' γ', « de plus, ses parties renferment une proportion arithmétique : 1, 2, 3 ». L'hapax latin *analogicus* ne sera repris, à notre connaissance, que chez Isidore de Séville, *Étymologies* 3, 8, 3, où il est appliqué au nombre 9, *analogicum arithmeticae*, c'est-à-dire « constitutif de la médiété arithmétique » 6, 9, 12. Le *topos* concernant la perfection du nombre 6 se trouve aussi, naturellement, chez Macrobe, *in Somn. Scip.* 1, 6, 12, où on lit que la première caractéristique sacrée de ce nombre est *quod solus ex omnibus numeris qui intra decem sunt de*

suis partibus constat, « le fait qu'il est le seul des nombres de la décade à être composé de la somme de ses parties », ce que l'auteur développe ainsi : *Habet enim medietatem et tertiam partem et sextam partem, et est medietas tria, tertia pars duo, sexta pars unum, quae omnia simul sex faciunt*, « Il possède en effet une moitié, un tiers et un sixième ; sa moitié est 3, son tiers est 2, son sixième est 1 ; et la somme de ces nombres fait 6 » (p. 20 l. 24-28 Willis). Mais le nombre 6 comme nombre « parfait » est aussi dans de très nombreux textes : ainsi Philon, *De decalogo* 29 ; *De opificio mundi* 13 et 89 ; *Leg. alleg.* 1, 3 ; Théon de Smyrne, p. 102 Hiller ; Nicomaque, *Introduction arithmétique* 1, 16, 2 ; Pseudo-Jamblique, *Theol. arithm.* p. 42 l. 1 De Falco ; Calcidius, 38 ; Favonius Eulogius, 10, 1 ; Boèce, *Introduction arithmétique* 1, 19, 9.

2. Nous gardons la leçon des mss., *unus*, sans tenir compte de la correction de Dick, *unum*. Certes, Dick, qui corrige aussi, à la fin de cette même phrase, *tres* en *tria*, argumente (app. crit. p. 370) : « notae enim archetypi (I et III) male in libris sunt solutae. » Mais lui-même n'a pas appliqué le même principe à la fin du § 756, où il conserve la leçon *inter duos et tres*, ni au milieu du § 760, où il conserve *unus ad duos*.

3. Cette liste des six *officia naturalia*, qui sera reprise par Isidore, *Liber numerorum* 7, 32, est à rapprocher de plusieurs listes grecques des *sept* ὁρώμενα, qui figurent donc dans des passages arithmologiques consacrés à l'heptade : ainsi Philon d'Alexandrie, *De opificio mundi* 120 : τὰ δὲ διὰ τῆς ἀρίστης τῶν αἰσθήσεων, ὄψεως, κρινόμενα μετέχει τοῦ ἀριθμοῦ κατὰ γένος · ἑπτὰ γάρ ἐστι τὰ ὁρώμενα, σῶμα, διάστασις, σχῆμα, μέγεθος, χρῶμα, κίνησις, στάσις, καὶ παρὰ ταῦτα οὐδὲν ἕτερον, « les choses qui sont distinguées par le plus noble des sens, la vue, participent du nombre selon le genre : car il y a sept choses qui s'offrent à la vue, le corps, la dimension, la forme, la grandeur, la couleur, le mouvement, le repos ; et outre celles-ci, il n'y en a aucune autre » ; même liste chez Anatolius, p. 36 l. 15 sq. Heiberg ; Pseudo-Jamblique, *Theol. arithm.*, p. 55 l. 9-10 De Falco : σῶμα, διάστασιν, σχῆμα, μέγεθος, χρῶμα, κίνησιν, στάσιν ; même liste chez Lydus, *De mensibus* 2, 11 Wünsch. À l'origine de ces considérations, on trouve les propriétés des corps dans la philosophie aristotélicienne, cf. Stobée, *Ecl.* 1, 11, 4 et 1, 14, 1 = fgrm. 2 et 5 des *Physica* d'Arius Didyme, p. 448-449 des *Doxographi Graeci* de Diels. Il y a ici un glissement entre les sources arithmologiques et la version qu'en donne Martianus : celui-ci appelle « fonctions naturelles » les ὁρώμενα des textes grecs, dont il doit

au moins supprimer le σῶμα qu'il serait vraiment difficile de mettre au nombre des *officia naturalia*.

4. Les six mouvements sont ceux du *Timée* 43 B, qui les énumère et les met en relation avec la psychogonie : raison pour laquelle ils sont devenus un lieu commun de la littérature néopythagoricienne, qui voit en eux une marque de la perfection supérieure du nombre 6. Après Platon, voir Aristote, *De animalium motu* 2, 704a 18-22, *De partibus animalium* 3, 6, 669 b 18-21, et *De caelo* 2, 2, 284 b 30-32 où, à propos du cinquième corps, il est question de son mouvement circulaire éternel ; Philon d'Alexandrie, *Leg. Alleg.* 1, 4 (πρόσω καὶ κατόπιν, ἄνω καὶ κάτω, ἐπὶ δεξιὰ καὶ εὐώνυμα) ; Pseudo-Jamblique, *Theol. arithm.*, p. 49 De Falco. Chez les auteurs tardifs, voir p. ex. Boèce, *Institution arithmétique* 2, 4 et 2, 25. Martianus ajoute en incise que le septième mouvement, le mouvement circulaire (cf., outre le texte d'Aristote précité, Platon, *Timée* 34 A et 40 A-B), est éternel. Pour sa part, Macrobe (*in Somn. Scip.* 1, 6, 81), qui énumère les mêmes mouvements que Martianus, ne marque pas de coupure entre les six premiers et le mouvement circulaire, et insère donc ce *topos* dans son exposé sur le nombre sept.

5. Pour cette attribution de l'hexade à Vénus, cf. Nicomaque, dans le résumé de Photius (*op. cit.*, p. 45 l. 5-6) : καὶ κυρίως αὕτη μᾶλλον Ἀφροδίτη ζυγία τε καὶ γαμηλία ... θεολογεῖται, « c'est elle surtout qui est divinisée comme étant proprement l'Aphrodite qui unit, qui marie » (trad. R. Henry). L'attribution de l'hexade à Vénus sera répétée à la fin du § 737. On la trouve aussi chez Lydus, *De mensibus* 2, 12 Wünsch. Mais à côté de la multiplication de 3 par 2 qui donne 6, on peut aussi jouer sur l'addition 3+2 qui donne 5, et c'est pourquoi le nombre 5 (cf. *supra* la n. 3 au § 735) est « Mariage » tout aussi bien que l'est ici le nombre 6.

6. La « figure solide du carré » est évidemment le cube avec ses six faces : cela sera répété au § 740.

§ 737

1. Le verbe *conferre* et le substantif *collatio* renvoient en principe à l'idée d'« assemblage », de « réunion » ; le sens habituel de *collatio*, en mathématiques, est donc celui de « comparaison », et c'est avec cette signification qu'il apparaîtra au § 741, tout comme le verbe *conferre* au § 759 ; c'est aussi l'usage de Boèce, chez qui *conferre* signifie « comparer », par ex. *Inst. ar.* 1, 27, 4 et 1, 30, 2. Ici, Martianus

s'écarte de la langue traditionnelle, car il emploie le mot avec le sens de « multiplier », qui est certes parfaitement compatible avec sa signification de base (une « multiplication » reste une façon d'« assembler », de « réunir » deux nombres, de les « rapprocher », de les mettre en « rapport »), mais qui introduit dans le lexique technique de l'arithmétique une certaine ambiguïté, d'autant plus que *conferre*, précisé il est vrai par *in unum*, signifiera « additionner » au § 753 (deux occurrences).

2. La dominante de ce paragraphe est arithmétique plus qu'arithmologique. On y fait appel à la théorie des médiétés pour opposer la médiété arithmétique (6, 9, 12) et la médiété harmonique (6, 8, 12), qui placent respectivement entre les extrêmes 6 et 12 les nombres 8 et 9 comme moyens. Rappelons que, étant donné trois nombres $a>b>c$, les trois premières médiétés, les plus anciennement connues, sont l'« arithmétique » :

$$\frac{a-b}{b-c}=\frac{a}{a}$$

la « géométrique » :

$$\frac{a-b}{b-c}=\frac{b}{c}$$

et l'« harmonique », importante à l'égard des lois de la musique :

$$\frac{a-b}{b-c}=\frac{a}{c}$$

Dans notre texte, le moyen 9 est donc évidemment le terme moyen de la médiété arithmétique, et l'on se demande bien pourquoi Willis voudrait supprimer la précision *nam arithmeticus memoratur* (cf. son apparat critique p. 265 : « fort. exterminanda ») ; on ne voit pas non plus le bien-fondé de la note de Stahl-Johnson, vol. 2, p. 281 n. 48 (« The rule of nine, referred to in § 103 », pour expliquer *ex meo nomine regulaque censetur*). Martianus explique tout simplement que, dans la médiété 6, 9, 12, le nombre 9 relève du « nom » et du « type » de l'arithmétique, puisqu'il s'insère dans une médiété dite arithmétique, laquelle représente l'un des trois types de médiété. Toute la substance de ce paragraphe se retrouvera chez Boèce, *Institution arithmétique* 2, 54, paraphrasant Nicomaque, *Introduction arithmétique* 2, 29 ; dans les deux cas, il s'agit de l'extrême fin du traité, c'est-à-dire de son achèvement. Martianus développe donc ici des thèmes qui constituent le couronnement de l'arithmétique pythagoricienne et c'est en eux qu'il va chercher confirmation de l'excellence du nombre 6. Sur la théorie des médiétés, voir P.-H. Michel, *De Pythagore à Euclide*, Paris, 1950, p. 365 sq. ; Á. Szabó, *Les débuts des mathématiques grecques*, trad. française de M. Federspiel, Paris, Vrin, 1977, *passim* ; B. Vitrac, *op. cit.*, p. 497 sq.

3. L'arithmologie réapparaît à la fin du paragraphe avec une répétition de l'assimilation, déjà proclamée dans le § 736, du nombre 6 à la déesse Vénus (cf. *supra*, n. 5 au § 736) ; mais cette fois est ajoutée, à propos de Vénus, la précision « mère d'Harmonie ». En tout cas, on ne peut traduire, comme font Stahl et Johnson (vol. 2, p. 281), *Vnde Venus Harmoniae mater perhibetur* par « For this reason Venus is said to be the mother of Harmony » : c'est du nombre 6 que traite Martianus, non pas de la déesse Vénus.

4. Affirmer, au sujet du quaternaire, qu'il est « carré et solide », c'est rappeler que d'une part $4 = 2 \times 2$, et que d'autre part le nombre 4 est le premier nombre « solide » (au sens que revêt cet adjectif dans l'arithmo-géométrie des pythagoriciens, non pas au sens mathématique, dans lequel le premier nombre solide serait $8 = 2^3$) : la première pyramide, de base 3 et de sommet 1. Noter que *quadratus* a déjà été employé à propos du nombre 4 à la fin du § 734.

5. Pour l'expression de l'idée que six fois quatre font vingt-quatre, Isidore de Séville, dans le passage correspondant du *Livre des nombres* (7, 31), a *uiginti quattuor efficiunt*, leçon dont il faut tenir compte pour l'établissement du texte de Martianus (cf. app. crit.).

§ 738

1. Ce début est tout à fait comparable à celui de Nicomaque (Ἡ δὲ ἑβδομάς τί ἄν τις καὶ εἴποι, « quant au nombre sept, qu'en dire ? », p. 46 l. 14 chez Photius).

2. L'heptade est toujours le nombre qui fait l'objet des développements les plus longs dans les traités arithmologiques ; celui de Martianus ne déroge pas à cette règle. On est ici, avec l'exposé sur le nombre 7, dans un passage où s'est particulièrement bien conservé le texte-source arithmologique que Robbins restitue par la comparaison des différents traités arithmologiques qui nous sont parvenus ; c'est à ses deux articles successifs, cités *supra* dans le

commentaire du § 731, qu'il convient de se reporter pour tous les détails, et aussi pour lire commodément les textes des différents auteurs arithmologiques, qu'il cite *in extenso* et présente souvent en colonnes parallèles pour faciliter la comparaison.

3. *Venerandam :* ce terme qui est dès l'abord appliqué à l'heptade n'est pas seulement une convention de style ; en effet, des arithmologies grecques présentent des explications étymologisantes sur la parenté de ἑπτάς, σεβασμός et *septem* ; c'est le cas du développement consacré au nombre 7 par Philon d'Alexandrie, *De opificio mundi* 127 : διό μοι δοκοῦσιν οἱ τὰ ὀνόματα τοῖς πράγμασιν ἐξ ἀρχῆς ἐπιφημίσαντες ἅτε σοφοὶ καλέσαι τὸν ἀριθμὸν ἑπτὰ ἀπὸ τοῦ περὶ αὐτὸν σεβασμοῦ καὶ τῆς προσούσης σεμνότητος· Ῥωμαῖοι δὲ καὶ προστιθέντες τὸ ἐλλειφθὲν ὑφ' Ἑλλήνων στοιχεῖον τὸ Σ τρανοῦσιν ἔτι μᾶλλον τὴν ἔμφασιν, ἐτυμώτερον σέπτεμ προσαγορεύοντες ἀπὸ τοῦ σεμνοῦ, καθάπερ ἐλέχθη καὶ σεβασμοῦ, « c'est pourquoi, me semble-t-il, les premiers qui imposèrent des noms aux choses, en sages qu'ils étaient, ont appelé ce nombre ἑπτά d'après la vénération (σεβασμός) qui l'entoure et le caractère vénérable (σεμνότης) qui lui est attaché ; et les Romains, en ajoutant la lettre *s* qui manque en grec, rendent encore plus claire cette signification, car le nom de *septem* qu'ils lui donnent est plus conforme à l'étymologie, venant de σεμνός (« vénérable »), comme on a dit aussi σεβασμός » ; on peut lire aussi le rapprochement effectué entre σεπτάς (*sic*) et σεβασμός par les *Theol. arithm.*, p. 57 l. 13 sq. De Falco. Dans le domaine latin, on retrouve ce rapprochement « étymologique » chez Macrobe, *in Somn. Scip.* 1, 6, 45, p. 26 l. 17-20 Willis, qui oppose la forme « moderne » ἑπτάς à la forme « ancienne » (*apud ueteres*) σεπτάς, laquelle témoignait, dit-il, de la vénération qui est due à ce nombre (*uenerationem debitam numero*). Il est donc très vraisemblable que l'expression *heptas ueneranda* conserve chez Martianus le souvenir de telles spéculations.

4. Le thème du nombre 7 régissant l'univers, qui apparaît au début de ce paragraphe, remonte au texte-source de toutes les arithmologies que nous avons conservées (cf. F. E. Robbins, « The tradition... », p. 102) ; le nombre 7 est déclaré ἄρχων καὶ ἡγεμών de l'univers par Philon, *De opificio mundi* 32, qui rapporte cette expression à Philolaos. C'est le même Philolaos qui définissait le nombre 7 comme « sans mère », ἀμήτωρ, d'après Lydus, *De mensibus* 2, 12 Wünsch : ὀρθῶς οὖν ἀμήτορα τὸν ἑπτὰ ἀριθμὸν ὁ Φιλόλαος προσηγόρευσε.

5. Il y a un parallélisme entre notre texte (la vierge Tritonienne ; Minerve ; Pallas) et Nicomaque résumé par Photius : Ἀθηνᾶ καὶ... Τριτογένεια, Γλαυκῶπις, “ Athéna, et Tritogénie, les Yeux pers » (p. 46 l. 22 sq.). Athéna n'est pas engendrée puisqu'elle surgit tout armée du cerveau de Jupiter ; elle n'engendre pas non plus, puisqu'elle demeure la déesse vierge : de même, l'heptade, nombre premier, n'est engendrée par aucun autre nombre, et à l'intérieur de la décade elle n'en engendre aucun autre (car la première multiplication de l'heptade, c'est-à-dire deux fois 7, sort de la décade, le résultat étant 14). Le présent passage a encore un net parallèle chez Macrobe, *in Somn. Scip.* 1, 6, 11 : *Huic autem numero, id est septenario, adeo opinio uirginitatis inoleuit ut Pallas quoque uocitetur. Nam uirgo creditur, quia nullum ex se parit numerum duplicatus qui intra denarium coartetur, quem primum limitem constat esse numerorum ; Pallas ideo quia ex solius monadis fetu et multiplicatione processit, sicut Minerua sola ex uno parente nata perhibetur*, « L'idée de virginité est à tel point implantée dans ce nombre qu'on l'appelle aussi Pallas. De fait, on le considère comme vierge, parce que par duplication il n'engendre aucun nombre qui soit renfermé à l'intérieur de la décade, laquelle est évidemment la première limite des nombres ; il est Pallas, parce qu'il est produit par la multiplication de la monade et d'elle seule, qui l'enfante elle seule, comme on tient que Minerve seule est née d'un seul parent » (p. 20 l. 15-22 Willis). De nombreux autres textes arithmologiques présentent l'assimilation du nombre sept à Pallas-Minerve : Varron, chez Aulu-Gelle 3, 10, 1, puis 6-7 et 12 ; Philon, *De opificio mundi* 99-100 ; Plutarque, *De Iside et Osiride* 10, 354 F ; Théon de Smyrne, p. 103 Hiller ; Pseudo-Jamblique, *Theol. arithm.* p. 71 l. 4 De Falco ; Calcidius, 36 ; Favonius Eulogius, *Disputatio de Somnio Scipionis* 13, 1 et 10 ; Proclus, *in Tim.* 2, p. 95 l. 15 Diehl. Chez Martianus lui-même, l'identité de l'heptade avec Pallas a déjà été affirmée au livre 1 § 40 puis dans le poème d'ouverture (§ 567) du livre 6 ; le livre 2, § 108, a mis en valeur le fait que 3+4 = 7, nombre de la perfection de la raison et de la sagesse.

6. Cette addition de Willis se trouve justifiée par la comparaison avec le texte correspondant d'Isidore de Séville, *Liber numerorum* 8, 34, à cette réserve près que le texte isidorien (*Omnes numeri intra decadem positi aut gignunt alios aut gignuntur ab aliis*) pousse à écrire *ab aliis* plutôt que *ex aliis* proposé par Willis. Pour la même raison, mieux vaut aussi écrire, immédiatement après, *ab> aliisque gignuntur*. Ces considérations se trouvent aussi, quoique de manière moins systématique, chez Macrobe, *in Somn. Scip.* 1, 5, 16, où la

monade et le nombre sept sont dits *quae neque generantur neque generant* (p. 17 l. 31-32 Willis), tandis que le nombre quatre est *qui et generatur et generat* (p. 18 l. 1-2 Willis).

7. Les sept phases de la lune (lune naissante, demi-lune, lune gibbeuse, pleine lune, lune gibbeuse, demi-lune, nouvelle lune) seront traitées à nouveau au livre 8, § 864 : même contenu, mêmes termes grecs traditionnels. Phrase parallèle chez Macrobe, *in Somn. Scip.* 1, 6, 48 : *Lunam quoque... numerus septenarius mouet cursumque eius ipse dispensat*, « C'est le nombre sept qui fait aussi mouvoir la lune et qui règle son cours » (p. 27 l. 6-7 Willis). Autres textes parallèles : Pseudo-Jamblique, *Theol. arithm.* p. 60 l. 2-6 De Falco ; Calcidius, 37 ; Favonius Eulogius, 12, 4.

8. Les mss. donnent ces noms grecs des phases de la lune en caractères latins. Il n'y a donc pas de raison de les écrire en caractères grecs dans le texte de Martianus comme le font Dick et Willis. Les noms grecs διχότομος et ἀμφίκυρτος sont aussi dans le développement consacré au nombre sept par Macrobe, *in Somn. Scip.* 1, 6, 54-56 (p. 28 l. 13-26 Willis). Calcidius a une terminologie uniquement latine et Favonius Eulogius une terminologie uniquement grecque ; Martianus a réuni les deux terminologies. Sur ces questions, voir l'article bien documenté de D. Conso, « Sur les noms latins des phases de la lune », *Mélanges François Kerlouégan*, Besançon-Paris, 1994, p. 127-141.

9. Ce terme *medilunia*, pour rendre le grec διχότομος, est un hapax repris par Isidore, *Liber numerorum* 8, 44, qui copie ce passage.

10. La séquence *Hic numerus lumine* (ou *lumina*) *significat* présentée par les mss. les plus importants est incompréhensible ; la leçon *lunae cursum* éditée par Dick (*hic numerus lunae cursum significat*) paraît être une tentative d'émendation du texte par des mains postérieures ; le texte correspondant du *Liber numerorum* d'Isidore de Séville, ch. 8 § 44, largement copié sur Martianus (= édition d'Arévalo/PL 83 col. 188 B) porte *Hic numerus nomina lunae significat*, ce qui n'a guère plus de sens dans le contexte. Nous proposons pour *lumine* / *lumina* la correction *lu*<*nae*> *mensem*, et à l'appui de cette proposition, nous citerons le texte parallèle sur l'hebdomade que présentent (en l'attribuant à Nicomaque : ἐκ τοῦ δευτέρου βιβλίου τῆς Ἀριθμητικῆς τοῦ Γερασηνοῦ Νικομάχου, p. 56 l. 8-9 De Falco) les *Theologumena Arithmeticae* : on lit en effet, p. 59 l. 18 - p. 60 l. 2, que ἑπτάωροι οὖν αἱ τέσσαρες σεληνιακαὶ φάσεις ὑπάρχουσαι συμπληροῦσιν εὐλόγως τὸν τοῦ ἀστέρος τούτου μῆνα, ἡμερῶν ὄντα ἔγγιστα

κη', « les quatre phases de la lune, qui sont d'une durée de sept jours, remplissent entièrement, comme on le calcule facilement, le mois de cet astre, qui est d'environ 28 jours ».

11. La durée approximative du mois lunaire, 28 jours, est obtenue ici par la sommation arithmologique des sept premiers nombres (ce qui figure 7 comme un « nombre-triangle », cf. Boèce, *Inst. ar.* 2, 7-9). La démarche n'est pas d'esprit « scientifique ». En revanche, Martianus indiquera au livre 8, § 865, et conformément à toute la tradition antique depuis Hipparque, que le mois sidéral (intervalle entre deux passages de la lune en un même point de son orbite ; actuellement évalué à 27 j. 7 h 43 mn 11,5 s) est de 27 jours 1/3 (si l'on admet au début du § 865 l'interprétation de *bisse* qui est proposée par A. Le Bœuffle, *Martianus Capella. Astronomie*, Vannes, Burillier, 1998, p. 118 n. 97) et le mois synodique (intervalle moyen entre deux conjonctions consécutives de la lune et du soleil) de 29 jours 1/2 (exactement : 29 j. 12 h 44 mn 2,9 s).

12. Nous proposons de remonter ici cette séquence (qui fait allusion aux sept étoiles de la constellation de l'Ourse, dont le nom latin *Septem Triones*, « les sept bœufs de labour », a ensuite été remplacé par le singulier *septentrio* pour désigner le nord) que les mss. donnent à la fin du § 739 ; voir n. 5 au § 739.

13. Les sept transformations des éléments se trouvent décrites dans un passage qui suit immédiatement la définition des quatre éléments eux-mêmes (évoqués ici au § 734) chez Ovide, *Métamorphoses* 15 (vers 237-243 : les quatre éléments ; vers 244-251 : leurs sept transformations) ; voir mon art. « Présence de l'arithmologie dans le livre 15 des *Métamorphoses* d'Ovide », *Regards sur le monde antique (Hommages à Guy Sabbah)*, Lyon, Presses Universitaires de Lyon, 2002, p. 105-114. Mais on les trouve déjà chez Lucrèce 1, 783-788 et chez Cicéron, *De natura deorum* 5, 12, 31 ; il faut remonter à Platon, *Timée* 49.

§ 739

1. Si les vertus de l'heptade appliquées à la vie humaine (car le début du texte parle évidemment de la *hominum natura,* même si *hominum* est corrompu en *omnium* dans la plupart des mss., et n'apparaît que dans le *Leidensis* 36 et dans une conjecture de Bentley) font ici l'objet d'un développement très long, c'est parce que ce *topos* est important dans la célébration du nombre 7 (même si l'on

n'y trouve aucune allusion dans le résumé de Nicomaque par Photius, à moins de considérer que ce sont précisément ces « niaiseries » qui sont évoquées sévèrement par le mot φλύαρος, *op. cit.*, p. 46 l. 27). Le thème de l'organisation des périodes successives de la vie humaine selon le nombre 7 (thème très ancien, antérieur même au pythagorisme, cf. C. J. de Vogel, *Pythagoras and Early Pythagoreanism*, Assen, 1966, p. 168-174 ; puisque Solon l'abordait dans un poème : M. L. West, *Iambi et elegi Graeci*, 2, Oxford, 1992[2], frg. 27, p. 155-157) est développé dans les passages arithmologiques suivants : Varron, chez Aulu-Gelle, 3, 10, 7-15 ; Philon, *De opificio mundi* 35-36 ; Clément d'Alexandrie, *Strom.* 6, 16, 144 ; Anatolius, p. 36 l. 25 sq. Heiberg ; *Theologumena arithmeticae*, p. 55-56 puis 61 sq. De Falco ; Calcidius, 37 ; Macrobe, *in Somn. Scip.* 1, 6, 67 sq. L'influence du nombre 7 sur la vie humaine n'est pas moins importante que son influence sur le macrocosme et elle est attestée dans la littérature médicale hippocratique. Les enfants nés à sept mois de grossesse sont viables : cf. Anatolius cité par le Pseudo-Jamblique, *Theol. arithm.*, p. 55 l. 6 De Falco : γόνιμα γὰρ τὰ ἑπτάμηνα, et Nicomaque cité *ibid.* (p. 63 l. 1) : τῆς δὲ γονιμότητος αἰτίαν μάλιστα τὴν ἑβδομάδα ὑπάρχειν δηλοῖ τὸ καὶ τὰ ἑπταμηνιαῖα... ζώσιμα... γίνεσθαι (le résumé de Photius ne fait aucune allusion à cette dernière affirmation chez Nicomaque) ; Martianus lui-même l'a dit au livre 2 § 108. Un très long développement de substance tout à fait comparable se trouve chez Macrobe, *in Somn. Scip.* 1, 6, 62-76 (p. 30-32 Willis). L'apparition des dents au septième mois n'est ni chez Philon ni chez Anatolius ni chez Clément d'Alexandrie, mais elle figure, après Hippocrate (*Du fœtus de huit mois* 9, 3), dans les autres traités arithmologiques (ainsi Varron chez Aulu-Gelle, 3, 10, 12 ; Théon de Smyrne, p. 104 Hiller ; Censorinus, 7, 4 ; Calcidius, 37 ; Favonius Eulogius, 14, 2 ; Macrobe, *in Somn. Scip.* 1, 6, 69) : c'est un critère d'après lequel F. E. Robbins, « The Tradition… », p. 114, pensait pouvoir répartir ces textes en deux classes, chacune des deux étant ici marquée, comme le texte-source, par l'influence solonienne et hippocratique. L'apparition des dents définitives à l'âge de sept ans est chez Varron, *ap.* Aulu-Gelle, 3, 10, 12 ; Philon, *De opificio mundi* 103-105 ; Théon de Smyrne, p. 104 Hiller ; Censorinus, 7, 4 ; Pseudo-Jamblique, *Theol. arithm.* p. 65 l. 8 De Falco ; Calcidius, 37 ; Macrobe, *in Somn. Scip.* 1, 6, 70 ; Favonius Eulogius, 14, 2. Dans l'énumération des âges, des organes vitaux, des orifices sensoriels, des parties du corps, les parallélismes sont encore nombreux entre les textes arithmologiques. Le nombre 7 a pu être considéré comme celui des âges de la vie (à côté de la doctrine également connue qui distingue quatre âges, cf. *supra*, § 734), si l'on ajoute deux « hebdomades » aux cinq qui sont ici énumérées : Isidore, par exemple, s'en fait encore l'écho (*Liber numerorum* 8, 45-46, PL 83, col. 188 C-D), ce qui pourrait d'ailleurs faire penser à l'existence ici, dans le texte de Martianus, d'une lacune qui aurait fait disparaître l'exposé consacré aux deux dernières hebdomades ; cette lacune, présente dans tous nos mss., pourrait donc remonter à l'archétype. Mais précisément, cette lacune est-elle involontaire, ou due à la volonté de Martianus ? En faveur de la seconde hypothèse, il faut observer qu'il n'est pas le seul à ne pas mener la liste des « semaines » jusqu'à son terme : Calcidius aussi omet la sixième et la septième ; Théon de Smyrne s'arrête à la quatrième. Mieux vaut dès lors penser que c'est d'après une source de nous inconnue que le texte de Martianus aura ici été complété par Isidore, et laisser en l'état le texte de Martianus, en citant seulement à titre documentaire le complément d'Isidore pour les sixième et septième « semaines » : *sexta defluxio est, septima senectutis initium*, « la sixième est celle du déclin, la septième le début de la vieillesse ».

2. Cf. Philon, *De opificio mundi* 119 ; Théon de Smyrne, p. 104 Hiller ; Clément d'Alexandrie, *Strom.* 6, 16, 144 ; Pseudo-Jamblique, *Theol. arithm.* p. 68 l. 2 sq. De Falco ; Calcidius, 37 ; Favonius Eulogius, 12, 7 ; Macrobe, *in Somn. Scip.* 1, 6, 81 (p. 33 l. 26-29 Willis).

3. Même énumération chez Macrobe, *in Somn. Scip.* 1, 6, 77 : *lingua, cor, pulmo, iecur, lien, renes duo* (p. 33 l. 4 Willis).

4. Cf. Macrobe, *in Somn. Scip.* 1, 6, 80 : *caput, pectus, manus pedesque et pudendum*, « la tête, la poitrine, les mains et les pieds, et les parties sexuelles » (p. 33 l. 21 Willis).

5. La séquence *in uertice axis caelestis* n'a guère de signification à la place qu'elle occupe ici d'après les mss. : ce retour à des considérations d'astronomie détonne à la fin de cet ensemble bien structuré et cohérent sur « la vie humaine et le nombre 7 », qui a de surcroît de nombreux parallèles dans la littérature arithmologique, comme on vient de le voir. Si cette notation concernant les sept étoiles de l'Ourse est bien de Martianus et non pas quelque glose marginale ensuite insérée à tort à la fin du développement sur l'heptade, elle ne pouvait tomber qu'après *tot planetae* (§ 738 *in fine*), et le texte devait dire, sous peine de perdre toute cohérence et toute signification : *tot planetae, totidem stellae in uertice axis caelestis*, « autant de planètes, autant d'étoiles au sommet de l'axe du monde ».

§ 740

1. Le nombre 8 est le premier cube : thème abordé déjà par Martianus au livre 2, § 102. Quant à la « perfection » que cela entraîne pour lui, elle est de nature purement arithmologique et non arithmétique comme c'était le cas pour le nombre 6 (cf. *supra*, § 736 et n. 1).

2. Si l'on excepte la première et la dernière phrases, l'éloge de l'octonaire est ici purement arithmétique et laisse de côté ses « propriétés » arithmologiques. On peut comparer sans doute avec le renseignement fourni par Photius (*loc. cit.*, p. 46 l. 30-31) : « Quant à l'octade, si même elle n'obtient pas des développements aussi importants (ils n'ont même pas le huitième de ceux des autres nombres), etc. » (trad. R. Henry). Pourtant le nombre 8 est aussi paré de nombreuses qualités dans l'arithmologie pythagoricienne : c'est le nombre de l'amour (cf. A. Delatte, *op. cit.*, p. 201) et en lui se manifeste l'harmonie suprême (Pseudo-Jamblique, *Theol. arithm.*, p. 73 l. 5 De Falco). A disparu aussi la restriction à la « bonté » de ce nombre, qui consistait à lui reprocher le manque de viabilité de l'enfant né à huit mois de grossesse (cf. Pseudo-Jamblique, *Theol. arithm.*, p. 74 l. 15 De Falco ; et dans le résumé de Nicomaque par Photius, le mot ἠλιτομήναν, « Celle qui est née avant terme », appliqué à l'ogdoade, *op. cit.* p. 46 l. 36 ; sur ce point, voir le traité hippocratique Περὶ ὀκταμήνου, *Du fœtus de huit mois*, éd. R. Joly, CUF, 1970), alors que la durée de la grossesse est évoquée au § 739 à propos du nombre 7. Macrobe, *in Somn. Scip.* 1, 5, 17 (p. 18 l. 6 sq. Willis), dit que les Pythagoriciens appellent le nombre huit « Justice », appellation que Martianus a réservée à la dyade (§ 732).

3. Pour le nom de l'ogdoade, les mss. présentent par deux fois *octadem*, mais le témoignage d'Isidore, *Liber numerorum* (9, 48), dont les mss. donnent des formes *octoadem* ou *ocdoadum*, au lieu de *octadem* des mss. connus de Martianus, suggère de restituer l'accusatif *ogdoadem* dans le texte de Martianus, comme le fait Dick et comme l'avait déjà fait H. Grotius.

4. Règle exposée par Nicomaque, *Intr. ar.* 2, 20, 5, puis par son adaptateur latin Boèce, *Inst. ar.* 2, 39, 1-2.

5. Le nom de Cybébé se trouve chez Virgile, *Énéide* 10, vers 220 ; sur ce point, notre texte peut être mis en parallèle avec le résumé de Nicomaque par Photius, p. 46 l. 33-34 : Μητέρα τε... καὶ

Κυβέλην, Κυβήβην τε..., « Mère, Cybèle, Cybébé », noms appliqués là aussi à l'ogdoade. Ce genre de rapprochement entre le nom du « cube » et celui de « Cybébé » est évidemment en l'air.

§ 741

1. Il s'agit cette fois du nombre neuf, dont J. Gagé (*Apollon romain*, Paris, De Boccard, 1955, p. 632) dit qu'il est « apollinien par excellence » — ce qui n'apparaît guère dans le présent développement de Martianus Capella ; cependant Nicomaque, d'après la notice de Photius (*op. cit.*, p. 47 l. 1) appelait l'ennéade Ἅλιον, « Soleil » ; même appellation dans les *Theol. ar.*, p. 77 l. 13 De Falco.

2. Des rapports musicaux, s'entend, comme l'explique la suite du texte. Cf. Macrobe, *in Somn. Scip.* 2, 1, 14, qui donne la série : *Sunt autem hi sex omnes : epitritus hemiolius duplaris triplaris quadruplus et epogdous*, « Il y en a six au total : l'épitrite, l'hémiole, le double, le triple, le quadruple, et l'épogde », ce dernier terme étant le nom grec du rapport 9/8 qui définit le ton (voir note suivante).

3. Le ton (*tonus percussionis*, comme chez Cicéron, *De oratore* 3, 182 et *Orator* 198) est donné par le rapport que le grec appelle « épogde », celui de 9 à 8 (le terme grec *epogdous* sera d'ailleurs utilisé par Martianus Capella, dans la définition du ton, au livre 9, § 953). Cf. Macrobe, *in Somn. Scip.* 2, 1, 20, qui emploie *epogdous*. Martianus a déjà indiqué au livre 2, § 108, que le rapport de 9 à 8 donne le ton.

4. Parmi les neuf zones du monde, celle de la sphère est celle des étoiles fixes et les zones des sept dieux sont celles des planètes.

§ 742

1. Il y a ici le souvenir d'un jeu de mots « étymologique » grec entre δεκάς et δεχάς (à rapprocher de δέχομαι « contenir »), qui est explicité par Philon d'Alexandrie, *De decalogo* 23 : Παρό μοι δοκοῦσι καὶ οἱ πρῶτοι τὰ ὀνόματα τοῖς πράγμασι θέμενοι — σοφοὶ γὰρ ἦσαν — εἰκότως αὐτὴν προσαγορεῦσαι δεκάδα, ὡσανεὶ δεχάδα οὖσαν, παρὰ τὸ δέχεσθαι καὶ κεχωρηκέναι τὰ γένη πάντα τῶν ἀριθμῶν καὶ λόγων τῶν κατ' ἀριθμὸν καὶ ἀναλογιῶν ἁρμονιῶν τε αὖ καὶ συμφωνιῶν, « C'est pourquoi je suis d'avis que les premiers qui imposèrent des noms aux choses

— car c'étaient des sages — ont eu raison de l'appeler décade, c'est-à-dire 'déchade', du fait qu'elle contient (δέχεσθαι) et renferme tous les genres des nombres et des rapports numériques, des proportions, des harmonies ainsi que des accords ». Cette « étymologie » se trouve aussi chez Anatolius, p. 39 l. 16 Heiberg ; *Theol. arithm.*, p. 80 l. 8 De Falco ; Proclus, *in Tim.*, vol. 3, p. 302 l. 1 Diehl.

2. La perfection du nombre 10, « tétraktys » (1+2+3+4) des Pythagoriciens (qui juraient « par la tétraktys », cf. p. ex. Théon, *Expos.*, p. 94 l. 6-7 Hiller), est de nature arithmologique : en lui se manifestent et se récapitulent dans leur réalisation toutes les potentialités du nombre, que l'unité ne présentait qu'en virtualité. Les notes de lecture de Photius à propos de la *Théologie arithmétique* de Nicomaque donnent une idée des variations pythagoriciennes sur la perfection de la décade : « La décade, pour eux, c'est le Tout : Dieu, Dieu suprême, Dieu des dieux parce que les doigts et les orteils sont dix et dix aussi les catégories et dix les parties du discours (...). Faut-il dire qu'ils voient dans la décade les solides et les plans, les pairs et les impairs, les pairs-impairs, les parfaits, le premier et le simple, l'égalité et l'inégalité, les dix manières d'être, le sphérique et le circulaire, la faculté d'engendrer et d'accomplir, les harmonies et autres éléments du même genre et comment la décade est le monde dans leur système et aussi le Ciel, le Destin, le Temps, la Force, la Foi, la Nécessité, Atlas, le Dieu infatigable, Phanès, le Soleil, Uranie, la Mémoire, le Souvenir ? (...) La décade est pour eux le Dieu par excellence et contient la puissance de toute la divinité qui réside dans les nombres. » (Photius, *Bibliothèque*, t. 3, éd. R. Henry, CUF, 1962, p. 47). Sur la décade pythagoricienne, voir aussi Philolaos, chez Stobée, *Anth.* I 3 (p. 16-17 Wachsmuth) ; Aristote, *Mét.* 1, 5, 986 a 8 ; chez les auteurs tardifs, Boèce, *Institution arithmétique* 2, 41, 2-3 : « Les auteurs plus récents, à cause de la perfection du nombre 10, parce que ce nombre était agréable à Pythagore, leur (*sc.* aux six premières « médiétés ») ont ajouté quatre autres médiétés, pour réaliser en ces proportions le corps du nombre 10. C'est d'après ce nombre qu'a été donnée dans ce qui précède la série des cinq relations et rapports, lorsque nous avons fait correspondre aux cinq rapports plus grands, que nous avons appelés antécédents, cinq autres termes plus petits, que nous avons appelés conséquents. C'est aussi pour cette raison que dans la série des dix catégories d'Aristote et d'abord d'Archytas, on trouve manifestement le nombre pythagoricien 10 ; que Platon, si fidèle à Pythagore, opère ses divisions

selon le même compte ; et que le Pythagoricien Archytas avant Aristote, bien que cela soit douteux pour certains, fixe à 10 le nombre des catégories. De là encore, les dix parties des membres, de là quantité d'autres choses, qu'il n'est pas nécessaire de développer toutes » (la source du passage est Nicomaque, *Intr. ar.* 2, 22, 1, ici paraphrasé par Boèce).

3. La décade est le terme du « premier rang » ou de la « première rangée » des nombres : elle clôt la série des unités. Mais elle fonctionne aussi comme unité par rapport à la « seconde rangée » (10, 20, 30, 40 etc.) : *secundi (uersus) monadis implet auxilium*. On ne voit pas pourquoi, dans son apparat critique p. 269, Willis écrit : « suspicor legendum esse *secundi inchoandi implet auspicium* ». La phrase telle qu'elle se présente dans les mss. et dans le texte édité par Willis convient parfaitement. Et il est difficile, contrairement à ce que suggère le commentaire de Stahl et Johnson (vol. 2, p. 157 n. 46), de voir *uersus* comme traduisant chez Martianus le grec καμπτῆρες que Philon d'Alexandrie applique aux nombres 10, 100 et 1000 (voir *supra*, n. 5 au § 728). *Versus* est tout simplement l'équivalent du grec στῖχος, « rangée » (cf., après Martianus, Boèce, *Inst. ar.*, par ex. 1, 24, 6 et 8 ; 1, 30, 2 ; 2, 2, 14). On apprend chez Jamblique, *in Nic.*, p. 88 l. 24 sq. Pistelli, que les expressions d'« unité de second rang » et « de troisième rang » sont des termes pythagoriciens pour désigner les nombres 10 et 100 : μονὰς τριωδουμένη καλούμενος πρὸς τῶν Πυθαγορείων, ὥσπερ καὶ ἡ δεκὰς δευτερωδουμένη μονὰς καὶ χιλιὰς τετρωδουμένη μονάς. Cf. Asclépius, *in Nic.* 1, 129, l. 7 sq. Tarán, avec l'explication τριωδουμένη δὲ ὅτι τρίτην ἔχει τάξιν, puis τετρωδουμένη δὲ ὅτι τετάρτη ἀπὸ μονάδος (l. 12-15). Boèce (*Inst. ar.* 1, 27, 9) présente aussi cette terminologie : ... *et ut angulorum totius descriptionis ad angulares tetragonos positorum unius anguli sit prima unitas, alterius uero, qui contra est, tertia, bini uero altrinsecus anguli secundas habeant unitates*, « si l'on considère les angles du tableau dans son ensemble, ceux qui sont placés près des carrés angulaires renferment l'un l'unité de premier rang, le second (celui qui est à l'opposé) l'unité de troisième rang et les deux autres, qui se correspondent, renferment chacun l'unité de second rang. »

4. Les *Theol. arithm.* (p. 79 l. 16-20 De Falco) donnent le détail : Πάντα μὲν σπερματικῶς ἐντὸς αὐτῆς περιειληφυῖα, στερεὰ καὶ ἐπίπεδα, ἄρτιά τε καὶ περισσὰ καὶ ἀρτιοπέρισσα καὶ τέλεια πᾶσι τρόποις, πρῶτά τε καὶ ἀσύνθετα, ἰσότητά τε καὶ ἀνισότητα, τὰς δὲ δέκα σχέσεις, διαμετρικά τε καὶ

σφαιρικὰ καὶ κυκλικά, « Elle renferme tous les nombres en germe à l'intérieur d'elle-même, les solides et les plans, les pairs, les impairs et les pairement impairs, ainsi que les parfaits, sous toutes leurs formes, les premiers et incomposés, l'égalité et l'inégalité, les dix rapports [*sc.* les cinq espèces du multiple et les cinq du sous-multiple, voir *infra*, § 757, et la note], les nombres diamètres, sphériques et circulaires. » Voir aussi le résumé de Photius cité ci-dessus, n. 2 ; et la n. 1 ci-dessus.

5. La référence à Janus convient naturellement à la décade qui regarde d'un côté vers la série des dix premiers nombres et de l'autre vers la seconde série ; mais elle ne se trouve évidemment pas dans les textes arithmologiques grecs.

6. Le nombre 10 est appelé *apocatastasis*, comme cela a été dit précédemment (§ 735) à propos du nombre 5, et pour les mêmes raisons ; mais, malgré l'affirmation de Martianus (*plurimi memorarint*), ἀποκαταστατικός se trouve dans les textes arithmologiques à propos de 5 et de 6, non pas à propos de 10. *Apocatastasis* s'emploie aussi en astronomie pour désigner le retour d'un astre à sa position première (cf. p. ex. Simplicius, cité *supra* n. 4 au § 735 ; Apulée, *Asclep.* 13).

§ 743

1. Le verbe *seruare* est ici l'équivalent du grec φυλάττω, qui peut s'employer idiomatiquement au sens de « comporter », « comprendre ».

2. Ici commence — après un bref rappel des thèmes qui ont été abordés jusqu'au § 742 — l'ensemble proprement arithmétique, qui s'ouvre sur les définitions du nombre qui sont classiques dans la tradition mathématique grecque. La première ici proposée est la définition du nombre comme σύστημα μονάδων, *congregatio monadum* dit Martianus (Boèce dira *unitatum collectio*), commune à Nicomaque (1, 7, 1) et à Théon de Smyrne (p. 18 l. 3 Hiller), et que Jamblique (*in Nic.*, p. 10 l. 8-10 Pistelli) fait remonter à Thalès et, au delà de lui, à des sources égyptiennes ; la seconde, *a monade ueniens multitudo atque in monadem desinens*, est la définition que l'on trouve chez Théon (p. 18 l. 3-5 Hiller). Une troisième définition du nombre, la première des trois qu'énumère Nic. 1, 7, 1, est ici passée sous silence (comme elle le sera chez Boèce 1, 3, 2) : πλῆθος ὡρισμένον, « pluralité définie » (cf. Aristote, *Métaph.* Δ 13, 1020 a 13 : πλῆθος μὲν τὸ πεπερασμένον ἀριθμός). Cette définition apparaît chez Proclus, *Théologie platonicienne* 2, 2, p. 16 l. 15 de

l'édition CUF (livre 2, 1974) de H. D. Saffrey et L. G. Westerink ; Jamblique, *in Nic.*, p. 10 l. 18 Pistelli, l'attribue à « Eudoxe le Pythagoricien » ; πλῆθος ὡρισμένον équivaut à ποσόν (et τὸ ποσόν est bien l'objet de l'arithmétique et de la musique). Comment expliquer ici la chute de cette première définition de Nicomaque ? On peut remarquer que le ms. *H* de l'*Introduction arithmétique* omet πλῆθος ὡρισμένον ἢ (cf. app. crit. de Hoche, p. 13) : Martianus (ou sa source) aurait-il travaillé sur un tel ms. ? Sur les définitions du nombre, voir T. L. Heath, *A History of Greek Mathematics*, vol. 1, p. 69-70. La définition donnée par Euclide, *Éléments* 7, déf. 2, est la suivante : ἀριθμὸς δὲ τὸ ἐκ μονάδων συγκείμενον πλῆθος, que F. Peyrard (*Les œuvres d'Euclide*, Paris, 1819, p. 180) traduit : « un nombre est un assemblage composé d'unités », et B. Vitrac (*Euclide. Les Éléments*, vol. 2, *Livres V à IX*, Paris, 1994, p. 247), « Et un nombre est la multitude composée d'unités ».

3. Martianus répartit les nombres entiers selon quatre *regulae*, c'est-à-dire quatre « types » : le pairement pair, le pairement impair, l'impairement pair et l'impairement impair. La terminologie est euclidienne, mais les définitions sont celles de Nicomaque et de Théon. Se plaçant entre les deux systèmes, Martianus ne semble dominer ni l'un ni l'autre. Il faut remarquer que l'expression *regulae numerorum* a été copiée par Isidore de Séville qui lui a donné une place dans le bref paragraphe d'introduction de son *Liber numerorum* (1, 1, PL 83, col. 179 B). De même, *breuiter intimabo* donne, dans le même passage d'Isidore, *breuiter intimare*.

4. *Inferius :* ces notions seront développées plus loin, aux § 748-749. Mieux vaut donc retenir la leçon *inferius*, plutôt que *interius* qui est le texte édité par Dick puis par Willis, lequel cependant signale dans son apparat critique, p. 269, la possibilité *inferius*, avec ce commentaire : « fort. recte, cf. p. 278, 12 ». De fait, le passage auquel on est ainsi renvoyé, à la fin du § 758, ménage une transition tout à fait comparable avec le § 759 : *eaque quae sit infra patebit*.

§ 744

1. Nombres premiers : cf. Nicomaque, *Intr. ar.* 1, 11. La définition euclidienne du nombre premier (*Éléments* 7, déf. 12) est la suivante : πρῶτος ἀριθμός ἐστιν ὁ μονάδι μόνῃ μετρούμενος, « le nombre premier est celui qui est mesuré par l'unité seule ». Le groupe μονάδι μόνῃ est évidemment rendu par *a monade tantum*, « seulement par

l'unité », dans le latin de Martianus ; voir aussi l'expression de Boèce, *Institution arithmétique* 1, 14, 2 : *Dicitur autem primus et incompositus quod nullus eum alter numerus metiatur praeter solam quae cunctis mater est unitatem*, « Il est appelé premier et non composé, parce qu'il n'est mesuré par aucun autre nombre que l'unité seule, qui est pour tous les nombres une mère » (trad. J.-Y. Guillaumin, CUF, 1995) ; Boèce paraphrase Nicomaque, *Introduction arithmétique* 1, 11, 3, p. 26 l. 20-p. 27 l. 2 Hoche : ... μονάδι μόνῃ δύναται μετρεῖσθαι, ἑτέρῳ δὲ οὐδενί, « il ne peut être mesuré que par la monade et par aucun autre nombre ». L'idée exprimée par tous ces textes est claire : un nombre premier n'est divisible que « par la seule unité ». Traduction B. Vitrac (*Euclide. Les Éléments*, vol. 2, *Livres V à IX*, Paris, 1994, p. 256) de la définition euclidienne : « Un nombre premier est celui qui est mesuré par une seule unité ».

2. Nous n'avons pas retenu l'addition de Willis qui écrit *nisi a monade tantum, <et tum> non diuidi*...

3. Les nombres premiers ne peuvent être divisés en parties entières par un entier autre que l'unité ; ils sont seulement le produit de l'addition (*componi*) de plusieurs unités.

4. *Vno ordine :* cet ablatif de qualité qui s'applique à *eos* (les nombres premiers) signifie que ces nombres ne peuvent être, selon la terminologie pythagoricienne, que « linéaires » : il faut rapprocher cette expression de Martianus de celle de Jamblique, *in Nic.*, p. 27 l. 2 Pistelli : καὶ ἐπὶ μίαν δὲ διάστασιν προβήσεται ὁ τοιοῦτος, « et un tel nombre ne pourra s'étendre qu'en une seule dimension ». Cf. P.-H. Michel, *De Pythagore à Euclide*, p. 298-299. L'idée pythagoricienne est que, si l'on considère par exemple le nombre 7 dans sa représentation par des unités-points, on remarque qu'il ne se prête à aucune combinaison qui ferait apparaître un produit de facteurs, et que l'on peut seulement disposer les 7 points en ligne : les nombres premiers, qui n'ont pas d'autre diviseur que l'unité, sont donc appelés nombres « linéaires ». Ils se distinguent des nombres « plans » qui sont des produits (produits de deux facteurs, comme $6 = 2 \times 3$ ou $9 = 3 \times 3$) et « solides » (produits de trois facteurs, comme $8 = 2 \times 2 \times 2$) ou des sommes (comme 3, nombre « triangle » : $3 = 1+2$), étant entendu que ceux-ci pourraient aussi être représentés comme des nombres linéaires.

5. La dernière phrase du paragraphe est mise entre crochets droits par Willis qui suit Dick (lequel la qualifie en apparat critique d'« ineptum glossema »). Mais on ne voit pas pour quelle raison supprimer cette notation de nature arithmologique qui souligne la

beauté du nombre premier ; de telles considérations sur la beauté de tel ou tel nombre sont parfaitement courantes dans l'arithmétique / arithmologie pythagoricienne.

§ 745

1. L'unité est l'origine des nombres, mais non pas elle-même un nombre : thème classique de l'arithmétique pythagoricienne ; cf. p. ex. Macrobe, *in Somn. Scip.* 1, 6, 7 : *ipse non numerus, sed fons et origo numerorum* (définition répétée en 2, 2, 8). Ce thème complète celui de l'unité vue comme origine du nombre, qui a été développé *supra*, § 731 (cf. notre commentaire *ad loc.*).

2. Le nombre trois est premier *ordine et uirtute*, c'est-à-dire qu'il occupe la première place (*primus*) si l'on considère (car *ordine* et *uirtute* sont des ablatifs « du point de vue ») l'*ordo* (« série ») des nombres, premier impair en tout cas (ce qui était affirmé au début du § 733), et même premier nombre si l'on pose, ce que fait souvent l'arithmétique pythagoricienne, que 2 n'est pas un nombre, mais l'origine du pair ; et il a aussi la *uirtus* (« caractéristique ») du nombre premier (*primus*), c'est-à-dire la caractéristique de ne pas être le produit de deux nombres, et de pouvoir engendrer lui-même d'autres nombres (cf. § 744). Il est vrai que *uirtus* pourrait aussi désigner la perfection qui a été reconnue au nombre 3 dans le § 733 qui lui était consacré.

3. *Hexas a paribus impar et ab imparibus par* : tel est bien le bon texte, et l'on se demande pourquoi Dick a corrigé *impar* en *par* : le nombre 6 n'est pas « pairement pair » (voir début du § 749) ; en revanche, il est aussi bien « impairement pair » que « pairement impair », puisqu'il est le produit de 3 par 2 ou de 2 par 3.

4. Cette notation finale est une façon de parler d'une cinquième rangée, celle des 10.000, car le nombre 10.000 seul n'offre pas d'intérêt. La remarque est à comprendre d'après ce que dit le début du § 746.

§ 746

1. Ce passage de Martianus sera encore cité, vers 970-980, par Abbon, abbé de Fleury de 988 à 1004 : *Siquidem Arithmetica Martiani profitetur, quod sibi* solus numerus approbatur, qui digitis cohercetur ;

alias, *inquit,* quaedam brachiorum distorta saltatio fit, *quippe dum propter $\overline{XC}$ sinistrum femur sinistra manu ita comprehendimus, ut pollicem ad inguina uertamus, atque pro decies centenis milibus ambas sibi inuicem manus complicamus, saltatricum gesticulationem aliquo modo imitamur, ubi infinita numerorum congeries perpenditur, quae a philosophis repudiatur, qui finitae quantitatis multitudinem scientia comprehendere gaudent* (*Excerpta ex Abbonis scolastici Floriacensis in calculum Victorii commentario*, texte édité par N. Bubnov, *Gerberti opera mathematica*, Berlin, 1899, p. 202 l. 2-11 ; en n. 12 à la même page, le texte de Martianus est cité sous la forme suivante : *Mihi uero solus numerus approbatur, qui digitis coercetur, alias quaedam brachiorum contorta saltatio fit, ut numeros germanae praecedentis (=geometriae) formis ac lineis concinnamus.*). Ces lignes viennent à la fin d'un passage où Abbon, dont la source est ici très vraisemblablement Bède le Vénérable (*De temporum ratione* 1) dont il reprend souvent les propres expressions, a décrit ce que l'on peut appeler *computus* ou *loquela digitorum :* les doigts, auxquels on fait prendre différentes positions, expriment alors tel ou tel nombre et servent à compter ; les trois derniers doigts de la main gauche servent pour les unités, le pouce et l'index pour les dizaines ; même chose avec la main droite, mais pour les centaines et les milliers. La présentation la plus exhaustive de ce procédé est sans doute celle de K. Menninger, *Zahlwort und Ziffer*, *op. cit.*, p. 140-162. On trouvera dans l'édition précitée de Bubnov, aux p. 8 sq., des passages de Gerbert lui-même dans lesquels est mis en œuvre ce procédé du *computus/loquela digitorum*. C'est ainsi qu'Arithmétique avait désigné le « nombre de Jupiter », *supra*, § 729. Pour la description même du procédé, il n'existe pas de texte plus ancien que celui de Bède (bibliographie sur le *computus digitorum* dans *Bedae Opera de temporibus* ed. Ch. W. Jones, Cambridge (Mass.), 1943, p. 329-330 ; liste des mss. montrant les différentes positions des mains et du corps dans *Bedae Pseudepigrapha : Scientific Writings Falsely Attributed to Bede* ed. Ch. W. Jones, Ithaca, New York, 1939, p. 54 ; sur ce procédé, voir aussi H.-I. Marrou, *Histoire de l'éducation dans l'Antiquité*, vol. 1 : *Le monde grec*, Paris, Seuil, coll. « Points », 1981, p. 236 (1ère éd. 1948) ; dans le monde grec, il faut signaler l'ἔκφασις τοῦ δακτυλικοῦ μέτρου, plus tardive (XIVe s.), de Nicolas Rhabdas, éd. P. Tannery, dans *Notices et extraits des manuscrits de la Bibliothèque Nationale*, vol. 32, 1ère partie, p. 146-152, texte aisément accessible dans *Greek Mathematical Works*, trad. par Ivor Thomas, vol. 1, Cambridge

(Mass.)-Londres, 1967, p. 30-35). Cela n'empêche pas qu'à défaut de description du procédé, les allusions qui y sont faites soient nombreuses dans les textes antiques, et confirmées par des découvertes archéologiques. Pour ces dernières, elles consistent en une grande quantité de petits jetons d'os ou d'ivoire représentant chacun une certaine somme d'argent et que les percepteurs romains donnaient au contribuable en guise de reçu : sur une face de ces tessères numériques se trouve l'une des figures digitales du système de la *loquela digitorum* (une de ces tessères est reproduite par K. Menninger, *Zahlwort und Ziffer*, *op. cit.*, p. 152). Pour les textes, citons par exemple Juvénal, *Sat.* 10, v. 248-249 : *Felix nimirum, qui tot per saecula mortem / distulit atque suos iam dextra conputat annos*, « Trop heureux (Nestor), qui, ayant différé la mort pendant tant de générations, compte désormais ses années sur la main droite ! » ; Firmicus Maternus, *Mathesis* (traité écrit en 337), 1, 4, 13 (*Vides ut primos discentes computos digitos tarda agitatione deflectant*, « tu vois comme ceux qui apprennent les rudiments du calcul replient leurs doigts d'un mouvement hésitant », trad. P. Monat, CUF, 1992) ; Cyrille d'Alexandrie, *Liber de computo* 138, 3, 135, qui donne la plus ancienne description du procédé en grec. Dans le monde grec, le Pseudo-Plutarque (*Regum et imperatorum apophthegmata* 174B) fait allusion à ce procédé par la bouche d'Oronte, gendre d'Artaxerxès, roi de Perse : Καθάπερ οἱ τῶν ἀριθμητικῶν δάκτυλοι νῦν μὲν μυριάδας νῦν δὲ μονάδα δύνανται, τὸ αὐτὸ καὶ τοὺς τῶν βασιλέων φίλους, νῦν μὲν τὸ πᾶν δύνασθαι, νῦν δὲ τοὐλάχιστον, « De même que, en arithmétique, les doigts valent tantôt dix mille, tantôt l'unité, de même les favoris des rois valent tantôt tout, tantôt presque rien. » (Remarquer sur ce point que la thématique de la valeur relative des choses est exprimée de la même manière, ce qui est suggestif, à propos des jetons de l'abaque : par exemple, chez Polybe, 5, 26, 13 : Ὄντως γάρ εἰσιν οὗτοι παραπλήσιοι ταῖς ἐπὶ τῶν ἀβακίων ψήφοις · ἐκεῖναί τε γὰρ κατὰ τὴν τοῦ ψηφίζοντος βούλησιν ἄρτι χαλκοῦν καὶ παραυτίκα τάλαντον ἰσχύουσιν, « Ceux qui vivent à la cour des rois sont exactement comme les jetons de l'abaque : c'est la volonté du calculateur qui leur fait valoir maintenant un *khalkos* et tout à l'heure un talent » ; *topos* qui remonte à Solon cité par Diogène Laërce, *Vies des philosophes* 1, 59 : Ἔλεγε δὲ τοὺς παρὰ τοῖς τυράννοις δυναμένους παραπλησίους εἶναι ταῖς ψήφοις ταῖς ἐπὶ τῶν λογισμῶν. Καὶ γὰρ ἐκείνων ἑκάστην ποτὲ μὲν πλείω σημαίνειν, ποτὲ δὲ ἥττω· καὶ τούτων τοὺς τυράννους ποτὲ μὲν ἕκαστον μέγαν ἄγειν καὶ λαμπρόν, ποτὲ δὲ ἄτιμον, « Il comparait les gens qui ont la faveur des tyrans aux jetons dont on se sert pour compter : chacun de ceux-ci marque tantôt un grand nombre, tantôt un petit ; de même, les tyrans donnent à chacun de ceux-là tantôt un grand et brillant éclat, tantôt un sort misérable ». En réalité, le procédé du *computus* ou de la *loquela digitorum* n'est ni grec ni romain d'origine ; il en existe des témoignages dès l'Egypte de l'Ancien Empire (XXVIIIe-XXIIIe s. av. J.-C.), et par exemple une peinture funéraire (Mastaba D2 à Saqqara, voir L. Borchardt, *Denkmäler des Alten Reiches (außer den Statuen) im Museum von Kairo*, Catalogue général des antiquités égyptiennes du musée du Caire, 57, Berlin, 1937, n° 1534 A, pl. 48 ; cette planche est reproduite par G. Ifrah, *Histoire universelle des chiffres*, Paris, Laffont, 1994, vol. 1, p. 138) montre un genre de compte digital. Dans le passage cité, Abbon reprend l'idée de Martianus : l'arithmétique borne son domaine aux nombres jusqu'à 10 000 (ceux qui peuvent être exprimés avec les doigts des deux mains) ; l'expression de plus grands nombres impose des contorsions de danseuse, qui ne conviennent point à la gravité du philosophe, lequel, du reste, est convaincu que l'objet de la science ne peut être que fini (l'idée selon laquelle l'infini est inconnaissable est commune à toute l'Antiquité : Platon, *Timée* 55 C 7 - D 2 ; Aristote, *Phys.* 1, 4, 187 b 7 (τὸ μὲν ἄπειρον ᾗ ἄπειρον ἄγνωστον) et 3, 6, 207 a 26 ; *Rhet.* 3, 8, 1408 b 27 ; Philolaos, selon Jamblique, *in Nic.* p. 7 l. 24 Pistelli. Cf. aussi Proclus, *in Eucl.*, p. 36 l. 3 sq. Friedlein, qui suit peut-être Nicomaque ; puis Boèce, *Institution arithmétique* 1, 1 et 1, 32 ; et Boèce, *in Categ.* 1, PL 64, col. 160 B : *sed infinitorum nulla cognitio est, infinita namque animo comprehendi nequeunt.*).

2. La mise en parallèle de 10 avec la ligne et de 100 avec la figure plane ne se retrouve nulle part ailleurs que dans ce passage, et du reste, au § 707, Martianus a exposé une doctrine plus classique (l'unité = le point ; le nombre 2 = la ligne). L'analogie entre le point, en géométrie, et l'unité, en arithmétique, est un thème classique de la théorie mathématique grecque et le présent passage a de nombreux parallèles : ainsi Pseudo-Héron, *Définitions*, p. 14, déf. 1, notamment l. 18-19 (Heiberg) : ἡ μὲν γὰρ μονὰς ἀρχὴ ἀριθμοῦ, τὸ δὲ σημεῖον τῆς γεωμετρουμένης οὐσίας ἀρχή, « la monade est l'origine du nombre et le point est l'origine de la matière géométrique ». Sur ces sujets, on pourrait rapprocher aussi Nicomaque, *Intr. ar.* 2, 7, 1-3 et Boèce, *Inst. ar.* 2, 5-6.

§ 747

1. La sommation des nombres impairs donne des carrés : cf. Nicomaque, *Intr. ar.* 2, 9, 3 ; Boèce, *Inst. ar.* 2, 12, 1. Voir P.-H. Michel, *De Pythagore à Euclide*, p. 304-305.

2. *Primam ipsam monadem* : on trouverait, dans d'autres textes mathématiques, des expressions elliptiques comparables : par exemple, dans le *Podismus*, § 5 de mon édition (J.-Y. Guillaumin, *Balbus : Présentation systématique de toutes les figures. Podismus et textes connexes*, Naples, Jovene, 1996) : *Datum numerum, id est tres, in se : fit VIIII*, « le nombre donné, c'est-à-dire 3, par lui-même : cela donne 9 » ; ou encore, § 9 (même édition) des *Excerpta Epaphroditi et Vitruuii Rufi* : *Hypotenusam in se : fit CLXVIIII*, « l'hypoténuse par elle-même : cela fait 169 », et immédiatement après : *Cathetum in se : fit XXV ; basim in se : fit CXLIIII ; iunctas in unum : fit CLXVIIII*, « La hauteur par elle-même : cela fait 25. La base par elle-même : cela fait 144. Additionnées : cela fait 169 ». On peut donc se satisfaire ici de la leçon *primam ipsam monadem ; adde triadem*.

3. Nous ne voyons pas la nécessité de supposer, comme fait Willis, une lacune entre *et utroque finiri* et *quicquid numero*.

4. La précision finale est appelée par l'énoncé précédent, selon lequel « le calcul va de cette manière jusqu'à l'infini » : Martianus se rappelle alors l'interdit aristotélicien : pas d'infini en acte ; cela le conduit à expliquer que tout nombre est toujours fini, et donc que l'addition de deux nombres finis donne un nombre fini, c'est-à-dire que des finis ne peuvent donner un infini.

§ 748

1. La définition du nombre pair qui est donnée ici par Martianus est celle d'Euclide, *Éléments* 7, déf. 6 : ἄρτιος δὲ ἀριθμός ἐστιν ὁ δίχα διαιρούμενος, « le nombre pair est celui qui peut se partager en deux parties égales » ; il faut le noter parce que cette définition n'exclut pas la dyade, contrairement à ce qui se passe dans le cas où l'on suit la définition de Nicomaque (1, 7, 3) reprise par Boèce (1, 4, 1) : « ce qui peut être divisé à la fois en parties égales et en parties inégales » (les Anciens ignorant le zéro, 2 ne peut être conçu comme égal à 2+0 et le premier pair est alors 4 qui peut être soit 2+2 soit 3+1 ou 1+3). C'est donc ici la tradition euclidienne qui est suivie par Martianus, non pas la tradition pythagoricienne et nicomachéenne.

2. Cette définition de l'impair reprend elle aussi la définition euclidienne (*ibid.*, déf. 7), ou du moins sa première partie : περισσὸς δὲ ὁ μὴ διαιρούμενος δίχα · ἢ ὁ μονάδι διαφέρων ἀρτίου ἀριθμοῦ, « l'impair est celui qui ne peut pas se partager en deux parties égales, ou encore celui qui diffère d'une unité d'un nombre pair » : c'est-à-dire que l'impair est de la forme 2n+1, et cette définition n'exclut pas la monade, contrairement, là encore, à celle de Nicomaque (1, 7, 3) pour qui l'impair est ce qui ne peut être divisé qu'en parties inégales, ce qui exclut l'unité. La division du nombre en pair et impair entraîne la mention des sous-classes du pair et de l'impair. Cf. Euclide, *Éléments* 7, déf. 6-10 ; Nicomaque, *Intr. ar.* 1, 7, 2 et 4 ; Boèce, *Inst. ar.* 1, 3 et 5.

3. Dick a signalé une lacune entre *discrimina sunt* et *an pares sunt*. La séquence *an pares sunt et dici possunt*, effectivement, ne peut se relier à ce qui précède. On peut admettre que, comme le dit l'apparat critique de Willis, « periere aliqua de binario numero, qui, cum par sit, neque ex paribus neque ex imparibus est. » En effet, le mot *ceteri* qui vient ensuite désigne toutes les espèces que distingue la tradition arithmétique ancienne et qui sont ici énumérées : on ne peut comprendre ce terme *ceteri* que par opposition à un développement sur le nombre 2 qui a disparu et qu'il est impossible de restituer.

4. Dans sa classification du pair, Martianus ne distingue pas ici entre le pairement impair et l'impairement pair ; il les désigne tous deux semblablement par l'expression *ex imparibus pares*, en précisant qu'elle correspond à deux expressions grecques qu'il donne pour synonymes, περισσάκις ἄρτιοι (= « impairement pairs ») et ἀρτιάκις περισσοί (= « pairement impairs ») De fait, les deux définitions du pairement impair (Euclide, *Éléments* 7, déf. 9 : ἀρτιάκις δὲ περισσὸς ἀριθμός ἐστιν ὁ ὑπὸ ἀρτίου ἀριθμοῦ μετρούμενος κατὰ περισσὸν ἀριθμόν, « le nombre pairement impair est celui qui est mesuré par un nombre pair multiplié par un impair ») et de l'impairement pair (déf. 10 : περισσάκις δὲ ἄρτιός ἐστιν ὁ ὑπὸ περισσοῦ ἀριθμοῦ μετρούμενος κατὰ ἄρτιον ἀριθμόν, « le nombre impairement pair est celui qui est mesuré par un nombre impair multiplié par un nombre pair », définition qui ne fait que répéter la précédente, avec interversion de l'ordre des facteurs : raison pour laquelle Heiberg et Heath la considèrent comme interpolée, alors qu'Euclide a bien pu expliquer ici une nomenclature archaïque) « s'appliquent évidemment aux mêmes nombres, mais elles se rapportent à deux formations différentes de ces mêmes nombres,

suivant l'ordre des facteurs. Ainsi le nombre 20 est pairement impair (littéralement pair-de-fois impair) en tant qu'égal à 4 fois 5 (facteur impair sommé un nombre pair de fois) ; et impairement pair, en tant qu'égal à 5 fois 4 (facteur pair sommé un nombre impair de fois) » (P.-H. Michel, *De Pythagore à Euclide*, p. 333-334). Martianus le dira au § 749 : « Quoique ces nombres soient les mêmes, leurs modes de croissance sont cependant différents. » En fait, si les nombres pairs sont susceptibles de deux formes (*uel ex paribus pares uel ex imparibus pares*, pour reprendre l'expression de Martianus dans ce paragraphe : produit de deux facteurs pairs, ou produit d'un pair par un impair ou inversement), ils se répartissent en trois classes (cf. *Éléments* 9, prop. 32-34) : le « pairement pair seulement » (prop. 32, avec l'exemple de 16), qui n'a pas de facteurs premiers impairs, et qui est donc une puissance de 2 ; le « pairement impair (ou impairement pair) seulement » (prop. 33, avec l'exemple de 14), qui est le double d'un impair ; et celui qui est « à la fois pairement pair et pairement impair » (prop. 34, avec l'exemple de 12), lequel, sans être une puissance de 2, est divisible au moins par 4 et donne un nombre pair à la première dimidiation. Telle est la théorie euclidienne. La classification de Théon et celle de Nicomaque, identiques, sont semblables à celle d'Euclide, avec des différences de terminologie. Chez eux le « pairement pair seulement » est appelé « pairement pair » (ce sont les puissances de 2) ; le « pairement impair seulement » euclidien est appelé « pairement impair » ; et les nombres de la troisième classe euclidienne sont dits « impairement pairs ». La terminologie de Martianus n'est donc pas nicomachéenne, mais plutôt euclidienne ; mais la troisième classe euclidienne du nombre pair n'apparaît pas chez lui.

§ 749

1. Cf. Nicomaque, *Intr. ar.* 1, 8, 4 ; 1, 9, 1 ; 1, 10, 1 ; Boèce, *Inst. ar.* 1, 9-11. Voir ci-dessus le commentaire du § 748. Le nombre 48, dont Martianus développe l'exemple, serait appelé « impairement pair » par Nicomaque et par Boèce (cf. *Institution arithmétique*, par exemple 1, 11, 3). Le nombre 6 serait pour les mêmes auteurs un « pairement impair ». Le nombre 20 tomberait dans la catégorie de l'« impairement pair », comme le nombre 12.

2. Pour la traduction de cette phrase (*Itaque nemo… digeritur*), nous nous séparons de la traduction de Stahl-Johnson, vol. 2, p. 288

(« No number can go through the multiplication stages without having its steps of multiplication correspond conversely to its steps of division »), qui suppose notamment, dépendant de *quin*, un subjonctif qui n'est attesté par aucun manuscrit ; nous prenons donc évidemment *quin* comme adverbe, et nous ponctuons devant ce mot plus fortement que ne le fait l'édition Willis. On est tenté, dans la même phrase, d'écrire au lieu de l'aberrant *ascabest* des mss. une forme comme *ascenditur* de l'*editio princeps* ; c'est aussi la correction adoptée par Dick. Le sens de la phrase est que si 20 peut se diviser par 2 pour donner 10, par 4 pour donner 5, par 5 pour donner 4 et par 10 pour donner 2, inversement la multiplication de 2 par 10, de 4 par 5, etc., donne 20.

§ 750

1. Ce paragraphe se laisse comparer à Théon de Smyrne, p. 23 Hiller. Rappelons les quatre définitions euclidiennes (*Éléments* 7, déf. 12 à 15) : πρῶτος ἀριθμός ἐστιν ὁ μονάδι μόνῃ μετρούμενος, « le nombre premier est celui qui est mesuré par l'unité seule » ; πρῶτοι πρὸς ἀλλήλους ἀριθμοί εἰσιν οἱ μονάδι μόνῃ μετρούμενοι κοινῷ μέτρῳ, « les nombres premiers entre eux sont ceux qui ont l'unité seule pour commune mesure » ; σύνθετος ἀριθμός ἐστιν ὁ ἀριθμῷ τινι μετρούμενος, « le nombre composé est celui qui est mesuré par quelque nombre » ; σύνθετοι δὲ πρὸς ἀλλήλους ἀριθμοί εἰσιν οἱ ἀριθμῷ τινι μετρούμενοι κοινῷ μέτρῳ, « les nombres composés entre eux sont ceux qui ont quelque nombre pour commune mesure » (trad. Peyrard). L'ordre dans lequel les mss. de Martianus présentent ces quatre catégories fait surgir un problème de texte. L'ordre euclidien serait le suivant : *per se incompositi*, *inter se incompositi*, *per se compositi*, *inter se compositi*. À cette énumération on appliquerait sans difficulté la remarque que fait ensuite Martianus : « parmi ces quatre classes (*ex quibus*), les deux premières (*duo priores*) sont celles des nombres premiers, les deux suivantes (*duo sequentes*) sont celles des nombres seconds ». Il suffirait pour cela de changer l'ordre du texte en intervertissant les *per se compositi* et les *inter se incompositi*, ce qui ne serait pas une correction bien lourde. Petersen l'a proposée (cf. app. crit. de l'éd. Willis). Pour se justifier, on pourrait même supposer sans invraisemblance qu'un copiste a remplacé ici l'ordre euclidien que suivait Martianus par l'ordre dans lequel il voyait ces quatre catégories énumérées au § 751. Nous proposons, pour notre

part, une autre solution, qui évite de toucher au texte. Les quatre catégories de nombres, dans l'ordre où les donnent les manuscrits, se répartissent en deux groupes de deux, si on les classe d'après le *per se* et le *inter se* :

I : *per se*	II : *inter se*
1 - *per se incompositi*	1 - *inter se incompositi*
2 - *per se compositi*	2 - *inter se compositi*

Les deux *priores*, c'est-à-dire le *prior* du *per se* (la catégorie des *per se incompositi*, donc) et le *prior* de l'*inter se* (c'est-à-dire la classe des *inter se incompositi*), sont les nombres premiers ; les *duo sequentes* sont les nombres seconds, et en effet la première classe de *sequentes* est celle des *per se compositi* (dans la colonne du *per se*, où ils sont *sequentes* par rapport aux *per se incompositi* qui sont *priores*), et la seconde classe de *sequentes* est celle des *inter se compositi*. Le fondement de la classification est double : d'abord, le *per se* vient avant l'*inter se* (comme, en grec, le καθ' ἑαυτό précède, logiquement et ontologiquement, le πρὸς ἀλλήλους qui est une catégorie du πρός τι) ; ensuite, le non composé précède le composé. Dans l'interprétation que nous venons de développer, les mots *priores* et *sequentes* ne renvoient pas à la place des quatre classes dans l'énumération que fait Martianus (les deux premières par ordre de présentation, puis les deux suivantes), mais à la répartition de chacun des deux groupes successifs de deux termes en un *prior* et un *sequens*. Une traduction comme celle de Stahl et Johnson : « The first two classes are prime, the second two are called secondary » (p. 288) ne suffit sans doute pas à lever l'ambiguïté. Une fois notée cette différence dans l'ordre suivant lequel se présentent les quatre définitions, différence qui a obligé Martianus à donner la précision que nous venons d'expliquer, on voit que Martianus présente ici un exposé de stricte orthodoxie euclidienne, comme le montre le tableau de correspondances suivant (dans lequel on suit l'ordre euclidien de présentation des quatre définitions, ce qui entraîne à modifier l'ordre de Martianus) :

Euclide	**Martianus**
πρῶτος ἀριθμός	*per se incompositi*
πρῶτοι πρὸς ἀλλήλους ἀριθμοί	*inter se incompositi*
σύνθετος ἀριθμός	*per se compositi*
σύνθετοι πρὸς ἀλλήλους ἀριθμοί	*inter se compositi*

Cette orthodoxie euclidienne de Martianus est tout à fait notable, car des auteurs arithmétiques qui font autorité, au premier rang desquels Nicomaque, ont bouleversé la classification d'Euclide en lui apportant leur touche personnelle (à moins qu'ils n'aient repris là des systèmes de classification plus anciens que celui d'Euclide, et dans lesquels les pythagoriciens avaient laissé s'exprimer davantage leur goût pour la spéculation arithmologique). Nicomaque en effet (*Introduction arithmétique* 1, 13, 1, p. 28-29 Hoche : Ἀντικειμένων δὴ ἀλλήλοις τῶν δύο τούτων εἰδῶν τοῦ περισσοῦ τρίτον ἀνὰ μέσον τι θεωρεῖται οἱονεὶ ἐξ ἀμφοτέρων εἰδοποιούμενον τὸ καθ' αὑτὸ μὲν δεύτερον καὶ σύνθετον, πρὸς ἄλλο δὲ πρῶτον καὶ ἀσύνθετον...) a voulu appliquer à l'impair seulement ces classifications, et de manière à obtenir une triple subdivision qu'il pouvait mettre en parallèle avec la triple subdivision qu'il avait effectuée dans le pair (pairement pair, impairement pair, pairement impair). Aux deux classes d'impairs reconnues par Euclide (impair « premier et non composé » ; impair « second et composé »), il en a donc ajouté une troisième, celle des impairs qui sont en eux-mêmes seconds et composés, mais premiers entre eux. Or, comme un nombre impair « composé en soi » peut toujours être premier relativement à quelque autre impair, la troisième classe d'impairs inventée par Nicomaque recoupe la seconde classe, et inversement. L'invention de cette troisième catégorie de l'impair est une « innovation ridicule » et « absurde » au jugement de P. Tannery (*Mémoires scientifiques*, vol. 2, p. 113 et vol. 3, p. 268) ; peut-être aussi au jugement de Jamblique puisque celui-ci, dans son *Commentaire sur l'Introduction arithmétique de Nicomaque*, ne reproduit pas les trois classes nicomachéennes, et présente seulement deux classes : les impairs « premiers et incomposés » (τὸ μέν ἐστι πρῶτον καὶ ἀσύνθετον, p. 26 l. 19 Pistelli) et les impairs « seconds et composés » (τὸ δὲ δεύτερον καὶ σύνθετον, *ibid.*), la seconde classe comprenant elle-même deux subdivisions : l'impair « second et composé aussi bien en soi que relativement à un autre » (τὸ μὲν καὶ καθ' ἑαυτὸ καὶ πρὸς ἄλλο δεύτερον καὶ σύνθετόν ἐστι, p. 28 l. 7-9 Pistelli ; exemple : 9 par rapport à 15 ou à 21) et l'impair « second en soi mais premier relativement à un autre » (τὸ δὲ καθ' ἑαυτὸ μὲν δεύτερον, πρὸς δὲ ἄλλο πρῶτον, p. 28 l. 9-10 Pistelli ; exemple : 9 par rapport à 25 ou à 35). Si « cette classification a été jugée assez sévèrement » (B. Vitrac, *Euclide. Les Éléments*, vol. 2, Paris, 1994, p. 478), c'est que « la troisième espèce est définie par une propriété relative, concernant deux ou plusieurs nombres, et non par un prédicat caractérisant un nombre comme la primarité absolue ou le fait d'être composé. Cette propriété relative n'est guère à sa place dans la considération de la quantité "en soi" et n'a aucune raison d'être restreinte aux nombres impairs » (*Id.*, *ibid.*).

§ 753

1. Avec ce paragraphe, Martianus aborde la question des rapports entre les nombres et la somme de leurs facteurs. Un nombre est abondant quand la somme de ses parties aliquotes est supérieure à lui-même (l'exemple donné par Martianus est celui de 12, dont les parties sont 1, 2, 3, 4, 6, nombres dont la somme fait 16) ; il est déficient quand la somme de ses parties aliquotes est inférieure à lui-même (exemple de Martianus : 16, dont la somme des parties, 1+2+4+8, donne 15) ; il est parfait quand il est égal à la somme de ses parties aliquotes, ce qui est le cas de 6, exemple classique repris ici par Martianus (voir *supra*, § 736). Noter ici une différence intéressante entre le texte de Martianus et ceux des auteurs « néopythagoriciens » comme Boèce et son modèle Nicomaque : ceux-ci présentent les nombres « abondants », « déficients » et « parfaits » comme des subdivisions du pair seulement, alors qu'il s'agit proprement de subdivisions du nombre entier en général. Par exemple, 15 pourrait être un « déficient », puisque la somme de ses parties aliquotes, 1+3+5, se monte seulement à 9. Martianus, pour sa part, même s'il ne donne que des exemples pairs, présente ces trois espèces de nombres comme des subdivisions du nombre en général, suivant en cela Euclide, qui définit déjà (*Éléments* 7, déf. 23) le nombre parfait, sans le restreindre à la catégorie des pairs. Que Nicomaque et Théon (*Exposition* 1, 32) soient les premiers à donner les définitions des nombres abondants et déficients ne signifie pas qu'ils les inventent, et l'on est fondé à penser qu'il s'agit d'une ancienne doctrine pythagoricienne, qui n'est pas dépourvue d'arrière-plans moraux. Comme chez tous les commentateurs néoplatoniciens, on le voit ici dans le vocabulaire de Martianus qui, à propos de ces trois classes de nombres, renvoie à la théorie aristotélicienne des vices et des vertus (la vertu est le juste milieu entre le vice par excès et le vice par défaut) : cf. *Éthique à Nicomaque* 2, 6, 1106 b 24 sq. Développements comparables chez Boèce, *Institution arithmétique* 1, 19, chez le commentateur de Nicomaque Asclépius de Tralles, *in Nic.* 1, 106, p. 44 l. 25 sq. Tarán (οἱ δὲ τέλειοι τὸ σύμμετρον

διώκουσι πᾶσα γὰρ κακία διττή ἐστιν, ἡ μὲν καθ' ὑπερβολήν, ἡ δὲ κατ' ἔλλειψιν · οὕτω γοῦν καὶ επὶ τῶν ἀρετῶν κ. τ. λ.) et chez Jamblique, *in Nic.*, p. 32 l. 24 - p. 33 l. 15 ; dans ces trois cas, le texte-source est évidemment Nicomaque, *Introduction arithmétique* 1, 16. Par rapport à ces textes, celui de Martianus se présente comme un abrégé particulièrement dépouillé : non seulement il se contente d'une allusion rapide aux rapports entre les trois classes de nombres et le système des vices et des vertus, sans développer, mais il est extrêmement bref en ce qui concerne le nombre parfait, dont l'étude est pourtant un couronnement de l'arithmétique pythagoricienne (chez Euclide encore, la proposition 9, 36 des *Éléments*, sur la génération du nombre parfait, constitue le couronnement de l'arithmétique euclidienne). Il ne donne même pas, comme font les autres commentateurs cités, les différents nombres parfaits connus de l'Antiquité : Boèce, comme Nicomaque 1, 16, 3, et Asclépius, *in Nic.* 1, 106 Tarán, donne les quatre premiers : 6, 28, 496, 8128. Les suivants seraient, dans l'ordre :

le 5e : 33.550.336, ou 2^{12} (2^{13} - 1)
le 6e : 8.589.869.056, ou 2^{16} (2^{17} - 1)
le 7e : 137.438.691.328, ou 2^{18} (2^{19} - 1)
le 8e : 2.305.843.008.139.952.128, ou 2^{30} (2^{31} - 1)

Sur ces questions, voir T. L. Heath, *The thirteen books of Euclid's Elements*, vol. 2, p. 293-294. Nous donnons enfin un tableau comparatif de la terminologie désignant les nombres abondant, déficient et parfait chez les différents auteurs :

	Nic. 1, 14-16	Jambl. *in Nic.* p. 31 l. 22 sq.	Martianus Capella 7, 753		Boèce, *Inst. ar.*, 1, 19		Cassiodore *Inst.* 2,4,4	Isidore *Étym.* 3, 5
			grec	latin	texte	titre		
nombre parfait	τέλειος	τέλειος	τέλειοι	*perfecti*	*perfecti*	*perfecti*	*perfectus*	*perfecti*
nombre déficient	ἐλλιπής	ἐλλιπής	ὑπο-τέλειοι	*imper-fecti*	*diminuti*	*imper-fecti*	*indigens*	*diminutiui*
nombre abondant	ὑπερ-τελής	ὑπερ-τελής	ὑπερ-τέλειοι	*ampliores perfectis*	*super-flui*	*ultra quam perfecti*	*superfluus*	*superflui*
ordre d'expo-sition	1) ὑπερ-τελής 2) ἐλλι-πής 3) τέ-λειος	1) ὑπερ-τελής 2) ἐλλι-πής 3) τέ-λειος	1) τέ-λειοι 2) ὑπερ-τέλειοι 3) ὑπο-τέλειοι	1) *perfecti* 2) *am-pliores perfectis* 3) *im-perfecti*	1) *superflui* 2) *diminuti* 3) *perfecti*		1) *superfluus* 2) *indigens* 3) *perfectus*	1) *superflui* 2) *diminutiui* 3) *perfecti*

§ 754

1. Définition du nombre plan chez Euclide, *Éléments* 7, déf. 17 : ὅταν δὲ δύο ἀριθμοὶ πολλαπλασιάσαντες ἀλλήλους ποιῶσί τινα, ὁ γενόμενος ἐπίπεδος καλεῖται, πλευραὶ δὲ αὐτοῦ οἱ πολλαπλασιάσαντες ἀλλήλους ἀριθμοί, « lorsque deux nombres se multipliant font un nombre, celui qui est produit se nomme plan ; et les nombres qui se multiplient se nomment les côtés de ce produit » (trad. Peyrard ; comparer avec la traduction de B. Vitrac, *op. cit.*, p. 261 : « Et quand deux nombres, s'étant multipliés l'un par l'autre, produisent un certain nombre, le produit est appelé plan, et les nombres qui se sont multipliés l'un l'autre, ses côtés ») ; cf. Théon, *Expos.*, p. 26 Hiller et Nicomaque, *Intr. ar.* 2, 8-11.

2. La définition euclidienne du nombre plan que Martianus vient de citer et d'illustrer ne s'applique qu'à des nombres figurés carrés ou rectangles, c'est-à-dire à des nombres-produits (qui peuvent aussi, naturellement, être considérés comme des nombres-sommes). Mais la tradition pythagoricienne, pour sa part, connaît des nombres « plans » organisés selon toutes les figures géométriques régulières (triangle, pentagone, etc.) : il s'agit alors uniquement de nombres-sommes, dont il va être traité au § 755. Voir là-dessus P.-H. Michel, *De Pythagore à Euclide*, p. 298 sq.

3. Définition du nombre solide chez Euclide, *Éléments* 7, déf. 18 : ὅταν δὲ τρεῖς ἀριθμοὶ πολλαπλασιάσαντες ἀλλήλους ποιῶσί τινα, ὁ γενόμενος στερεός ἐστιν, πλευραὶ δὲ αὐτοῦ οἱ πολλαπλασιάσαντες ἀλλήλους ἀριθμοί, « lorsque trois nombres se multipliant entre eux font un nombre, celui qui est produit est appelé solide ; et les nombres qui se multiplient se nomment les côtés du produit » (trad. Peyrard) ; ou : « Et quand trois nombres, s'étant multipliés l'un l'autre, produisent un certain nombre, le produit est solide, et les nombres qui se sont multipliés l'un l'autre sont ses côtés » (trad. B. Vitrac).

§ 755

1. Cf. Nicomaque, *Intr. ar.* 2, 7, 3 et 2, 17, 1 ; Boèce, *Inst. ar.* 2, 6 ; 2, 20 ; 2, 26.

2. L'expression latine *altera parte longiores* que Martianus emploie ici comme équivalent du grec ἑτερομήκεις se retrouvera chez Boèce, 2, 27. Mais le modèle de ce dernier, Nicomaque, 1,

19, 19, distingue les hétéromèques, dont les deux facteurs diffèrent d'une unité, et les promèques, dont les facteurs diffèrent de plus d'une unité ; ce sont ces derniers que Boèce (2, 27) appellera *parte altera longiores*, expression latine qui convient à merveille pour rendre, précisément, ἑτερομήκης, tandis qu'il appelle *longilaterus* (1, 27, 8) l'hétéromèque de Nicomaque, qui est une espèce du nombre « promèque » ou « oblong ».

3. *Si quattuor ponuntur* : on pose la première pyramide, celle qui a pour base un triangle de valeur 3 : on obtient ainsi le premier nombre solide. L'addition de Willis (*Si quattuor <super quattuor> ponuntur*) est donc un non-sens.

§ 756

1. Cf. Euclide, *Éléments* 7, déf. 21 : ὅμοιοι ἐπίπεδοι καὶ στερεοὶ ἀριθμοί εἰσιν οἱ ἀνάλογον ἔχοντες τὰς πλευράς, « les nombres plans et solides semblables sont ceux qui ont leurs côtés proportionnels ». Sur les nombres semblables, cf. P.-H. Michel, *op. cit.*, p. 321-322. Ni le traité de Nicomaque, ni ceux de Jamblique et de Boèce ne contiennent de chapitre spécifique sur les nombres semblables.

2. Le second terme de l'exemple donné par Martianus, le nombre 600, est traité de façon étrange puisqu'il est très clair que 600 est le produit de 20 par 30 et non de 200 par 600. L'édition de Dick avait corrigé *CC* et *CCC* en *XX* et *XXX*. Mais l'erreur est bien de Martianus puisqu'au § 761 il renverra au présent passage (*superdimidii rationem habent tres ad duos, CCC ad CC, quorum supra facta mentio est*). Il faut donc conserver les nombres des mss., comme le fait Willis.

3. L'exemple qui va venir est curieux : ce ne sont pas les deux nombres 24 (= 4 × 3 × 2) et 96 (= 8 × 6 × 2) que l'on attendait ici, mais bien plutôt, en face de 24 (qui est 4 × 3 × 2), le nombre 192, c'est-à-dire 8 × 6 × 4.

§ 757

1. Ici Martianus donne une série d'équivalences latines pour les termes grecs qui désignent classiquement les cinq relations d'inégalité (multiple, épimore, épimère, multiple épimore, multiple épimère) et leurs contraires. Par définition, il n'existe évidemment

qu'une seule relation d'égalité ; au contraire, les relations d'inégalité sont en nombre infini ; cependant, dix d'entre elles sont remarquables pour les mathématiciens anciens (seuls les termes « multiple » et « sous-multiple » se sont ensuite maintenus dans la terminologie mathématique), celles qui sont énumérées ici et qui le seront par Boèce, *Institution arithmétique* 1, 22. Le multiple, πολλαπλάσιος en grec, est chez Martianus *multiplicatus* ; son contraire le sous-multiple (ὑποπολλαπλάσιος) est *replicatus* ; l'épimore (ἐπιμόριος) est *membro antecedens* ; l'épimère (ἐπιμερής) est *parte antecedens* ; le sous-épimore (ὑπεπιμόριος) est *membro inferior* et le sous-épimère (ὑπεπιμερής) est *parte inferior*. En cinquième lieu, le multiple épimore (et le multiple épimère) sont *binis nominibus usi*. On notera le côté un peu embarrassé du début du paragraphe, où Martianus veut marquer la distinction entre ce que la terminologie grecque appelle l'épimore (de la forme $\frac{n+1}{n}$) et ce qu'elle appelle l'épimère (de la forme $\frac{n+p}{n}$). En grec, en effet, le terme ἐπιμερής n'exprime étymologiquement rien de plus que celui d'ἐπιμόριος, car μερίς, μόριον et μόρος signifient tous trois la « partie » ; c'est seulement une convention d'usage de la langue mathématique grecque qui établit une différence nette entre les deux termes. Martianus éprouve donc le besoin de distinguer en latin le « rapport des membres », *ratio membrorum*, pour l'épimore, et le « rapport des parties », *ratio partium*, pour l'épimère. Noter aussi le sens de l'opposition entre *antecedens* et *inferior* : l'« antécédent » (*antecedens*) est le nombre le plus grand, le « conséquent » (ici *inferior*) le nombre le plus petit d'un rapport entre des quantités inégales. Chez Nicomaque, ils se nomment respectivement πρόλογος et ὑπόλογος. Euclide, dans les définitions du livre 5 des *Éléments*, emploie ἡγούμενον et ἑπόμενον. Boèce les traduira respectivement par *dux* et par *comes*, en appliquant au domaine des mathématiques un système d'opposition dont il pouvait trouver des exemples anciens : ainsi, Cicéron, *Pro Balbo* 9 : *cui... casus euentusque rerum non duces, sed comites consiliorum fuerunt* ; *Pro Marcello* 11 : *huius... rei tu idem es et dux et comes* ; Pline le Jeune, *Lettres* 1, 5, 10 : *illum... esse huius consilii ducem, me comitem decet*. Il faut comparer ce paragraphe 757 de Martianus à Euclide, *Éléments* 7, prop. 4 ; Nicomaque, *Intr. ar.* 1, 17, 1-3 et 7-8 ; Boèce, *Inst. ar.* 1, 21 sq. ; Théon, *Expos.* p. 76 Hiller. La différence de terminologie entre Martianus et Boèce, lui-même fidèle à la tradition nicomachéenne, est particulièrement évidente en ce qui concerne les rapports épimores et épimères. Pour l'épimore, là où Martianus parle de *ratio membrorum* pour le rapport et de *membro uel membris antecedens* pour son grand terme, Boèce dira *superparticularis*, mot calqué sur le modèle grec ; pour l'épimère, Martianus parle de *ratio partium* et désigne le grand terme par *parte partibusue antecedens*, tandis que Boèce dira *superpartiens*. Les différentes espèces de l'épimore (cf. *infra*, § 761) sont désignées par les termes suivants :

valeur du rapport	nom grec du rapport	chez Martianus	chez Boèce
1+1/2	ἡμιόλιος	*superdimidius*	*sesqualter*
1+1/3	ἐπίτριτος	*supertertius*	*sesquitertius*
1+1/4	ἐπιτέταρτος	*superquartus*	*sesquiquartus*
1+1/5	ἐπίπεμπτος	*superquintus*	*sesquiquintus*
1+1/6	ἔφεκτος	*supersextus*	*sesquisextus*

Pour les contraires de ces différents termes, la différence de terminologie entre Martianus et Boèce n'est pas moins sensible :

terminologie grecque de Nicomaque	terminologie grecque d'après Martianus	terminologie latine de Martianus	terminologie latine de Boèce
ὑφημιόλιος	ὑφημιόλιος	*subdimidius*	*subsesqualter*
ὑπεπίτριτος	ὑπότριτος	*subtertius*	*subsesquitertius*
ὑπεπιτέταρτος	ὑποτέταρτος	*subquartus*	*subsesquiquartus*
ὑπεπίπεμπτος	ὑπόπεμπτος	*subquintus*	*subsesquiquintus*
ὑπέφεκτος	ὕφεκτος	*subsextus*	*subsesquisextus*

Le tableau suivant, dans lequel est employée la terminologie française issue de celle de Boèce (parce que c'est la plus fréquemment usitée si l'on ne recourt pas à la terminologie grecque), permet de voir comment fonctionnent les relations entre ces différentes catégories de l'inégal, du point de vue de la mathématique pythagoricienne :

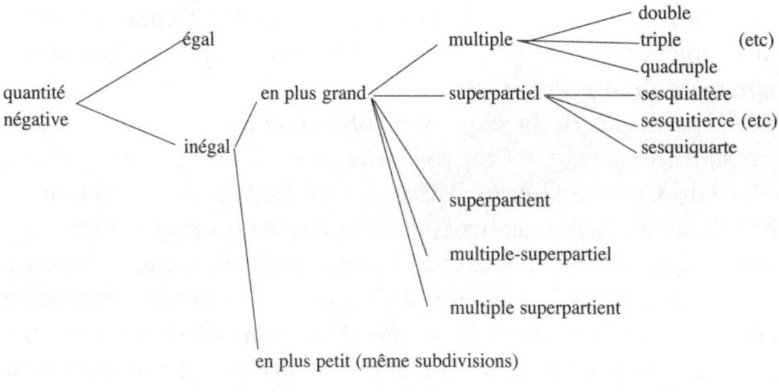

Pour une vue d'ensemble de la question des relations d'inégalité entre les nombres, voir P.-H. Michel, *De Pythagore à Euclide*, p. 348 sq. Signalons enfin que Macrobe, *in Somn. Scip.* 2, 1, 14 sq., propose les définitions, illustrées par des exemples numériques, de l'épitrite (qu'il appelle *epitritus*), de l'hémiole (*hemiolius*), du double (*duplaris*), du triple (*triplaris*), du quadruple (*quadruplus*) et de l'épogde (*epogdous*).

2. Il y a évidemment ici une lacune qui s'explique par la grande ressemblance des mots grecs ὑπεπιμόριοι et ὑπεπιμερεῖς, tous deux précédés de *inferiores*, ce qui a occasionné un saut du même au même. Nous adoptons ici comme Willis (cf. son apparat critique *ad loc.*) la restitution de Petersen.

§ 758

1. L'égalité : cf. Nicomaque, *Intr. ar.* 1, 17, 1-5. Mais la *distantia*, « différence », n'est pas traitée par Nicomaque.

§ 760

1. Cf. Nicomaque, *Intr. ar.* 1, 18, 1-2 et Boèce, *Inst. ar.* 1, 23.

§ 761

1. Cf. Nicomaque, *Intr. ar.* 1, 22, 2 et Boèce, *Inst. ar.* 1, 24. Ce que Martianus appelle *ratio membrorum* est l'épimore de la terminologie grecque (cf. *supra*, § 757 et note 1 *ad loc.*), que Boèce nommera *superparticularis*.

2. A propos de la séquence *subtertius quem* ὑπότριτον *aut subquartus quem* ὑποτέταρτον *Graeci appellant*, P. Tannery (« Ad Martiani Capellae librum VII », *Revue de Philologie*, 16, 1892, p. 137) notait laconiquement que « les Grecs disaient ὑπεπίτριτον, ὑπεπιτέταρτον » ; ce n'est pas une raison suffisante pour rectifier dans notre texte la terminologie de Martianus. Constater la différence de terminologie est plus facile que d'en donner l'explication. On peut rappeler pourtant que Martianus pouvait encore lire la traduction de l'*Introduction arithmétique* de Nicomaque par son compatriote Apulée de Madaure. Quelle influence a pu exercer cette traduction

pour nous perdue, il est difficile de le dire. Mais il est possible qu'une partie de la terminologie latine de Martianus remonte à Apulée.

3. Il y a ici un renvoi au § 756, à propos du rapport semblable entre 2 et 3 d'une part, 200 et 300 d'autre part. C'est ce qui oblige à maintenir dans le texte du § 756 la grossière erreur qui donne 200 et 300 pour côtés au nombre 600. Cf. notre commentaire au § 756.

§ 762

1. Cf. Nicomaque, *Intr. ar.* 1, 23 et Boèce, *Inst. ar.* 1, 28. Ce que Martianus appelle *ratio partium* est l'épimère du grec (cf. § 757 et note 1 *ad loc.*), qui sera le *superpartiens* chez Boèce.

2. La phrase placée entre crochets droits est considérée par Petersen, suivi par Dick et par Willis, comme devant être supprimée parce qu'elle est répétée immédiatement après.

3. Énoncé parallèle chez Boèce, *Institution arithmétique* 1, 28, 3, autour de l'affirmation *Nam duae quartae medietas est et fit sesqualtera comparatio*, « Car deux quarts, c'est une moitié, et cela donne une relation sesquialtère. »

4. Le § 762 ne fait que souligner la parenté qui existe entre l'épimère (« rapport des parties ») et l'épimore (« rapport des membres »). Cette parenté tient au fait que l'on peut avoir un épimère et un épimore qui aient le même dénominateur. Par exemple, l'épimère 7/4 (soit 1 plus 3/4) présente une similitude avec l'épimore 5/4 (soit 1 plus 1/4) qui est exactement un « superquarte » dans la terminologie de Martianus (« sesquiquarte » chez Boèce et « épitétarte » en grec chez Nicomaque). C'est une manière de faire ressortir, *a contrario*, la différence entre les deux types de rapport, à propos de laquelle on se reportera *supra* au § 757 et à la note 1 *ad loc.*

§ 763

1. Cf. Nicomaque, *Intr. ar.* 1, 22-23 et Boèce, *Inst. ar.* 1, 29 et 31.

§ 765

1. L'expression *Ita numeri sunt* est mise entre *cruces* par Willis qui suit Eyssenhardt ; elle paraît considérée par ces deux éditeurs

comme une glose intruse devenue incompréhensible, et il est tentant de les suivre. On peut cependant choisir, comme nous le faisons, de conserver *Ita numeri sunt*, expression bien attestée par les mss. et à laquelle on peut à la rigueur donner du sens, même si elle n'est pas d'une grande précision : « Voilà comment sont les nombres. »

2. Nous gardons *nominum* dans *nominum fines minimi*, alors que Willis semble reprendre à son compte les soupçons de Dick (qui proposait la conjecture *omnium*) à l'égard de *nominum* ; la traduction du membre de phrase, avec *nominum*, ne pose pas de difficulté ; les *nomina* sont les différentes dénominations des différents types de rapports.

3. La séquence *suaque comparatione multo minores uel sub duplo*, telle qu'elle se présente dans les mss. et telle qu'elle est éditée par Willis, n'offre guère de sens. Il faut supposer un saut du même au même et restituer : *multo <minores ; neque> minores uel sub duplo*... ; il faut aussi adopter, à la fin de la phrase, la leçon *sunt* de B^{pc}. Cette correction dispense de suivre la proposition de P. Tannery (« Ad Martiani Capellae librum VII », dans *Revue de Philologie* 16, 1892, p. 138) d'après lequel « il faut supprimer les gloses *quam duo et unum*, *quam tres et unum*, *quam quattuor et unum* ».

4. Voici la séquence la plus intéressante et apparemment la plus désespérée de ce paragraphe : chez Willis, † *hii eas fines, qui minime eunt pythagoricus thermacides nomina dant* †. Pour la fin, c'est P. Tannery (art. cit., p. 138) qui a suggéré la bonne lecture de la phrase corrompue sur les « pythmènes » : πυθμένας *pythagoricus Thymarides nominabat* (*nominabat* est la leçon des mss. B^{pc} et H^{pc}). La suggestion de l'édition Kopp (1836), πυθμένας, qui avait le mérite de renouer avec le sens obvie du texte (« satis acute », juge l'apparat critique de Willis), était pourtant restée incomplète. Le groupe *eas fines qui minime eunt*, évidemment corrompu, paraît cependant désigner clairement « les termes qui sont les plus petits », c'est-à-dire les « pythmènes ». Outre la présente occurrence, le mot *fines* est d'ailleurs employé trois fois dans ce § 765, dont une fois au moins (*inter duos fines*) sans nul doute possible au masculin. Aussi, plutôt que de corriger en *eas fines quae minimae sunt*, on lira *eos* (dont il y a un souvenir dans *ideos* de $C^{l}EFV$) *fines* (l'ensemble des mss.) *qui* (plusieurs mss., voir app. crit.) *minimi sunt* (tous les mss. ont *minime eunt*), ce qui donne un sens satisfaisant et n'oblige qu'à supprimer [*hii*], qui n'est présent que dans certains mss. (cf. app. crit.). Sur Thymaridas, voir P.-H. Michel, *De Pythagore à Euclide*, p. 283-286. Thymaridas (en définitive, un seul et même personnage,

même si certains textes le disent « de Paros » et d'autres « de Tarente » ; mais Pythagore aussi, par exemple, est « de Samos » puis « de Crotone ») n'est pas un pythagoricien de la première génération, mais il est plus ancien qu'Euclide et doit donc vraisemblablement être placé au IVᵉ siècle (sa définition de l'unité, περαίνουσα ποσότης, « quotité limitante », est opposée par Jamblique, *in Nic.*, p. 11 l. 3 Pistelli, à celle des auteurs « plus récents » (οἱ νεώτεροι), qui n'est autre que celle d'Euclide ; d'après Jamblique encore, dans le même ouvrage, il aurait inventé l'expression de « nombre rectilinéaire », εὐθυγραμμικός, pour désigner le nombre premier : or cette expression, très voisine de γραμμικὸς ἀριθμός, appartient au vocabulaire préeuclidien). Le rôle de Thymaridas (neuf fois cité par Jamblique, et notamment dans le *Commentaire sur l'Introduction arithmétique de Nicomaque* p. 11 l. 2-3 Pistelli pour la définition de l'unité ; p. 27 l. 4 pour le nombre εὐθυγραμμικός ; p. 65 l. 9 pour l'« épanthème », de même que p. 62 l. 19 et p. 68 l. 3), outre l'invention du procédé que l'on appelle « l'épanthème de Thymaridas » (voir là-dessus P.-H. Michel, *op. cit.*, p. 284-285 et, de manière plus détaillée, T. L. Heath, *A History of Greek Mathematics*, vol. 1, p. 94-96 ; voir aussi l'art. de M. Federspiel, « Sur l'épanthème de Thymaridas », dans *Les Études Classiques* 67, 1999, p. 341-360), semble donc avoir été important dans le domaine de l'invention lexicale pour dénommer les notions fondamentales de la mathématique pythagoricienne ; aussi n'y a-t-il rien d'étonnant à ce qu'il ait pu être le promoteur de l'utilisation arithmétique du terme de « pythmène ». Mais il faut alors noter l'intérêt de l'indication fournie par Martianus, si la restitution proposée pour le texte est correcte ; car aucun autre auteur n'accorde la paternité du « pythmène » à Thymaridas. Dans l'arithmétique pythagoricienne, le πυθμήν est la forme de base (le présent passage de Martianus suggère bien l'équivalence entre le grec πυθμήν et le latin *fundus*) d'un rapport, c'est-à-dire, dans une série de rapports de valeur égale, celui qui est exprimé par les plus petits termes. Ainsi, le rapport de 2 à 1 est le πυθμήν des doubles, le rapport de 3 à 1 celui des triples et le rapport de 4 à 1 celui des quadruples (exemples donnés dans ce § 765), mais aussi le rapport de 3 à 2 constitue le πυθμήν des sesquialtères, le rapport de 4 à 3 est le πυθμήν des sesquitierces (ces deux exemples vont être donnés au début du § 766), etc. La définition du terme est donnée par Théon (*Expos.*, p. 80 l. 15 sq. Hiller), et Platon l'avait déjà employé dans le même sens dans le célèbre passage du « nombre nuptial » (*Rép.* 546 C). Plus généralement, le πυθμήν est le nombre-base d'une classe d'équivalence. C'est ainsi qu'il apparaît chez Boèce, *Inst. ar.* 1, 28, 8, sous l'appellation latine de *radix*, dans le passage où Boèce paraphrase Nicomaque, *Intr. ar.* 1, 21, 1 (qui a le terme grec πυθμήν).Voir sur ce terme T. L. Heath, *A History of Greek Mathematics*, vol. 1, p. 306.

§ 766

1. Il n'y a aucune raison de suivre Willis quand il supprime [*deinde*] dans l'expression *tum deinde*. Certes, l'expression est redondante, mais c'est une tendance du latin tardif : voir E. Löfstedt, *Late Latin*, Oslo, 1959, p. 21.

§ 767

1. L'idée de la priorité du multiple sur l'épimore et sur l'épimère se trouve déjà chez Nicomaque (1, 19, 8) et se retrouvera naturellement dans la paraphrase de Boèce. Elle y est non pas fondée (comme c'est le cas dans le présent passage de Martianus, dont il faut souligner l'originalité) sur l'affirmation de la moindre « difficulté » du multiple en face des rapports apparemment plus complexes, mais déduite arithmétiquement et visualisée sur un tableau de nombres (Nic., *Intr. ar.* 1, 19, 9-16 = Boèce, *Inst. ar.* 1, 26, 2) :

1	2	3	4	5	6	7	8	9	10
2	4	6	8	10	12	14	16	18	20
3	6	9	12	15	18	21	24	27	30
4	8	12	16	20	24	28	32	36	40
5	10	15	20	25	30	35	40	45	50
6	12	18	24	30	36	42	48	54	60
7	14	21	28	35	42	49	56	63	70
8	16	24	32	40	48	56	64	72	80
9	18	27	36	45	54	63	72	81	90
10	20	30	40	50	60	70	80	90	100

Boèce (*ibid.*) indique que la première rangée du tableau donne « dans sa succession, jusqu'au nombre 10, la série naturelle du nombre continu ; et, sur la seconde ligne, que soit disposée la série du double ; sur la troisième, celle du triple, sur la quatrième, celle du quadruple, et ainsi de suite jusqu'au décuple. Ainsi reconnaîtrons-nous comment s'établit la primauté de l'espèce du multiple sur le superpartiel, le superpartient et tous les autres. »

2. *Sine iudicii quidem rationibus :* cette séquence, que Willis donne entre *cruces*, ne paraît pas véritablement gênante ; on peut lui donner un sens et la conserver comme nous le faisons.

3. Par opposition avec les nombres entre lesquels existe un rapport « simple » (c'est-à-dire multiple, superpartiel ou superpartient), il y a aussi des nombres entre lesquels existe un rapport « double » (c'est-à-dire composé de deux rapports simples réunis entre eux : c'est le cas du multiple superpartiel et du multiple superpartient). La *gemina ratio* dont parle ici Martianus désigne donc aussi bien le « multiple superpartiel » que le « multiple superpartient » ; effectivement, l'ordre dans lequel est toujours abordée l'étude des cinq rapports canoniques reconnus par l'arithmétique pythagoricienne est le suivant : multiple, superpartiel (en grec, « épimore »), superpartient (en grec, « épimère »), multiple superpartiel, multiple superpartient.

§ 768

1. L'exemple numérique donné pour la série quadruple est intéressant : écrivant 1, 4, 16, 64, 256, pour illustrer ce qu'il est en train d'affirmer du nombre pair, Martianus pose donc la monade comme nombre pair (alors que les deux premières séries prises comme exemples, pour le double et le triple, partaient de 2) ; la monade est considérée comme à la fois impaire et paire, en tant qu'elle est le principe du nombre et non pas un nombre elle-même ; c'est un thème pythagoricien classique, que l'on trouve par ex. chez Macrobe, *in Somn. Scip.* 1, 6, 7 ; Théon, *Expos.* p. 22 Hiller.

2. « La multiplication d'un impair par un pair donne un produit pair » : cf. Euclide, *Éléments*, 9, prop. 28 : ἐὰν περισσὸς ἀριθμὸς ἄρτιον πολλαπλασιάσας ποιῇ τινα, ὁ γενόμενος ἄρτιος ἔσται, « si un nombre impair multipliant un nombre pair fait un nombre, le produit sera pair » (trad. Peyrard) ; la traduction de B. Vitrac (*op. cit.*, p. 451) est la suivante : « Si un nombre impair multipliant un pair produit un certain nombre, le produit sera pair ».

3. « La multiplication d'un impair par un impair donne un produit impair » : c'est la proposition suivante d'Euclide (*Éléments* 9, prop. 29) : ἐὰν περισσὸς ἀριθμὸς περισσὸν ἀριθμὸν πολλαπλασιάσας ποιῇ τινα, ὁ γενόμενος περισσὸς ἔσται, « si un nombre impair multipliant un nombre impair fait un nombre, le produit sera impair » (trad. Peyrard) ; ou : « si un nombre impair multipliant un nombre impair produit un certain nombre, le produit sera impair » (trad. B. Vitrac).

4. « La somme d'un nombre quelconque de nombres pairs est un nombre pair » : quoique dans le désordre, Martianus ou sa source suit toujours Euclide, *Éléments* 9, mais il s'agit ici de la proposition 21 : ἐὰν ἄρτιοι ἀριθμοὶ ὁποσοιοῦν συντεθῶσιν, ὁ ὅλος ἄρτιός ἐστιν, « si l'on ajoute tant de nombres pairs que l'on voudra, leur somme sera un nombre pair » (trad. Peyrard) ; ou : « si des nombres pairs en quantité quelconque sont ajoutés, le tout est pair » (trad. B. Vitrac).

§ 769

1. « La somme d'un nombre pair de nombres impairs est un nombre pair » : Euclide, *Éléments* 9, prop. 22 : ἐὰν περισσοὶ ἀριθμοὶ ὁποσοιοῦν συντεθῶσιν, τὸ δὲ πλῆθος αὐτῶν ἄρτιον ᾖ, ὁ ὅλος ἄρτιος ἔσται, « si l'on ajoute tant de nombres impairs que l'on voudra, et si leur quantité est paire, leur somme sera paire » (trad. Peyrard) ; ou : « Si des nombres impairs en quantité quelconque sont ajoutés, et que leur multitude soit paire, le tout sera pair » (trad. B. Vitrac).

2. « La somme d'un nombre impair de nombres impairs est un nombre impair » : c'est la proposition suivante d'Euclide (9, prop. 23) : ἐὰν περισσοὶ ἀριθμοὶ ὁποσοιοῦν συντεθῶσιν, τὸ δὲ πλῆθος αὐτῶν περισσὸν ᾖ, καὶ ὁ ὅλος περισσὸς ἔσται, « si l'on ajoute tant de nombres impairs que l'on voudra, et si leur quantité est impaire, leur somme sera impaire » (trad. Peyrard) ; ou : « si des nombres impairs en quantité quelconque sont ajoutés, et que leur multitude soit impaire, le tout aussi sera impair » (trad. B. Vitrac).

3. La multiplication d'un pair ou d'un impair par un nombre pair donne un pair : déjà dit au § 768.

4. La multiplication d'un pair par un impair donne un pair, et celle d'un impair par un impair donne un impair : déjà dit au § 768.

§ 770

1. « Si un pair est ajouté à un pair, la somme est paire » : retour à la proposition 9, 21 d'Euclide qui vient d'être formulée précédemment au § 768.

2. « Si un impair est ajouté à un impair, la somme est paire » : retour à la proposition 9, 22 d'Euclide qui a été formulée également au § 768.

3. La différence de deux nombres pairs est un nombre pair : Euclide, 9, prop. 24 : ἐὰν ἀπὸ ἀρτίου ἀριθμοῦ ἄρτιος ἀφαιρεθῇ, ὁ λοιπὸς ἄρτιος ἔσται, « si d'un nombre pair on retranche un nombre pair, le reste sera pair » (trad. Peyrard ; comparer avec la trad. de B. Vitrac, *op. cit.*, p. 449 : « si à partir d'un nombre pair un pair est retranché, le reste sera pair »).

4. Euclide, 9, prop. 25 : ἐὰν ἀπὸ ἀρτίου ἀριθμοῦ περισσὸς ἀφαιρεθῇ, ὁ λοιπὸς περισσὸς ἔσται, « si d'un nombre pair on retranche un nombre impair, le reste sera impair » (trad. Peyrard). B. Vitrac traduit : « Si à partir d'un nombre pair un impair est retranché, le reste sera impair ».

5. La différence de deux nombres impairs est un nombre pair : Euclide, 9, prop. 26 : ἐὰν ἀπὸ περισσοῦ ἀριθμοῦ περισσὸς ἀφαιρεθῇ, ὁ λοιπὸς ἄρτιος ἔσται, « si d'un nombre impair on retranche un nombre impair, le reste sera pair » (trad. Peyrard). Trad. B. Vitrac : « Si à partir d'un nombre impair un impair est retranché, le reste sera pair ».

6. La proposition euclidienne 9, 27 énonce que ἐὰν ἀπὸ περισσοῦ ἀριθοῦ ἄρτιος ἀφαιρεθῇ, ὁ λοιπὸς περισσὸς ἔσται, « si d'un nombre impair on retranche un nombre pair, le reste sera impair » (trad. Peyrard). Trad. B. Vitrac : « Si à partir d'un nombre impair un pair est retranché, le reste sera impair ».

§ 771

1. La définition du nombre pairement pair est à rapprocher de celle qui est donnée par Euclide, *Éléments* 7, déf. 8 (« Le nombre pairement pair est celui qui est mesuré par un nombre pair multiplié par un nombre pair », trad. Peyrard ; « un nombre pairement-pair est celui qui est mesuré par un nombre pair selon un nombre pair », trad. B. Vitrac). Voir P.-H. Michel, *De Pythagore à Euclide*, p. 332 sq.

2. Sur la définition du nombre pairement pair par sa génération, cf. Euclide, *Éléments* 9, prop. 32 : τῶν ἀπὸ δυάδος

διπλασιαζομένων ἀριθμῶν ἕκαστος ἀρτιάκις ἄρτιός ἐστι μόνον, « chacun des nombres doubles, à partir du binaire, est pairement pair seulement » (trad. Peyrard) ; « chacun des nombres produits par doublement à partir d'une dyade est seulement pairement-pair » (trad. Vitrac).

3. Pour l'impairement pair de Martianus, cf. la proposition suivante d'Euclide (9, 33) : ἐὰν ἀριθμὸς τὸν ἥμισυν ἔχῃ περισσόν, ἀρτιάκις περισσὸς ἔσται μόνον, « si la moitié d'un nombre est impaire, ce nombre est pairement impair seulement » (trad. Peyrard) ; « si un nombre a sa moitié impaire, il est seulement pairement-impair » (trad. Vitrac).

4. Cf. Euclide 9, prop. 34, qui énonce que tout nombre qui n'est pas une puissance de 2 et dont la moitié n'est pas un nombre impair est à la fois pairement pair et pairement impair : ἐὰν ἀριθμὸς μήτε τῶν ἀπὸ δυάδος διπλασιαζομένων ᾖ μήτε τὸν ἥμισυν ἔχῃ περισσόν, ἀρτιάκις τε ἄρτιός ἐστι καὶ ἀρτιάκις περισσός, « si un nombre, à partir du binaire, n'est pas un de ceux qui sont doubles, et si sa moitié n'est point impaire, il est pairement pair et pairement impair » (trad. Peyrard) ; « si un nombre n'est ni produit par doublement à partir d'une dyade ni n'a sa moitié impaire, il est à la fois pairement-pair et pairement-impair » (trad. Vitrac).

5. *Ternis* reprend le mot *imparibus* de l'expression *par ex imparibus*. On dirait en langage moderne : « puisque l'un de ses deux facteurs, l'impair, est 3 ».

§ 772

1. Pour les nombres composés et non composés, ce paragraphe renvoie au § 750.

2. Malgré ce renvoi de Martianus, le fait que « sauf 2, aucun pair n'est incomposé » n'a nulle part été mentionné : « somniat Mart., qui de ea re ne frit quidem », commente Willis dans son apparat critique au § 772. Sur le nombre 2 seul nombre pair à être « incomposé » c'est-à-dire premier, cf. T. L. Heath, *A History*..., vol. 1, p. 73.

3. La dernière affirmation du § 772 est à rapprocher d'Euclide, 9, prop. 29, qui énonce que le produit de deux nombres impairs est un nombre impair : ἐὰν περισσὸς ἀριθμὸς περισσὸν ἀριθμὸν πολλαπλασιάσας ποιῇ τινα, ὁ γενόμενος περισσὸς ἔσται, « si un nombre impair multipliant un nombre impair fait un nombre, le

produit sera impair » (trad. Peyrard) ; « si un nombre impair multipliant un nombre impair produit un certain nombre, le produit sera impair » (trad. Vitrac) ; cf. § 768 n. 3.

4. La correction proposée par Willis (*sortis* au lieu de *partis* des mss.) peut se recommander de la similitude d'expression avec la fin du § 773 (*in eadem sorte*) et avec la fin du § 776 (*mutata quoque sorte*).

§ 773

1. La source de ce paragraphe, comme celle des § 774-777, demeure inconnue ; mais elle n'est pas euclidienne, comme on va le voir. Il s'agit en effet de prouver que la catégorie du « nombre composé en soi, mais non composé par rapport à un autre » ne s'applique qu'au nombre impair. Cette troisième classe de l'impair (après le « premier et non composé » et le « second et composé ») a été inventée par Nicomaque pour établir une symétrie entre la triple subdivision du pair (pairement pair, pairement impair, impairement pair) et celle de l'impair, alors que chez Euclide on ne trouvait que les impairs premiers et les impairs composés (appelés « impairement impairs », *Éléments*, 7, déf. 11) ; voir T. L. Heath, *Euclid's Elements*, vol. 2, p. 284 et 286-287. La définition de cette troisième espèce d'impairs (voir Nicomaque, notamment 1, 13, 1 ; Jamblique, *in Nic.*, p. 28 l. 7 sq. Pistelli ; Boèce, 1, 16 et 17, 10 ; Asclépius, *in Nic.*, 1, 83 Tarán ; Cassiodore, *Inst.* 2, 4, 3 repris par Isidore, *Étym.* 3, 5, 1 et 8, tous deux appelant ce nombre *mediocris*) implique que tous les nombres de cette classe peuvent entrer dans celle des « seconds et composés », et réciproquement : aussi P. Tannery (*Mémoires scientifiques* 2, p. 113 et 3, p. 268) la trouvait-il mathématiquement stupide. Cf. *supra*, n. 1 au § 750.

2. C'est-à-dire qu'ils n'ont, à part l'unité, aucun autre diviseur qui leur soit particulier : si par exemple 9 possède à côté de l'unité, comme *propria mensura*, le nombre 3, et si le nombre 15 possède comme *propriae mensurae* les nombres 3 et 5, on voit par opposition qu'un nombre comme 5 n'a aucune *propria mensura* et que le nombre qui le mesure est uniquement l'unité, laquelle est précisément la *communis mensura* (*communis* s'opposant à *propria*) de tous les nombres. Cf. Euclide 7, déf. 11, et Nic., *Intr. ar.* 1, 11, 2.

3. Cf. le § 772 et la n. 2.

§ 774

1. Ce paragraphe, comme le précédent et les trois suivants, est de source inconnue.

2. C'est sans doute un lapsus qui fait écrire à Willis *quamuis per se incomposito* au lieu de *quamuis per se composito* des mss. *:* on voit bien que le texte va ensuite comparer à 3, « incomposé en soi », le nombre 4 qui n'est pas « incomposé en soi », mais « composé en soi ».

3. Ce sera vrai dans l'exemple que va donner Martianus, celui de 3 et 4 ; mais ce n'est pas une vérité générale : il suffit, pour s'en convaincre, de prendre les exemples de 3 et 9, ou de 5 et 15. Le début du § 781 donnera sur ce point un énoncé correct, appuyé précisément sur les exemples de 3 et 9, puis de 5 et 15.

§ 775

1. Paragraphe de source inconnue.

2. L'exemple de 9 et 25 est celui qui est développé par Nicomaque, 1, 13, 1 (commenté par Asclépius, *in Nic.*, 1, 83, l. 27-35 Tarán) ; il est aussi dans le passage correspondant de Boèce, *Inst. ar.* 1, 16 (titre : *De eo qui per se secundus et compositus est, ad alium primus et incompositus*, « Le nombre second et composé par lui-même, mais premier et non composé relativement à un autre ») ; et, pour citer un texte qui était accessible à l'époque de Martianus, chez Jamblique, *in Nic.*, p. 28 l. 7 sq. Pistelli. Cassiodore, *Inst.* 2, 4, 3, repris par Isidore, *Étym.* 3, 5, 1 et 8, aura le même exemple de 9 et 25 pour illustrer ce type de nombre, que ces deux auteurs appellent *mediocris*. Sur ce type de nombre, voir la note 1 au § 773.

3. Il convient d'amender ici le texte édité par Dick : *Itaque* [*per se etiam inter se incompositi sunt*] (la traduction Stahl-Johnson, vol. 2 p. 302, ignore aussi cette séquence), et par Willis : *Itaque per se etiam inter se incompositi sunt ;* il faut *Itaque per se compositi etiam inter se incompositi sunt*, ce qui est la leçon des mss. B^{pc} et H^{pc}. S'il est seul (comme dans beaucoup de mss. : voir app. crit.), le groupe *per se etiam* n'a pas de sens et c'est pourquoi ces mots sont supprimés par M^{2}.

§ 776

1. Paragraphe de source inconnue.
2. Au § 773.

§ 777

1. Paragraphe de source inconnue.

§ 778

1.Cf. Euclide, *Éléments*, 7, prop. 23, qui énonce qu'étant donnés deux nombres premiers entre eux, tout diviseur de l'un de ces nombres est premier par rapport à l'autre : ἐὰν δύο ἀριθμοὶ πρῶτοι πρὸς ἀλλήλους ὦσιν, ὁ τὸν ἕνα αὐτῶν μετρῶν ἀριθμὸς πρὸς τὸν λοιπὸν πρῶτος ἔσται, « si deux nombres sont premiers entre eux, le nombre qui mesure l'un d'eux sera premier avec l'autre » (trad. Peyrard) ; « si deux nombres sont premiers entre eux, le nombre qui mesure l'un d'entre eux sera premier avec celui qui reste » (trad. Vitrac).

2. Voici maintenant la prop. 25 du même livre 7 : si deux nombres sont premiers entre eux, le carré de l'un est un nombre premier par rapport à l'autre nombre : ἐὰν δύο ἀριθμοὶ πρῶτοι πρὸς ἀλλήλους ὦσιν, ὁ ἐκ τοῦ ἑνὸς αὐτῶν γενόμενος πρὸς τὸν λοιπὸν πρῶτος ἔσται.

3. C'est la prop. 27 du livre 7, qui énonce que si deux nombres sont premiers entre eux, leurs puissances de même exposant sont des nombres premiers entre eux : ἐὰν δύο ἀριθμοὶ πρῶτοι πρὸς ἀλλήλους ὦσιν, καὶ πολλαπλασιάσας ἑκάτερος ἑαυτὸν ποιῇ τινα, οἱ γενόμενοι ἐξ αὐτῶν πρῶτοι πρὸς ἀλλήλους ἔσονται, κἂν οἱ ἐξ ἀρχῆς τοὺς γενομένους πολλαπλασιάσαντες ποιῶσί τινας, κἀκεῖνοι πρῶτοι πρὸς ἀλλήλους ἔσονται, « si deux nombres sont premiers entre eux, et si ces nombres étant multipliés par eux-mêmes font des nombres, les produits de ces nombres seront premiers entre eux ; et si les nombres proposés multipliant les produits font d'autres nombres, ces derniers seront aussi premiers entre eux » (trad. Peyrard) ; « si deux nombres sont premiers entre eux, et si chacun se multipliant lui-même produit un certain nombre, ces produits seront premiers entre eux, et si les nombres initiaux

multipliant ces produits produisent certains nombres, ceux-ci encore seront premiers entre eux » (trad. Vitrac). Cette proposition est reprise au début du § 779.

§ 779

1. Euclide, *Éléments* 7, prop. 27, mais mal comprise (« sed male intellecta », dit l'apparat critique de Willis). Pour le texte d'Euclide, cf. note précédente.

2. Le second ensemble de ce paragraphe est à comparer avec la même proposition 7, 27 d'Euclide.

3. Pour ce troisième ensemble, voir Euclide, *Éléments* 7, prop. 28 : ἐὰν δύο ἀριθμοὶ πρῶτοι πρὸς ἀλλήλους ὦσιν, καὶ συναμφότερος πρὸς ἑκάτερον αὐτῶν πρῶτος ἔσται· καὶ ἐὰν συναμφότερος πρὸς ἕνα τινὰ αὐτῶν πρῶτος ᾖ, καὶ οἱ ἐξ ἀρχῆς ἀριθμοὶ πρῶτοι πρὸς ἀλλήλους ἔσονται, « si deux nombres sont premiers entre eux, leur somme sera un nombre premier avec chacun d'eux ; et si leur somme est un nombre premier avec chacun d'eux, les deux nombres proposés seront premiers entre eux. » (trad. Peyrard) ; « si deux nombres sont premiers entre eux, le nombre composé des deux ensemble sera aussi premier avec chacun d'eux. Et si le nombre composé des deux ensemble est premier avec l'un quelconque d'entre eux, les nombres initiaux seront aussi premiers entre eux » (trad. Vitrac).

§ 780

1. Pour ce début de paragraphe, cf. Euclide, *Éléments* 7, prop. 28, comme pour la fin du § 779.

2. Pour la suite, Euclide, *Éléments* 7, prop. 24 : ἐὰν δύο ἀριθμοὶ πρός τινα ἀριθμὸν πρῶτοι ὦσιν, καὶ ὁ ἐξ αὐτῶν γενόμενος πρὸς τὸν αὐτὸν πρῶτος ἔσται, « si deux nombres sont premiers avec quelque nombre, le produit de ces deux nombres sera un nombre premier avec ce nombre. » (trad. Peyrard) ; « si deux nombres sont premiers avec un certain nombre, leur produit sera aussi premier avec ce même nombre » (trad. Vitrac).

§ 781

1. Le début de ce paragraphe redresse heureusement l'erreur proférée au début du § 774 (voir n. 3 *ad loc.*). Cf. Euclide, *Éléments* 7, prop. 29 : ἅπας πρῶτος ἀριθμὸς πρὸς ἅπαντα ἀριθμὸν ὃν μὴ μετρεῖ πρῶτός ἐστιν, « tout nombre premier est premier avec tout nombre qu'il ne mesure pas » (trad. Peyrard ; la trad. Vitrac est identique).

2. La proposition <*Si ergo*> pour compléter la lacune décelée par Petersen est faite sous toute réserve (« Locum mutilum sanare non potui », dit l'apparat critique de Willis).

3. Pour ce second ensemble du paragraphe, cf. Euclide, *Éléments* 7, prop. 1 : δύο ἀριθμῶν ἀνίσων ἐκκειμένων, ἀνθυφαιρουμένου δὲ ἀεὶ τοῦ ἐλάσσονος ἀπὸ τοῦ μείζονος, ἐὰν ὁ λειπόμενος μηδέποτε καταμετρῇ τὸν πρὸ ἑαυτοῦ, ἕως οὗ λειφθῇ μονάς, οἱ ἐξ ἀρχῆς ἀριθμοὶ πρῶτοι πρὸς ἀλλήλους ἔσονται, « deux nombres inégaux étant proposés, le plus petit étant toujours retranché du plus grand, si le reste ne mesure celui qui est avant lui que lorsque l'on a pris l'unité, les nombres proposés seront premiers entre eux » (trad. Peyrard) ; ou : « deux nombres inégaux étant proposés et le plus petit étant retranché du plus grand de façon réitérée et en alternance, si le reste ne mesure jamais le reste précédent jusqu'à ce qu'il reste une unité, les nombres initiaux seront premiers entre eux » (trad. Vitrac). La méthode de la soustraction réciproque (ἀνθυφαίρεσις chez Euclide, *Éléments*, livre 7, prop. 1 et livre 10, prop. 2, terme que Boèce, *Inst. ar.* 1, 18, 4, traduira en latin par *reciproca diminutio*) consiste à mesurer le plus grand nombre par le plus petit ; dans le cas de nombres incomposés entre eux, on s'arrête à l'unité, ultime « reste » qui est la mesure de tous les nombres qui ont précédé ; dans le cas de deux nombres seconds et composés entre eux, c'est le diviseur commun aux deux nombres qui apparaît comme dernière mesure et dernier reste. Pour l'exposé de cette méthode, voir Nicomaque, *Intr. ar.* 1, 13, 10-13. Cette manière de déterminer des facteurs communs se trouve chez Euclide 7, prop. 1 : considérant deux nombres inégaux, si l'on soustrait continuellement le plus petit du plus grand, si le nombre restant ne mesure pas l'autre avant d'être réduit à l'unité, les deux nombres considérés à l'origine seront premiers l'un par rapport à l'autre. Cette méthode est une application au cas particulier de nombres premiers de la méthode de découverte du plus grand commun dénominateur de deux nombres qui ne soient pas premiers l'un à l'autre, méthode exposée dans la proposition

suivante d'Euclide (7, prop. 2). Pour un commentaire, voir B. Vitrac, *Euclide. Les Éléments*, vol. 2 : *Livres V à IX*, p. 293-295.

4. Pour le troisième ensemble du paragraphe 781, cf. Euclide, *Éléments* 9, prop. 15 : ἐὰν τρεῖς ἀριθμοὶ ἑξῆς ἀνάλογον ὦσιν ἐλάχιστοι τῶν τὸν αὐτὸν λόγον ἐχόντων αὐτοῖς, δύο ὁποιοιοῦν συντεθέντες πρὸς τὸν λοιπὸν πρῶτοί εἰσιν, « si trois nombres successivement proportionnels sont les plus petits de tous ceux qui ont la même raison qu'eux, la somme de deux quelconques de ces nombres sera un nombre premier avec le nombre restant ». Notre texte, pour cette phrase, est différent de celui de Willis. Nous avons suivi l'avis de P. Tannery (art. cit., p. 138) : « D'après le développement qui suit, le sens n'est pas douteux. Si trois nombres en progression géométrique sont *les plus petits* de tous ceux pour lesquels la raison de la progression est la même, la somme de deux quelconques de ces trois nombres n'aura aucun facteur commun avec le troisième. Il faut donc nécessairement lire *minimi* au lieu de *iuncti*. Mais le mot *iuncti* semble avoir été introduit par suite d'une bonne correction portant non pas sur *minimi*, mais sur *dati*. Enfin ce dernier mot provient sans doute d'une glose sur le membre de phrase qui suit : *sint tres numeri nouem, duodecim, sedecim* (soient *donnés* les trois nombres 9, 12, 16). Cf. Euclide, IX, 15. » — A la dernière ligne du paragraphe, l'édition Willis présente une coquille typographique qui lui fait écrire (p. 291 l. 11-12) : *confundantur in unum VIIII et XIII ; fiunt XXI.* Il faut lire, évidemment, *XII* et non pas *XIII*.

§ 782

1. Pour le début du § 782, cf. Euclide, *Éléments* 9, prop. 31 : ἐὰν περισσὸς ἀριθμὸς πρός τινα ἀριθμὸν πρῶτος ᾖ, καὶ πρὸς τὸν διπλασίονα αὐτοῦ πρῶτος ἔσται, « si un nombre impair est premier avec un nombre, il sera premier avec son double » (trad. Peyrard) ; ou : « si un nombre impair est premier avec un certain nombre, il sera aussi premier avec son double » (trad. Vitrac).

2. Quant à la suite, peut-on en voir la source chez Euclide 7, prop. 26 ? Mais Martianus parle d'addition, tandis qu'il s'agit de multiplication chez Euclide dont le texte est le suivant : ἐὰν δύο ἀριθμοὶ πρὸς δύο ἀριθμοὺς ἀμφότεροι πρὸς ἑκάτερον πρῶτοι ὦσιν, καὶ οἱ ἐξ αὐτῶν γενόμενοι πρῶτοι πρὸς ἀλλήλους ἔσονται, « si deux nombres sont premiers avec deux autres, l'un et l'autre avec l'un et l'autre, leurs produits seront premiers entre eux »

(trad. Peyrard) ; « si deux nombres sont premiers avec deux nombres, l'un et l'autre avec chacun des autres, leurs produits aussi seront premiers entre eux » (trad. Vitrac). D'où la remarque de P. Tannery, « Ad Martiani Capellae librum VII », art. cit., p. 138 : « La proposition arithmétique "si duo et alteri duo, etc." est erronée. Mais il faut la laisser au compte de Martianus Capella. »

§ 783

1. Euclide, *Éléments* 7, prop. 22 : οἱ ἐλάχιστοι ἀριθμοὶ τῶν τὸν αὐτὸν λόγον ἐχόντων αὐτοῖς πρῶτοι πρὸς ἀλλήλους εἰσίν, « les plus petits nombres de ceux qui ont la même raison qu'eux sont premiers entre eux. »

2. Comme illustration de la proposition 22 d'Euclide, les mss. donnent 2 et 4 pour le plus petit rapport double, puis 2 et 6 pour le triple. C'est le texte conservé par Willis. Quant à nous, nous adoptons la correction proposée par P. Tannery : « On ne peut, malgré l'autorité des manuscrits, lui laisser dire : «ut in dupli ratione minimi sunt *duo et quattuor*, in tripli *duo et sex*, hique inter se non componuntur.» Il faut lire "II et I", "III et I". » (art. cit., p. 138).

3. Euclide, *Éléments* 7, prop. 21 : οἱ πρῶτοι πρὸς ἀλλήλους ἀριθμοὶ ἐλάχιστοί εἰσι τῶν τὸν αὐτὸν λόγον ἐχόντων αὐτοῖς, « les nombres premiers entre eux sont les plus petits de ceux qui ont la même raison qu'eux. »

4. Martianus propose ici un exemple pour la proposition 21 d'Euclide avec les nombres 200 et 101, qui sont en rapport épimère (*est autem inter eos partium ratio*, dit le texte : cf. § 757, et notre commentaire). Le rapport de 200 à 101 est $1+\frac{99}{101}$. Il faut donc lire dans le texte latin : *CC CI nonaginta nouem partibus antecedunt*. P. Tannery, art. cit., p. 139, l'avait bien vu. Il explique que « *dimidio* a été introduit par un glossateur ayant lu *CC et C* », et remarque que « le mode d'expression "CC, CI nonaginta nouem partibus antecedunt" est absolument conforme à la terminologie grecque, mais le manque d'articles en latin rend la phrase ambiguë. » L'édition Willis n'a pas tenu compte de cette remarque de P. Tannery.

§ 784

1. Euclide, *Éléments* 7, prop. 32 : ἅπας ἀριθμὸς ἤτοι πρῶτός ἐστιν ἢ ὑπὸ πρώτου τινὸς ἀριθμοῦ μετρεῖται, « tout nombre

est premier, ou il est mesuré par quelque nombre premier » (trad. Peyrard) ; ou : « tout nombre est soit premier soit mesuré par un certain nombre premier » (trad. Vitrac).

2. Dans cette fin de paragraphe, Martianus suit une source inconnue.

§ 785

1. Euclide, *Éléments* 7, prop. 2 : δύο ἀριθμῶν δοθέντων μὴ πρώτων πρὸς ἀλλήλους, τὸ μέγιστον αὐτῶν κοινὸν μέτρον εὑρεῖν, « deux nombres non premiers entre eux étant donnés, trouver leur plus grande commune mesure. »

2. Méthode de la « soustraction réciproque » : cf. *supra*, § 781, et n. 3.

3. La fin du texte (à partir de *Ex hoc etiam illud apparet*) reprend Euclide, *Éléments* 7, prop. 2, corollaire : ἐκ δὴ τούτων φανερὸν ὅτι ἐὰν ἀριθμὸς δύο ἀριθμοὺς μετρῇ, καὶ τὸ μέγιστον αὐτῶν κοινὸν μέτρον μετρήσει , « il suit évidemment de là que si un nombre en mesure deux autres, il mesure aussi leur plus grande commune mesure » (trad. Peyrard) ; ou : « À partir de ceci, il est évident que si un nombre mesure deux nombres, il mesurera aussi leur plus grande commune mesure » (trad. Vitrac). La comparaison de cet énoncé euclidien avec le texte qui le rend dans les mss. de Martianus impose une correction : il faut lire *quisquis numerus minor duos numeros metitur maximam quoque eorum mensuram metietur*. Petersen, suivi par Dick puis par Willis, a corrigé la séquence *maximam in supra* des manuscrits en *maxima mensura*, mais si cette correction est tout à fait admissible paléographiquement, elle restitue une expression qui n'a aucun sens mathématique dans le contexte. Il faut supprimer *in supra* (le corriger en *insuper* « en outre, de plus » ne ferait qu'alourdir le texte) et renvoyer dans la seconde partie de la phrase (où le correcteur du ms. *H* avait eu le sentiment qu'il manquait un mot ; mais il ajoutait *minimam* et non *maximam*...) le mot *maximam* qui n'a rien à faire dans la première, comme le suggérait P. Tannery (art. cit., p. 139). Nous nous écartons ainsi, pour la fin de la phrase, du texte de nos précédesseurs. — D'autre part, notre traduction diffère évidemment de celle de Stahl et Johnson qui écrivent un contresens (vol. 2, p. 306) : « From this calculation it becomes clear how one finds, of all the numbers which measure two numbers, their greatest common measure », c'est-à-dire : « D'après ce calcul

il apparaît clairement comment on trouve, de tous les nombres qui mesurent deux nombres, la plus grande commune mesure ».

§ 786

1. Euclide, *Éléments* 7, prop. 3 : τριῶν ἀριθμῶν δοθέντων μὴ πρώτων πρὸς ἀλλήλους, τὸ μέγιστον αὐτῶν κοινὸν μέτρον εὑρεῖν, « trois nombres non premiers entre eux étant donnés, trouver leur plus grande commune mesure » (trad. Peyrard).

§ 787

1. Dans ce paragraphe et dans le suivant, où il s'agit de trouver le plus petit commun multiple de deux nombres donnés, la source est Euclide, *Éléments* 7, prop. 34 : δύο ἀριθμῶν δοθέντων, εὑρεῖν ὃν ἐλάχιστον μετροῦσιν ἀριθμόν, « deux nombres étant donnés, trouver le plus petit qu'ils mesurent » (trad. Peyrard).

§ 789

1. La source est ici Euclide, *Éléments* 7, prop. 36 : τριῶν ἀριθμῶν δοθέντων, εὑρεῖν ὃν ἐλάχιστον μετροῦσιν ἀριθμόν, « trois nombres étant donnés, trouver le plus petit qu'ils mesurent » (trad. Peyrard).

2. La correction de *summus* en *sumatur* a été proposée par Petersen, puis par P. Tannery, art. cit., p. 139.

§ 790

1. La source est Euclide, *Éléments* 7, prop. 35 : ἐὰν δύο ἀριθμοὶ ἀριθμόν τινα μετρῶσι, καὶ ὁ ἐλάχιστος ὑπ' αὐτῶν μετρούμενος τὸν αὐτὸν μετρήσει, “ si deux nombres mesurent quelque nombre, le plus petit qu'ils mesurent mesurera ce même nombre. ” (trad. Peyrard) ; « si deux nombres mesurent un certain nombre, le plus petit nombre mesuré par eux mesurera aussi ce même nombre » (trad. Vitrac).

§ 791

1. Source : Euclide, *Éléments* 7, prop. 20 : οἱ ἐλάχιστοι ἀριθμοὶ τῶν τὸν αὐτὸν λόγον ἐχόντων αὐτοῖς μετροῦσι τοὺς τὸν αὐτὸν λόγον ἔχοντας ἰσάκις, ὅ τε μείζων τὸν μείζονα καὶ ὁ ἐλάσσων τὸν ἐλάσσονα, « les plus petits nombres de ceux qui ont la même raison qu'eux mesurent également ceux qui ont la même raison qu'eux, le plus grand le plus grand, et le plus petit le plus petit. » (trad. Peyrard) ; ou : « les plus petits nombres parmi ceux qui ont le même rapport qu'eux mesurent ceux qui ont le même rapport autant de fois, le plus grand le plus grand et le plus petit le plus petit » (trad. Vitrac). Le texte d'Euclide a suggéré à Dick de compléter le texte de Martianus dont le début paraît lacunaire. Nous avons suivi la proposition de Dick.

§ 792

1. Euclide, *Éléments* 7, prop. 15 : ἐὰν μονὰς ἀριθμόν τινα μετρῇ, ἰσάκις δὲ ἕτερος ἀριθμὸς ἄλλον τινὰ ἀριθμὸν μετρῇ, καὶ ἐναλλὰξ ἰσάκις ἡ μονὰς τὸν τρίτον ἀριθμὸν μετρήσει καὶ ὁ δεύτερος τὸν τέταρτον, « si l'unité mesure un nombre autant de fois qu'un autre nombre mesure un autre nombre, par permutation, l'unité mesurera autant de fois le troisième nombre que le second mesure le quatrième. » (trad. Peyrard) ; « si une unité mesure un certain nombre et si un autre nombre mesure autant de fois un certain autre nombre, de manière alterne aussi, l'unité mesurera autant de fois le troisième nombre que le deuxième mesure le quatrième » (trad. Vitrac).

§ 793

1. Euclide, *Éléments* 7, prop. 30 : ἐὰν δύο ἀριθμοὶ πολλαπλασιάσαντες ἀλλήλους ποιῶσί τινα, τὸν δὲ γενόμενον ἐξ αὐτῶν μετρῇ τις πρῶτος ἀριθμός, καὶ ἕνα τῶν ἐξ ἀρχῆς μετρήσει, « si deux nombres se multipliant l'un l'autre font un nombre et si un nombre premier mesure leur produit, il mesurera un des nombres proposés » (trad. Peyrard) ; ou : « si deux nombres se multipliant l'un l'autre produisent un certain nombre et si un certain nombre premier mesure leur produit, il mesurera aussi l'un des nombres initiaux » (trad. Vitrac).

§ 794

1. *Portio*, que l'on a rencontré plus haut (§ 744) avec le même sens que *pars* dans l'exposé sur les nombres premiers (*Quapropter primi appellantur, quoniam a nullo numero exoriuntur nec aequis portionibus discernuntur*), entre ici dans l'expression *eadem portio* par laquelle Martianus désigne la « proportion » ; l'auteur souligne l'équivalence entre la formulation latine et l'expression grecque : *portionis eiusdem, quam* ἀναλογίαν *Graeci uocant*... Il est préférable de dire : « des nombres sont posés en série proportionnelle, ce que l'on appelle en grec... », plutôt que de traduire littéralement : « des nombres sont posés dans l'ordre de la proportion, ce que l'on appelle en grec... ».

2. Cf. Euclide, *Éléments* 8, prop. 7 : ἐὰν ὦσιν ὁποσοιοῦν ἀριθμοὶ ἑξῆς ἀνάλογον, ὁ δὲ πρῶτος τὸν ἔσχατον μετρῇ, καὶ τὸν δεύτερον μετρήσει, « si autant de nombres qu'on voudra sont successivement proportionnels et si le premier mesure le dernier, il mesurera aussi le second » (trad. Peyrard) ; ou : « si des nombres, en quantité quelconque, sont continûment en proportion et que le premier mesure le dernier, il mesurera aussi le deuxième » (trad. Vitrac).

3. Cf. maintenant (*contra*) la prop. 6 : ἐὰν ὦσιν ὁποσοιοῦν ἀριθμοὶ ἑξῆς ἀνάλογον, ὁ δὲ πρῶτος τὸν δεύτερον μὴ μετρῇ, οὐδὲ ἄλλος οὐδεὶς οὐδένα μετρήσει, « si autant de nombres qu'on voudra sont successivement proportionnels et si le premier ne mesure pas le second, aucun autre n'en mesure un autre » ; cf. la définition des nombres proportionnels par Euclide, *Éléments* 7, déf. 21 : ἀριθμοὶ ἀνάλογόν εἰσιν ὅταν ὁ πρῶτος τοῦ δευτέρου καὶ ὁ τρίτος τοῦ τετάρτου ἰσάκις ᾖ πολλαπλάσιος ἢ τὸ αὐτὸ μέρος ἢ τὰ αὐτὰ μέρη ὦσιν, « des nombres sont proportionnels lorsque le premier est le même multiple du second que le troisième l'est du quatrième, ou lorsque le premier est la même partie ou les mêmes parties du second que le troisième l'est du quatrième. »

§ 795

1. Euclide, *Éléments* 9, prop. 12 : ἐὰν ἀπὸ μονάδος ὁποσοιοῦν ἀριθμοὶ ἑξῆς ἀνάλογον ὦσιν, ὑφ' ὅσων ἂν ὁ ἔσχατος πρώτων ἀριθμῶν μετρῆται, ὑπὸ τῶν αὐτῶν καὶ ὁ παρὰ τὴν μονάδα

μετρηθήσεται, « si, à partir de l'unité, autant de nombres qu'on voudra sont successivement proportionnels, tous les nombres premiers qui mesurent le dernier mesurent aussi celui qui est le plus près de l'unité. »

2. L'exemple numérique tel qu'il se présente dans les mss. de Martianus est manifestement corrompu puisque les nombres donnés sont 1, 12, 142 et 1704 : la cohérence de cette progression impose évidemment de lire 144 et 1728 à la place de 142 et 1704, et l'on se demande pourquoi Willis a cru bon de maintenir ces deux nombres erronés dans son édition, alors que Petersen avait donné la bonne correction et qu'il avait été suivi par Dick (voir l'apparat critique de l'édition Dick) ; on est en droit de juger trop faible sa justification : « errores qui sequuntur, cum tam arcte inter se cohaereant, ipsius Martiani stupori quam fortuitis librariorum erroribus malui » (apparat critique, p. 298). Quoi que l'on pense des aptitudes intellectuelles et mathématiques de Martianus, l'erreur paraît trop grossière.

§ 796

1. Euclide, *Éléments* 9, prop. 11 : ἐὰν ἀπὸ μονάδος ὁποσοιοῦν ἀριθμοὶ ἑξῆς ἀνάλογον ὦσιν, ὁ ἐλάττων τὸν μείζονα μετρεῖ κατά τινα τῶν ὑπαρχόντων ἐν τοῖς ἀνάλογον ἀριθμοῖς, « si, à partir de l'unité, autant de nombres qu'on voudra sont successivement proportionnels, le plus petit mesure le plus grand par l'un de ceux qui sont dans les nombres proportionnels. »

§ 797

1. La source est Euclide, *Éléments* 9, prop. 13 : ἐὰν ἀπὸ μονάδος ὁποσοιοῦν ἀριθμοὶ ἑξῆς ἀνάλογον ὦσιν, ὁ δὲ μετὰ τὴν μονάδα πρῶτος ᾖ, ὁ μέγιστος ὑπ' οὐδενὸς ἄλλου μετρηθήσεται παρὲξ τῶν ὑπαρχόντων ἐν τοῖς ἀνάλογον ἀριθμοῖς, " si, à partir de l'unité, autant de nombres qu'on voudra sont successivement proportionnels, et si celui qui est après l'unité est un nombre premier, aucun autre nombre ne mesurera le plus grand, excepté ceux qui sont dans les nombres proportionnels. » (trad. Peyrard) ; ce que B. Vitrac traduit : « si des nombres en quantité quelconque sont continûment en proportion à partir de l'unité et que celui qui suit l'unité soit premier, le plus grand ne sera mesuré par aucun autre nombre, excepté ceux qui se trouvent dans les nombres en proportion. »

2. La source est Euclide, *Éléments* 9, prop. 14 : ἐὰν ἐλάχιστος ἀριθμὸς ὑπὸ πρώτων ἀριθμῶν μετρῆται, ὑπ' οὐδενὸς ἄλλου πρώτου ἀριθμοῦ μετρηθήσεται παρὲξ τῶν ἐξ ἀρχῆς μετρούντων, “ si le plus petit nombre est mesuré par des nombres premiers, il ne sera mesuré par aucun autre nombre premier, si ce n'est par ceux qui le mesuraient d'abord » (trad. Peyrard) ; « si un nombre est le plus petit qui soit mesuré par des nombres premiers, il ne sera mesuré par aucun autre nombre premier excepté ceux qui le mesurent initialement » (trad. Vitrac).

§ 798

1. Euclide, *Éléments* 8, prop. 14 : ἐὰν τετράγωνος τετράγωνον μετρῇ, καὶ ἡ πλευρὰ τὴν πλευρὰν μετρήσει · καὶ ἐὰν ἡ πλευρὰ τὴν πλευρὰν μετρῇ, καὶ ὁ τετράγωνος τὸν τετράγωνον μετρήσει, « si un nombre carré mesure un nombre carré, le côté mesurera le côté ; et si le côté mesure le côté, le carré mesurera le carré. »

2. Cf. la fin de cette proposition 8, 14.

§ 799

1. Euclide, *Éléments* 8, prop. 16 : ἐὰν τετράγωνος ἀριθμὸς τετράγωνον ἀριθμὸν μὴ μετρῇ, οὐδὲ ἡ πλευρὰ τὴν πλευρὰν μετρήσει · κἂν ἡ πλευρὰ τὴν πλευρὰν μὴ μετρῇ, οὐδὲ ὁ τετράγωνος τὸν τετράγωνον μετρήσει, « si un nombre carré ne mesure pas un nombre carré, le côté ne mesurera pas non plus le côté ; et si le côté ne mesure pas le côté, le carré ne mesurera pas non plus le carré. »

2. Même proposition euclidienne.

§ 800

1. Euclide, *Éléments* 8, prop. 15 : ἐὰν κύβος ἀριθμὸς κύβον ἀριθμὸν μετρῇ, καὶ ἡ πλευρὰ τὴν πλευρὰν μετρήσει · καὶ ἐὰν ἡ πλευρὰ τὴν πλευρὰν μετρῇ, καὶ ὁ κύβος τὸν κύβον μετρήσει, « si un nombre cube mesure un nombre cube, le côté mesurera aussi le côté ; et si le côté mesure le côté, le cube mesurera aussi le cube » (trad. Vitrac).

2. Euclide, *Éléments* 8, prop. 17 : ἐὰν κύβος ἀριθμὸς κύβον ἀριθμὸν μὴ μετρῇ, οὐδὲ ἡ πλευρὰ τὴν πλευρὰν μετρήσει· κἂν ἡ πλευρὰ τὴν πλευρὰν μὴ μετρῇ, οὐδὲ ὁ κύβος τὸν κύβον μετρήσει, « si un nombre cube ne mesure pas un nombre cube, le côté ne mesurera pas non plus le côté ; et si le côté ne mesure pas le côté, le cube ne mesurera pas non plus le cube. »

§ 801

1. Euclide, *Éléments* 7, prop. 37 : ἐὰν ἀριθμὸς ὑπό τινος ἀριθμοῦ μετρῆται, ὁ μετρούμενος ὁμώνυμον μέρος ἕξει τῷ μετροῦντι, « si un nombre est mesuré par un nombre, le nombre mesuré aura une partie dénommée par le nombre qui le mesure. » Rendue littéralement en français, la traduction latine que propose Martianus est lourde et ambiguë : « Dans tout le nombre, celui qui a sa mesure dans un nombre possède aussi un nom de partie tiré de celui qui fait sa mesure. »

2. Euclide, *Éléments* 7, prop. 38 : ἐὰν ἀριθμὸς μέρος ἔχῃ ὁτιοῦν, ὑπὸ ὁμωνύμου ἀριθμοῦ μετρηθήσεται τῷ μέρει, « si un nombre a une partie quelconque, ce nombre sera mesuré par le nombre dénommé par cette partie. » Même remarque à propos de la traduction latine proposée par Martianus, qui donne littéralement : « Si un nombre a une partie, il aura sa mesure dans le nombre qui aura son nom commun avec cette partie. »

§ 802

1. Ces huit vers sont des hexamètres dactyliques. Pour le premier, cf. Virgile, *Buc.* 10, vers 70 : *Haec sat erit, diuae, uestrum cecinisse poetam*, « Il suffira, ô divines, à votre poète d'avoir chanté ces vers. »

2. *Cecropias* ne renvoie pas forcément à l'enseignement des maîtres d'Athènes *stricto sensu*. Dans le ms. *H*, ce mot est d'ailleurs glosé par *Graecas*. Il n'y a pas là une allusion à l'Académie d'Athènes, mais plus généralement aux acquis de la science grecque.

3. L'*abolla* est le manteau des philosophes : Martial, 4, 53, 5 ; Juvénal, 3, 115. D'abord manteau « de laine grossière, épais et double, dont se couvraient les soldats et les paysans, et que certains philosophes portaient par affectation » (Ernout et Meillet, *Dict. étym. de la langue latine*, *s. u.*).

4. Pour cette phrase, nous avons adopté la ponctuation de Dick (*si tamen*... considérée comme une conditionnelle dépendant de la principale *cetera — cathedras* ; ponctuation forte après *abollae*) plutôt que celle de Willis (ponctuation forte après *cathedras ;* la conditionnelle *si tamen*... portant sur la principale *me spatium admonuit*).

INDEX UERBORVM ET NOMINVM

INDEX GRAECVS

TABLE DES MATIÈRES

COLLECTION DES UNIVERSITÉS DE FRANCE

OUVRAGES PARUS

Série grecque

dirigée par Jacques Jouanna
de l'Institut
professeur à l'Université de Paris Sorbonne

Règles et recommandations pour les éditions critiques (grec). (1 vol.).

ACHILLE TATIUS.
Le Roman de Leucippé et Clitophon. (1 vol.).

AELIUS ARISTIDE (Pseudo-)
Arts rhétoriques. (2 vol.).

AELIUS THÉON.
Progymnasmata. (1 vol.).

ALCÉE.
Fragments. (2 vol.).

LES ALCHIMISTES GRECS.
(3 vol. parus).

ALCINOOS.
Les doctrines de Platon. (1 vol.).

ALEXANDRE D'APHRODISE.
Traité du destin. (1 vol.).

ANDOCIDE.
Discours. (1 vol.).

ANTHOLOGIE GRECQUE.
(12 vol. parus).

ANTIGONE DE CARYSTE.
Fragments. (1 vol.).

ANTIPHON.
Discours. (1 vol.).

ANTONINUS LIBERALIS.
Métamorphoses. (1 vol.).

APOLLONIOS DE RHODES.
Argonautiques. (3 vol.).

APPIEN.
Histoire romaine. (4 vol. parus).

APSINÈS.
Art rhétorique. (1 vol.).

ARATOS.
Phénomènes. (2 vol.).

ARCHILOQUE.
Fragments. (1 vol.).

ARCHIMÈDE. (4 vol.).

ARGONAUTIQUES ORPHIQUES. (1 vol.).

ARISTÉNÈTE. (1 vol.).

ARISTOPHANE. (5 vol.).

ARISTOTE.
De l'âme. (1 vol.).
Catégories. (1 vol.).
Constitution d'Athènes. (1 vol.).
Du ciel. (1 vol.).
Économique. (1 vol.).
Génération des animaux. (1 vol.).
De la génération et de la corruption. (1 vol.).
Histoire des animaux. (3 vol.).
Marche des animaux - Mouvement des animaux. (1 vol.).

Météorologiques. (2 vol.).
Parties des animaux. (1 vol.).
Petits traités d'histoire naturelle. (1 vol.).
Physique. (2 vol.).
Poétique. (1 vol.).
Politique. (5 vol.).
Problèmes. (3 vol.).
Rhétorique. (3 vol.).
Topiques. (1 vol. paru).

ARISTOTE (Pseudo-).
Rhétorique à Alexandre. (1 vol.).

ARRIEN.
L'Inde. (1 vol.).
Périple du Pont-Euxin. (1 vol.).

ASCLÉPIODOTE.
Traité de tactique. (1 vol.).

ATHÉNÉE.
Les Deipnosophistes. (1 vol. paru).

ATTICUS.
Fragments. (1 vol.).

AUTOLYCOS DE PITANE.
Levers et couchers héliaques. - La sphère en mouvement. - Testimonia. (1 vol.).

BACCHYLIDE.
Dithyrambes. Epinicies. Fragments. (1 vol.).

BASILE (Saint).
Aux jeunes gens. Sur la manière de tirer profit des lettres helléniques. (1 vol.).
Correspondance. (3 vol.).

BUCOLIQUES GRECS.
Théocrite. (1 vol.).
Pseudo-Théocrite, Moschos, Bion. (1 vol.).

CALLIMAQUE.
Hymnes. - Épigrammes. - Fragments choisis. (1 vol.).

LES CATOPTRICIENS GRECS.
Les miroirs ardents (1 vol. paru).

CHARITON.
Le roman de Chaireas et Callirhoé. (1 vol.).

COLLOUTHOS.
L'enlèvement d'Hélène. (1 vol.).

DAMASCIUS.
Traité des premiers principes. (3 vol.).
Commentaire du Parménide de Platon. (4 vol.).

DÉMÉTRIOS.
Du Style. (1 vol.).

DÉMOSTHÈNE.
Œuvres complètes. (13 vol.).

DENYS D'HALICARNASSE.
Opuscules rhétoriques. (5 vol.).
Antiquités romaines. (2 vol. parus).

DINARQUE.
Discours. (1 vol.).

DIODORE DE SICILE.
Bibliothèque historique. (10 vol. parus).

DION CASSIUS.
Histoire romaine. (3 vol. parus).

DIOPHANTE.
Arithmétique. (2 vol. parus).

DU SUBLIME. (1 vol.).

ÉNÉE LE TACTICIEN.
Poliorcétique. (1 vol.).

ÉPICTÈTE.
Entretiens. (4 vol.).

ESCHINE.
Discours. (2 vol.).

ESCHYLE.
Tragédies. (2 vol.).

ÉSOPE.
Fables. (1 vol.).

EURIPIDE.
Tragédies (11 vol. parus).

GALIEN. (1 vol. paru).

GÉOGRAPHES GRECS.
(1 vol. paru).

GÉMINOS.
Introduction aux phénomènes. (1 vol.).

GRÉGOIRE DE NAZIANZE (le Théologien) (Saint).
Correspondance. (2 vol.).

HÉLIODORE.
Les Éthiopiques. (3 vol.).

HÉRACLITE.
Allégories d'Homère. (1 vol.).

HERMÈS TRISMÉGISTE. (4 vol.).

HÉRODOTE.
Histoires. (11 vol.).

HÉRONDAS.
Mimes. (1 vol.).

HÉSIODE.
Théogonie. - Les Travaux et les Jours. - Bouclier. (1 vol.).

HIPPOCRATE. (11 vol. parus).

HOMÈRE.
L'Iliade. (4 vol.).
L'Odyssée. (3 vol.).
Hymnes. (1 vol.).

HYPÉRIDE.
Discours. (1 vol.).

ISÉE.
Discours. (1 vol.).

ISOCRATE.
Discours. (4 vol.).

JAMBLIQUE.
Les mystères d'Égypte. (1 vol.).
Protreptique. (1 vol.).

JOSÈPHE (Flavius).
Autobiographie. (1 vol.).
Contre Apion. (1 vol.).
Guerre des Juifs. (3 vol. parus).

JULIEN (L'empereur).
Lettres. (2 vol.).
Discours. (2 vol.).

LAPIDAIRES GRECS.
Lapidaire orphique. - Kerygmes lapidaires d'Orphée. - Socrate et Denys. - Lapidaire nautique. - Damigéron. - Evax. (1 vol.).

LIBANIOS.
Discours. (3 vol. parus).

LONGIN. RUFUS.
Fragments. Art rhétorique. (1 vol.).

LONGUS.
Pastorales. (1 vol.).

LUCIEN. (3 vol. parus).

LYCURGUE.
Contre Léocrate. (1 vol.).

LYSIAS.
Discours. (2 vol.).

MARC-AURÈLE.
Écrits pour lui-même. (1 vol. paru).

MARINUS.
Proclus ou sur le bonheur. (1 vol.).

MÉNANDRE. (3 vol. parus).

MUSÉE.
Héro et Léandre. (1 vol.).

NICANDRE.
Œuvres. (1 vol. paru).

NONNOS DE PANOPOLIS.
Les Dionysiaques. (14 vol. parus).

NUMÉNIUS. (1 vol.).

ORACLES CHALDAIQUES.
(1 vol.).

PAUSANIAS.
Description de la Grèce. (5 vol. parus).

PHOCYLIDE (Pseudo-). (1. vol.).

PHOTIUS.
Bibliothèque. (9 vol.).

PINDARE.
Œuvres complètes. (4 vol.).

PLATON.
Œuvres complètes. (26 vol.).

PLOTIN.
Ennéades. (7 vol.).

PLUTARQUE.
Œuvres morales. (19 vol. parus).
Vies parallèles. (16 vol.).

POLYBE.
Histoires. (11 vol. parus).

PORPHYRE.
De l'Abstinence. (3 vol.).
Vie de Pythagore. - Lettre à Marcella. (1 vol.).

PROCLUS.
Commentaires de Platon. - Alcibiade. (2 vol.).
Théologie platonicienne. (6 vol.).
Trois études. (3 vol.).

PROLÉGOMÈNES À LA PHILOSOPHIE DE PLATON. (1 vol.).

QUINTUS DE SMYRNE.
La Suite d'Homère. (3 vol.).

SALOUSTIOS.
Des Dieux et du Monde. (1. vol.).

SAPHO-ALCÉE.
Fragments. (1 vol.).

SCYMNOS (Pseudo-)
voir GÉOGRAPHES GRECS.

SIMPLICIUS
Commentaire du Manuel d'Épictète (1 vol. paru).

SOPHOCLE.
Tragédies. (3 vol.).

SORANOS D'ÉPHÈSE.
Maladies des femmes. (4 vol.).

STRABON.
Géographie. (10 vol. parus).

SYNÉSIOS DE CYRÈNE.
Hymnes (1 vol.).
Lettres (2 vol.).

THÉOGNIS.
Poèmes élégiaques. (1 vol.).

THÉOPHRASTE.
Caractères. (1. vol.).
Métaphysique. (1 vol.).
Recherches sur les plantes. (3 vol. parus).

THUCYDIDE.
Histoire de la guerre du Péloponnèse. (6 vol.).

TRIPHIODORE.
La Prise de Troie. (1 vol.).

XÉNOPHON.
Anabase. (2 vol.).
L'Art de la Chasse. (1. vol.).
L'Art équestre. (1 vol.).
Banquet. - Apologie de Socrate. (1 vol.).
Le Commandant de la Cavalerie. (1. vol.).
Cyropédie. (3 vol.).
Économique. (1. vol.).
Helléniques. (2 vol.).
Mémorables (1 vol. paru).

XÉNOPHON D'ÉPHÈSE.
Ephésiaques ou Le Roman d'Habrocomès et d'Anthia. (1 vol.).

ZOSIME.
Histoire nouvelle. (5 vol.).
Tome I. Nlle éd. (1 vol.).

Série latine

dirigée par Jean-Louis Ferrary
directeur d'Études à l'École Pratique des Hautes Études (IVe section)

Règles et recommandations pour les éditions critiques (latin). (1 vol.).

ACCIUS.
Œuvres. Fragments. (1 vol.).

AMBROISE (Saint).
Les devoirs. (2 vol.).

AMMIEN MARCELLIN.
Histoires. (7 vol.).

L. AMPÉLIUS.
Aide-mémoire. (1 vol.).

L'ANNALISTIQUE ROMAINE.
(2 vol. parus).

APICIUS.
Art culinaire. (1 vol.).

APULÉE.
Apologie. - Florides. (1 vol.).
Métamorphoses. (3 vol.).
Opuscules philosophiques. - Fragments. (1 vol.).

ARNOBE.
Contre les Gentils. (1 vol.)

AUGUSTIN (Saint).
Confessions. (2 vol.).

AULU-GELLE.
Nuits attiques. (4 vol.).

AURÉLIUS VICTOR.
Livre des Césars. (1 vol.).
Abrégé des Césars. (1 vol.).

AVIANUS.
Fables. (1 vol.).

AVIENUS.
Aratea. (1 vol.).

BOÈCE.
Institution arithmétique. (1 vol.).

CALPURNIUS SICULUS.
Bucoliques. CALPURNIUS SICULUS (Pseudo-). Éloge de Pison. (1 vol.).

CASSIUS FELIX.
De la médecine. (1 vol.).

CATON.
De l'Agriculture. (1 vol.).
Les origines. (1 vol.).

CATULLE.
Poésies. (1 vol.).

CELSE.
De la médecine. (1 vol. paru).

CÉSAR.
Guerre civile. (2 vol.).
Guerre des Gaules. (2 vol.).

CÉSAR (Pseudo-).
Guerre d'Afrique. (1 vol.).
Guerre d'Alexandrie. (1 vol.).
Guerre d'Espagne. (1 vol.).

CETIUS FAVENTINUS.
Abrégé d'architecture privée. (1 vol.).

CICÉRON.
L'Amitié. (1 vol.).
Aratea. (1 vol.).
Brutus. (1 vol.).
Caton l'ancien. De la vieillesse. (1 vol.).
Correspondance. (11 vol.).
De l'invention (1 vol.).
De l'orateur. (3 vol.).
Des termes extrêmes des Biens et des Maux. (2 vol.).
Discours. (22 vol.).
Divisions de l'Art oratoire. - Topiques. (1 vol.).
Les Devoirs. (2 vol.).

L'Orateur. (1 vol.).
Les Paradoxes des Stoïciens. (1 vol.).
De la République. (2 vol.).
Traité des Lois (1 vol.).
Traité du Destin. (1 vol.).
Tusculanes. (2 vol.).

CLAUDIEN.
Œuvres. (3 vol. parus).

COLUMELLE.
L'Agriculture, (4 vol. parus).
Les Arbres. (1 vol.).

COMŒDIA TOGATA.
Fragments. (1 vol.).

CORIPPE.
Éloge de l'Empereur Justin II. (1 vol.).

CORNÉLIUS NÉPOS.
Œuvres. (1 vol.).

CYPRIEN (Saint).
Correspondance. (2 vol.).

DRACONTIUS.
Œuvres. (4 vol.).

ÉLOGE FUNÈBRE D'UNE MATRONE ROMAINE. (1 vol.).

L'ETNA. (1 vol.).

EUTROPE.
Abrégé d'Histoire romaine. (1 vol.).

FESTUS.
Abrégé des hauts faits du peuple romain. (1 vol.).

FIRMICUS MATERNUS.
L' Erreur des religions paiennes. (1 vol.).
Mathesis. (3 vol.).

FLORUS.
Œuvres. (2 vol.).

FORTUNAT (Venance).
(3 vol. parus).

FRONTIN.
Les aqueducs de la ville de Rome. (1 vol.).

GAIUS.
Institutes. (1 vol.).

GARGILIUS MARTIALIS
Les remèdes tirés des légumes et des fruits. (1 vol.)

GERMANICUS.
Les phénomènes d'Aratos. (1 vol.).

HISTOIRE AUGUSTE.
(5 vol. parus).

HORACE.
Epitres. (1 vol.).
Odes et Epodes. (1 vol.).
Satires. (1 vol.).

HYGIN.
L'Astronomie. (1 vol.).

HYGIN (Pseudo-).
Des Fortifications du camp. (1 vol.).

JÉRÔME (Saint).
Correspondance. (8 vol.).

JUVÉNAL.
Satires. (1 vol.).

LUCAIN.
Pharsale. (2 vol.).

LUCILIUS.
Satires. (3 vol.).

LUCRÈCE.
De la Nature. (2 vol.).

MACROBE.
Commentaire au songe de Scipion. (2 vol.).

MARTIANUS CAPELLA.
Noces de Philologie et de Mercure. (1 vol. paru).

MARTIAL.
Épigrammes. (3 vol.).

MINUCIUS FÉLIX.
Octavius. (1 vol.).

PREMIER MYTHOGRAPHE DU VATICAN. (1 vol.).

NÉMÉSIEN.
Œuvres. (1 vol.).

OROSE.
Histoires (Contre les Païens). (3 vol.).

OVIDE.
Les Amours. (1 vol.).
L'Art d'aimer. (1 vol.).
Contre Ibis. (1 vol.).
Les Fastes. (2 vol.).
Halieutiques. (1 vol.).
Héroïdes. (1 vol.).
Métamorphoses. (3 vol.).
Pontiques. (1 vol.).
Les Remèdes à l'Amour. (1 vol.).
Tristes. (1 vol.).

PALLADIUS.
Traité d'agriculture. (1 vol. paru).

PANÉGYRIQUES LATINS. (3 vol.).

PERSE.
Satires. (1 vol.).

PÉTRONE.
Le Satiricon. (1 vol.).

PHÈDRE.
Fables. (1 vol.).

PHYSIOGNOMONIE (Traité de). (1 vol.).

PLAUTE.
Théâtre complet. (7 vol.).

PLINE L'ANCIEN.
Histoire naturelle. (36 vol. parus).

PLINE LE JEUNE.
Lettres. (4 vol.).

POMPONIUS MELA.
Chorographie. (1 vol.)

PROPERCE.
Élégies. (1 vol.).

PRUDENCE. (4 vol.).

QUÉROLUS. (1 vol.).

QUINTE-CURCE.
Histoires. (2 vol.)

QUINTILIEN.
Institution oratoire. (7 vol.)

RHÉTORIQUE À HÉRENNIUS. (1 vol.).

RUTILIUS NAMATIANUS.
Sur son retour. (1 vol.).

SALLUSTE.
Conjuration de Catilina. Guerre de Jugurtha. Fragments des Histoires. (1 vol.).

SALLUSTE (Pseudo-).
Lettres à César. Invectives. (1 vol.).

SÉNÈQUE.
Apocoloquintose du divin Claude. (1 vol.).
Des Bienfaits. (2 vol.).
De la Clémence. (I vol.).
Dialogues. (4 vol.).
Lettres à Lucilius. (5 vol.).
Questions naturelles. (2 vol.).
Théâtre. Nlle éd. (3 vol.).

SIDOINE APOLLINAIRE. (3 vol.).

SILIUS ITALICUS.
La Guerre punique. (4 vol.).

STACE.
Achilléide. (1 vol.).
Les Silves. (2 vol.).
Thébaïde. (3 vol.).

SUÉTONE.
Vie des douze Césars. (3 vol.).
Grammairiens et rhéteurs. (1. vol.).

SYMMAQUE.
Lettres. (4 vol.).

TACITE.
Annales. (4 vol.).
Dialogue des Orateurs. (1 vol.).
La Germanie. (1 vol.).
Histoires. (3 vol.).
Vie d'Agricola. (1 vol.).

TÉRENCE.
Comédies. (3 vol.).

TERTULLIEN.
Apologétique. (1 vol.).

TIBULLE.
Élégies. (1 vol.).

TITE-LIVE.
Histoire romaine. (28 vol. parus).

VALÈRE MAXIME.
Faits et dits mémorables. (2 vol.).

VALERIUS FLACCUS.
Argonautiques. (2 vol.).

VARRON.
Économie rurale. (3 vol.).
La Langue latine. (1 vol. paru).

LA VEILLÉE DE VÉNUS
(Pervigilium Veneris). (1. vol.).

VELLEIUS PATERCULUS.
Histoire romaine. (2 vol.).

VICTOR DE VITA.
Histoire de la persécution vandale en Afrique. – La passion des sept martyrs. – Registre des provinces et des cités d' Afrique. (1. vol.).

VIRGILE.
Bucoliques. (1 vol.).
Énéide. (3 vol.).
Géorgiques. (1 vol.).

VITRUVE.
De l'Architecture. (8 vol. parus).

Catalogue détaillé sur demande

Ce volume,
le trois cent soixante-douzième
de la série latine
de la Collection des Universités de France,
publié aux Éditions Les Belles Lettres,
a été achevé d'imprimer
en septembre 2003
dans les ateliers
de Normandie Roto Impression s.a.s.,
61250 Lonrai

N° d'édition : 5979 - N° d'impression : 032308
Dépôt légal : septembre 2003

Imprimé en France